蘇轍學術思想研究

吳叔樺⊙著

周　序

　　《蘇轍學術思想研究》是叔樺的博士論文，內容探討子由之學術思想，包括哲學、經學、史學、經世、文藝五大方面。

　　「哲學思想析論」以文獻學與比較哲學雙軌建構之方法，探索蘇轍之本體論、人性論、修養論。將抽象的哲學概念，透過不同視角的分析，完整的呈現多層次的豐富內涵。本體論中，勾勒「道」為萬物創生之本源、本體的意義，乃萬物運行之規律與最高境界，並揭示其體用之說。人性論中，探討「性」之意義與內涵，由多方面去闡述其特性，如道在人曰性，性無善無惡，性必歸於仁，性乃人情之總名，性真物妄之對照。修養論中，說明「復性」之工夫，揭示修養工夫之進程，由去妄、忘身到無心之境界，而為避免流於抽象，又指出法聖之途徑，與孔子之修養進程，欲使徒眾以聖人為師，究其言行思想以提升修養境界。整體而言，本體論是人性論之基礎，人性論為修養論之根基。此章又將蘇轍之哲學思想與二程理學、西洋哲學作比較分析，以明其差異與價值。

　　「經學思想析論」概述子由治經之主要方法，即以人情解經，回歸原典，不重傳、注，貴深思自得；其經學包括《詩經》學、《春秋》學，均呈現濃厚之儒家思想，而無佛、老。為呈現其學術價值，故以經典為別，多方探討其經學詮釋之內涵與特色，由此帶出其經學思想與價值。其《詩經》學，由對〈詩

序〉、《毛詩注疏》的看法、注釋的方式、解詩的體式作開展，逐一說明其思想內涵，並以儒家經典詮釋的張力揭示更深一層的治經意義，藉由朱熹與今人評價之辨析，帶出《詩集傳》之貢獻與不足。《春秋》學，先明其方法論，包括以史解經、批駁三傳，再述其重禮義、尊王非戰之思想內涵，比較其與宋代他說之異同。

「史學思想析論」架構子由之史學思想體系，由歷史哲學、史學方法、歷史評論三方面作探討。其歷史哲學以歷史循環進化論為主軸，認為推動歷史演變的力量為德與勢，即人之德與環境交互作用的過程。接著分析其所採用的史學方法，包括精擇史料，採紀傳體例之因，以理入史，史中加注等，辨其優、缺。歷史評論的部份，先辨析其歷史評價之標準為美與善，乃道家自然無為之美，與儒家道德禮義之善的結合，再探析他對史書、朝代、歷史人物之評論，勾勒其重實用之資鑒史學的風貌，與歷代之評價。

「經世思想析論」探討子由之政治、軍事、財經思想。其政治思想的基本精神為道體儒用，落實於現實政治則強調治術，由明天下百姓、君子、小人之情開始；再御天下以術，包括君術、臣道、民政三方面，乃治國之策略與方法。軍事思想包括兵民須分、內郡與戍邊之兵內外相持、因勢而成、實際克制夷狄之軍事策略。財經思想包括財政管理、土地政策、賦稅主張。最後並與范仲淹的慶曆變法、王安石的熙寧新政、二程的洛學作比較，論其得失。

「文藝思想析論」探析子由文學與藝術思想。其文學理論包括文貴養氣、不為空言、文合節度、各逞其才，辨析其理論所蘊

含之思想層次，建構一個立體而具進程之文學觀，並作評價。藝術理論則先述其創作論，包括妙心經營、以形寫神，再揭示其鑑賞論，即畫格奇正、風格多樣，指出其犀利與不足之處。值得注意的是蘇轍認為文學、藝術甚至萬事同一理，精妙之處玄機通貫。

子由之學術思想看似複雜，實則以哲學思想為體，以經世思想為用。亦即以三教相合，道通為一，作為精神上的最高指導原則；以儒家的經世致用，作為終極目標，所以其學術思想具有濃厚的實用色彩與政治目的。

此論文的研究成果，在於架構蘇轍之學術思想體系，其中有許多地方是前人所未曾涉及，如哲學思想體系、《春秋集解》的研究、歷史評價的標準等；另一方面也指出前人研究值得商榷之處，包括《詩集傳》的評價、歷史哲學、軍事思想、土地政策等。而著作之考述，除概述其特色外，亦比較二蘇觀點不同之處，從可見子由對子瞻並非亦步亦趨，甚至某些看法有略勝於其兄之處。

叔樺在高師大國文所攻讀期間，用功極勤，撰寫這篇論文花了很多工夫，正是荀子所說的真積力久則入，而蘭心蕙質，文章靈動，可謂有功於子由也。

謹識於國立高雄師大國文所

中華民國九十六年四月

自　序

　　有時間讀書，是一件幸福的事；有機會著書，更是上蒼的恩寵。張潮有云：「人莫樂於閒」、「閒則能著書」，我實在稱不上「閒」，在學業、家庭、工作三方面的切割下，可用的時間著實有限，然興之所趨，則戮力為之。每當坐擁書城，神交古人，恍如與至友對話，悟我良多；或頗費思量的難題，突然迎刃而解；混沌的觀念，逐漸清晰明朗，心中的雀躍實非筆墨足以形容，這大概是諸多學者孜孜矻矻，浸淫於斯的原因吧！雖慶幸自己得以登堂入室，一窺堂奧，然仰之彌高，鑽之彌堅，日後仍有很長的路要走呢！

　　《蘇轍學術思想研究》一書得以完成，心中感觸極深，而要感謝的人也很多。感謝指導教授康義勇的悉心指正；感謝高雄師大國文所諸多師長們的提攜；感謝口試委員王義良、周虎林、徐漢昌、劉文強、蔡崇名（按姓氏筆劃排列）教授的惠賜意見，使拙著更臻完善。感謝我的父母，他們是我最大的精神支柱；感謝外子，他是我的電腦顧問、精神伴侶；感謝小兒，他是我的忘憂草、解鬱劑。我想，一件事的完成，常需要眾人的支持與鼓勵，而自己的付出實微乎其微，故對一路走來的良師益友，衷心感謝。

　　選擇此題材，蓋素仰三蘇之名，又因其中大蘇最著，研究者往往聚焦於子瞻，同為八大家的子由卻頗受冷落，甚至許多人停

留在子由對其兄亦步亦趨的印象，遂另闢蹊徑，從子由入手。兼以研究三蘇文學者眾，探索蜀學思想者寡，可見蜀學值得開發的空間很大，乃毅然朝此方向作探究。

本論文主要在探討子由之學術思想，包括哲學、經學、史學、經世、文藝五方面。除了架構子由的思想體系外，並嘗試與同時代的、前後期的思想家或西洋哲學作比較，以帶出子由思想的優點與不足之處。在縱橫比較之下，子由學術思想的輪廓將較立體而清晰的呈顯。

探究子由的文學與思想多年，與之恍若多年好友，對他三教圓通的思想頗為贊同，對其至老不歇的救世熱忱十分欽佩，而文學之美，論理之富，前人早已肯定。本書的出版正可紀念此段「忘年」之交，也是自己學術旅程的小小成果。另外，周教授虎林不揣筆者愚陋，替本書作序，使本書增色不少。您照顧小輩，提攜後進的熱忱，學生將永銘五內！

吳叔樺　謹識於國立高雄師大國文系
中華民國九十六年四月

❧目 次❧

第三章　哲學思想析論

第四章　經學思想析論

第五章　史學思想析論

第六章　經世思想析論

第七章　文藝思想析論

第八章 結 論

第一章

緒　論

∽ 第一節　研究動機與目的

　　蘇轍一生的際遇可謂大起大落，有時青雲直上，官居副相；有時逐客江南，屢遭迫害，如此戲劇化的仕途，他卻能淡然處之，甚少怨懟，晚年隱居潁濱，救世報國之心仍不稍歇，到底是怎樣的思想觀念，令他如此抉擇？是怎樣的人生哲學，令他如此執著？這些問題時時縈繞筆者腦海之中，期盼能一探究竟。在筆者完成碩士論文《蘇轍史論散文研究》之後，對蘇轍的散文之美有了概略的認識，也體認到思想乃是創作的源頭活水，文章的靈魂所在，遂決定繼續研究蘇轍的學術思想，期能對此一代文豪有更深入而全面的認識。

　　談及北宋的學術思想，一般人只注意到濂、洛、關派等理學家的思想，而以三蘇為首的蜀學往往備受忽略。三蘇雖以文學名家，然其融合儒、釋、道，旁及各家的思想，在北宋實是獨樹一幟，值得深入探究。

　　有宋一代，三蘇之文名響亮，因之眾人矚目的焦點均集中於文學創作上，鮮少論及其學術思想。朱熹為南宋理學宗師，將融合儒、釋、道之三蘇思想，視為「雜學」[1]，予以批判，三蘇之學術思想遂更受忽視，尤其是蘇轍，雖同樣名列唐宋八大家之一，然自古以來研究者少，與其兄蘇軾不可同日而語。沈玉成、劉寧《春秋左傳學史稿》說：

---

[1] 朱熹《朱子大全・雜學辨》，台北：中華書局，四部備要本，1966 年，卷72。

蘇轍對蘇軾向來亦步亦趨，錢鍾書先生在《宋詩選注》中曾經指出，哥哥用錯了的典故，弟弟也會照樣用錯。他的《蘇氏春秋集解》十二卷，解經以《左傳》為宗，議論的大旨自然也不會和乃兄立異。[2]

書中說明蘇軾之〈宋襄公論〉，謂其善讀《左傳》，認為蘇轍之解《春秋》，必依其兄之思想理路，並引錢鍾書之言作證，對其不無輕視之意。蘇轍雖與其兄亦師亦友，然許多學術著作並不相同，寫作風格亦異，若簡單的認為子由對其兄均是亦步亦趨，實在有欠公允；更何況認定蘇轍之經學著作《春秋集解》，必等同於蘇軾單篇史論之觀點，失之輕率。朱熹也不會這樣說，甚至還連連稱讚蘇轍之《春秋集解》，可見其學術思想必有可取之處，眾人對蘇轍之誤解實源於陌生，缺乏鑽研之功夫。

另外，薩孟武《中國政治思想史》在探討北宋思想家的政論時，只論及李覯、蘇洵、王安石、司馬光、蘇軾、理學家，卻在蘇軾政論結尾加註說：「蘇轍的政論與蘇軾無大出入，故從略。但他對於當時政治之批評，可供吾人參考者不少」[3]。雖肯定蘇轍的政治思想，卻未作分析，可見蘇轍之政治思想有待一探。蘇門四學士之一的秦觀在〈答傅彬老簡〉中說：

> 閣下又謂三蘇之中，所願學者登州（蘇軾）為最優，于此尤非也。老蘇先生，僕不及識其人。今中書（蘇軾）、補

---

[2] 沈玉成、劉寧《春秋左傳學史稿》，江蘇：江蘇古籍出版社，2000 年，頁218。

[3] 薩孟武《中國政治思想史》，台北：三民書局股份有限公司，1989 年，頁421。

闕（蘇轍）二公，則僕嘗身事之矣。中書之道如日月星辰，經緯天地，有生之類皆知仰其高明。補闕則不然，其道如元氣，行於混淪之中，萬物由之而不知之也。故中書嘗自謂「吾不及子由」，僕竊以為知言。[4]

他對子由之道十分推崇，認為高於東坡。南宋周必大亦言：

吾友陸務觀，當今詩人之冠冕，勸予哦蘇黃門詩。退取《欒城集》觀之，殊未識其旨趣。甲申閏月辛未，郊居無事，天寒踞爐如餓鴟，劉友子澄忽自城中寄此卷相示，快讀數過，溫雅高妙，如佳人獨立，姿態易見，然後知務觀于此道真先覺也。[5]

可見陸游、周必大均能體會蘇轍詩之「溫雅高妙」，但亦指出其不易體會之特點。元人方回亦云：「子由詩佳處，世鮮會者」[6]；又說：「子由詩靜淡有味，不拘字面事料之麗，而鍛意深，下句熟。東坡自謂不如子由，識者宜細咀之可也」[7]。子由之詩文與學術思想深沈，或許正是世人不太能欣賞、體味的原因吧！可見蘇轍並非各方面都追隨其兄而已，他的文學與思想確有可取之處，不應受到忽視，基於如是理念，也因鑽研者少，在學術研究

---

[4] 秦觀《淮海集‧答傅彬老簡》，台北：中華書局，四部備要本，1970 年，卷 14。

[5] 周必大《文忠集‧跋蘇子由〈和劉貢父省上示座客〉詩》，台北：台灣商務印書館，文淵閣四庫全書，1983 年，卷 16。

[6] 方回《瀛奎律髓》，台北：台灣商務印書館，文淵閣四庫全書，1983 年，卷 10。

[7] 方回《瀛奎律髓》，卷 24。

上遂有更大的空間可資探究，本論文基於此因，盼能開發此樸玉，琢磨其曖曖光輝，將子由令筆者著迷之學術思想，透過系統化的分析、比較、歸納、綜合等，較完整而全面的呈現，讓眾人得窺子由之學術思想樣貌，也爲後續研究者拋磚引玉。

○ 第二節　研究範圍與方法

　　本論文之研究範圍以原典爲主，包括蘇轍之哲學著作《老子解》二卷；經學著作《詩集傳》二十卷、《春秋集解》十二卷；史學著作《古史》六十卷；詩文集《欒城集》五十卷、《欒城後集》二十四卷、《欒城三集》十卷、《欒城應詔集》十二卷；與蘇籀編《欒城先生遺言》一卷。期能由原典出發，逐一尋繹其思想脈絡。在橫的方面，嘗試架構出蘇轍在哲學、經學、史學、經世與文學、藝術思想方面的理論體系，注意其人生各階段的學術思想有何差異或轉變，並比較與同時代人物的異同。在縱的方面，比較蘇轍的學術思想與前人之異同，釐清所受到的影響，並分析蘇轍的學術思想對後世的影響，與應有的定位、評價。預期將蘇轍的學術思想作較全面而完整的呈現。

　　本論文主要的研究方法有，文本分析法、縱橫比較法、歸納法、綜合法。說明及圖示如下：

一、文本分析法

先發掘問題，分析問題是否值得探討，接著蒐集相關之文本，分析文本之內容，並整理分析的結果，參酌其他學說或學者的觀點，再加上自己的心得與看法，綜合之後，檢視是否能解決所發掘之問題，如果問題得以解決，即可作成結論。否則再重新分析問題，重覆相同的步驟，直到問題解決。

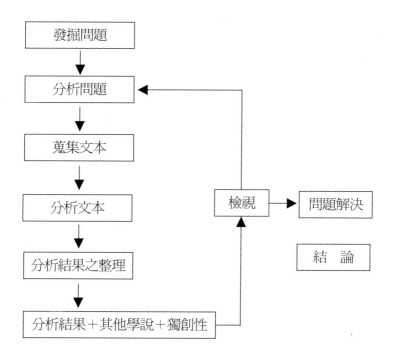

二、縱橫比較法

　　此方法主要用在評價的部份，包括橫向比較與縱向進溯。橫向比較有二，一為比較蘇轍人生各階段的學術思想有何差異或轉變；一為比較蘇轍與同時代思想家的觀點有何異同。縱向進溯在探討蘇轍與前人的學術思想有何異同；又對後世產生什麼影響，攸關歷史定位之問題。

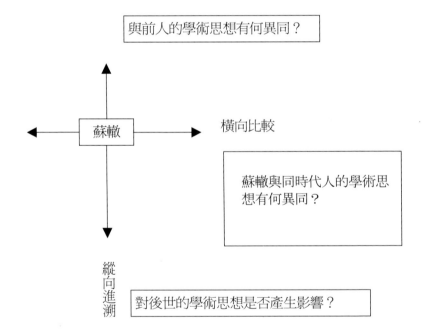

三、歸納法

發掘值得探討的主題，多方蒐集同類的資料或例子，再比較研討資料，歸納其共同的原理原則，並作成結論。

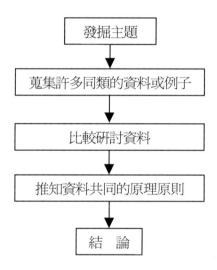

四、綜合法

統合文本分析法、縱橫比較法、歸納法的結論，建立新的觀念與立論。

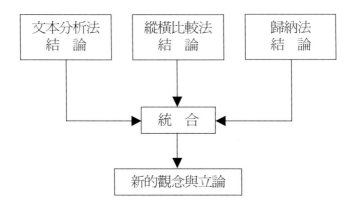

除了上述主要的研究方法之外，不同的章節各依其特殊的性質而有不同的取捨。說明如下：

第二章生平與著作。先概述蘇轍一生之事蹟，包括師承、交遊、仕途等，簡介其人生閱歷。接著介紹北宋之學術背景，由儒學之復興、三教之融合兩大方向，勾勒此高文化素質之朝代，疑經風開、理學掘起、史學興盛及儒、釋、道三教彼此吸收、融攝之狀況，以明蘇轍所處之時代背景與學術環境。再來縮小範圍，略述其儒、道、釋之思想淵源，釐清其以儒治世、以道養身、以佛修心的原因與歷程。最後述其著作之存佚狀況，概略介紹其內容與特色，至於卷數與版本問題，因筆者碩士論文《蘇轍史論散

文研究》已列，故不再重複。每個人都是大環境中的小個體，個人之思想行為繫乎環境思潮之脈動，故此章藉由傳記之分析、學術史之流變，以明蘇轍與北宋學術環境之牽絆，作為他章深論之基礎。

第三章哲學思想析論。以文獻學與比較哲學雙軌建構之方法，探索蘇轍之本體論、人性論、修養論。將抽象的哲學概念，透過不同視角的分析，完整的呈現多層次的豐富內涵。本體論中，勾勒「道」為萬物創生之本源、本體的意義，乃萬物運行之規律與最高境界，並揭示其體用之說。人性論中，探討「性」之意義與內涵，由多方面去闡述其特性，如道在人曰性，性無善無惡，性必歸於仁，性乃人情之總名，性真物妄之對照。修養論中，說明「復性」之工夫，揭示修養工夫之進程，由去妄、忘身到無心之境界，而為避免流於抽象，又指出法聖之途徑，與孔子之修養進程，意欲眾人以聖人為師，學其言行思想以提升修養境界。整體而言，本體論是人性論之基礎，人性論為修養論之根基。此章又將蘇轍之哲學思想與二程理學、西洋哲學作比較分析，以明其差異與價值。

第四章經學思想析論。概述其治經之主要方法，即以人情解經，回歸原典，不重傳、注，貴深思自得；其經學包括《詩經》學、《春秋》學，均呈現濃厚之儒家思想，而無佛、老，為呈現其學術價值，故以經典為別，多方探討其經學詮釋之內涵與特色，由此帶出其經學思想與價值，故論述之方式和他章不盡相同。其《詩經》學，由對〈詩序〉、《毛詩注疏》的看法、注釋的方式、解詩的體式作開展，逐一說明其思想內涵，並以儒家經典詮釋的張力揭示更深一層的治經意義，藉由朱熹與今人評價之辨

析，帶出《詩集傳》之貢獻與不足。《春秋》學，先明其方法論，包括以史解經、批駁三傳，再述其重禮義、尊王非戰之思想內涵，比較其與宋代他說之異同。

第五章史學思想析論。嘗試架構蘇轍之史學思想體系，由歷史哲學、史學方法、歷史評論三方面作探討。其歷史哲學乃歷史循環進化論，認為推動歷史演變的力量為德與勢，即人之德與環境交互作用的過程。接著分析其所採用的史學方法，包括精擇史料，探紀傳體例之因，以理入史，史中加注，辨其優、缺。最後歷史評論的部份，先辨析其歷史評價之標準為美與善，乃道家自然無為之美，與儒家道德禮義之善的結合，再探析他對史書、歷代、歷史人物之評論，勾勒其重實用之資鑒史學的風貌，與歷代之評價。

第六章經世思想析論。探討蘇轍之政治、軍事、財經思想。其政治思想的基本精神為道體儒用，落實於現實政治則強調治術，由明天下百姓、君子、小人之情開始；再御天下以術，包括君術、臣道、民政三方面，乃治國之策略與方法。軍事思想包括兵民須分、內郡與戍邊之兵內外相持、因勢而成、實際克制夷狄之軍事策略。財經思想包括財政管理、土地政策、賦稅主張。最後並與范仲淹的慶曆變法、王安石的熙寧新政、二程的洛學作比較，論其得失。

第七章文藝思想析論。探析其文學與藝術思想。其文學理論包括文貴養氣、不為空言、文合節度、各逞其才，嘗試辨析其理論所蘊含之思想層次，建構一個立體而具進程之文學觀，並作評價。藝術理論則先述其創作論，包括妙心經營、以形寫神，再揭示其鑑賞論，即畫格奇正、風格多樣，指出其犀利與不足之處。

值得注意的是蘇轍認為文學、藝術甚至萬事同一理，其精妙之處相通。

第八章作成結論，歸結出蘇轍學術思想之主軸、內涵與特色。

∽ 第三節　文獻回顧與探討

目前研究蘇轍的專書並不多，對蘇轍的一生作概括評述的有：金國永《蘇轍》（1990 年）；曾棗莊《蘇轍評傳》（1995）；蔣立文《蘇轍傳》（1998 年）；洪柏昭《三蘇傳》（2002 年），內容主要概述蘇轍之生平、仕宦之經過，對其文學與思想僅稍提及，並未作深入之探討。編寫年譜的專書有：洪本健《宋文六大家活動編年》（1993 年）；曾棗莊、舒大剛《北宋文學家年譜》（1999 年）；孔凡禮《蘇轍年譜》（2001 年）；單篇論文有邱德修〈新脩蘇子由年表〉（《國立編譯館館刊》，1992 年，第 21 卷，第 1 期）。詳實考訂其事蹟、作品與人物交遊之繫年，深具參考價值。然此二類著作僅能作為建立背景知識之基礎。

研究其哲學思想者：朱剛《唐宋四大家的道論與文學》（1997 年），探討三蘇對道的觀點，但偏重於論蘇軾；林靜慧《蘇轍「老子解」研究》（文化大學中文所碩士論文，2004 年），僅以《老子解》為範圍，探討子由之道性論、聖人觀、修養論。單篇論文如：王煜〈從三蘇墓祠談到蘇轍的儒家思想〉（《哲學與文化》，1991 年，第 8 期）與〈論蘇轍的佛家思想〉（《韶關學院學報·社會科學版》，2001 年，第 22 卷，第 8

期），只探討子由之儒家、佛學思想。大抵而言，學者在這方面的研究很少，欠缺系統化而詳盡的分析。

研究其經學思想者：在《詩經》方面，有黃忠慎《宋代之詩經學》（政大中文所博士論文，1984 年），分析蘇轍詩經學之特色；陳明義《蘇轍「詩集傳」研究》（東吳大學中文所碩士論文，1993 年），詳細考證《詩集傳》之版本，重點在探討其對漢儒說《詩》的批駁，及對後世的影響；趙制陽〈蘇轍詩集傳評介〉（《孔孟學報》，1996 年，第 71 期），評論蘇轍詩經學之特色與缺陷。在《春秋》方面，宋鼎宗《春秋宋學發微》（1986年）；沈玉成、劉寧《春秋左傳學史稿》，均只簡略概述其《春秋集解》之解經特色。由此可見，蘇轍之經學思想可以開發之空間很大，尤其《春秋集解》，沒有學者作深入之研究，值得一探。

研究其史學思想者：王治平《蘇轍「古史」中的歷史思想》（清華大學歷史所碩士論文，1997 年），主要分析子由對武王伐紂、春秋、戰國時代的看法，探討的層面不廣，內容偏少，而且對其歷史觀之推論，值得商榷；桑海風《蘇轍「古史」研究》，（四川大學古籍整理研究所碩士論文，2001 年），逐字比較《古史》與《史記》內容的差異，歸納出《古史》考訂《史記》錯漏之處，概分十項，約五百四十餘條，可見《古史》對《史記》的糾正補綴之功，屬於校讎學範圍；郭宗南《蘇轍史論文研究》（成功大學中文所碩士論文，2003 年），以其史論文、《古史》之贊語為範圍，探討子由史論之內容與評史方法；陳秉貞〈蘇轍「歷代論」的歷史詮釋與意義建構〉（《人文及社會學科教學通訊》，2003 年 4 月，第 13 卷，第 6 期），以詮釋學的方法分析子由的《歷代論》。由上可見，並無學者建構其史學思想體系，大

家所論均偏於一隅，值得探討之處尚多。

　　研究其經世思想者：王雲五《宋元政治思想》（1970 年），分析子由之政治思想，但內容略少；陳正雄《蘇轍學術思想述評》（2000 年），主要探討蘇轍的政治、軍事、財經思想，並與宋朝制度作比較，但他認為子由在軍事上贊成兵民合一，反對募兵制，在土地政策上贊成井田制，主張回歸三代，這種推論值得商榷；吳曉萍〈蘇轍的變法思想及其實踐〉（《安徽師大學報・哲學社會科學版》，1997 年，第 25 卷），略論子由之政治思想。蘇轍為官四十二年，家學本重實用，意在用世，故其經世思想必多可取之處，值得再深入探討

　　研究其文學與藝術成就的專書：曾棗莊選釋《三蘇文藝思想》（1985 年），藉由注釋三蘇討論文學與藝術的文章，探索三蘇之文藝思想；高光惠《蘇轍文學研究》（台灣大學中文所碩士論文，1989 年），由北宋文學、蜀學之發展談起，主要探討子由之詩、文特色；陳雄勳《三蘇及其散文之研究》（1991 年），考究三蘇年譜、著述，分析三蘇與古文運動之關係、散文之特色與成就；李李《三蘇散文研究》（文化大學中文所博士論文，1993 年），探討三蘇散文之特色、成就與影響，對文學理論雖有觸及，但為三蘇合論，並未辨其異同；李師栖《題畫詩散論》（1993 年），分析蘇轍題畫詩之內涵與特色；王素琴《蘇轍古文研究》（政治大學中文所碩士論文，1996 年），主要探討子由古文之內容與形式特色；拙著《蘇轍史論散文研究》（高雄師範大學國文所教學碩士論文，2002 年），介紹蘇轍之思想淵源，包括詩友、古文運動、地理環境之影響，並分別探討三蘇之文學理論，主要側重在研究其史論文之內容與藝術特色；林秀珍《蘇轍

詩歌之風格與價值》（高雄師範大學國文所博士論文，2003年），探討子由之詩學、藝術理論，但內容不多，主要在研究其詩歌之風格與價值。單篇的論文：王水照〈蘇轍的文學思想和散文特色〉（《三蘇散論（紀念蘇東坡誕辰九百五十週年）》，四川師範大學學報叢刊，1987年，第13輯。），探討子由之養氣說和散文特色；張靜二〈蘇轍的養氣說〉（《中外文學》，1992年，第21卷），建構其養氣說之文學理論。由此可見，學者對蘇轍文學特色之探討者眾，但觸及文學與藝術理論者寡，而且內容略少，尚有開發之空間。

　　基於以上的討論，筆者認為蘇轍的學術思想值得再深入探析。

第 二 章

生平與著述

　　本章先概述其一生事蹟，包括師承、交遊、仕途等，簡介其人生閱歷。接著介紹北宋之學術背景，由儒學之復興、三教之融合兩大方向，勾勒此高文化素質之朝代，疑經風開、理學掘起、史學興盛及儒、釋、道三教彼此吸收、融攝之狀況，以明蘇轍所處之時代背景與學術環境。再來縮小範圍，略述其儒、道、釋之思想淵源，釐清其以儒治世、以道養身、以佛修心的原因與歷程。最後述其著作之存佚，概略介紹其內容與特色，作為他章深論之基礎。

☙ 第一節　　生平傳略

　　人生歷程記錄一個人生命的點點滴滴，人生際遇影響一個人的思想情感。在中國思想史上，「蘇氏蜀學」具相當地位，孝悌傳家、力學苦讀之門風，充實其知識、涵養其性情，蘇轍雖仕途坎坷，然不掩其政治才幹、睿智思想，終成為頗為知名之思想家。

　　以下將蘇轍之生平，概分為少年得志、直言遭忌、扶搖直上、逐客江南、杜門潁昌五部分，作一簡要介紹。

一、少年得志

　　蘇轍，字子由，又字同叔，自號東軒長老、潁濱遺老，四川眉山人。生於宋仁宗寶元二年（1039）二月二十日，卒於宋徽宗政和二年（1112）十月三日，享年七十四歲。人稱潁濱、潁濱先

生、欒城、欒城公、欒城先生、高安居士、宛丘先生、補闕、子由先生、黃門公、蘇黃門、蘇門下、蘇侍郎、蘇循州、少蘇公、少公。賜諡文定後，人尊稱以文定。

蘇轍在父親蘇洵之督促和教育下，少立奇志，力學苦讀。十八歲時，蘇洵攜其與兄蘇軾赴京參加貢舉，路過成都，求侍讀學士知益州之張方平推薦，張方平見其文稿，十分器重和欣賞，「一見以國士相許，自爾遂結忘年之契」[1]。嘉祐元年九月，蘇軾、蘇轍順利通過舉人考試。嘉祐二年，翰林學士歐陽脩知貢舉，梅聖俞與其事。他們為打擊當時不良文風，對險怪奇澀之文，均予以黜落；將樸質無華之蘇軾、蘇轍文章，置之高等，並大力宣傳三蘇文章。此舉雖在文壇引發軒然大波，然自此文風丕變，北宋散文開始走向平易流暢之途，三蘇之文亦名動天下。

正當進士及第、春風得意之時，其母程氏夫人病逝家鄉，蘇轍父子匆匆返鄉料理喪事。守喪期間，他大部分時間均在家中攻讀和寫作，他應策試所獻《進論》、《進策》五十篇[2]，大多數為此時所作。喪滿，蘇洵攜全家赴京，乘舟南下，自眉山沿岷江、長江而下，經嘉州、犍為等，出三峽，達江陵，接著陸行北上，經襄陽、許州，於嘉祐五年二月抵京，費時將近半年。沿途州縣長官迎送宴飲，禮如上賓；一路探幽訪勝，飲酒賦詩，十分愉快。此次三蘇父子作詩特多，親編為《南行集》，真實記錄沿途秀美之山川，樸陋之風俗及賢人君子之遺跡等。抵京未久，被任命為河南澠池縣主簿，蘇軾亦被任命為河南福昌縣主簿，均未赴

---

[1] 蘇轍《欒城三集·追和張公安道贈別絕句并引》，台北：中華書局，四部備要本，1966年，卷1。

[2] 今載《欒城應詔集》，台北：台灣商務印書館，四部叢刊本，1967年。

任，即被薦舉參加制科考試。此時，他分別向宰相富弼、參知政事曾公亮和兩制大臣們上書自薦，表述其修身、治學、爲政之見解，又按例請薦舉人楊畋向朝廷呈送《進策》、《進論》各二十五篇。

　　嘉祐六年，蘇轍兄弟參加秘閣考試，同知諫院司馬光、楊畋、知制誥沈遘爲秘閣考官，秘閣共試六論：〈王者不治夷狄論〉、〈劉愷丁鴻孰賢論〉、〈禮義信足以成德論〉、〈形勢不如德論〉、〈禮以養人爲本論〉、〈既醉備五福論〉[3]。秘閣試後又進行御試，宋仁宗親至崇政殿，策試所舉賢良方正、直言極諫之士。策問題目謂仁宗有憂懼之心，希直言朝政得失。子由年輕氣盛，不諳宦情，兼以南行赴京時，見百姓貧困，遂興救世之志，犯顏直諫，尖銳批判仁宗之失，言其怠於政事、沈溺聲色、賦斂繁重、濫用民財。此〈御試制科策〉於朝廷引發軒然大波，主考官司馬光認爲蘇轍切直指正朝廷得失，表現愛君憂國之心，擬如蘇軾第之三等（一、二等爲虛設），三司使蔡襄贊同之，然知制誥胡宿認爲他答非所問，又引漢唐末世昏君比之仁宗，堅決主張罷黜，翰林學士范鎮主張降等錄取，其他宰執們亦一致主張罷黜，幸而仁宗豁達大度，言「吾以直言求士，士以直言告我，今而黜之，天下其謂我何」[4]，遂將蘇轍置之第四等次，薦人楊畋向仁宗云：「陛下赦其狂直而收之，此盛德事，乞宣付史館」[5]，帝悅而從之，並嘗言：「朕今日為子孫得兩宰相矣」[6]，對於仁宗之寬

---

[3] 今載《欒城應詔集》，卷11。
[4] 蘇轍《欒城三集‧遺老齋記》，卷10。
[5] 畢沅《續資治通鑑》，台北：文光出版社，1975年，卷59。
[6] 脫脫《宋史‧蘇軾傳》，台北：中華書局，四部備要本，1966年，卷338。

宏大度，子由終生感懷。

蘇轍十九歲進士及第，二十三歲制科入等，可謂少年得志，然因所言「狂直」，臣僚對其是否入等、是否命官之問題爭論頗久，直至嘉祐七年秋，才以蘇轍為商州軍事推官，他深感失望，以兄出仕鳳翔，父親於京修禮書，旁無侍子為由，奏乞留京養親，辭不赴任。而此辭官之舉，亦使其日後仕途蹭蹬。晚年蘇轍嘗自言：「予采道路之言，論宮掖之秘，自謂必以此獲罪，而有司果以為不遜。……自是流落，凡二十餘年」[7]，道盡心中深沉感慨。

二、直言遭忌

宋英宗治平二年，蘇軾還京任職，蘇轍留京養親之藉口已不成立，遂向朝廷求官，三月出任大名府（河北大名）推官，時年二十七歲。大名府乃北方地接契丹之軍事重鎮，然其官職卑微，為府中末吏，韓琦或因惜才，遂命差管勾大名府路安撫總管司機宜文字，俸祿亦稍優，對此望外之恩他十分感激，於〈北京謝韓丞相啓〉中道：「顧恩造之甚厚，思力報以末由」[8]，然對此幕府之簿書生活深感繁重與不滿，嘗言「莫歸何暇食，堆按簿書高」[9]，「簿書填委休何日？學問榛蕪愧古人」[10]，表達有志難伸及對此工作之厭棄。

---

[7] 蘇轍《欒城後集·潁濱遺老傳上》，卷 12。

[8] 蘇轍《欒城集·北京謝韓丞相啟》，台北：中華書局，四部備要本，1966 年，卷 50。

[9] 蘇轍《欒城集·次韻王臨太博馬上》，卷 3。

[10] 蘇轍《欒城集·送陳安期都官出城馬上》，卷 3。

治平三年，蘇洵卒於京師，蘇轍離職護喪歸蜀。宋神宗熙寧二年二月喪滿返回京城，此時神宗初繼位，年富力強，欲有一番作為，遂以王安石為參知政事，開始變法，並詔求直言。子由見朝政有為，不顧官位卑微，寫下〈上皇帝書〉，表達支持新政，他說：

> 夫今世之患，莫急於無財而已。財者，為國之命而萬事之本，國之所以存亡，事之所以成敗，常必由之。[11]

此豐財之觀點與神宗、王安石一致，故神宗一見其奏章，即破格召對延和殿，聽取有關豐財之意見，並任制置三司條例司檢詳文字，時年三十一歲。然王安石之豐財觀念為廣開財源，蘇轍卻認為應去冗吏、冗兵、冗費，以緊縮開支。因此，二人歧見日深，在王安石堅持之下，陸續推行青苗法、鹽禁、雇役法、均輸法等新法，蘇轍自知所言不為世用，於熙寧二年八月，寫下〈制置三司條例司論事狀〉，對新法作全面之批評，並作〈條例司乞外任奏狀〉，要求外任，遂除河南府推官，但並未赴任，直至熙寧三年春，張方平知陳州（河南淮陽），辟其為學官，始離京去陳州，時年三十二歲。於陳州教授三年，生活極為清苦。

熙寧四年，歐陽脩致仕，蘇轍兄弟同謁於潁州，與之宴飲於潁州西湖。次年，歐陽脩卒，蘇轍作〈歐陽少師挽詞〉、〈祭歐陽少師文〉哭之。熙寧六年，改授齊州（山東濟南）掌書記，時年三十五歲，此時期雖公事忙碌，然其心情較為開朗，不僅與長官

11　蘇轍《欒城集・上皇帝書》，卷21。

李師中、李肅立、李公澤等情誼篤厚，且結識不少志趣相同之朋友，時相唱和，對此地壯麗淳樸之山水民情，亦難忘懷。

熙寧九年，王安石罷相，蘇轍正好回京等候改官，見神宗未廢新政，遂進呈〈自齊州回論時事書〉，列數新法之害，言「青苗行而農無餘財，保甲行而農無餘力，免役行而公私並困，市易行而商賈皆病」[12]，勸神宗罷新政。神宗未采其主張，任之為著作佐郎，令蘇轍十分失望。未久，張方平辟之為南京（河南商丘西）簽書判官。此時他滿懷憂憤抑鬱之情，自出仕以來，一直擔任繁瑣枯燥之幕僚生活，令其十分感慨，寫下「自從厭蓬蓽，誤逐功名誘。初心一漂蕩，舊學皆榛莽。失足難遽回，撫卷長自詬」[13]之慨歎。

元豐二年，蘇軾知湖州，御史李定、舒亶等人摭拾其〈湖州謝上表〉中：「知其愚不適時，難以追陪新近；察其老不生事，或能牧養小民」[14]語句，與譏刺新政之詩篇，言其訕謗朝廷，逮捕下獄，欲置之死，此即「烏台詩案」。蘇轍不僅照顧蘇軾一家老小，並上書神宗，以極微婉之言詞為蘇軾辯冤，並願以己之官職贖兄之罪[15]，然朝廷置之不理。後經朝廷內外大臣之營救，蘇軾於年終出獄，貶為黃州團練副使，蘇轍亦坐貶監筠州（江西高安）鹽酒稅，五年不得他調，時年四十一歲。此時期心情雖苦悶，卻為創作之豐收季節，他傳世之《詩集傳》、《春秋集解》、《老子解》、《古史》等學術著作，多於此時期開始撰寫；詩歌、散文之創作亦不少。蘇轍在〈潁濱遺老傳〉中言：

---

12 蘇轍《欒城集·自齊州回論時事書》，卷35。
13 蘇轍《欒城集·張恕寺丞益齋》，卷7。
14 蘇軾《蘇軾文集·湖州謝上表》，卷23。
15 見蘇轍《欒城集·為兄軾下獄上書》，卷47。

謫監筠州鹽酒稅，五年不得調。平生好讀《詩》、《春秋》，病先儒多失其旨，欲更為之傳。《老子》書與佛法大類，而世不知，亦欲為之注。司馬遷作《史記》，記五帝三代，不務推本《詩》、《書》、《春秋》，而以世俗雜說亂之；記戰國事多斷缺不完，欲更為《古史》。[16]

說明此時浸淫書中，專事研究之狀況。他也開始與僧、道頻繁交往，將釋、道作為解除自己多病多難之良方。

元豐七年，蘇轍四十六歲，改知歙州績溪（安徽績溪）令，初到任，因寒熱之疾，一病五十日。未久，神宗去世，年僅十歲之哲宗繼位，高太后臨朝聽政，紛紛起用因反對新法而遭貶之舊臣，蘇轍兄弟亦在其中。元豐八年，除秘書省校書郎，雖仍是九品小官，卻是開始受重用之徵兆。

三、扶搖直上

宋哲宗元祐元年，蘇轍抵京，除右司諫，年四十八歲。於擔任右司諫期間，共上奏章七十四篇，對朝廷提出許多政治諍言，多數均被採納施行，對元祐之政起不小影響。不逾年，除起居郎，中書舍人。未久，升任戶部侍郎，掌國家財政大權，主張信賞必罰，節約開支。元祐四年，改任吏部侍郎，甫三天，又改翰林學士、知制誥。未幾，被命為賀遼生辰使，出使契丹。及至遼，胡人詢問三蘇文與事甚詳，並向蘇轍乞求服茯苓之方[17]。足

---

16 蘇轍《欒城後集‧潁濱遺老傳上》，卷12。
17 蘇轍嘗作〈服茯苓賦〉，見《欒城集》，卷17。

見三蘇文已流傳北界，亦可知遼國君臣熱愛中原文化。還朝後，他上奏〈北使還論北邊事札子〉五篇，就其所見所聞，提出建言，主張加強管制臣僚章疏及士子策論，以防洩漏國家機密。

　　元祐五年，蘇轍五十二歲，改龍圖閣學士、御史中丞，爲御史臺之長官，乃執法之臣。元祐六年，擢升尚書右丞，掌參議大政，相當於副相，可謂平步青雲，恩寵異常。父蘇洵因此追贈爲司徒，母程氏亦爲蜀國太夫人，又於祖墳側修建廟堂以薦先福，十分榮耀。蘇轍除感恩勤政以報朝廷之外，內心實誠惶誠恐，每次擢升，均數上疏書，再三懇辭，太后不允，始就職上任。他明白自己前後爲諫官，彈劾得罪不少人，爲求自保，遂連上四狀辭官，乞求外任[18]。在〈免尚書右丞表二首〉中，又一再懇求太后：「亟收前命，以保危蹤。苟無隕越之憂，盡出生成之造」[19]，然太后仍不准，即使當時侍御史賈易攻擊他：「轍早應制科，試文繆不及格，幸而濫進，與軾皆誹怨先帝，無人臣禮」，台官安鼎彈劾他：「欺罔詐謬，機械深巧」[20]，高太后仍對子由之忠貞耿介，賞識有加。

　　元祐七年，哲宗十七歲，四月立后，以蘇轍攝太尉，充任告期使，六月，擢爲太中大夫、門下侍郎，時年五十四歲。他仍再上辭狀[21]，言明擢升太速，必遭嫉恨，盼能外任以自保，充分顯示子由對自己之處境，實是憂心忡忡。他擔心遭貶斥之元豐舊臣伺機報復，擔心元祐臣僚間之朋黨相攻，擔心高太后與哲宗之兩宮不協，因此，愈升官，心裡愈憂懼。元祐八年，高太后逝世，

---

[18]　蘇轍《欒城集‧辭尚書右丞劄子四首》，卷47。
[19]　蘇轍《欒城集‧免尚書右丞表二首》，卷47。
[20]　以上引文見畢沅《續資治通鑑》，卷82。
[21]　蘇轍《欒城後集‧辭門下侍郎劄子》，卷17。

哲宗親政，一場政治風暴即將開始。

四、逐客江南

　　宋哲宗親政後，以李清臣為中書侍郎，鄧溫伯為兵部尚書，二人因神宗朝為執政，元祐年間遭逐，遂以廢神宗之政激怒哲宗，全面指責元祐之政，蘇轍上〈論御試策題剳子二首〉辯駁，強調即使「元豐之事，有可復行，而元祐之政，有所未便」，亦盼皇上能「明詔臣等，公共商議，見其可而後行，審其失而後罷，深以生民社稷為意，勿為此忽忽，則天下之幸也」[22]，蘇轍態度誠懇，皇上卻頗為不悅，兼以李清臣上言蘇轍兄弟變更先帝法度，並以漢武之窮兵黷武比之先帝，使哲宗更為震怒，子由因之被罷黜，出知汝州（河南臨汝），時年五十六歲。

　　哲宗紹聖元年四月，抵汝州後，心境坦然，作〈塞師嵩山圖〉言：「峻極登高二十年，汝州回望一依然」[23]，淡泊榮辱得失。同年六月，再降三官，改知袁州（江西宜春）；未至，再貶分司南京、筠州（江西高安）居住。一年之中，連貶三次，可謂「歲更三黜」[24]。但他處之泰然，和蘇軾兄弟互勉，「誰言逐客江南岸，身世雖窮心不窮」[25]。居筠州三年，蘇轍開始復理舊學，從事以前貶筠州時開始之學術著作。

　　紹聖四年，再貶化州（廣東化縣）別駕，雷州（廣東海康）安置，時年五十九歲。知州張逢對其十分禮遇，卻被廣西經略安

22　蘇轍《欒城後集‧論御試策題剳子二首》，卷16。
23　蘇轍《欒城後集‧塞師嵩山圖》，卷1。
24　蘇轍《欒城後集‧分司南京到筠州謝表》，卷18。
25　蘇轍《欒城後集‧勸子瞻修無生法》，卷2。

撫司段諷告發，張逢被勒停職，蘇轍移循州（廣東龍川）安置。此時蘇轍杜門閉目，追憶昔日所參與之政治活動，命幼子蘇遠書之於紙，名《龍川略志》，共十卷。又追記所聞時賢軼事，名《龍川別志》，共四卷。其筆記政治色彩濃，具史料價值。《四庫全書提要》載朱熹「所作《名臣言行錄》，引轍此志幾及其半，則其說信而有徵，亦可以見矣」[26]，除此之外，也在蘇遠佐助之下，陸續完成傳世之學術著作，蘇轍在〈穎濱遺老傳〉中言：「凡居筠、雷、循七年，居許六年，杜門復理舊學，於是《詩》、《春秋傳》、《老子解》、《古史》四書皆成」。[27]仕途之坎坷，卻成就其名山事業。

元符三年，哲宗去世，徽宗繼位，大赦和內移流人。二月，蘇轍移永州（湖南零陵）。四月，徽宗長子生，大赦，再移岳州（湖南岳陽）。十一月，復官太中大夫，提舉鳳翔府上清太平宮，外州軍任便居住，雖非實任，卻得居住自由，欣喜回穎昌與家人團聚，並函邀蘇軾共享天倫之樂，蘇軾應約北上，行至真州，察覺朝政惡化，遂原舟返航以避禍，至常州染疾病逝。蘇轍聞訊，「號呼不聞，泣血至地」[28]，憾恨未及得見最後一面，手足情深，令人動容。他親為兄作〈墓誌銘〉[29]，詳述蘇軾一生事跡，高度評價其文學成就。

---

[26] 見《四庫全書·龍川略志提要》，台北：台灣商務印書館，文淵閣四庫全書，1983年，卷140。

[27] 蘇轍《欒城後集·穎濱遺老傳下》，卷13。

[28] 蘇轍《欒城後集·祭亡兄端明文》，卷20。

[29] 蘇轍《欒城後集·亡兄子瞻端明墓誌銘》，卷22。

五、杜門穎濱

宋徽宗崇寧元年，任蔡京爲相，又開始迫害元祐臣僚，蘇轍降爲朝請大夫，次子蘇適亦罷太常太祝，並刻元祐奸黨籍一百二十人於端禮門，蘇轍名列十九。崇寧二年，詔焚三蘇及蘇門四學士文集，令州軍立黨人碑，宗室不得與黨人子孫爲婚。爲了避禍，獨自遷居離京城較遠之汝南（河南）。崇寧三年，罷提舉太平宮，成了一介平民，時年六十六歲，從此未出，閉門杜口，斷絕交遊，一心一意經營屋舍，教敕子孫，整理昔文，讀書著述，安度晚年。

蘇轍晚年除手定詩文集外，對《詩》、《春秋傳》、《老子解》、《古史》四部學術著作，又精心修改，他在《老子解·題老子道德經後》中說：「予自居穎昌十年之間，于此四書復多所刪改，以爲聖人之言，非一讀所能了。故每有所得，不敢以前說爲定」。[30]可見其治學態度之認真。此時他表面雖不過問時事，實則心中仍擔憂國事，有感於現實，作《歷代論》四十五篇，名爲論史，實則論政，除抒寫自己之政治識見外，並借古諷今，盼能爲世所用。蘇轍尚回顧一生經歷得失，寫下〈穎濱遺老傳〉，表明自己一生忠君愛國之赤忱。此時期因長居鄉間，對農民疾苦感受深刻，也寫下不少反映現實之詩篇，如〈秋稼〉，生動刻劃百姓生活之悲慘與官府徵歛之蠻橫，流露其悲天憫人之仁者胸懷。

崇寧五年春，星變，輿論謂乃朝廷迫害元祐忠良所致，徽宗

---

30 蘇轍《老子解·題老子道德經後》，台北：台灣商務印書館，文淵閣四庫全書，1983年，卷下。

心虧，詔毀黨人碑，除黨人一切禁令，徽宗大觀二年，蘇轍復官朝議大夫，遷中大夫，這對他是一大慰藉，使其晚年稍愉快些。徽宗政和二年，蘇轍七十四歲，病篤，朝廷方准其再復一官，以太中大夫致仕，十月三日，與世長辭。子孫將之與蘇軾同葬於汝州郟城（河南郟縣）上瑞里。十一月，朝廷追復其貶謫前之端明殿學士，特賜宣奉大夫。南宋高宗紹興年間，頒詔追復蘇轍元祐時期所任官爵，並贈太師、封魏國公。南宋孝宗淳熙三年（卒後六十四年），賜諡文定。

縱觀蘇轍一生，泰半時間在朝為官，長達四十餘年之仕宦生涯，歷經宋仁宗、英宗、神宗、哲宗、徽宗五朝。雖有二次政治災難，然多能化險為夷，較其兄平順，位居要職時，亦能克盡厥職，戮力政事。他置身黨爭最激烈之時代，仍能卓然不群，不阿私黨從，表現一代政治家之風範。子由終以文學與思想名家，然其政績亦值肯定。[31]

∽ 第二節　學術背景

宋朝重視文教事業，大力興學，造就不少人才；統治者致力搜羅遺冊，編纂圖書，影響所及，私人著述亦大量湧現；兼以印刷事業之蓬勃發展，書籍得以廣泛流傳。尤其宋仁宗慶曆年間，畢昇發明活字印刷術，更是印刷技術之一大突破，加速刻書業之繁榮，文化之昌盛。章宏傳〈兩宋編輯出版事業研究〉說：

---

[31] 有關蘇轍之生平事蹟，乃根據拙著《蘇轍史論散文研究》作刪修，故有部份雷同，特此說明。

> 兩宋雕版印書事業空前發展，刻書範圍之廣、機構之多、
> 數量之大、版印之精，在歷史上都是罕見的。當時官刻、
> 坊刻、私刻並盛。……官府的爭相刻書，造成一種社會風
> 氣，書坊刻書也十分繁盛。[32]

刻書業之盛，加速知識之傳播、古籍之流傳，促進文化事業之發展，知識分子之數量亦日益龐大。宋代知識分子於此環境中，廣博地採擷前人之所長，豐富自己的生命哲學，於是學術思想活躍，思辨能力空前發展。宋朝，一個高文化素質之朝代，學術思想亦璀璨多姿，熠熠生輝。

以下即由儒學之復興、三教之融合兩大方向，簡單勾勒此豐盛的年代，其多姿多彩的學術思想概況。

一、儒學之復興

北宋結束五代紛亂，締造大一統王朝，採行崇文抑武之措施，使得社會安定，文治日盛，相較於歐洲中世紀的黑暗，北宋無疑是人類十一世紀文明的高度發展。知識分子處此文化昌明之時代，面對中國化佛教——禪宗的瀰漫全國，道教勢力的雄據要津，亟思拯救衰微之儒學。此時不同階段的知識分子，在復興儒學的使命下，作出多樣的努力。論述如下。

---

[32] 章宏傳〈兩宋編輯出版事業研究〉，《山東大學學報（哲學社會科學版）》，1997年，第4期，頁35。

（一）疑經之風開

自漢武帝罷黜百家，獨尊儒術以來，儒學成為正統學術，儒者莫不以解經、闡述、研究儒家經典為要務，形成「經學」。漢之經學發展至唐代，學者治經均固守師說，不再有前進之可能，而唐代佛、道二教盛極一時，所提出之宇宙觀、人生哲理為古漢學所未見，威脅儒學之地位。中唐啖助、趙匡、陸淳等人，於安史亂後，開始以一種新的眼光，懷疑批判之精神研究經學，對權威之《春秋三傳》表示質疑；韓愈繼之作〈論語筆解〉、〈原道〉、〈原性〉，李翱作〈復性書〉等，提出「道統」與「性命」之說，以抗佛、老，自出新意，不再一味沿襲古訓，為宋學開闢門徑。宋儒眼見社會存在各種矛盾，遂力圖尋覓濟世之方，形成獨立思考之學風，擺脫章句訓詁之束縛，直探經書義理，針對政治社會之需要，提出新解並批判漢儒之學，形成疑經與自由解經之思潮。劉復生在〈北宋中期儒學復興運動的興起及其特點〉中說：

> 固守義疏章句，約束了人們的思想，打破僵化的傳統經學，成為復興儒學的迫切任務。宋儒不獨不迷信傳注，進而對經文本身也進行了大膽的懷疑。直抒胸臆，發明經旨，在北宋中期滙成為強勁的洪流一發而不可止。這便是今人稱之的疑經思潮。[33]

---

[33] 劉復生〈北宋中期儒學復興運動的興起及其特點〉，《四川大學學報（哲學社會科學版）》，1991年，第3期，頁83。

歐陽脩於〈易童子問〉謂《繫辭》非聖人之作[34]；〈問進士策〉
謂《周禮》後出可疑[35]。劉敞長於《春秋》，《直齋書錄解題》謂
其：「始為《權衡》以平三家之得失，然後集眾說，斷以己意，
而為之《傳》。《傳》所不盡者，見之《意林》」[36]，自出新意解
《春秋》。蘇軾〈天子六軍之制〉言《周禮》為戰國時期所增之
文[37]；蘇轍〈周公〉言《周禮》之不可信[38]。總之，北宋中期，
諸儒捨傳注之學，進而疑經、改經，企圖以自己的主觀認識來掌
握聖人精神。陸游曾描述此盛況：

> 唐及國初，學者不敢議孔安國、鄭康成，況聖人乎！自慶
> 曆後，諸儒發明經旨，非前人所及。然排《繫辭》，毀
> 《周禮》，疑《孟子》，譏《書》之〈胤征〉、〈顧命〉，黜
> 《詩》之〈序〉，不難於議經，況傳注乎。[39]

可見疑古惑經思潮之盛，儒學亦於此思潮影響下，產生質變，韓
鍾文在《中國儒學史‧宋元卷》中指出：

---

[34] 歐陽脩《歐陽文忠全集‧易童子問》台北：中華書局，四部備要本，1966
年，卷 78。文中言：「童子問曰：『《繫辭》非聖人之作乎？』曰：『何獨
《繫辭》焉！〈文言〉、〈說卦〉而下皆非聖人之作。』」

[35] 歐陽脩《歐陽文忠全集‧問進士策》，台北：中華書局，四部備要本，
1966 年，卷 48。

[36] 陳振孫《直齋書錄解題‧春秋類》，上海：上海古籍出版社，1987 年，卷
3。

[37] 蘇軾《蘇軾文集‧天子六軍之制》，北京：中華書局，1986 年，卷 7。

[38] 蘇轍《欒城後集‧歷代論‧周公》，台北：中華書局，四部備要本，1966
年，卷 7。

[39] 王應麟《困學記聞》，上海：古籍出版社，《續修四庫全書》，1995 年，卷
8。

熙寧、元豐年間，是宋代儒學的百家爭鳴時期，也是中國
儒學史上「儒學再生」或「儒學復興」的一重大轉折時
期。荊公新學、蘇氏蜀學、二程洛學等大流派以及濂學、
關學、涑水之學、百源之學等等流派，也先後崛起，疑古
惑經與批判漢唐「繁瑣失真」的訓詁章句之學思潮，推動
著儒學向縱深發展，道德性命之學或心性義理之學成為這
一時期關注的重點、爭論的焦點。[40]

於是宋代的經學邁向義理化，有別於漢代的章句訓詁，皮錫瑞謂
之「經學變古時代」[41]，良有以也。近代學者劉師培在〈漢宋學
術異同論〉中說：

夫漢儒經說，雖有師承，然膠於言詞立說，或流於執一。
宋儒著書雖多臆說，然恒體驗於身心，或出入老釋之書，
故心得之說亦間高出漢儒。[42]

認為宋儒自出新意之經說高於漢儒之固守章句。

始於中唐，興於北宋之儒學復興運動，以疑辨古經為起點，
終滙成強大之思想解放潮流，形成新的治經方法，成為宋代學術
思想之一大特色。

---

[40] 韓鍾文《中國儒學史·宋元卷》，廣東：廣東教育出版社，1998 年，頁
119。
[41] 皮錫瑞《經學歷史》，台北：漢京文化事業有限公司，1983 年，頁 220。
[42] 劉師培《劉申叔先生遺書（一）·漢宋學術異同論·總序》，台北：大新書
局，1965 年，頁 647。

(二) 理學之確立

隋唐雖爲一統之大帝國，但印度東傳的佛教勢力空前發展，宗派林立，躍居社會之主流意識，知識分子處此時代，深體儒學之危機，遂有韓愈之闢佛，雖難敵佛教之洪流，卻開啓儒學復興之端。

歷經晚唐五代兵燹，長期失序的社會在北宋王朝的建立後，露出一線光明曙光，開國君主崇文教、抑武事，讓人民得以休養生息。政治的安定，帶來經濟的繁榮，社會上亦亟須道德倫理的重建，知識分子於是挑起時代重任，承續中晚唐儒學復興之思潮，欲恢復舊有倫理綱常，矯治長久以來失序之社會。而帝王相繼推行右文政策，爲儒學之復興創造了絕佳機會，於是北宋儒者通過對儒家原典創新之詮釋，並吸納佛、道哲學之精華，發展出精緻而系統化的哲學體系，形成足以抗衡佛、道的勢力，儒學再度成爲中國思想界的主流意識，雖已非先秦原儒的面貌，但肩負的時代使命相同，淑世的理想無異。

北宋初年，范仲淹帶起了經世致用之風，他本著「**先天下之憂而憂，後天下之樂而樂**」[43]的胸懷，振興教育，培育人才，爲儒家思想廣播新種，成爲日後儒學復興運動前仆後繼之生力軍；又以經術爲濟世之大本，主張宗經，提倡經學，使得儒家思想終能凌駕一切，成爲政教之張本，風俗之通義；他又提拔後進，激勵士風，當時胡瑗、孫復、石介、歐陽脩、富弼、李覯、劉牧等，均得其提攜，或受其人格感召，或受其思想啓發，終使得士

---

[43] 范仲淹《范文正公集・岳陽樓記》，上海：商務印書館，四部叢刊初編，1967年，卷7。

風大盛，名儒輩出，形成一股以儒學扶救世衰之強大思潮。在這股思潮中，知識分子以各自的角度，作出多樣的努力，濂、關、新、朔、洛、蜀學等，盛極一時，而其中影響較大，並成爲日後宋學主流的是理學，由宋初三先生到北宋五子，標誌著「理學」之完成。宋初三先生爲理學之先驅，具奠基之功；北宋五子先後豐富了理學內涵，最後由二程完成理學體系，姚瀛艇說：

> 真正完成歷史所提出的使命，創立一套能把自然觀、認識論、倫理觀、道德觀等有機地聯繫在一起，並爲封建統治秩序進行新論證的哲學體系的，卻只有二程一家。因此，洛學的出現，標誌著新儒學的初步形成，標誌著漢學向宋學轉變的完成。[44]

理學之確立，使得經世致用之學，漸漸轉爲心性義理之學，成爲宋代學術思想之特色。

(三) 史學之興盛

相較於漢、唐史學開拓出中國古代史學之規模與氣象，宋代史學在強鄰環伺，經世致用風盛之驅使下，蓬勃發展。北宋官修之史書，如歐陽脩、宋祈之《新唐書》；薛居正之《五代史》，規模宏大；私修之史著亦空前豐富，如歐陽脩《五代史記》、司馬光《資治通鑑》、蘇轍《古史》；文人論史之作亦多，如歐陽脩〈縱囚論〉、曾鞏〈唐論〉、王安石〈伯夷〉、三蘇〈六國論〉

---

[44] 姚瀛艇《宋代文化史》，台北：昭明出版社，1999年，頁238。

等，盛極一時。陳谷嘉在〈北宋時期史學研究新潮的興起及其對理學的引領〉中說：

> 宋仁宗至英宗和神宗時期，出現了中國歷史上鮮見的史學繁榮局面，人材輩出，湧現了歐陽脩、司馬光等一大批有影響的史學家。……另外，諸如實錄、國史、前朝史、會要、地志、稗史等史籍的修撰均已展開，多有創新。[45]

正道出北宋史學之繁盛景況。

北宋崇尚文治，君王讀經、史成為風氣，許多大臣亦欲藉史格君之非，發揮史學借鑑之作用；政治家欲推行改革，亦藉史作議論。於是總結歷史盛衰之理，求有補於世用，成為北宋學術思想之另一風貌。

北宋之史學反映出時代特點，大抵慶歷以前，宋王朝主要任務為加強中央集權之統治，消滅地方割據勢力，故史學思想為「尊王」，如孫復作《春秋尊王發微》，強調尊王之義；胡瑗作《春秋說》，解釋《春秋》書法要義，亦以尊王思想為依歸。慶歷以後，政治弊端、社會問題日趨嚴重，政治上亟求變革，慶歷新政、熙寧變法相繼推行，學術思潮上疑經風盛，理學崛起，在此非常時期，史家欲於歷史興亡中，尋求真實教訓，以挽狂瀾於既倒，故史學思想為「資鑒」。吳懷祺在《中國史學思想通史·宋遼金卷》中說：

---

[45] 陳谷嘉〈北宋時期史學研究新潮的興起及其對理學的引領〉，《學術探索》，2003 年，第 9 期，頁 77。

> 史學家如歐陽脩、司馬光、蘇轍等，他們修史也是要使宋
> 朝社會擺脫困境，……史學家很多人在理學上有貢獻，但
> 更多的人著重從盛衰變化的事實中、從歷史經驗教訓中求
> 得為人臣、為人君、為人父、為人子的道理，求得治世的
> 辦法，維持趙宋統治。[46]

指出這時期的史學家欲藉由過去的歷史，明鑑治亂得失之道，以
針砭時弊，爲憂病交迫之世局，尋求光明指引。曾鞏在〈南齊書
序〉中說：「蓋史者，所以明夫治天下之道也」[47]，正爲此階段
史學之最佳注腳。

二、三教之融合

儒、道、釋之融合，魏晉已開其端，歷經唐、五代至宋，彼
此互相吸收、融攝之狀況，更加明顯，此乃學術發展必然之結
果。分述如下：

(一) 儒

儒家講究齊家、治國、平天下，注重現實生活，強調倫理綱
常而罕言天命。觀先秦原儒之思想爲一種經驗論、目的論，欠缺
嚴密之宇宙本體論，而自佛教東傳、道教形成之後，嚴密的哲學
體系對儒家造成衝擊和威脅，尤其唐朝佛教大盛，儒家不再處於

---

[46] 吳懷祺《中國史學思想通史·宋遼金卷》，安徽：黃山書社，2002 年，頁
42。

[47] 曾鞏《元豐類藁·南齊書目錄序》，台北：中華書局，四部備要本，1971
年，卷 11。

獨尊地位，有志之士遂起而闢佛，欲復興儒學。然而在當時的社會條件下，原儒之思想體系不足以應付佛、道之洪流，於是表面上排斥佛、道，實際上吸收其哲理，成為中唐以後儒學之特色，韓愈〈原道〉、〈原性〉；李翱〈復性書〉等，均可見之。此時儒家哲學雖未臻完備，卻為宋代理學之先聲。

北宋儒者，一方面承繼中晚唐儒學復興之波瀾；一方面出入佛、老，採擷他人精義以充實己意，雖打著「復古」的旗號，實則復古中有「創新」，並不拘泥於先秦儒學。所以，北宋儒學是承襲傳統又切合當代之新儒學，也就是將傳統儒學作出當代詮釋。在儒學當代化的過程中，一部分士人著力於「外王」，注重儒學經世致用之實際功效，毅然投身政壇，謀求再現「三代之治」；一部分士人則從「內聖」出發，認為心性修養完善，才能建立起理想中的「王道」社會，此即理學家。由於理學家的努力，儒學終能取代佛、道，成為日後學術思想之主流。

新儒學雖取得獨尊之地位，然無佛、道，難竟其功。北宋五子均曾出入佛、老多年，皆可見佛、道影響之跡。周敦頤的〈太極圖〉與道士陳摶的〈無極圖〉，有異曲同工之妙；邵雍亦師承陳摶[48]；張載之學術思想，上承周、邵，下開二程，他的宇宙論與人性論，正是巧妙結合三教而成；理學之確立者程頤，言其兄：「自十五、六時，聞汝南周茂叔論道，遂厭科舉之業，慨然有求道之志，未知其要，泛濫於諸家，出入於老、釋者幾十年。返求諸六經，而後得之」[49]，可見其思想成熟的過程離不開佛、

---

[48]　見晁說之《嵩山景迂生集・李挺之傳》，台北：台灣學生書局，1975 年，卷 19，頁 1025。

[49]　程顥、程頤《二程全書・伊川先生文集・明道先生行狀》，台北：中華書局，四部備要本，1966 年，卷 7。

老。三教之融合乃歷史發展之趨勢，直接影響理學的產生。陳運寧在《中國佛教與宋明理學》中說：

> 如果說，華嚴宗建立的理本論哲學為後來宋明理學中的程朱哲學的形成提供了思想資料，那麼禪宗的心本論哲學則對以後宋明理學中的陸王心學的形成有著直接的影響。[50]

賈順先〈儒釋道的融合和宋明理學的產生〉也說：

> 宋明理學，自稱是直接繼承孔孟儒學的。其實在這個哲學體系中，它不僅有哲學的正統思想，而且還有佛學、道學、兩漢經學、魏晉玄學的痕跡。特別是佛學、道學對它的形成起著重要的作用。……在思想資料和思維結構方式上，宋明理學又是以儒家的道德倫理思想為核心，佛學的思辨結構作骨架，並吸收了老莊「道生萬物」的宇宙觀，建立起來的一種哲學體系。[51]

明白指出宋代儒學對佛、道二家的吸收融攝。

儒家汲取佛、道及其他哲學家之思想資料、思維模式，架構出嚴密的哲學體系，形成以儒為主，佛、道為輔之思想組合，邁入了三教合一的新儒學。

---

[50] 陳運寧《中國佛教與宋明理學》，湖南：湖南人民出版社，2002 年，頁 62。

[51] 賈順先〈儒釋道的融合和宋明理學的產生〉，《四川大學學報（哲學社會科學版）》，1982 年，第 4 期，頁 21。

（二）道

　　道教爲中國原始宗教，淵源流長。東漢張陵創立五斗米道之後，經其孫張魯的壯大和發展，道教無論在教義、儀式、組織等各方面，漸趨完備，成爲獨立而理性之宗教。早期道教主要思想來自於《老子》、《莊子》、《列子》等道家典籍，亦吸收儒家天人合一與陰陽五行之說，以豐富教義。如道家第一部經書《太平經》，即充斥陰陽五行之言、儒家倫理綱常之說；《老子想爾注》把道家之「道」，依附於儒家的忠孝仁義等道德規範上，認爲實行了「道」，也實行了倫理道德；反之，「道」不行，社會上就會出現違法亂紀之現象。

　　魏晉南北朝是道教發展之重大時期，當時舉足輕重之道士葛洪、寇謙之、陸修靜、陶弘景等均博通儒家或佛教經典，並對道教之發展作出重大貢獻。葛洪，大量的援儒入道，用儒家的倫理綱常補充道教。寇謙之，吸收儒家禮教，強調通過養生修煉以達長生不老；積極介入現實政治，尋求生存空間；吸收佛教教義、教儀，建立新的戒律與組織。陸修靜，用儒家禮法約制人心，又吸收佛教「三業清淨」之思想以制訂齋儀，將修真、祭祀之道予以規制化。陶弘景，被譽爲山中宰相，梁武帝遇不能決斷之事，往往垂詢於他，他學識廣博，著作亦多，取儒、佛之長，補充道教之理論，使道教教義系統化，促進了道教的發展。南北朝時期，儒、道、釋就在互相融合與爭辯中，彼此各取所需，茁壯自己。

　　隋唐是道教發展的黃金時代，由於帝王之尊崇與扶植，位居三教之首，成爲國教。此時期，儒家出現韓愈、柳宗元、李翱等

思想家；佛教之天台宗、法相宗、禪宗亦盛行；道教於此哲學與宗教思潮影響下，進一步朝向義理化發展，一方面吸收儒家之政治與倫理思想，一方面融入佛教義理。如王玄覽，以神仙信仰來闡發老、莊思想，並援佛入道，吸收法相宗「萬法唯識」、「唯識無境」之思想。司馬承禎以老、莊思想爲主體，吸收佛教「止觀」、「禪定」思想，闡發其養生修真之理論。吳筠、杜光庭則以道爲本，納儒入道，認爲儒、道相契合，而道又高於儒。

五代連年混戰，民不聊生，特別需要精神上的慰藉，於是宗教盛行，道教也得到長足的發展。

宋代亦爲道教發展之重要階段，北宋出現頗爲好道之帝王，真宗、徽宗欲借道教神威，以維護統治地位，雖屬荒誕，亦可見道教之貴盛一時。此時著名道士陳摶，吸收儒家《易》之宇宙生成論，以圖解《易》，開創了圖學；又作〈無極圖〉，影響周敦頤、邵雍等理學家。張伯端作《悟真篇》，流露三教合一之思想，認爲「**教雖分三，道乃歸一**」[52]。道教在宋代的活躍表現爲道派分化繁雜，新興道派不斷出現，其信仰與養生方式已深植民心，許多儒士、僧侶亦服食丹藥，而標榜三教圓融、主張三教合一之思想，正符合學術潮流。

（三）釋

佛教自東漢初傳入中國，即結合黃、老道術，具神仙方術色彩。魏晉時期，玄學盛行，佛教亦開始玄學化，佛學研究出現「格義」學風，以老莊玄學比附佛學，佛教開始中國化。此時出

---

[52] 張伯端《悟真篇·原序》，台北：台灣商務印書館，文淵閣四庫全書，1983年，頁438。

現大規模的求經、譯經活動，使得佛學研究大盛，出現六家、七宗爭鳴之景況。隋唐以後，佛學邁入三教融合，統治者認為儒、道、釋之教義互有深淺，但都能淨化人心，教化百姓，於是實行以儒家為主，佛、道為輔之文化政策。

佛教中國化，走向與儒、道融合之路，乃時勢使然。在行為上，佛教吸收儒家忠孝之道的政治倫理與道德觀，如提倡「五戒」（不殺、不盜、不淫、不欺、不飲酒）、「十善」（身不犯殺、盜、淫；意不嫉、恚、痴；口不妄言、綺語、兩舌、惡口），並宣揚忠孝之行，強調齋戒、行善可為已故之親人積累功德，修來世善果，將儒家之道德綱常轉化為日常之宗教實踐。在哲理上，佛教受儒家哲學長期探討心、性、理之影響，亦重視心、識、佛性、真如等概念之探討。陳運寧在《中國佛教與宋明理學》中指出，佛教各宗派如三論宗、天台宗、法相宗、禪宗等，均受到儒家思想的啟發，他說：

> 他們或者主張以心為本體；或者主張以識為本體；或者主張以理為本體；或者主張性本清淨；或者主張性具雜染；或者主張性分不等，儘管各種說法不盡一致，但其共同點都是以儒家思想為借鑒，從不同角度更加深入系統的探討了心、性、理問題。這是佛儒進一步結合的主要形式之一，是佛教儒學化的重要表現。[53]

正說明了佛、儒的進一步融合。

---

[53] 陳運寧《中國佛教與宋明理學》，頁44-45。

　　道教爲中國本土宗教，具適合中華民族之宗教理論與修養方法，其結合道家之玄思與自然之生活態度，贏得廣大信眾。佛教欲在中國推展，亦汲取其長生之術與自然論，如禪定時強調「**調五事**」（調飲食、睡眠、身、心、息），與道教養生術雷同；天台宗把道教長生不死之神仙思想納入，發願先成神仙再成佛；華嚴宗從理論上對調和三教作出論證。洪修平在〈儒佛道三教關係與中國佛教的發展〉中說：

> 禪宗更是站在佛教的立場上，將儒家的心性論、道家的自
> 然論與佛教的基本思想融通為一，形成了它所特有的中國
> 化的禪學理論和修行方式。[54]

崛起於唐朝之中國化佛教——禪宗，正是三教融合之代表。

　　入宋以後，三教之融合更形深化，以理學爲代表的儒家學說，在政治上取得領導地位，然而文人禮佛、參禪、以道術養生，成爲普遍風氣；民間信仰佛、道者不少；僧人讀經、好理學者亦眾。外來佛教最終融入了中國社會，成爲中華文化的一部份。

◌ 第三節　思想淵源

　　蘇轍思想之源頭活水，來自於深厚之家學、時相唱和之詩

---

[54] 洪修平〈儒佛道三教關係與中國佛教的發展〉，《南京大學學報（哲學・人文科學・社會科學）》，2002 年，第 3 期，頁 90。

友、生長之地域與所處之時代環境，相關之論述，拙著《蘇轍史論散文研究》已載，此處由另一角度出發，略論其儒、道、釋之思想淵源。

一、儒家思想

　　北宋輝煌的學術中，蘇氏「蜀學」長期與王安石「新學」、二程「洛學」並峙，深切影響後代學者，《宋元學案》因之專立一卷，是爲〈蘇氏蜀學略〉[55]。蘇氏蜀學由蘇洵開創，經蘇軾、蘇轍兄弟發展而成熟。

　　二蘇思想淵源於蘇洵，蘇洵於寶元初落第後，即返家閉門，精心研究學術，大究《六經》、百家之文，逐豁通《六經》、百家之旨，明古今治亂之理與聖賢出處之道。雖然王安石批評蘇洵之學爲「戰國縱橫之學」[56]，朱熹也對其〈六經論〉頗有微詞，但蘇洵之學實際上是以《禮》、《易》爲本，乃儒家思想。他認爲「聖人之道，有經、有權、有機」[57]，「經」是義理思想的呈現，「權」、「機」則是實現「經」之策略。〈諫論上〉亦云：「仲尼之說，純乎經者也；吾之說，參乎權而歸乎經者也」[58]，可見蘇洵的學術思想雖有戰國縱橫學之成份，根本仍在儒家思想。此權變的儒家思想深深影響二蘇的學術態度。

---

[55] 黃宗羲《黃宗羲全集・宋元學案》，浙江：浙江古籍出版社，1986 年，第 6 冊，卷 99。

[56] 邵博《河南邵氏聞見後錄》，北京：中華書局，叢書集成初編，1985 年，卷 14。

[57] 蘇洵《嘉祐集・衡論上・遠應》，台北：台灣商務印書館，1965 年，卷 4。

[58] 蘇洵《嘉祐集・諫論上》，卷 8。

蘇轍少時從父兄學習，父親教之研習百家經典，深固其學問根柢。蘇洵期望兒子能做到儒家的進退由己，達則兼善天下，不達則著書立說，並能研究古今成敗得失，以爲鑑戒。蘇轍於此教育下，從小志氣不凡，他在〈初發彭城有感寄子瞻〉云：「閉門書史叢，開口治亂根。文章風雲起，胸膽渤解寬。不知身安危，俯仰道所存。……誓將貧賤身，一悟世俗昏」[59]，在〈四十一歲歲莫日歌〉中亦言：「少年讀書不曉世，坐談王霸了不疑。脂車秣馬試長道，一日百里先自期」[60]，可見蘇轍少時已慨然有大志，服膺儒家之外王，期爲世所用。

對儒家經典之研究，蘇轍著力亦深，由其十五歲即寫出《論語略解》、《孟子解》、〈春秋論〉，可見一般。事實上，三蘇在求能兼善天下之外，也致力於儒家經典之研究。蘇洵作〈六經論〉，並與姚闢同修《太常因革禮》；三蘇合著《易傳》；蘇軾作《書傳》、《論語說》、〈中庸論〉；蘇轍作《論語略解》、《論語拾遺》、《孟子解》、《詩集傳》、《春秋集解》、〈五經論〉、〈易說〉等，幾已囊括儒家重要經典，亦可見父子三人刻意分工之迹。三蘇雖非純儒，然以新意解經，有其獨到與高妙之處，連批評蘇學爲雜學的朱熹，亦不敢盡廢，他說：「東坡經解雖不甚純，然好處亦自多」[61]；「或問諸家《書》解誰最好，莫是東坡？（朱熹）曰：然」[62]。又評蘇轍《詩集傳》云：「唐初諸儒爲作疏義，因訛踵陋，百千萬言，而不能有以出乎二氏（毛、鄭）之區

---

[59] 蘇轍《欒城集‧初發彭城有感寄子瞻》，卷7。

[60] 蘇轍《欒城集‧四十一歲歲莫日歌》，卷9。

[61] 黎靖德編《朱子語類》，北京：中華書局，1986年，卷130。

[62] 《四庫全書總目‧東坡書傳》，台北：台灣商務印書館，文淵閣四庫全書，1983年，卷11。

域。至於本朝，劉侍讀（敞）、歐陽公（脩）、王丞相（安石）、蘇黃門（轍）、河南程氏、橫渠張氏，始用己意，有所發明，……三百五篇之微詞奧義，乃可得而尋繹」[63]；又說：「子由《詩解》好處多」[64]，可見蘇氏解經必有過人之處。

在三蘇生活的時代，儒學復興運動已取得相當的成果，士大夫服膺儒術者不可勝數，蘇轍亦不外此，他於〈上兩制諸公書〉中云：「何敢自附於孟子？然其所以泛觀天下之異說，三代以來興亡治亂之際而皎然，其有以折之者，蓋其學出於孟子而不可誣也」[65]，表明自己的學問源自孟子。觀蘇轍之著作，儒家思想流露於字裡行間；爲宦數十年，施政治民，行止出處，莫不以儒學爲依歸，足見蘇轍之學術思想是以儒家爲骨幹。

二、道家思想

蘇轍六歲即與兄軾讀書天慶觀，受教於道士張易簡，如是三年；後又與兄研讀道藏，與道學之淵源頗深。蘇轍〈和遲田舍雜詩〉云：「少小本好道，意在三神洲」[66]；〈自寫真贊〉云：「心是道士，身是農夫」[67]，說明自己對道家思想的喜好。蘇轍個性沉靜淡泊，本已近道，又喜讀《老子》、《莊子》，對道家思想有深刻的體會，他說：「道書世多有，吾讀《老》與《莊》。《老》

---

[63] 朱熹《朱子大全・呂氏家塾讀詩記後序》，台北：中華書局，四部備要本，1966 年，卷 76。

[64] 黎靖德編《朱子語類》，卷 80。

[65] 蘇轍《欒城集・上兩制諸公書》，卷 22。

[66] 蘇轍《欒城後集・和遲田舍雜詩》，卷 4

[67] 蘇轍《欒城後集・自寫真贊》，卷 5。

《莊》已云多，何況其駢傍」[68]，認爲老、莊思想已得道家奧義，由此入門即可。相較於蘇軾的偏好莊子，蘇轍則愛好老子，嘗云：「莊周多是破執言，至道無如五千文」[69]，說明自己對老、莊的看法。事實上，蘇轍早年曾作〈老聃論〉，反對以周、孔之言定佛、老是非；貶官筠州時作《老子解》，並與黃檗山長老道全時相切磋，均可見其對《老子》的鑽研與喜愛。

天性之外，健康不佳是蘇轍崇道的另一重要原因。在其文集中，有不少抒寫爲疾所苦並以道家養生術治病的詩文，如〈服茯苓賦并序〉云：

> 余少而多病，夏則脾不勝食，秋則肺不勝寒。治肺則病脾，治脾則病肺，平居服藥，殆不復能愈。年三十有二，官於宛丘，或憐而受之以道士服氣法，行之期年，二疾良愈。蓋自是始有意養生之說。[70]

又如〈丁亥生日〉云：

> 少年即病肺，喘作鋸木聲。中年復病脾，暴下泉流傾。困苦始知道，處世百欲輕。收功在晚年，二疾忽已平。來年今日中，正行七十程。老聃本吾師，妙語初自明。至哉希夷微，不受外物嬰。[71]

---

[68] 蘇轍《欒城集・和子瞻讀道藏》，卷 2。

[69] 蘇籀《欒城遺言》，北京：中華書局，叢書集成新編，1985 年，頁 6。

[70] 蘇轍《欒城集・服茯苓賦并序》，卷 17。

[71] 蘇轍《欒城三集・丁亥生日》，卷 1。

　　說明自己體弱多病，遂依循道家虛靜的養生功夫與道士服氣法，內外兼修，行之有年，以克服病況。貶官筠州時，「五年竄南荒，頑質不伏病。吸清吐濁穢，氣練骨隨勁」[72]，也是靠著靜心煉氣，度過蠻荒的謫居生活。

　　仕途不順，道家思想也成為身心安頓之良方。直言遭忌，二十六歲閒居京師的蘇轍，以讀《老子》、《莊子》排憂解悶；三十七歲任齊州掌書記，取《老子》語：「雖有榮觀，燕處超然」為蘇軾修葺之園北舊臺名之曰「超然」，並作〈超然臺賦〉；四十五歲居筠州，張夢得建快哉亭，蘇轍作〈黃州快哉亭記〉，流露道家無為不爭，坦然面對人生禍福的處世哲學。尤其晚年隱居潁川，閉門不出，謝絕交遊，恬淡自適是此時的寫照，《欒城遺言》中載：「公為籀講《老子》數篇，曰：『高于《孟子》二三等矣』」[73]，正反映蘇轍歷經宦海浮沉，晚年虛靜向道的心境。

　　陳正雄《蘇轍學術思想述評》說：

> 蘇轍兄弟的道家思想，源自老莊，旁及列子，磅礴激盪，並致道以為仕途坎坷困頓的治心良方，悠遊自在的寬心良劑，遊於物外，處變不驚。以道家思想在日常生活養心，養身，「雖有榮觀，燕處超然」，是道家思想的實行家。[74]

所言不差。蘇轍之思想雖以儒家為骨幹，卻也旁及道家，乃因時代環境與人生際遇所致。

72　蘇轍《欒城集‧答王定國問疾》，卷 14。
73　蘇籀《欒城遺言》，頁 1。
74　陳正雄《蘇轍學術思想述評》，台北：文史哲出版社，2000 年，頁 74。

三、佛學思想

北宋佛教盛行，文人與禪師往來交遊成爲風潮，彼此詩偈相酬蔚爲時尚，三蘇亦然。蘇轍早在九歲時，就陪父親自嵩洛到廬山，望瀑布，與訥禪師、景福順公遊。後來長期官場失意，遂與佛學結下不解之緣。

觀蘇轍之詩文，留下許多閱讀佛經的紀錄。他最喜愛的是《楞嚴經》，在〈次遠韻齒痛〉云：「喜汝因病悟，或免終身著。更須誦《楞嚴》，從此脫纏縛」[75]；〈春盡〉：「《楞嚴》十卷幾回讀，法酒三升是客同。試問臨僧行乞在，何人閑暇似衰翁」[76]；〈書「楞嚴經」後〉：「取《楞嚴經》翻覆熟讀，乃知諸佛涅槃正路從六根入，每跌坐燕安，覺外塵引起六根，根若隨去，即墮生死道中，根若不隨，返流全一，中中流入，即是涅槃實際。觀照既久，如淨琉璃內含寶月」[77]，說明自己熟讀《楞嚴經》後之心得。在《楞嚴經》的教義中，他忘卻憂患榮辱，身心舒暢，充滿法喜，所以他還以此經贈送好友，作爲生日禮物[78]。此外，蘇轍對其他佛教的重要經典，如《楞伽經》、《圓覺經》、《華嚴經》、《金剛經》、《傳燈錄》等，亦多有涉獵。〈送青州簽判俞退翁致仕還湖州〉云：「宦遊從此知多事，收取《楞伽》靜處看」[79]；

---

[75] 蘇轍《欒城後集・次遠韻齒痛》，卷 2。
[76] 蘇轍《欒城後集・春盡》，卷 3。
[77] 蘇轍《欒城後集・書「楞嚴經」後》，卷 21。
[78] 蘇轍《欒城集・毛國鎮生日》，卷 11，詩云：「聞公歸橐尚空虛，近送《楞嚴》十卷書」。
[79] 蘇轍《欒城集・送青州簽判俞退翁致仕還湖州》，卷 5。

〈春深〉:「三十年前誦《圓覺》，年來雖老解安心」[80];〈浴罷〉:「《華嚴》有餘秩，默坐心自讀。諸塵忽消盡，法界了無矚」[81];〈次韻李朝散遊洞山〉:「近來寄我《金剛》頌，欲指胸中無所還」[82];〈讀傳燈錄示諸子〉:「早歲文章真自累，一生憂患信難雙。從今父子俱清淨，共說無生或似龐」[83]。仕途的多災多難，欲一展抱負以救世的理想落空，空有滿腹經綸，卻難以用世的苦悶，只有依託宗教，以獲得心靈的慰藉，達致內心的平靜。

　　蘇轍研讀佛經之餘，亦廣與僧人交遊，詩偈相酬。如與四川成都的寶月大師惟簡，筠州的黃龍宗洞山克文禪師、黃檗道全禪師、聖壽省聰禪師等，均有密切往來。在〈筠州聖壽院法堂記〉中言:

> 余既少而多病，壯而多難，行年四十有二，而視聽衰耗，志氣消竭。夫多病則與學道者宜;多難則與學禪者宜。既與其徒出入相從，於是吐故納新，引挽屈伸，而病以稍安。照了諸妄，還復本性，而憂以自去。灑然不知網罟之在前與桎梏之在身，孰知夫險遠之不為吾安，而流徙之不為予幸也哉![84]

說明自己以道養身，以佛養心的原因與歷程。於是在諸多的因緣

80　蘇轍《欒城後集‧春深》，卷4。
81　蘇轍《欒城後集‧浴罷》，卷2。
82　蘇轍《欒城集‧次韻李朝散遊洞山》，卷12。
83　蘇轍《欒城三集‧讀傳燈錄示諸子》，卷1。
84　蘇轍《欒城集‧筠州聖壽院法堂記》，卷23。

際會之下，蘇轍形成以儒爲主，以佛、道爲輔，融攝三教的思想體系。

∞ 第四節　著作考述

蘇轍一生著述豐富，兼以晚年杜門潁濱，專事著述與整理著作，所以流傳下來之版本，附益刪損不多。著作有《詩集傳》、《春秋集解》、《易說》、《易傳》、《五經論》、《洪範五事》、《論語拾遺》、《孟子解》、《古史》、《老子解》、《詩病五事》、《潁濱遺老傳》、《欒城》四集、《龍川略志》、《龍川別志》、《游仙夢記》、《蘇轍體要》、《均陽雜著》等。

以下就蘇轍之著作存佚及內容，略作說明，以見其梗概。

一、《詩集傳》

《詩集傳》二十卷，存。

蘇轍作《詩集傳》乃因「病先儒多失其旨，欲更爲之傳」[85]，而此書之完成，由少年時代，歷經謫居筠州、雷州、循州及閑居潁昌時期，貫穿蘇轍之一生，足見其撰作態度之嚴謹。陳明義《蘇轍詩集傳研究》說：

> 《詩集傳》的撰作貫穿了蘇轍的一生，始於年未二十的少

年時代，成立於謫居筠州的中年時代，而修定完成於隱居
潁川的晚年時代，至七十三歲為止。[86]

此書之體例，大抵於各卷卷首置一段解說文字，或言命名之意；
或究其時代；或論其分別；或詳其地域等，文中並駁《毛詩序》
解說之非。之後，即按詩篇之前後，逐一訓釋各詩之章句意旨，
並錄原文。

　　南宋朱熹對三蘇頗多批評，然於《詩集傳》，則十分贊譽；
《四庫提要》亦云：

> 　　《蘇氏詩集傳》二十卷，宋蘇轍撰其說，以詩之小序反復
> 繁重，類非一人之詞，疑為毛公之學，衛宏之所集錄，因
> 惟存其發端一言，而以下餘文悉從刪汰。……獨採其可
> 者，見于今傳，其尤不可者，皆明著其失。則轍于毛氏之
> 學，亦不激、不隨務，持其平者。[87]

可見蘇轍解經，不一味襲舊蹈陳，貴於心悟，並勇於批判前人之
錯誤，提出自己之觀點。

二、《春秋集解》

　　《春秋集解》十二卷，存。

---

[86] 陳明義《蘇轍詩集傳研究》，東吳大學中文所碩士論文，1993 年 12 月，
頁 50。
[87] 《四庫全書・蘇氏詩集傳提要》，台北：台灣商務印書館，文淵閣四庫全
書，1983 年。

蘇轍作《春秋集解》，自詡為「平生事業」[88]，乃欲矯正當時學者研治《春秋》之偏頗學風，他在《春秋集解·引》中言：

> 近歲王介甫以宰相解經，行之於世，至《春秋》漫不能通，則詆以為「斷爛朝報」，使天下士不得復學。嗚呼！孔子之遺言而凌滅至此，非獨介甫之妄，亦諸儒講解不明之過也。故予始自熙寧謫居高安，覽諸家之說，而裁之以義，為《集解》十二卷。及今十數年矣，每有暇，輒取觀焉，得前說之非，隨亦改之。紹聖之初，遷于南方，至元符元年，凡三易地，最後卜居龍川之白雲橋，杜門無事，凡所改定，亦復非一，覽之灑然而笑，蓋自謂無憾矣。[89]

說明其著作動機及經過。

蘇轍治《春秋》之基本取向，為以《左傳》為主，「左氏之說不可通，乃取公、穀、啖、趙諸說以足之」[90]，因其認為孔子作《春秋》乃以魯史為本，而左丘明為魯之史官，以之解《春秋》，當較符合孔子之遺意，蘇轍說：

> 左丘明，魯史也。孔子本所據依以作《春秋》，故事必以丘明為本。……凡《春秋》之事，當從史，《左氏》，史也；《公羊》、《穀梁》，皆意之也。蓋孔子之作《春秋》，

---

[88] 蘇籀《欒城先生遺言》，文云：「公曰：吾為《春秋集傳》，乃平生事業」，頁2。

[89] 蘇轍《春秋集解·引》，台北：台灣商務印書館，文淵閣四庫全書，1983年。

[90] 《四庫全書總目提要·經部春秋類一·春秋集解》，卷26。

事亦略矣。非以為史也，有待乎史而後足也。以意傳《春秋》而不信史，失孔子之意矣。[91]

蘇轍認為「《公羊》、《穀梁》以為諸侯之事盡于《春秋》也，而事為之說，則過矣」[92]，他不重追求微言大義和褒貶，只據史簡明注之。雖以《左傳》為主，又不拘泥之，而以義理為尺度，採擷諸家，融會貫通。朱熹因之稱贊蘇轍對《春秋》之理解甚為「分曉」、「看得平」，不似多數學者「巧說」[93]，實為公允之言。

三、《易說》

《易說》三篇，存。《經義考》卷十九、清嘉慶《四川通志》卷一百八十三有載，今收入《欒城三集》卷八。

蘇轍作《易說》，表達對《易‧繫辭》中部份經文的看法。如《易‧繫辭》曰：「一陰一陽之謂道，繼之者善也，成之者性也」，蘇轍認為道是無所不在的，其在人為性，性是道之所寓，即《中庸》所言：「喜怒哀樂之未發謂之中」；而性與物接，喜怒哀樂更出而迭用，皆中節則為善，即《中庸》所言：「發而皆中節謂之和」。他以《中庸》作闡釋，流露儒家思想。又《易‧繫辭》曰：「夫〈乾〉確然，示人易矣。夫〈坤〉憒然，示人簡矣」，蘇轍認為〈乾〉、〈坤〉二卦作為《易》之門戶，主要啟示

---

[91] 蘇轍《詩集傳》，台北：台灣商務印書館，文淵閣四庫全書，1983 年，卷1。

[92] 蘇轍《詩集傳》，卷1。

[93] 見黎靖德編《朱子語類》，卷83。

人們平易簡約之理，而非剛健柔順之狀，他說：

> 易簡積於中，而確然憒然者著於外。吾信之，物安之，雖
> 險阻在前而無不知，知之至則渙然冰釋，無能為矣。此則
> 易簡之功，而非健順之所及也。[94]

故掌握「易簡」，即能得天下之至理，運用無窮。

此三篇中較特別的是他對蘇軾解《易》之批判。《蘇氏易傳》為三蘇父子合著，然蘇轍只解〈蒙〉卦。蘇軾認為天地之數五十五，而大衍之數僅五十，乃因「土無定位，無成名，無專氣。水火木金四者成而土成矣」，故「五不特數，以為在六七八九之中也」[95]，揲蓍之時，遂將天地之數減去代表土之五，成為大衍之數。蘇轍對此並不贊同，他認為若是土無生成數，那麼五在六、七、八、九之中，而十在一、二、三、四之中，天地之數將只剩四十；況且天地之數雖聖人不能加損，怎可欲取則取，欲去則去！他說：

> 大衍云者，大衍五行之數而取其五十云爾，用於揲蓍則
> 可，而非天地五行之全數也。[96]

至於何以只取五十，蘇轍並未明言。朱熹《周易本義》云：

---

[94] 蘇轍《欒城三集・易說三》，卷8。
[95] 曾棗莊、舒大剛編《三蘇全書・蘇氏易傳》，北京：語文出版社，2001年，第1冊，卷7，頁361。
[96] 蘇轍《欒城三集・易說二》，卷8。

> 大衍之數五十，蓋以河圖中宮天五乘地十而得之，至用以
> 筮，則又止用四十有九。蓋皆出於理勢之自然，而非人之
> 知力所能損益也。[97]

朱熹的看法較接近蘇轍，於此可見蘇轍雖以兄為師為友，但並不
盲從，仍勇於提出個人獨到之見解。

四、《易傳》

《易傳》，殘。今只存〈蒙〉卦，見於《蘇氏易傳》。

據蘇籀《欒城遺言》云：

> 公言先曾祖晚歲讀《易》，玩其爻象，得其剛柔遠近喜怒
> 逆順之情，以觀其詞，皆迎刃而解。作《易傳》未完，疾
> 革，命二公述其志，東坡受命，卒以成書。初二公少年皆
> 讀《易》，為之解說。各仕他邦，既而東坡獨得文王伏羲
> 超然之旨，公乃送所解予坡，今蒙卦獨是公解。[98]

可見蘇軾認為其弟所解〈蒙〉卦精闢，故捨己而用之。惜乎！其
他部份均已亡佚。

---

[97] 朱熹《周易本義·繫辭上傳》，台北：華正書局，1975 年，頁 348。

[98] 蘇籀《欒城先生遺言》，北京：中華書局，叢書集成初編，1985 年，頁 2。

五、《五經論》

《五經論》五篇，存。見於《欒城應詔集》卷四。

《五經論》為〈禮論〉、〈易論〉、〈書論〉、〈詩論〉、〈春秋論〉，又見於《蘇軾文集》卷二，據筆者〈二蘇「五經論」作者考〉[99]，由現存之典籍版本來看，蘇軾之詩文集真偽雜陳，而蘇轍之詩文集可信度頗高，《五經論》為蘇轍所作的可能性自然高。今本蘇轍文集收錄《五經論》時，並未加註；蘇軾文集則加註，表示又見於《欒城應詔集》[100]，可見一般學者較相信是蘇轍所作，只是在未作更詳盡的考證前，姑存此《五經論》於蘇軾文集之中罷了。

以〈禮論〉來看，論述方式較似蘇轍所為文，全文緊扣著禮須合於人情的主題，由太古、三代、今世反覆論述，點明禮制須適應時代之變遷，不必泥古，文云：「三代之視上古，猶今之視三代也」，因而今世之禮制，只要「近於正而易行，庶幾天下之安而從之」即可。蘇轍同時期的作品中尚有一篇〈周論〉，重點在談三代禮制之演變，他認為「夏之政尚忠，商之政尚質，周之政尚文」乃時勢使然，非故意為之，是「人之所安者，事之所當然也」，他用歷史進化的觀點闡釋禮制，與〈禮論〉同出一轍；其《古史‧周本紀》贊語之論述方式亦同於此。〈禮論〉甚至可

---

[99] 請參閱拙著〈二蘇「五經論」作者考〉，《第 11 屆南區六校中文所研究生論文發表會論文集》，2004 年 4 月，頁 29－48。

[100] 見《蘇轍集‧欒城應詔集》，北京：中華書局，1990 年，卷 4。《蘇軾文集》，北京：中華書局，1986 年，卷 2。《三蘇全書》中《蘇軾文集》，卷 98；《蘇轍集》，卷 67。

視爲〈周論〉一文思想之延續，更特別的是二文論述禮制之來源與內容十分神似，甚至出現完全相同之語句，如「**薦之以血毛，重之以體薦**」[101]，據此，筆者認爲〈禮論〉應是蘇轍所作。

以〈易論〉來看，主要在說明何以《易》中之數，以九爲老陽，七爲少陽，六爲老陰，八爲少陰。筆者發現蘇軾所作〈易解〉[102]與此〈易論〉之內容幾乎一樣，只是用詞略有不同。〈易論〉、〈易解〉所探討的問題相同，均是在探討七、八、九、六何以代表少陽、少陰、老陽、老陰，而其論述之過程亦十分雷同，唯用語稍異。蘇軾、蘇轍少年時均隨其父讀《易》，並嘗爲之解說，據《欒城先生遺言》記載：

> 公言先曾祖晚歲讀《易》，玩其爻象，得其剛柔遠近喜怒逆順之情，以觀其詞，皆迎刃而解。作《易傳》未完，疾革，命二公述其志，東坡受命，卒以成書。初二公少年皆讀《易》，爲之解說。各仕他邦，既而東坡獨得文王伏羲超然之旨，公乃送所解予坡，今蒙卦獨是公解。[103]

可知今所見《東坡易傳》實爲父子三人所合著，如此看來，兄弟二人在年少時，針對《易》中相同的問題，作出雷同的解說，應是可能的。

以〈書論〉來看，主要在辨析三代之「王」與商鞅之「霸」，作者認爲後世常以爲「三代之治，柔懦而不決」，事實上

---

[101] 蘇轍《欒城應詔集》，卷1、卷4。
[102] 蘇軾《蘇軾文集・易解》，卷6。
[103] 蘇籀《欒城先生遺言》，頁2。

是因為三代之君親愛人民之故，故欲推行法令之前，總是「反覆而論之」；商鞅輔秦則不然，勇而有決的「改法定令，變更秦國之風俗」，亦「終於有成」，然其不求眾人言論，不恤百姓感受，嚴刑峻罰使法令大行，以成其霸業。此二者用心互異，然均事業有所成。蘇軾嘗作〈論商鞅〉，觀點則與此篇有很大的不同，他認為司馬遷作《史記》有二大罪，即論商鞅、桑弘羊之功。蘇軾不認為商鞅變法是成功的，他認為秦之強盛，在於孝公之勵精圖治；秦之滅亡，在於商鞅之施行苛法。蘇軾甚至在文中嚴詞批判商鞅之「名在天下，如蛆蠅糞穢也，言之則汙口舌，書之則汙簡牘」，至於其治國之術，「用於世者，滅國殘民，覆放亡軀者，相踵也」[104]。觀其措辭之激烈，似乎對商鞅之變法深惡痛絕，與〈書論〉中肯定商鞅之霸業截然不同，蘇軾當不至於作二篇觀點相反的文章。因之，〈書論〉為蘇軾所作的可能性極小。蘇轍並無專論商鞅之文，然其《古史‧秦本紀》之論贊，則與〈書論〉有異曲同工之妙。此文深入探討王霸之別，彷彿是〈書論〉之延伸，如果說蘇轍年輕時作〈書論〉，而在晚年成書的《古史》中，將此思想作更深入發揮，應是可能的。

以〈詩論〉來看，主旨在說明學者注《詩經》時，須明「興」、「比」之異，「興」乃當時所見，而意有所觸發，後世學者注解時，只可意推，不可以言解，如〈殷其靁〉；「比」乃取物之特性作類比，如〈關雎〉。詳審此二者之不同，則觀《詩經》之義，不必強為之說，即可意曉而無勞。蘇軾的文集中除了此篇外，並無其他論《詩經》之篇章，反倒是蘇轍「年二十，作《詩

傳》」[105]。他在後來成書的《詩集傳・關雎》中指出，孔子之贊《易》並不詳言其細，唯舉其犖犖大者，其餘則待讀者自我體會，因為注解過詳，會使義理偏於一隅，失之狹隘；並批評《詩序》敘寫過詳之病。由此可見，蘇轍認為注解經書只要簡略言之即可，不必過分附益，才是孔氏之徒。在晚年所作〈潁濱遺老傳〉中提到自己作《詩集傳》、《春秋集解》之因，乃是「病先儒多失其旨，欲更為之傳」[106]這些都明白揭露蘇轍注解經書的態度。再觀〈詩論〉，正是批判許多學者注解經書之時，常強為之說，既勞神，又曲解義理。此文所顯現的解經態度與蘇轍同，因之，〈詩論〉為蘇轍所作的可能性較大。

以〈春秋論〉來看，主旨在說明《春秋》一書「亦人之言而已。而人之言，亦觀其辭氣之所嚮而已矣」。聖人對當時天下之是非，見善而喜，見惡而怒，故欲明聖人對是非之看法，「可以求諸其言之喜怒之間」。但是一般人認為聖人的文章，非天下之言也，因而求之太過，使得聖人之言更為深遠而不可曉，如《公羊傳》、《穀梁傳》，「日月土地皆所以為訓也。夫日月之不知，土地之不詳，何足以為喜，而何足以為怒？此喜怒之所不在也」，對於《公羊傳》、《穀梁傳》之附會多所批評。蘇轍在晚年成書的《春秋集解》中亦流露此思想。蘇軾文集中有十篇討論《春秋三傳》義理之文，計《左傳》三事，《公羊》三事，《穀梁》四事[107]，僅針對書中某事作議論，對此三傳之見解有肯定、有批評，然均看不出和〈春秋論〉一文有關連處。蘇籀所編《欒城先

105　蘇籀《欒城先生遺言》，頁2。
106　蘇轍《欒城後集・潁濱遺老傳》，卷12。
107　蘇軾《蘇軾文集》，卷6。

生遺言》中載：

> 公少年與坡公治《春秋》，公嘗作論。明聖人喜怒好惡，
> 譏《公》、《穀》以日月土地為訓。其說固自得之。元祐間
> 後進如張大亨嘉父亦攻此學。大亨以問坡，坡答書云：
> 「《春秋》，儒者本務，然此書有妙用，學者罕能領會，多
> 求之繩約中，乃近法家者流。苛細繳繞，竟亦何用！惟丘
> 明識其用，終不肯盡談，微見端兆，欲使者自求之，故僕
> 以為難，未敢輕論也。」[108]

由此文可知三事，其一，蘇轍少時嘗作〈春秋論〉；其二，元祐
年間張大亨嘗見此文，並以之詢問蘇軾；其三，蘇軾自言不敢輕
論《春秋》。今觀《欒城應詔集》中所載〈春秋論〉之內容，認
為「《春秋》者，亦人之言而已」，其中論「天下之是非」，「可以
求諸其言之喜怒之間矣」；並批評《公羊》、《穀梁》之內容，「日
月土地皆所以為訓也」之不當。此見解與《欒城先生遺言》所載
相符，可知今所見之〈春秋論〉應為蘇轍所作無誤。

　　總之，由版本、內容、風格等來觀察，《五經論》當為蘇轍
作品。

---

[108] 蘇籀《欒城先生遺言》，頁2。

六、《洪範五事》

《洪範五事》一卷，存。今收入《欒城三集》卷八。

《洪範五事》乃蘇轍對《尚書・周書・洪範》中「初一曰五行，次二曰敬用五事」的看法，他指出漢劉向父子採諸儒之說，作《五行傳》，論及五事與五行之相配，失其實者過半，後世因之而誤，故須作一澄清。他說：

> 脾之發為貌而主土，肺之發為言而主金，肝之發為視而主木，腎之發為聽而主水，心之發為思而主火。[109]

五事、五行之相配當如是，漢儒卻以貌為木，以視為火，以思為土[110]，並不符合醫學與人事之理。觀《東坡書傳》，蘇軾之論點同於漢儒，可見兄弟二人思想之差異。蘇轍自幼多病，頗重醫藥養生，或許因之而採醫學之角度。林之奇《尚書全解》嘗批判蘇軾的論點是穿鑿附會，他說：「若五事果可以配五行，則自八政以下皆各有所配，豈止於五事，而皇極庶徵福極猶可條而入之，至於其餘不可以穿鑿通者則舍之不論，此豈自然之理哉，故某當以謂五行自為五行，五事自為五事，以至八政五紀以下，各自為疇，而不可以附會通」[111]，根本不必強扯關係。五行、五事之說見仁見智，所採的角度不同，見解自異，然蘇轍的看法，中醫

---

[109] 蘇轍《欒城三集・洪範五事》，卷8。

[110] 此為《尚書》古文經學者之說法。

[111] 林之奇《尚書全解》，台北：台灣商務印書館，文淵閣四庫全書，1983年，卷24，頁460。

至今仍持此說。

七、《論語拾遺》

《論語拾遺》一卷，存。

《論語拾遺》爲蘇轍晚年閑居穎川，爲諸孫講解《論語》時，用以補蘇軾《論語說》之作，《論語說》今僅存殘本。蘇轍於《論語拾遺‧引》云：

> 予少年爲《論語略解》，子瞻謫居黃州，爲《論語說》，盡取以往，今見於其書者十二三也。大觀丁亥，閑居穎川，爲孫籀、簡、筠講《論語》。子瞻之說，意有所未安，時爲籀等言。凡二十有七章，謂之《論語拾遺》，恨不得質之子瞻也。[112]

言明其著作之動機。此書可見蘇軾、轍二人解《論語》觀點不同之處有三。其一曰：

> 泰伯以國授王季，逃之荊蠻。天下知王季文武之賢，而不知泰伯之德，所以成之者遠矣。故曰：「泰伯可謂至德也已矣。三以天下讓，民無得而稱焉。」子瞻曰：「泰伯斷髮文身，示不可用，使民無得而稱之，有讓國之實，而無其名，故亂不作。彼宋宣、魯隱，皆存其實而取其名者

也，是以宋、魯皆被其禍。」予以為不然。人患不誠，誠
無爭心，苟非豺狼，孰不順之？魯之禍始於攝，而宋之禍
成於好戰，皆非讓之過也。漢東海王彊以天下授顯宗，唐
宋王成器以天下讓玄宗，兄弟終身無間言焉，豈亦斷髮文
身？子貢曰：「泰伯端委以治吳，仲雍繼之斷髮文身。」孰
謂泰伯斷髮文身示不可用者？太史公以意言之耳。[113]

針對孔子稱讚泰伯讓天下予季歷為至德之事，兄弟二人有不同
的看法。蘇軾認為泰伯逃往荊蠻，斷髮文身，示不可用，既有
讓國之實，又無取其名，故周不亂；而宋宣公、魯隱公雖有讓國
之實，又取其名，未能如泰伯般隱於他處，故宋、魯皆有亂事。
蘇轍不以為然，他認為魯之亂，始於隱公之攝政；宋之禍肇因於
好戰，均與讓國之事無關。只要讓國以誠，就無爭心，自無亂
事，與名、實沒有關係，他又以漢東海王以天下授顯宗，唐宋王
成器以天下讓玄宗，兄弟相安，終身無間作為例證，說明讓國以
誠，亂以不作。他在〈唐高祖〉中也有類似的說法，其云唐睿宗
「將以長立憲，憲辭曰：『時平，先長嫡；國亂，先有功。不如
此必且有難，敢以死請。』睿宗從之，而後臨淄之位定。以太宗
之賢，而不免於爭奪。玄宗之賢，不逮太宗，而晏然受命，則憲
之讓賢於人遠矣。……誠天命之所在，而吾無心焉，亂何自
生？」[114]他證諸歷史，說明讓國以誠即可止亂，不見得一定要
斷髮文身、逃之荊蠻。總之，蘇軾由名、實立論，蘇轍由誠立
論，轍之說法實長於其兄。朱熹於《論語或問》中對蘇氏兄弟的

---

[113] 蘇轍《欒城三集·論語拾遺》，卷7。
[114] 蘇轍《欒城後集·歷代論·唐高祖》，卷10。

說法提出批評，他批蘇軾：「此以利害言之，固不足以論聖賢之心」；批蘇轍：「此引子貢之言，則其事固有不可考者，然以漢唐二事例之，則亦未足以盡聖賢之心也」[115]。雖對二人的說法均不滿意，但認爲蘇轍的說法較長於其兄。朱熹在《四書章句集注》中言：

> 夫以泰伯之德，當商周之際，固足以朝諸侯有天下矣，乃棄不取而又泯其迹焉，則其德之至極爲何如哉！蓋其心即夷、齊扣馬之心，而事之難處有甚焉者，宜夫子之歎息而贊美之也。[116]

他由泰伯之心立論，事實上接近於蘇轍之論誠。

駁蘇軾其二曰：

> 陳成子弒簡公，孔子沐浴而朝，告於哀公曰：「陳恒弒其君，請討之。」公曰：「告夫三子。」孔子曰：「以吾從大夫之後，不敢不告也。君曰：『告夫三子。』」之三子告，不可。孔子曰：「以吾從大夫之後，不敢不告也。」孔子爲魯大夫，鄰國有弒君之禍，而恬不以爲言，則是許之也。哀公，三桓之不足與有立也。孔子既知之矣，知而猶告，以爲雖無益於今日，而君臣之義，猶有儆於後世也。子瞻曰：「哀公患三桓之逼，常欲以越伐魯而去之。以越伐魯，豈若從孔子而伐齊？既克田氏，則魯公室自張，三

---

[115] 朱熹《論語或問》，台北：中文出版社，近世漢籍叢刊，1977 年，卷 8。
[116] 朱熹《四書章句集注》，頁 102。

桓將不治而自服，此孔子之志也。」予以為不然，古之君
子，將有立於世，必先擇其君。齊桓雖中主，然其所以任
管仲者，世無有也，然後九合之功，可得而成。今哀公之
妄，非可以望桓公也，使孔子誠克田氏而返，將誰與保其
功？然則孔子之憂，顧在克齊之後，此則孔子之所不為
也。[117]

　　針對齊大夫陳成子殺齊簡公，孔子沐浴而告之於魯哀公、三桓之
事，兄弟二人有不同的看法。蘇軾認為孔子之志在於藉聲討齊田
氏，而伸張魯君之權，使魯之三桓不治而服，解除魯哀公之患。
蘇轍認為君子立於世，必先擇其君，今魯哀公昏妄，不若齊桓公
之賢，孔子若出兵伐齊，即使克齊，必有後患，故孔子不為也。
二人均言之成理，然此時為魯哀公十四年事，孔子卒於哀公十六
年，可見孔子年事已高，七十多歲的老人要帶兵討齊，似乎有些
力不從心，應該是義以告魯君，並以警告三桓，欲明君臣之義，
朱熹言：「其所以警之者深矣」[118]，蓋得之。

　　駁蘇軾其三曰：

衛靈公以南子自污，孔子去魯從之不疑。季桓子以女樂之
故三日不朝，孔子去之如避寇讐。子瞻曰：「衛靈公未受
命者，故可。季桓子已受命者，故不可。」予以為不然。
孔子之世，諸侯之過如衛靈公多矣，而可盡去乎？齊人以
女樂間孔子，魯君大夫既食餌矣。使孔子安而不去，則坐

---

[117] 蘇轍《欒城三集・論語拾遺》，卷7。
[118] 朱熹《四書章句集注》，頁155。

待其禍，無可為矣，非衛南子之比也。[119]

此爭論的焦點在於孔子的出處進退。衛靈公非明君，其夫人南子有淫行，孔子去魯從衛，盼得衛靈公重用；齊國饋女樂，季桓子與魯君三日不朝，孔子因之去魯，孔子進退的標準究竟何在？蘇軾認為衛靈公未受周天子任命，名義上不等同於諸侯，故可以接受；魯君已受周天子任命，名義上為諸侯，而季桓子為大夫，故不可。蘇轍則認為孔子意在用世，當時天下如衛靈公般的諸侯，比比皆是，若欲盡去，將永難施展抱負，故孔子願在衛國等待機會；去魯之事情況有異，當時孔子為魯司寇，齊人懼，遂以女樂間隙孔子，魯君、季桓子均已中其計，若孔子不走，不僅無法施展抱負，甚且有禍，故孔子行。兄弟二人的說法，各有千秋。今觀《論語》載：

> 子言衛靈公之無道也，康子曰：「夫如是，奚而不喪？」
> 孔子曰：「仲叔圉治賓客，祝鮀治宗廟，王孫賈治軍旅。
> 夫如是，奚其喪？」[120]

孔子指出衛靈公雖為無道之君，但用人各當其才，故足以保其家國而不失位，所以他也待價而沽，盼得蒙重用，可惜事與願違，乃嘆曰：「苟有用我者，期月而已，可也。三年有成」[121]。終於衛靈公問陳之後，孔子知其決意不用，乃去衛適陳。由此觀之，

119　蘇轍《欒城三集‧論語拾遺》，卷7。
120　何晏《論語何氏等集解‧憲問第十四》，卷14。
121　見何晏《論語何氏等集解‧子路第十三》，卷 13。又朱熹《四書章句集注》，頁 144，於此條下注云：「此蓋為衛靈公不能用而發。」

蘇轍的觀點宜較近於孔子原意。至於去魯一事，應該也是相同的道理，於魯既不得施展抱負，只好另尋機會，蘇轍認為意在避禍，則差矣！孔子心之所繫應不在個人之安危，而是仁道之不行，天下之不安。《四庫全書提要》云：

> 其顯駁軾說者凡三條：請討陳恆一章，軾以為能克田氏，則三桓不治而自服，孔子欲借此以張王室。轍則以為雖知其無益，而欲明君臣之義。子見南子，及齊人歸女樂二章，軾以為靈公未受命者，故可；季桓子已受命者，故不可。轍則以為諸侯之如衛靈公者多，不可盡去。齊間孔子，魯君大夫已受其餌，孔子不去，則坐受其禍。泰伯至德一章，軾以為泰伯不居其名，故亂不作。魯隱、宋宣取其名，是以皆被其禍，轍則以為魯之禍始於攝，宋之禍成於好戰，皆非讓之過。其說皆較軾為長。[122]

肯定蘇轍之看法當較令人信服。

蘇轍晚年思想融有佛、老，於此書亦可見。如以「思無邪」為「無思」；以「從心而不踰矩」為「無心」；以「苟志於仁矣，無惡也」為「無所不愛，則無所惡矣」；以「朝聞道，夕死可矣」為「雖死可以不亂矣」[123]等，饒富禪理。

---

[122] 《四庫全書‧論語拾遺提要》，台北：台灣商務印書館，文淵閣四庫全書，1983年。

[123] 蘇轍《欒城三集‧論語拾遺》，卷7。

八、《孟子解》

《孟子解》一卷，存。

蘇轍於《孟子解》中言：

> 學者皆學聖人，學聖人者，不如學道。聖人之所是而吾是
> 之，其所非而吾非之，是以貌從聖人也。以貌從聖人，名
> 近而實非，有不察焉，故不如學道之必信。孟子曰：「君
> 子深造之以道，欲其自得之也。」[124]

展現其勇於獨立思考之治學態度。《孟子解》不僅闡明《孟子》
之重要思想，亦有反駁《孟子》觀點之處，例如：

> 孟子曰：「舜為天子，皋陶為士。瞽瞍殺人，皋陶則執
> 之，舜則竊負而逃於海濱。」吾以為此野人之言，非君子
> 之論也。舜之事親，烝烝乂，不格姦，何至於殺人而負之
> 以逃哉？且天子之親，有罪議之，孰謂天子之父殺人而不
> 免於死乎？[125]

他認為據《尚書・堯典》之記載，不可能出現此事。而孟子回答
弟子桃應所假設的問題，內容極不合理，甚至批之為「野人之
言」，原因有二，一為舜事親至孝，行為合義，若瞽瞍真的殺

---

[124] 蘇轍《欒城後集・孟子解》，卷6。
[125] 蘇轍《欒城後集・孟子解》，卷6。

人，必代父受罰，不會負之以逃避應有的刑責；二爲天子之父即使殺人，罪仍不至於死，舜何必負之而逃呢！其實孟子會出此言，有其用心之處，朱熹云：「此章言爲士者，但知有法，而不知天子父之爲尊；爲子者，但知有父，而不知天下之爲大。蓋其所以爲心者，莫非天理之極，人倫之至。學者察此而有得焉，則不待較計論量，而天下無難處之事矣」[126]，蓋非真有其事，唯據此以觀聖賢用心之所極。朱熹之言近於孟子原意，蘇轍則以不同的角度看待此事，故有迥異的看法。又如：

> 孟子曰：「不仁而得國者，有之矣；不仁而得天下者，未之有也。」孟子之爲是言也，則未見司馬懿、楊堅也。不仁而得天下也，何損於仁？仁而不得天下也，何益於不仁？得國之與得天下也，何以爲異？君子之所恃以勝不仁者，上不愧乎天，下不愧乎人，而得失非吾之所知也。[127]

孟子認爲不仁的人憑其巧智，或許可以成爲一小國之君，但若欲得天下民心，則是不可能。蘇轍不以爲然，他以司馬懿、楊堅爲證，說明不仁者亦可能得天下，並進而提出自己的觀點，他認爲仁者勝於不仁者之處，在於上不愧天，下不愧人，可以昂然立足於天地間，至於世事之得失，甚至能否得國、得天下，都不是他所在意的。

　　《孟子解》作於蘇轍少年時代。蘇轍嘗自云：「予少作此

[126] 朱熹《四書章句集注》，頁360。
[127] 蘇轍《欒城後集·孟子解》，卷6。

·71·

解，後失其本，近得之，故錄於此」[128]；《四庫提要》云：「以陳振孫《書錄解題》考之，實少年作也」[129]；又據蘇轍《欒城後集・引》謂《欒城後集》二十四卷，編定於崇寧五年，此年蘇轍六十八歲，而《孟子解》編入《欒城後集》卷六。可見此書應作於少年時代，但錄定於晚年。書中亦融有佛、老，唯較爲嚴謹。《四庫提要》評其爲「皆未免駁雜，蓋瑕瑜互見之書也。然較其晚年著述，純入佛、老者，則謹嚴多矣」[130]。

九、《古史》

《古史》六十卷，存。

蘇轍《古史》記載自伏羲神農迄秦始皇之歷史，爲本紀七、世家十六、列傳三十七，凡六十卷。蘇轍自言，乃針對司馬遷作《史記》，觀書欠博而記事疏略，未能盡聖人之意，遂修成《古史》，以明示後人。他在《古史・敘》中言：

> 太史公始易編年之法為《本紀》、《世家》、《列傳》，記五帝三王以來，後世莫能易之。然其為人淺近而不學，疏略而輕信。漢景、武之間，《尚書古文》、《詩毛氏》、《春秋左氏》，皆不列於學官，世能讀之者少。故其記堯、舜、三代之事，皆不得聖人之意。戰國之際，諸子辯士各自著書，或增損古事，以自信一時之說，遷一切信之，甚者或

---

[128] 見蘇轍《欒城後集・孟子解》之題註。

[129] 《四庫全書・孟子解提要》，台北：台灣商務印書館，文淵閣四庫全書，1983 年。

[130] 《四庫全書・孟子解提要》。

采世俗相傳之語，以易古文舊說。及秦焚書，戰國之史不傳於民間，秦惡其議己也，焚之略盡。幸而野史一二存者，遷亦未暇詳也。故其記戰國，有數年不書一事者，余竊悲之。故因遷之舊，上觀《詩》、《書》，下考《春秋》及秦漢雜錄，記伏羲、神農訖秦始皇帝。為七《本紀》、十六《世家》、三十七《列傳》，謂之《古史》。追錄聖賢之遺意，以明示來世，至於得失成敗之際，亦備論其故。嗚呼！由數千歲之後，言數千歲之前，其詳不可得矣。幸其猶有存也，而或又失之，此《古史》之所為作也。[131]

說明其著作之動機。《古史》之作，始於少年時代，成立於謫居筠州時期，修訂完成於閑居潁昌時期。朱熹對此書評價頗高，他說：

《古史》中多有好處。如論《莊子》三四篇譏議夫子處，以為決非莊子之書，乃是後人截斷《莊子》本文攙入，此其考據甚精密。[132]

又言：

近世之言史者，唯此書為近理，而學者忽之。予獨愛其《序》，言「古之帝王皆聖人也，其於為善，如水之必寒，火之必熱；其於不為不善，如趨虞之不殺，竊脂之不

---

[131] 蘇轍《古史‧敘》，台北：台灣商務印書館，文淵閣四庫全書，1983年。
[132] 黎靖德編《朱子語類》，卷139。

穀」，非近世論者所能及。而所論史遷之失，以為淺近而不學，疎略而輕信，亦中其病。[133]

在與門人講談之中，亦多次稱讚《古史》。其實《史記》網羅豐富，識見卓越，非《古史》所能匹敵，然《古史》亦可補其缺、辨其誤，故《四庫全書》云：「至於糾正補掇，……其去取之間，亦頗為不苟。存與遷書相參考，固亦無不可矣」[134]，為公允之見。

十、《老子解》

《老子解》二卷，存。

蘇轍早年曾作《老聃論》，反對以周、孔之言定佛、老是非。貶官筠州時期開始著《老子解》，並與黃檗山長老道全切磋其儒、釋、道相通之觀點。蘇轍《題老子道德經後》云：

> 予笑曰：「不然，天下固無二道，而所以治人則異。君臣父子之間，非禮法則亂。知禮法而不知道，則世之俗儒，不足貴也。居山林，木食澗飲，而心存至道，雖為人，天師可也，而以治世則亂。古之聖人，中心行道，而不毀世法，然後可耳。」全作禮曰：「此至論也。」是時予方解《老子》，每解一章，輒以示全，全輒嘆曰：「皆佛說

133　朱熹《朱子大全·古史餘論》，卷 72。
134　《四庫全書·古史提要》，台北：台灣商務印書館，文淵閣四庫全書，1983 年。

也。」[135]

說明其以「道」為體，以「禮法」為用之思想。《老子解》完成
於隱居潁昌時期，但仍不斷修改。蘇軾曾題其後，予以極高評
價。他說：

> 使戰國有此書，則無商鞅；使漢初有此書，則孔、老為
> 一；使晉、宋間有此書，則佛、老不為二。不意老年，見
> 此奇特。[136]

《四庫提要》評曰：

> 蘇氏之學本出入於二氏之間，故得力於二氏者特深，而其
> 發二氏者，亦足以自暢其說。是書大旨主於佛、老同源，
> 而又引《中庸》之說之相比附。蘇軾跋之曰：「使漢初有
> 此書，則孔、老為一；使晉、宋有此書，則佛、老不為
> 二。」朱子謂其援儒入墨，作《雜學辨》以箴之。然二氏
> 之書，往往陰取儒理，而變其說。儒者說經明道，不可不
> 辨別毫釐，剖析疑似，以杜學者之歧趨。若為二氏之學，
> 而註二氏之書，則為二氏立言，不為儒者立言矣。其書本
> 不免援儒以入墨，註其書者又安能背其本旨哉？故自儒家
> 言之，則轍書為兼涉兩歧；自道家言之，則轍書猶各明一

---

[135] 蘇轍《老子解・題老子道德經後》，卷下。
[136] 蘇轍《老子解・題老子道德經後》，卷下。

義。[137]

點明《老子解》之主體思想爲三教合一，並直指朱熹對《老子解》之批判並不恰當[138]。粟品孝《朱熹與宋代蜀學》說：

> 從《老子解》關於道器的認識，其跋語中關於中和的觀
> 點，均反映出蘇氏並無儒學獨尊意識，而是積極地、公開
> 地宣揚三教相通、進行三教調和。這與朱熹嚴于儒釋之
> 辨、孔老之異，有著鮮明的不同。[139]

指出蘇轍、朱熹二人立場不同，見解自然互異。《老子解》仍不啻爲蘇轍晚年之重要哲學著作，體現其三教融合之思想特色。

十一、《詩病五事》

《詩病五事》，存。今收入《欒城三集》卷八。

《詩病五事》表達蘇轍對作詩內容、技巧的看法，是研究其文學理論的重要篇章之一。

十二、《潁濱遺老傳》

《潁濱遺老傳》二卷，存。見《宋史・藝文志》史類，卷二

---

[137] 《四庫全書・老子解提要》，台北：台灣商務印書館，文淵閣四庫全書，1983 年。

[138] 參見朱熹《朱子大全・雜學辨・蘇黃門老子解》，卷 72。

[139] 粟品孝《朱熹與宋代蜀學》，北京：高等教育出版社，1998 年，頁 56。

百三。今收入《欒城後集》卷十二、十三。

　　蘇轍晚年隱居潁水之濱，杜門整理舊作，回想一生宦海浮沉，感而作之。詳述其一生經歷，爲研究其生平思想之重要材料。《滹南遺老集》嘗批評之：

> 古人或自作傳，大抵姑以託興云爾。如五柳、醉吟、六一之類可也。子由著《潁濱遺老傳》，歷述平生出處言行之詳，且詆訾眾人之智以自見，始終萬數千言，可謂好名而不知體矣。[140]

認爲蘇轍作《潁濱遺老傳》是沽名釣譽，吾以爲不然，蘇轍仕宦生涯長達四十二年，即使晚年隱居，仍心繫朝廷社稷，無奈新黨得勢，舊黨屢遭迫害，面對國事日非，卻無力可回天，六十八歲的老人，只好述其一生經歷，表明心志，以待後者，其心必至痛矣！

十三、《欒城集》、《欒城後集》、《欒城三集》、《欒城應詔集》

　　《欒城集》五十卷、《欒城後集》二十四卷、《欒城三集》十卷、《欒城應詔集》十二卷，存。

　　此乃蘇轍手定，早期主要刻本又爲其後人所刊印，故原本相傳，附益刪損不多。《欒城集》爲元祐以前所作詩文，《欒城後

---

[140]　王若虛《滹南遺老集·文辨四》，北京：中華書局，叢書集成新編，1985年，頁233。

集》為元祐九年至崇寧四年所作，《欒城三集》為崇寧五年至政和元年所作，《欒城應詔集》為其孫蘇籀集合策論與應試諸作而成。蘇轍晚年避禍潁濱，部份敏感之詩文不會收入，或因其他因素散失等，今人劉尚榮作〈蘇轍佚著輯考〉，收有古今詩體十九首、奏議二十三首、尺牘二十一首等[141]，使蘇轍之詩文集更為完整。

　　蘇轍一生寫作詩歌二千餘首、散文一千多篇，尚有辭賦等多篇。其文學成就主要表現在詩歌、散文方面。早年詩歌清淡樸實，大多描繪家鄉之山川景色；仕途之初，多以應答送別為主，亦不乏佳作；貶官謫居時期，不少反映田園生活，關心農民、樵夫辛勞之作；晚年隱居，除反映民生疾苦之作外，亦不少自慨處境，表明氣節之作品。蘇轍所為詩歌雖不少，惟風格較拘謹，欠缺生動之語言與奔放之情感，然亦恬淡有味。方回《瀛奎律髓》云：

> 子由詩淡靜有味，不拘字面事料之儷，而鍛意深，下句熟，老坡自謂不如子由，識者宜細咀之可也。[142]

可謂的評。蘇轍以散文名家，其主要風格為沉靜簡潔，文理自然。記敘性散文清新明快，如〈黃州快哉亭記〉、〈待月軒記〉等，情思俱佳；書啟、奏議類散文多半頗具氣勢，如〈上樞密韓太尉書〉、〈上神宗皇帝書〉等，論政有力，文氣暢達；議論散文

141　見《蘇轍集》附錄，北京：中華書局，1990 年。
142　方回《瀛奎律髓》，台北：台灣商務印書館，文淵閣四庫全書，1983 年，卷 24。

則十分出色，如《歷代論》四十五篇，縱論數十位歷史人物之功過得失，言簡意深，筆力遒勁，所作議論，並不空發，往往切中時弊，發人深省。蘇轍之散文或許不如其兄，然亦別具風格，自成一家。茅坤云：

> 蘇文定公之文，其鑱削之思或不如父，雄傑之氣或不如兄，然而沖和澹泊，遒逸疏宕。大者萬言，小者千餘言，譬之片帆截海，澄波不揚，而洲島之夢錯，雲霞之蔽虧，日星之閃爍，魚龍之出沒，並席之掌上而綽約不窮者已。西漢以來別調也。[143]

他對蘇轍靜淡有味之散文，給予高度評價。細觀其文，蘇轍擠身唐宋八大家之一員，亦無愧矣！

十四、《龍川略志》、《龍川別志》

《龍川略志》十卷、《龍川別志》二卷[144]，存。

《龍川略志》作於宋哲宗元符二年夏，蘇轍謫居循州時，年六十一。同年秋作《龍川別志》。前者主要追憶平生參與之各項政治活動；後者主要記錄所聞前賢及時賢之軼事。其中反映蘇轍於政治、經濟、宗教等方面之主張，亦提供不少史料，頗具價

---

[143] 茅坤《唐宋八大家文鈔・潁濱文鈔引》，台北：台灣商務印書館，文淵閣四庫全書，1983年。

[144] 蘇轍於《龍川別志・序》中言：「《龍川別志》，凡四十七事，四卷」，今只存二卷本。

值[145]。

十五、《游仙夢記》

《游仙夢記》,一卷,存。舊題蘇轍作,收入《五朝小說大觀·宋人百家·傳奇家》,第百卅四帙[146]。

《三蘇全書·游仙夢記·敘錄》言此文乃偽託之作,所持理由有三。一為《五朝小說》、《五朝小說大觀》均皆後出,沒有更可信的版本依據;二為內容怪異,與蘇轍一貫的文風不一致;三為熙寧十年四月一日,蘇轍根本不在南京,與文中云:「熙寧十年,余在南京幕府,四月一日以臥病方愈,忽忽不樂,因起獨步於庭」不符。

筆者以為不然。其一,《五朝小說》、《五朝小說大觀》雖係後作,亦無更可信的版本依據,只能說其證據不足,不宜言其必有謬誤;其二,《游仙夢記》流露濃厚之道教思想,提及儒、老之同異,與蘇轍之思想並不牴觸。蘇轍六歲即入天慶觀讀書,以道士張易簡為師;又因體弱多病,時以道術養生,並好《老子》,故逕言此文內容怪異,與其一貫文風不同,而否定此文為蘇轍所作,理由十分牽強。觀〈黃樓賦〉亦然,風格絢爛似蘇軾文,若據此斷定非蘇轍所作,則謬矣[147]。其三,曾棗莊〈蘇轍

---

[145] 蘇轍著作之《詩集傳》、《春秋集解》、《論語拾遺》、《孟子解》、《古史》、《龍川略志》、《龍川別志》、《老子解》、《欒城》四集,其相關記載及版本流傳狀況,請參閱拙著《蘇轍史論散文研究》,頁 27-36。

[146] 桓驎等著《五朝小說大觀·宋人百家·傳奇家》,台北:廣文書局,1979年,第 134 帙。

[147] 〈黃樓賦〉氣勢磅礴豪放,不似蘇轍作品風格,許多人懷疑是蘇軾所作,然據《欒城先生遺言》,頁 4,載:「公曰:余〈黃樓賦〉學〈兩

年譜〉載熙寧十年時,「四月蘇轍隨兄赴徐州,二十一日到達徐州,……八月十六日蘇轍赴南京留守簽判任」[148];孔凡禮《蘇轍年譜》亦云:「四月,軾乘舟沿汴赴徐州任,轍同行。……八月十六日,蘇轍赴南京留守簽判任,離徐州」[149],《三蘇全書》編者或因此而斷言熙寧十年四月一日,蘇轍根本不在南京。然據洪本健《宋文六大家活動編年》云:「四月,(軾)與弟轍過南都(南京),謁張方平,作〈代張方平諫用兵書〉。到徐州任,弟轍相從百餘日,過中秋,始赴南京留守簽判任」[150],洪本健根據蘇軾〈祭張文定公文〉云:「十五年間,六過南都,而五見公」[151],推斷熙寧十年為蘇軾首過南京之時。綜合以上論點,蘇轍四月二十一日才到達徐州,而四月一日,蘇轍有可能在南京,故《游仙夢記》所言,並非完全不可能。

　　《游仙夢記》是否為蘇轍所作,仍有討論之空間,尚待更多證據,才能精確論斷。

十六、《蘇轍體要》

　　《蘇轍體要》,佚。《郡齋讀書志‧附志》卷五下,《宋賢體要集》條有載[152]。

---

[148] 都〉也,晚年來不作此工夫之文」,可見為蘇轍作品無誤。
曾棗莊、舒大剛《北宋文學家年譜》,台北:文津出版社,1999 年,頁306－308。

[149] 孔凡禮《蘇轍年譜》,北京:學苑出版社,2001 年,頁138－148。

[150] 洪本健《宋文六大家活動編年》,上海:華東師範大學出版社,1993 年,頁270。

[151] 蘇軾《蘇軾文集‧祭張文定公文》,卷63,頁1952。

[152] 趙希弁《郡齋讀書志‧附志》,台北:廣文書局,1967 年,頁1585。

十七、《均陽雜著》

《均陽雜著》一卷，佚。《宋史·藝文志》有載。

十八、《欒城遺言》

《欒城遺言》一卷，蘇籀記，存。

《欒城遺言》乃蘇轍孫籀所記，雖非其親筆所寫，卻是其言行記錄，爲研究蘇轍思想與作品之重要材料，故附帶一提。蓋蘇籀少時就學於祖父[153]，將所聽聞記下，可信度頗高。所記之事雖零碎，卻提供不少線索，成爲釐清二蘇部份詩文混淆之依據，更是蘇轍晚年思想之反映。

---

[153] 蘇籀《欒城遺言》，頁 7，文中云：「籀年十有四，侍先祖潁昌，首尾九年，未嘗暫去侍側」。

第三章

哲學思想析論

　　在佛、道思想的激盪下，宋代學術思想趨於深化，許多思想家秉持兼收並蓄、博採眾長的學術態度與自由解經的創新精神，架構出嚴密的哲學體系，探討宇宙起源的問題，形成各具特色的宇宙本體論。蘇轍於此學術思潮中，亦以思想名家。其哲學思想體現於豐厚的著作中，值得一探。本章即由本體論、人性論、修養論三方面嘗試架構其哲學思想體系，期能將抽象的哲學概念，透過不同視角的分析，完整的呈現多層次的豐富內涵。整體而言，本體論是人性論之基礎，人性論為修養論之根基，而哲學思想又是其他思想的核心與指導原則，其重要性不言而喻。

∽ 第一節　　本體論

　　子由以「道」作為宇宙本源的代稱，賦予「道」種種哲學意涵。道，是宇宙萬物的起源，不僅創生萬物，也是萬物存在、運動、變化的依據，故曰：「道，萬物之宗也；萬物，道之末也」[1]。然而道無形無象、非無非有、無善無惡，具有無限的普適性，亦無處不在，難以用言語說明，因為語言只是一種符號，不僅表達有局限性，其意蘊也因表達者與接收者的理解能力、知識經驗背景不同而異。所以他說：

> 莫非道也，而可道不可常，惟不可道，而後可常耳。今夫
> 仁、義、禮、智，此道之可道者也。然而仁不可以為義，

---

[1] 蘇轍《老子解》，見曾棗莊、舒大剛主編《三蘇全書》，第 5 冊，北京：語文出版社，2001 年，頁 437。

而禮不可以為智，可道之不可常也。惟不可道，然後在仁
為仁，在義為義，禮、智亦然。彼皆不常，而道常不變，
不可道之能常如此。道不可道，而況可得而名之乎？凡名
皆其可道者也。名既立，則圓、方、曲、直之不同，不可
常矣。[2]

指出道無法用有限的語言來表達相對確定的內涵。但若因此沈默
不言，又不足以啓發世人，所以蘇轍又云：「道非言說，亦不離
言說」[3]，指出「道」與「言說」的辯證關係。領悟道的人仍須
透過語言作為工具，象徵性的描述道的意義，這是暫時且勉強的
作法，他說：

道本無名，聖人見萬物之無不由也，故字之曰道。見萬物
之莫能加也，故強為之名曰大。然其實則無得而稱之
也。[4]
言者道之筌也，事者道之迹也。使道可以言盡，則聽言而
足矣；可以事見，則考事而足矣。唯言不能盡，事不能
見，非舍言而求其宗，遺事而求其君，不可得也。……道
非思慮之所及，故不可知。然方其未知，則非知無以入。
及其既知而知存，則病矣。故知而不知者上，不知而知者
病。[5]

---

[2] 蘇轍《老子解》，見《三蘇全書》，第5冊，頁401。
[3] 蘇轍《老子解》，見《三蘇全書》，第5冊，頁459。
[4] 蘇轍《老子解》，見《三蘇全書》，第5冊，頁430。
[5] 蘇轍《老子解》，見《三蘇全書》，第5冊，頁472。

明白指出，道須藉言才得以彰顯，眾人須藉言才得以悟道，但又一再強調語言文字的局限性，是為了防止對道作片面式的理解，落入文字障。道本不可言，卻又不得不言，只好勉強言之，但求道之人在透過語言的指示而有所領悟之時，須理解語言本身的有限性，未可因此遮蔽道的無限性，才能真正掌握道的奧義，不落於一隅之見。

基於上述的前提可知，子由認為道體只有一種，儒家、道家、佛教對道的詮釋表面上雖有不同，實則殊途同歸，只是各家所採的視角不同，詮釋的語言有異罷了，他說：

> 老、佛同一源，出山便異流。[6]
> 老、佛之道，非一人之私說也，自有天地而有是道矣。古之君子以之治氣養心，其高不可嬰，其潔不可涅，天地神人皆將望而敬之。聖人之所以不疾而速，不行而至者，一用此道也。[7]

由此可見，蘇轍以「道」為最高之哲學範疇，認為「孔、老為一」、「佛、老不為二」[8]，道是宇宙萬物創生的本體，是萬物的生命之根。

道，既不可言說，又必須言說。為儘量避免以偏概全，故須藉由多層次的闡述，方能呈現道豐富的內涵，一窺道大概之面貌，論述如下：

---

[6] 蘇轍《欒城後集·和遲田舍雜詩之七》，台北：中華書局，四部備要本，1966年，卷4。

[7] 蘇轍《欒城後集·歷代論·梁武帝》，卷10。

[8] 蘇轍《老子解·題老子道德經後》，見《三蘇全書》，第5冊，頁483。

一、萬物之本源

蘇轍以宇宙生成論的角度指出，道是宇宙萬物創生的本源，他說：

> 道者萬物之母，故生萬物者道也。……形雖由物，成雖由勢，而非道不生。[9]
>
> 道非有無，故以恍惚言之，然極其運而成象，著而成物，未有不出于恍　惚者也。[10]

說明道是無形無象，非有非無，卻具有創作宇宙萬物的能力，是宇宙萬物的母體。至於道究爲何物？只可意會，不可言傳，因爲所有的語言文字都無法盡述其精微之處，只好以「恍惚」稱之，或以許多的否定詞來勾勒其大略。蘇轍說：

> 夫道非清非濁，非高非下，非去非來，非善非惡，混然而成體。其于人爲性，故曰「有物混成」，此未有知其生者。蓋湛然常存，而天地生于其中耳。寂分無聲，寥分無形，獨立無匹，而未嘗變行于群。有而未嘗殆，俯以化育萬物，則皆其母矣。[11]

---

[9] 蘇轍《老子解》，見《三蘇全書》，第 5 冊，頁 454。
[10] 蘇轍《老子解》，見《三蘇全書》，第 5 冊，頁 425。
[11] 蘇轍《老子解》，見《三蘇全書》，第 5 冊，頁 429－430。

道是如此的奧妙，沒有清濁、高下、去來、善惡、聲形之分別，
卻是萬物之宗。既然道是語言難以描述的東西，蘇轍採取一種淵
博的思維方式，以一種內容豐富的觀察和反思，來理解道豐富的
內涵。

　　道是宇宙之中萬物形成和轉變的主宰，它創生的過程一樣複
雜得難以描述，涉及到可能發展和變化途徑的潛在無限性，包含
許多不可預知的轉變過程，是由一極小的開端發展和分化成無限
事物的巨大過程，其變化的過程是創生的、再生的、循環的、對
立的、轉換的……等等，十分多樣化，又彼此息息相關。在這樣
的前提下，蘇轍以簡單的概念描述此宇宙萬物創生的軌迹。他
說：

> 夫道非一非二，及其與物為偶，道一而物不一，故以一名
> 道。然而道則非一也，一與一為二，二與一為三，自是以
> 往，而萬物生。物雖有萬不同，而莫不負陰抱陽。「沖氣
> 以為和」者，蓋物生于三，而三生于一，理之自然也。[12]

這是一種陰、陽力量無限對立轉換下，萬物「生」的創造過程，
具備邏輯順序的進展形式，圖示如下：

```
       生         生         生         生
道 ─────→  一 ─────→  二 ─────→  三 ─────→ 萬物
（非無、有）  （有）    （陰、陽）   （陰、陽、和）
```

在這種連續和持久的進程中，產生了萬物的世界。蘇轍在〈易說

---

[12] 蘇轍《老子解》，見《三蘇全書》，第 5 冊，頁 448。

三首〉中，也引《易》作說明，他說：

> 「一陰一陽之謂道」，……所謂一陰一陽者，猶曰一喜一
> 怒云爾，言陰陽喜怒皆自是出也，散而為天地，斂而為
> 人。言其散而為天地，則曰「天地位焉，萬物育焉」；言
> 其斂而為人，則曰「成之者性」，其實一也。……一氣判
> 而為天地，分而為五行。[13]

說明天、地、人、萬物之創生過程，圖示如下：

```
                    ┌─── 散 ──→ 天地 ──→ 五行 ──→ 萬物
道 ──→ 陰、陽 ──┤
                    └─── 斂 ──→ 人（性）
```

由蘇轍的闡述中，我們對於道創生宇宙萬物的過程，可以得到一
個概略的輪廓，也可看出此「道」並不局限於儒家或道家的說
法，亦非佛教所言純粹虛空的狀態，是他博採眾說而後有所得的
獨到看法。

二、萬物之本體

道不僅創生萬物，也是萬物存在、運動、變化的依據，亦即
是宇宙萬物之本體，在創生萬物之後，並未功成身退，而是內化
於萬物之中，萬物並不能脫離道而獨自存在。蘇轍說：

---

13 蘇轍《欒城三集・易說三首》，台北：中華書局，四部備要本，1966 年，
　卷 8。

一，道也，物之所以得為物者，皆道也。天下之人見物而忘道，天知其清而已，地知其寧而已，神知其靈而已，谷知其盈而已，萬物知其生而已，侯王知其為天下貞而已。不知其所以得此者，皆道存焉耳。……天地之大，侯王之貴，皆一之致。夫一果何物也？視之不見，執之不得，則亦天地之至微也。[14]

夫道沖然至無耳，然以之適眾有，雖天地之大，山河之廣，無所不遍。以其無形，故似不盈者。淵兮深眇，吾知其為萬物宗也。[15]

指出道是萬物創生的本體，而且普遍存在於萬物之中，雖無聲、無形，不得目見，不可觸摸，卻真實的存在，時時刻刻在不知不覺中影響著宇宙的運行，萬物的變化。總之，道是永不枯竭的力量源泉，是宇宙萬物存在的唯一終極根源，也是維持宇宙萬物形成、轉變的歷久不衰的活力和能量，是已構成之物和未構成之物的總體，宇宙萬物活動並生滅於道體之中。

既然蘇轍認為「道之於物，無所不在」[16]，又指出「道曠然無形，頹然無名，充遍萬物，而與物無一相似」[17]，那該如何證明道確實存在？他指出道屬於形而上的層次，是一種抽象的概念，但可藉由對現象界實體的觀察，體悟道的存在。他在《老子解‧上士聞道章》說：

14　蘇轍《老子解》，見《三蘇全書》，第 5 冊，頁 444。
15　蘇轍《老子解》，見《三蘇全書》，第 5 冊，頁 405。
16　蘇轍《欒城後集‧歷代論‧梁武帝》，卷 10。
17　蘇轍《老子解》，見《三蘇全書》，第 5 冊，頁 469。

> 道之所寓，無所不見。凡此十二者，皆道之見于事者也。
> 而道之大全，則隱于無名，惟其所寓，推其有餘，以貸不
> 足，物之賴之以成者如此。[18]

道雖難以用語言和概念作表述，卻可藉由省察的工夫而了悟於
心。只要打開心胸，放寬視野，從我們整體的人生來感受萬物生
命活動的顯現，並體驗萬物的生滅、變易如何展示這種生命活力
的存在，通過直接經驗的觀察和反思，可以理解到一種秩序在眾
多事物的創生、形成和變化中，而顯現這種秩序和變化的過程，
就是道的大略，舉凡宇宙間的人、事、物都是道的一種顯現，一
種過程。朱剛在《唐宋四大家的道論與文學》中，指出二蘇所論
之道是「自然全體的總名」，他說：

> 「道」正是自然全體的總名。⋯⋯「道」雖不涉具體萬
> 物，卻是具體萬物的總概括，所以不是純粹的「無」，當
> 然也不是真實具體的「有」。在「道」的「有」、「無」之
> 論上，蘇學接受了佛教大乘無著學的影響，以「非有非
> 無」的中觀說來論「道」。[19]

朱剛的說法或許可以作為認識蘇轍之「道」的入門，但仍須瞭解
語言表述的限制，不可因此忽略「道」所蘊藏的豐富意涵。

---

[18] 蘇轍《老子解》，見《三蘇全書》，第 5 冊，頁 447。
[19] 朱剛《唐宋四大家的道論與文學》，北京：東方出版社，1997 年，頁
122。

三、萬物之規律

王弼釋《老子》第五十一章言：

> 凡物之所以生，功之所以成，皆有所由。有所由焉，則莫
> 不由乎道也。……道者，物之所由生。[20]

指出道是萬物運動、變化所必須遵循的途徑。蘇轍承襲王弼的觀
點，亦云：「聖人見萬物之無不由也，故字之曰道」[21]，認為道
是宇宙的總規律，是萬物所須遵循的法則。蓋道之原始意義即道
路，行必由路，推而廣之，萬物運動、變化所須遵行的途徑、秩
序就是道。天下之人均應持道而行，才能安居於世。他說：

> 道之在物，譬如其奧，物皆有之，而人莫之見耳。夫賢者
> 得而有之，故曰「善人之寶」。愚者雖不能有，然而非道
> 則不能安，故曰「不善人之所保」。[22]

說明道隱於萬物之中，萬物均具此道而不自知；唯賢者得見，並
以之為立身處世之寶；愚者雖不知，卻非道不能安居。所以人不
分賢、愚，均應以道作為處世之準則，才能安心立足於社會，否
則必至失身喪國，子由說：

20　王弼《老子道德經》，台北：世界書局，1973 年，頁 31。
21　蘇轍《老子解》，見《三蘇全書》，第 5 冊，頁 430。
22　蘇轍《老子解》，見《三蘇全書》，第 5 冊，頁 464。

> 苟不知道，則凡所施於世，必有逆天理，失人心，而不自
> 知者。故楚昭王惟知大道，雖失國而必復。太宗惟不知
> 道，雖天下既安且治，而幾至於絕滅。孔子之所以觀國者
> 如此。[23]

點明行道的重要性，就算貴為君王，若行不由道，即使如大唐之
盛世，仍招大禍，幾至亡國；若能行之由道，既使已亡之國，仍
可復享太牢。

　　道作為宇宙萬物運行的總規律，其實質內涵為何？簡言之，
就是「自然」，蘇轍說：

> 天地無私而聽萬物之自然，故萬物自生自死。死非吾虐
> 之，生非吾仁之也。譬如結芻以為狗，設之于祭祀，盡飾
> 以奉之，夫豈愛之？時適然也。既事而棄之，行者踐之，
> 夫豈惡之？亦適然也。[24]

此不憑外力，萬物適時而生，適時而死，生死不斷交替循環，就
是「自然」。更深入的說，道是以陰陽的對立轉化為其表現形
式，它涉及萬物復歸與反轉的過程，在此過程中，道的規律特性
也在萬物中多樣化地呈現和持存。道的唯一性也產生「和」的概
念，表明在差異者和對立物之中最相互協調的狀態。所以看似抽
象神秘的道，其實是可以理解的。他說：

---

[23]　蘇轍《欒城後集‧歷代論‧唐太宗》，卷 10。
[24]　蘇轍《老子解》，見《三蘇全書》，第 5 冊，頁 406。

人事不可期，當受不當違。……天行若循環，物化如發機。閉目內自觀，此理良密微。[25]

透過對客觀可操作性世界的觀察和深刻反思，可以認識宇宙萬物得以形成和轉換的原則，也就是道。

　　瞭解道的精微奧妙，尚須勤而行之，才能與自然大道合一，使宇宙萬物、人類社會均在最和諧的軌道上運行。那如何行道呢？蘇轍指出應阻絕情欲之根源，如嬰兒般泊然無欲；收斂鋒芒，消解紛擾，不與人爭強鬥勇；隱藏光耀，混同塵俗，謙沖自牧，才能超然物外而與道同。他說：

唯塞兌、閉門，以杜其外；挫銳、解紛、和光、同塵，以治其內者，默然不同，而與道同也。[26]

人人均能體道行道，就可達到身修、家齊、國治、天下平的和樂境界。蘇轍說：

《語》曰：「君子學道則愛人，小人學道則易使。」故人必知道而後知愛身，知愛身而後知愛人，知愛人而後知保天下。故吾論三宗享國長久，皆學道之力。[27]

學道行道，使人心返樸歸真，社會和諧至善，國家長治久安，就

---

[25] 蘇轍《欒城後集・汝南遷居》，卷3。
[26] 蘇轍《老子解》，見《三蘇全書》，第5冊，頁459。
[27] 蘇轍《欒城後集・歷代論・漢昭帝》，卷8。

・95・

是學習道作為萬物之規律的重大意義。

四、最高之境界

道是一種超越善惡、清靜無為，卻足以為天下正的最高精神境界。胡昭曦等在《宋代蜀學研究》中指出：

> 蘇學不認為「道」具有倫理屬性，善和五常只是「道」所派生的。[28]

蘇轍心中的道是超越善惡、無善無惡的境界，這種思想，大概是根據《易傳》：「一陰一陽之謂道，繼之者善也」[29]的論述作闡發，既然善是繼道而生，道體自然超越善惡，而無善惡之分。蘇轍嘗解釋此境界，他說：

> 唯泊然清淨，不染于一，非成非缺，非盈非沖，非直非屈，非巧非拙，非辯非訥，而後無所不勝，可以為天下正矣。[30]

這種雙非的說法具詭辯之意味，實則要人去其兩端，允執其中，與儒家的中庸之道有異曲同工之妙，說明道雖超越善惡，卻是天下人行事的準則，可以勝物而不傷。他還作了有趣的〈抱一

---

[28] 胡昭曦、劉復生、粟品孝《宋代蜀學研究》，四川：巴蜀書社，1997 年，頁48。
[29] 蘇轍在《欒城四集》、《老子解》中，多次引用此言。
[30] 蘇轍《老子解》，見《三蘇全書》，第 5 冊，頁 450。

頌〉，說明此得道的境界。他說：

> 采道書中語作〈抱一頌〉，此非獨道家事，乃瞿曇正法
> 也。
> 真人告我，晝夜念一。行一坐一，眠一食一。子若念一，
> 一亦念子。子不念一，一則去子。子若得一，萬事皆畢。
> 饑而念一，一與子糧。渴而念一，一與子漿。寒而念一，
> 一與子裳。病而念一，一與子方。鬪而念一，一與子兵。
> 念一之至，至於忘一。忘一之至，與一為一。與一為一，
> 入火不然，入水不溺，是謂念一。[31]

此「一」即「道」也，當人與道渾然契合之時，甚至可以「入火不然，入水不溺」，達到天人合一的境界。

道既是如此崇高的精神境界，能體道而行者，即所謂之聖人。蘇轍對此有相當之描述，他說：

> 體道者無知無行，無所施設，而物自化。[32]
> 唯體道者，廓然無事，雖不取天下而天下歸之矣。[33]
> 有道者，贍足萬物而不辭。既以為人己愈有，既以予人己
> 愈多，非有道者無以堪此。[34]
> 聖人之所以知萬物之所以然者，以能體道而不去故也。[35]

---

[31] 蘇轍《欒城後集・抱一頌并引》，卷 5。
[32] 蘇轍《老子解》，見《三蘇全書》，第 5 冊，頁 456。
[33] 蘇轍《老子解》，見《三蘇全書》，第 5 冊，頁 460。
[34] 蘇轍《老子解》，見《三蘇全書》，第 5 冊，頁 477。
[35] 蘇轍《老子解》，見《三蘇全書》，第 5 冊，頁 426。

> 聖人體至道以應諸有，亦如露之無不及者。此所以能賓萬
> 物也。[36]

綜而言之，道生萬物，本諸自然，而萬物各得其養。人也應體察並效法天道，無私無欲，順應自然，使萬物各得其所，如天降甘露之均勻、公平，萬物自然歸往，如江海之納百川，雖不取天下，而天下趨而歸之矣。一般人雖達不到聖人如此崇高的境界，仍可體道而行，應物而無窮。子由說：

> 夫道以無為體，而入於群有，在仁而非仁，在義而非義，
> 在禮而非禮，在智而非智。惟其非形器也，故目不可以視
> 而見，耳不可以聽而知，惟君子得之於心，以之御物，應
> 變無方，而不失其正，則所謂時中也。[37]

瞭解道無私無為的境界，不執著於仁、義、禮、智等形器之一偏，一切順應自然而不爭，物來則應，物去則心無罣礙，如孟德之流，他說：

> 夫孟德可謂有道者也。世之君子皆有所顧，故有所慕，有
> 所畏。慕與畏交於胸中，未必用也，而其色見於面顏，人
> 望而知之。故弱者見侮，強者見笑，未有特立於世者也。
> 今孟德其中無所顧，其浩然之氣，發越於外，不自見而物
> 見之矣。推此道也，雖列於天地可也，曾何猛獸之足道

---

[36] 蘇轍《老子解》，見《三蘇全書》，第5冊，頁436。
[37] 蘇轍《欒城後集・歷代論・王衍》，卷9。

哉！[38]

在蘇轍看來，孟德心中既無所慕，亦無所畏，特立於世，浩然之氣發於形外，足可使野獸望而卻步，雖未臻聖人之境，至少也接近孔子「從心所欲，不踰矩」[39]的境界了。

五、道之體用說

道若不能落實於社會生活中，將只是一個哲學名詞，沒有實際功用，因此蘇轍提出道之體用說，將形而上、抽象的「道」，轉化為形而下，具體可行的「德」，德成為道在人和萬物中的具體顯現。他說：

> 道無形也，及其運而為德，則有容矣。故德者道之見，自是推之，則眾有之容，皆道之見于物者也。[40]

可見德是道在事物中的顯現，道是體，德為用。萬物雖由道創生，卻需由存於萬物之中的道，即德的畜養，才能長成。蘇轍說：

> 道者萬物之母，故生萬物者道也。及其運而為德，牧養群眾而不辭，故畜萬物者德也。然而道德則不能自形，因物

---

[38] 蘇轍《欒城集‧孟德傳》，卷25。
[39] 《論語‧為政》，台北：台灣中華書局，1972年，卷2。
[40] 蘇轍《老子解》，見《三蘇全書》，第5冊，頁425。

而後形見；物則不能自成，遠近相取，剛柔相交，積而為勢，而後興亡治亂之變成矣。形雖由物，成雖由勢，而非道不生，非德不畜，是以尊道而貴德。尊如父兄，貴如侯王，道無位而德有名故也。[41]

所以道是萬物之母，是形而上的抽象概念，是常無、常道、大全，是本，是理一，是本體之道；德是畜養萬物之理，是形而下的具體綱目，是常有、一偏，道之可道者，是迹，是萬殊，是有名之道。列表比較如下：

道	體	道	本	常	無位	常無	理一	無為	大全	形而上	本體之道
德	用	器	迹	變	有名	常有	萬殊	有為	一偏	形而下	有名之道

由上表可以看出道、德二者本質上的差異，道是從哲學上本體論的角度來談，德則是由實踐論的角度來談。他說：

老子之言道德，每以嬰兒況之者，皆言其體而已，未及其用也。夫嬰兒泊然無欲，其體則至矣，然而物來而不知應，故未可以言用也。[42]

---

41 蘇轍《老子解》，見《三蘇全書》，第 5 冊，頁 454。
42 蘇轍《老子解》，見《三蘇全書》，第 5 冊，頁 458。

泊然無欲是道之體，即道；物來而應是道之用，即德。

　　德既為道在現實社會中的顯現，物來則以德應之，那德之細目究竟何指？蘇轍說：

> 道以不似物為大，故其運而為德，則亦闊然；以鈍為利，
> 以退為進，不合于世俗。今夫世俗，貴勇敢，尚廣大，誇
> 進銳；而吾之所寶，則慈忍、儉約、廉退、此三者皆世之
> 所謂不肖者也。[43]

此德之三寶：慈忍、儉約、廉退，源自老子之思想。他又說：「今夫仁義禮智，此道之可道者也」[44]，既是可道者，也就是德，仁義禮智就是德之綱目，此為儒家思想。所以子由所謂之德，包含儒家的倫理綱常與道家的處世哲學。

　　道與德雖為體用關係，二者實為一體，具統一性。蘇轍之所以提出這種觀點，一來可以避免道的內涵流於浮虛之玄談，有益於豐富人類對價值的理解，提升人類生活的實踐需要。再者，德是社會政治層面的具體表現，其內涵既相對的明確，也就有相對的局限性，仁、義、禮、智、慈忍、儉約、廉退各具其義，彼此不能替代，不能貫通，就不能達到更高的整體統一性，甚至可能異化而產生弊端，要解決這個問題，就必須昇華理論的高度，站在大全的立場，重新審視，規範德的合理性，避免偏於德之一隅所可能產生的矛盾、衝突。一言以蔽之，本「道」行「德」，即以道為依據，實踐德之社會規範，並時時以道檢視，調整社會規

43　蘇轍《老子解》，見《三蘇全書》，第 5 冊，頁 469。
44　蘇轍《老子解》，見《三蘇全書》，第 5 冊，頁 401。

範的合理性，以防止異化，去除文明社會所產生的弊端，達致道德契合，一體圓融的境界。

∽ 第二節　人性論

　　道德性命之學在熙寧前後成爲主流思潮，《易》：「窮理盡性以至於命」，《中庸》：「天命之謂性」，成爲熱烈討論的課題，許多學派如關、洛、蜀學等，均反映此時代思潮。秦觀〈答傅彬老簡〉言：「蘇氏之道，最深于性命自得之際，其次則器足以任重，識足以致遠。至於議論文章，乃其與世周旋，至粗者也」[45]，指出蘇氏蜀學的思想主題爲性命自得，惟因文名太盛，遂遮掩學術光環，實非其所願。所幸今日學術思想自由，未再定於一尊，蜀學思想之精微處亦日受重視。

　　蘇轍的人性論由本體論發展而來，也是修養論的核心價值，提供我們不同的思想視野。性，是道在人身上的顯現，是人之所以爲人的根據，所以人人有性，離性則無以成人。在人身上，性與道具有相同的屬性，人既爲萬物之靈，性也成爲道在人類社會的最佳代言。他說：

　　　蓋道無所不在，其于人爲性，而性之妙爲神，言其純而未雜，則謂之一；言其聚而未散，則謂之樸。其歸皆道，各從其實言之耳。[46]

---

[45]　秦觀《淮海集・答傅彬老簡》，台北：台灣中華書局，1970年，卷30。
[46]　蘇轍《老子解》，見《三蘇全書》，第5冊，頁409。

所以性可稱為一或樸，它是純而未雜、素樸而大全的本體，與道一樣非善非惡，具有超然普遍的特性。

《老子解》是蘇轍重要的哲學著作，明顯流露欲融合三教的企圖，他所用的方法就是以性命之學解之，劉固盛說：

> 蘇轍以佛解《老》乃有意為之。他抓住一個「性」字解《老》，使《老子》之道既與儒合，也與佛同，這樣，儒、道、釋三教思想在他的老學中互相貫通，彼此融攝。[47]

所以，在子由看來，性就是儒家所謂的中、和；道家所謂的一、樸；釋教所謂的佛性、真如。

性人是類普遍的本性，是據以實現道的東西，所以和道一樣是形而上的概念，是抽象而不易言說的哲學觀點，語言的說明一樣具有侷限性。瞭解這種前提，再從多方面去闡述性的內涵，才能對蘇轍所論之性有較佳的把握。

一、 道在人曰性

北宋諸儒吸收佛、道的形而上思想，以之建構自己的宇宙本體論，其最終目的在為人性論提供形而上的理論基礎，因此所論之性常具本體化傾向，蘇轍所論之性亦然。他說：

> 樸，性也。道常無名，則性亦不可名矣。[48]

---

[47] 劉固盛《宋元老學研究》，頁 176。
[48] 蘇轍《老子解》，見《三蘇全書》，第 5 冊，頁 436。

性之為體，充遍宇宙，無遠近古今之異。[49]

性之于人，生不能加，死不能損，其大可以充塞天地，其精可以蹈水火、入金玉，凡物莫能患也。[50]

性之大，可以包絡天地。[51]

指出性和道一樣無名，均是難以言說，而且性體之大可以包含天地，充遍宇宙，無物能加損。將性無限擴張，提升到本體的高度，於是性和道便有了統一性，不管聖人或是凡夫俗子均具此性，所以人只要復歸此本性，就可體悟道之奧妙。

除了佛、道思想外，蘇轍還以儒家之《易》、《中庸》詮釋性之概念，他說：

「一陰一陽之謂道，繼之者善也，成之者性也。」何謂道？何謂性？請以子思之言明之。子思曰：「喜怒哀樂之未發謂之中。發而皆中節謂之和。中也者，天下之大本也；和也者，天下之達道也。致中和，天地位焉，萬物育焉。」中者，性之異名也；性者，道之所寓也，道無所不在，其在人為性。性之未接物也，寂然不得其朕，可以喜，可以怒，可以哀，可以樂，特未有以發耳。及其與物接，而後喜怒哀樂更出而迭用，出而不失節者，皆善也。[52]

指出性是道之所寓，道之所成，是天下之大本，又可稱之為中。

---

[49] 蘇轍《老子解》，見《三蘇全書》，第5冊，頁451。

[50] 蘇轍《老子解》，見《三蘇全書》，第5冊，頁413。

[51] 蘇轍《老子解》，見《三蘇全書》，第5冊，頁473。

[52] 蘇轍《欒城三集·易說三首》，卷8。

道既無所不在，性在人類身上亦具道之屬性，在人性上，人人平等，甚至具有永恆之特質，將人性的本質提升到與宇宙的價值等量齊觀。換言之，人被創生為萬物中的最高智慧者，其本性中存有道之結構與規律，道之種種豐富意涵內化於人性之中，所以人要充分運用心智的功能去過豐富的生活，並在具體的行為活動中，實現他的本性，完成道與性的統一，這事實上就是中國哲學中「天人合一」的概念。蘇轍又指出，性既源自於道，具備道寂然清靜之特性，在未與世俗之物相遇時，純而無染，表面靜默，內則蘊藏無窮可動的能量，人類所有的情感活動如喜、怒、哀、樂等，均含括其中。善則是道之繼，是道所派生。當人與世俗之物相遇時，由性流露出種種情感活動，這些活動表現在人的行為上，若能合於節度、規範，就是善；反之，就是惡。針對他所說的話，可以圖示如下：

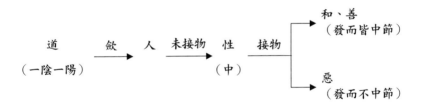

所以蘇轍的人性論與本體論，在理論邏輯上保有內在的一貫性與統一性。人性是道之在我的主體自覺，當我們感受到無所不在的道之本體時，也會感受到人性，人性是人之所以為人的本質，彰顯了人性，也就彰顯了道。

二、性無善無惡

蘇轍認為人性源自於形而上的道，與道一樣具有本體的意義，所以道體之精微奧妙，亦僅有人能體悟，並加以弘揚。他說：

> 道之大，充塞天地，瞻足萬物，誠得其人而用之，無所不至也。苟非其人，道雖存，七尺之軀有不能充矣，而況其餘乎？故曰：「人能弘道，非道弘人。」[53]

把孔子的弘揚仁道，解釋為弘揚道體，將《論語》此處的「道」，由形而下的層次提升至形而上，為其人性論提供形而上的依據，與《老子解》中，道在人為性的看法相繫。他在《孟子解》中有更進一步的討論，他說：

> 孟子曰：「天下之言性者，則故而已矣。」所謂天下之言性者，不知性者也。不知性而言性，是以言其故而已。故，非性也。無所待之謂性，有所因之謂故。物起於外，而性作以應也。此豈所謂性哉？性之所有事也。性之所有事之謂故。方其無事也，無可而無不可。及其有事，未有不就利而避害者也。知就利而避害，則性滅而故盛矣。故曰：「故者，以利為本。」夫人之方無事也，物未有以入

之。有性而無物，故可以謂之人之性。及其有事，則物入之矣。或利而誘之，或害而止之，而人失其性矣。譬如水，方其無事也，物未有以參之，有水而無物，故可以謂之水之性。及其有事，則物之所參也。或傾而下之，或激而升之，而水失其性矣。故曰：「所惡於智者，為其鑿也。如智者若禹之行水，則無惡於智矣。禹之行水也，行其所無事也。如智者亦行其所無事，則智亦大矣。」水行於無事則平，性行於無事則靜。方其靜也，非天下之至明無以窺之，及其既動而見於外，則天下之人能知之矣。天之高也，星辰之遠也，吾將何以推之？惟其有事於運行，是以千歲之日可坐而致也。此性故深淺之辨也。[54]

這段話指出，其一，「性」乃無所待，行於無事且靜；「故」乃有所待，當物起於外，而性作以應，為性之所有事，屬於動之狀態。換言之，「性」是人的內在本質，屬於形而上的精神層次；「故」是人受外在現象界的影響，所產生的種反應或行為，屬於形而下的現象層次。其二，「性」如平靜無染之水，非天下至明之人不能體悟；「故」如水受外力而傾下或激升，因其動而現於外，故天下之人能見而知之，所以天下論「性」之人，常不知性的本質，而只言「故」之現象，蓋因「故」有脈絡可尋，如星辰之運行，可坐而推算。其三，「性」沒有正、反兩面，「故」則有。譬如「智」，有令人厭惡，流於穿鑿的小智；有令人贊美，如禹治水之大智，此二者皆屬因事而發之行為，即所謂「故」。

---

[54] 蘇轍《欒城後集・孟子解》，卷6。

由此觀之，蘇轍以己意解《孟子》，已非《孟子》原意，接著他又批評孟子的性善說，其云：

> 孟子嘗知性矣。曰：「天下之言性者，則故而已矣。故者，以利為本。」知故之非性，則孟子嘗知性矣。然猶以故為性，何也？孟子道性善。曰：「無惻隱之心，非人也；無善惡之心，非人也；無辭讓之心，非人也；無是非之心，非人也。」惻隱之心，仁之端也；羞惡之心，義之端也；辭讓之心，禮之端也；是非之心，智之端也。人信有是四端矣，然而有惻隱之心而已乎？蓋亦有忍人之心矣。有羞惡之心而已乎？蓋亦有無恥之心矣。有辭讓之心而已乎？蓋亦有爭奪之心矣。有是非之心而已乎？蓋亦有蔽惑之心矣。忍人之心，不仁之端也；無恥之心，不義之端也；爭奪之心，不禮之端也；蔽惑之心，不智之端也。是八者未知其孰為主也，均出於性而已。非性也，性之所有事也。今孟子則別之曰：此四者，性也；彼四者，非性也。以告於人，而欲其信之，難矣。夫性之於人也，可得而知之，不可得而言也。遇物而後形，應物而後動。方其無物也，性也；及其有物，則物之報也。惟其與物相遇，而物不能奪，則行其所安，而廢其所不安，則謂之善。與物相遇，而物奪之，則置其所可而從其所不可，則謂之惡。皆非性也，性之所有事也。[55]

---

55 蘇轍《欒城後集·孟子解》，卷6。

這段話指出，其一，孟子雖知「性」與「故」不同，但在論證性善說時，卻以仁、義、禮、智等屬於「故」的正面行為來說明「性」，故意忽略其不仁、不義、不禮、不智等反面行為，犯了以偏概全的毛病。更何況此八者雖均出於「性」，卻只是「性」的一部分，不足以概括「性」之全貌，若據此言「性」，就像瞎子摸象，難以體悟真正的「性」。其二，對於「性」，人只能用心去體悟，無法用言語去形容，因為語言文字有其侷限性，難以盡述「性」之精微奧妙。其三，「性」指未遇外物的本然狀態，沒有善惡之別，亦即是超越善惡的形上概念。當遇到外物時，動而產生各種的反應行為，已屬於形而下的現象，非「性」之本質。這些行為，若是「行其所安」，謂之善；若是「從其所不可」，謂之惡。善、惡皆非性也，乃性之所有事，即「故」也。這些概念可以圖示作為說明：

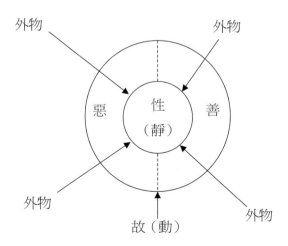

「性」為人內在的本質，以內圓為代表，未受任何外物影響，純然而清淨；「故」為人外顯的行為，以環狀部份為代表，乃受外物影響所致，動而未靜。本質無善惡之別，蓋喜怒哀樂之未發，亦無從判別善惡；行為則有善惡之分，蓋喜怒哀樂已發，能合乎社會的期待，為人心所安之行為，是謂善；不合乎社會的期待，為人心所不安之行為，是謂惡。所以蘇轍說：「夫雖堯、桀而均有是性，是謂相近。及其與物相遇，而堯以為善，桀以為惡，是謂相遠。習者，性之所有事也。自是而後相遠，則善惡果非性也」[56]，他認為孔子所謂之「習」，就是孟子所謂之「故」，是性之所有事，而非性也，換言之，也就是宋儒常講的「情」。總之，性無善惡，習或故才有善惡之分。

三、性必歸於仁

就性的本體而言，是超越善惡的形而上概念，但落實到形而下的層次，也就是性之用，卻是仁善的境界。蘇轍說：

> 性之必仁，如水之必清，火之必明。然方土之未去也，水必有泥，方薪之未盡也，火必有烟。土去則水無不清，薪盡則火無不明矣。人而至於不仁，則物有以害之也。「君子無終日之間違仁，造次必於是，顛沛必於是。」非不違仁也，外物之害既盡，性一而不雜，未嘗不仁也。[57]

---

[56] 蘇轍《欒城後集·孟子解》，卷6。
[57] 蘇轍《欒城三集·論語拾遺》，卷7。

指出性之必仁，就如水之必清，火之必明。去除掉混於水中的泥
土，就可以看見水清澈的本質；木材燒完就沒有烟，不會遮蔽火
明亮的本質；性亦然，去除外在物欲的干擾，就可以恢復性一而
不雜的狀態，達到仁的境界，也就是《老子解》所言「體道全
性」的聖人境界。他又說：

> 《易》曰：「無思無為，寂然不動，感而遂通天下之故。」
> 《詩》曰：「思無邪。」孔子取之，二者非異也。惟無
> 思，然後思無邪；有思，則邪矣。火必有光，心必有思。
> 聖人無思，非無思也。外無物，內無我，物我既盡，心全
> 而不亂。物至而知可否，可者作，不可者止，因其自然，
> 而吾未嘗思，未嘗為，此所謂無思無為，而思之正也。若
> 夫以物役思，皆其邪矣。[58]

他取《易》之「無思無為」闡釋孔子論《詩》之「思無邪」，認
為無思，才能達到思無邪；若有思，則邪矣。又進一步說明「無
思」是指外無物，內無我，也就是物我皆忘，毫不執著的聖人境
界，此時心全而不亂，凡事因其自然，不須刻意思、為，即可合
於正道。此處的「心」即「性」之意，故心全即性全，而性之必
仁，故性全之聖人不必思、為，順性自然，就可達到仁。反之，
執著於物欲的人，物欲蒙蔽了心性之清明，流於以物役思，遂不
能發揮性之用，而出現邪思、邪行。這種觀點可以圖示如下：

---

[58] 蘇轍《欒城三集‧論語拾遺》，卷7。

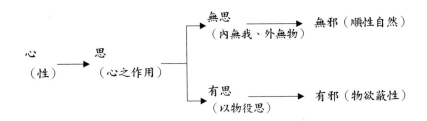

蘇轍此處表面上是以《易》解孔子之言，是儒家思想，實則所言「無思」，源於佛教所言之去執；所言「因其自然」，源於《老子》之思想，體現其三教合一的思想特色。

四、人情之總名

本體之道賦予人的是性，性本身無善無惡，卻能夠為善為惡，如果說道是自然全體的抽象總名，性即是人情全部的抽象總名。人類情感的種種活動是具體的人情，而性是對此全部人情的總概括。蘇轍說：

> 水流於地，發為草本，鹹酸甘苦皆水也。火傳於薪，化為飲食，飯麵羹胾皆火也。心藏於人，見於百骸，視聽言動皆心也。古之達人，推而通之，大而天地山河，細而秋毫微塵，此心無所不在，無所不見。是以小中見大，大中見小，一為千萬，千萬為一，皆心法爾。……心地既明，出語皆法。譬如古木，生氣條達，花葉無數，顛倒向背，穠纖長短，無一不可。譬如大海，濕性融溢，隨風舒卷，波濤流轉，充遍洲浦，無一不到。觀者眩曜，莫測其故，然

至於循流返源，識其終始，可以拊手而笑。[59]

他以水、火作為比喻，當其未遇外物之時，水、火具備單純的質性；及與物接，遂產生種種活動，但水、火的本質並未改變。這些活動都是水、火的作用，皆為一偏，而非大全，唯有掌握所有的活動，才能掌握水、火的本質，性亦然。文中所言之「心」，指的就是「性」。人人均具此性，心性平時藏而不露，及與物接，出現視、聽、言、動等種種具體的行為，這些行為均是性之一偏，不可與性劃上等號。古之達人見微知著，瞭解性是大全的道理，知道人性的根本處是宇宙之道，人性的尊嚴於是等同於道，與道同樣具有永恆的價值，那麼處世時，就可超越一切個人的寵辱得失，直達道境，如古木之生氣條達，大海之波濤流轉，生命因而自在自適。蘇轍在《老子解》中說得更清楚，他說：

> 視之而見者色也，所以見色者不可見也。聽之而聞者聲也，所以聞聲者不可聞也。搏之而得者觸也，所以得觸者不可得也。此三者，雖智者莫能詰也，要必混而歸於一而可耳。所謂一者，性也，三者性之用也。人始有性而已，及其與物搆，然後分裂四出，為視、為聽、為觸，日用而不知。反其本，非復混而為一則日遠矣。[60]

明白指出性之體是一，是大全的概念，人出生即有此性；性之用為視、聽、觸，乃性與外物交搆所產生，是一偏之概念，所以視

---

[59]　蘇轍《欒城集・洞山文長老語錄敘》，卷 25。
[60]　蘇轍《老子解》，見《三蘇全書》，第 5 冊，頁 414。

而見色，聽而聞聲，搏而得觸等心智活動，均是性之一偏、性之作用，未可遽指為性。性是道在人身上的顯現，所以和道一樣有體、用之分。人要返本明體，站在性大全的角度，那麼一切人世間的活動都不過是短暫雲煙，不必陷溺其中。

蘇轍於展讀佛經之時，也有類似的體會，他說：

> 予讀《楞嚴》，知六根源出于一，外緣六塵，流而為六，隨物淪逝，不能自返。如來憐愍眾生，為設方便，使知出門即是歸路，故於此經指涅槃門。初無隱蔽，若眾生能洗心行法，使塵不相緣，根無所偶，返流全一，六用不行，晝夜中中流入，與如來法流水接，則自其肉身便可成佛。[61]

一者，性也；六根乃眼、耳、鼻、舌、身、意。性因與外物相應而產生六根，即六種主要的情感活動，均為性之一偏，眾生不悟此道，遂至玩物喪性，徒增煩惱。唯有「返流全一，六用不行」，也就是體悟性乃人情之大全，不執著於一偏之情欲，即可自在應世，如佛般極樂無憂。他在〈黃州快哉亭記〉言：

> 士生於世，使其中不自得，將何往而非病？使其中坦然，不以物傷性，將何適而非快？[62]

這種心中坦然、性命自得的快意，正是掌握了性之大全，不以物

---

[61] 蘇轍《欒城後集·書「金剛經」後》，卷21。
[62] 蘇轍《欒城集·黃州快哉亭記》，卷24。

傷性的生命圓融的境界。

　　性作為人情之抽象總名，不僅具有普遍性，而且有無限性，不因人之生死而增損。蘇轍說：「性無生死」[63]，又說：

> 性猶日也，身猶月也。……人始有性而已，性之所寓為身。天始有日而已，日之所寓為月。日出於東，方其出也，物咸賴焉。……及其入也，天下黯然，無物不廢，然日則未始有變也。惟其所寓，則有盈闕。一盈一闕者，月也。惟性亦然，出生入死，出而生者，未嘗增也。入而死者，未嘗耗也，性一而已。惟其所寓，則有死生。一生一死者身也。雖有生死，然而死此生彼，未嘗息也。[64]

以日、月比喻性與身。不管日出於東或日落於西，日的本質未嘗改變，性也是如此，不管人出生或死亡，性的本質未嘗增損。月因日之照耀而有光亮與盈闕的變化，但日未因月之盈闕而改變；人身因性而有生命的光輝，但性不因人身的生死而有變化。換言之，日與性是永恆存在的，具有無限性；月與身是短暫的存有，故有盈闕、生死的現象。他以對現象界具體事物的觀察，作為取譬的基礎，闡明性的特質，一新人之耳目。值得注意的是蘇軾對月卻有不同的解讀，〈赤壁賦〉中言月：「盈虛者如代，而卒莫消長也」[65]，指出月之內在本質是恆常不變的，外在的盈虛變化是短暫的現象，內在的本質主導外部的變化狀態，所以蘇軾論

---

[63]　蘇轍《老子解》，見《三蘇全書》，第5冊，頁453。
[64]　蘇轍《欒城三集・待月軒記》，卷10。
[65]　蘇軾《蘇軾文集・赤壁賦》，北京：中華書局，1986年，卷1，頁6。

「月」之概念，接近「道」與「性」。兄弟二人對大自然現象的不同體會，形成取譬不同的趣味，然二人對性的理解是相似的，並無大不同。

玄妙的哲理若不能落實在社會生活中，將流於玄虛之空談，所以蘇轍說：

> 性之妙，見于起居飲食之間耳，聖人指此以示人，豈不易知乎？人能體此以應物，豈不易行乎？[66]

明白告訴世人，性雖抽象奧妙如形而上之道，卻具體顯現於起居飲食之間，也就是日常生活中。換言之，日常生活中的一舉一動，人際往來等人情活動，均含括於性中。若能體悟此性之顯現，掌握性之大全，就可應物而無窮，兼顧性之體用，達到聖人之境。若仍不得其門而入，可藉由對古聖言行之觀察而見性。他說：

> 死生之變亦大矣，而其性湛然不亡，此古之至人，能不生不死者也。[67]

由此可見，性是超越生死的，生命的誕生或死亡並不會影響性的本質，而性的超越性與光耀在「至人」的身上得到具體的顯現。我們透過古之至人身雖亡，精神卻長存的現象，可以真切的體會性的狀態。蘇轍以這種比喻，將性由接近道的形上境界落實到社

---

[66] 蘇轍《老子解》，見《三蘇全書》，第 5 冊，頁 471。
[67] 蘇轍《老子解》，見《三蘇全書》，第 5 冊，頁 438。

會人生的形而下層面，指點世人藉由古聖先賢圓融的處世哲學體悟性之至妙，從而得以自在應世而不窮。

五、性真物妄說

性本是道在人身上之顯現，性自然具備道清靜、廓然大公的崇高境界，那何以現實的人類社會中，爭奪、訛詐、頑戾等惡行層出不窮？針對這個問題，蘇轍提出「性真物妄」作為因應。他認為萬物都是虛幻，唯一真實的是人的本性。他在《老子解》中說：

> 萬物同出于性，而皆成于妄，如畫馬牛，如刻虎彘，皆非其實，泯焉無是非同異之辨，孰知其相去幾何哉！[68]
>
> 苟一日知道，顧視萬物，無一非妄。[69]
>
> 唯聖人知性之真，審物之妄，捐物而修身，其德充積。[70]

人性原是與宇宙之道渾然一體，澄明圓融，純乎天籟，如嬰兒般無染的。但人類在現實生活中，隨著自我意識的產生與高漲，遂從與宇宙之道合一的狀態中分離而出，固執地走進了二元對立的世界，沈迷在是非、得失、寵辱、美醜、善惡的對立衝突中，無法自拔。強烈的分別心與對物欲的追求蒙蔽了自性的光亮，甚至形成「以物易性」的窘況，於是對物欲的過分追求，造成社會的

68　蘇轍《老子解》，見《三蘇全書》，第 5 冊，頁 423。

69　蘇轍《老子解》，見《三蘇全書》，第 5 冊，頁 451。

70　蘇轍《老子解》，見《三蘇全書》，第 5 冊，頁 457。

種種紛爭與亂象。為解決這個問題，根本之道在於去除對萬物的妄見，復返本性；也就是瞭解萬物皆非真實的道理，自然不會逐物而失性，可以「性定而神凝，不為物遷」[71]了。

蘇轍這種「性真物妄」的思想源自於佛教。佛教認為宇宙萬有生命的現象，都是因緣集合而生，緣生而起，緣盡而散，所以現象的世界乃變遷無常，虛妄不實，唯一真實的是佛性，是真如。李安簡介《大乘起信論》時說：

> 真如的體、相，不因凡聖而有增減，從本以來自性清靜、光明遍照、滿足一切功德，即是如來法身。[72]

所以不管聖凡，人人均具此佛性，即真如；而真如是光明清淨，滿足於一切功德的，這和蘇轍論性乃人所共有與性大全的觀點不謀而合。事實上，《大乘起信論》因為文義明整，解行兼重，歷來流傳甚廣，無論唐、宋以至近代，佛教均以之為入道之通途。又據吳言生《禪宗哲學象徵》言：

> 禪宗的本心論，揭示本心自性的澄明、覺悟、圓滿、超越的內涵與質性。……在禪宗看來，本心自性如同虛空，廣袤無垠，清虛靈明，不動不搖，無聖無凡。眾生逐物迷己，迷己逐物。只要放下一切，不被聲色物相所迷惑，領悟到奇妙澄明的本心就像虛空一樣，無凡無聖，此時內而

---

[71] 蘇轍《老子解》，見《三蘇全書》，第 5 冊，頁 409。

[72] 李安〈大乘起信論〉，中國佛教協會編《中國佛教》第 3 輯，上海：東方出版中心，1996 年，頁 291。

身心，外而世界，都一起消殞無痕，那裡還有什麼聖凡之
別？但雖然一切都消殞了，此心又絕非木石，而是了了分
明，清清楚楚。[73]

這段話中的「本心」也就是「自性」，把本心解釋為虛空，可以
看到禪宗受道家影響的痕迹。要眾生放下一切，不被聲色物相所
迷惑，則和蘇轍「性真物妄」之說相通。唐、宋時期，禪宗大
盛，蘇轍與禪師時有往來，在筠州時與禪僧道全論道之事，眾所
皆知，思想觀點之交流，實乃必然。劉固盛在《宋元老學研究》
中說得更明白，他說：

佛教的本體論認為，宇宙一切事物的產生與滅息都存在于
因緣關係中，萬象萬物都是一種假合、暫合的偶然現
象。……在蘇轍看來，老子虛無之道體正與佛教這種因緣
假合相類似。受此影響，他便把整個客觀物質世界都描繪
成了虛妄不實的狀態。……萬物雖然同出于性，但均成于
妄，即都是五蘊、十二入之假合，所以在達道成佛者的眼
中，這個世界是「無一非妄」的。[74]

指出蘇轍「性真物妄」之說出自於佛教，他又以之與道家之「虛
無」作會通，達成三教合一以解《老》之目的。

在子由的詩文中，也流露此「性真物妄」之思想，他說：

---

[73] 吳言生《禪宗哲學象徵》，北京：中華書局，2002 年，頁 13－14。
[74] 劉固盛《宋元老學研究》，頁 177－178。

> 物之不齊，何所不有。長短大小，淨穢好醜。雜然前陳，
> 參差不等。亂我身心，耳目鼻口。欲求平等，了不可得。
> 忽然覺知，身心本空，萬物亦空。諸差別相，皆是虛妄。
> 無有實性，孰為不等。[75]
>
> 嗟人之生，夢幻泡影。短長得失，何實非病。[76]
>
> 世事非吾憂，物理有必至。……得失眾共知，窮達佛所
> 記。[77]
>
> 老人平生，以書為累。夜燈照帷，未曉而起。百骸未病，
> 兩目告瘁。決明雖良，何補於是？自我知非，卷去圖書。
> 閉目內觀，妙見自如。聞阿那律，無目而視。決明何為？
> 適口乎爾。[78]

以佛教的觀點說明，人生之長短、得失，甚至是身體的病痛；世事之因緣、變化等，都是「夢幻泡影」，也就是虛妄不實的。唯有「閉目內觀」，於自身中去妄而求得本性，才能「妙見自如」，也就是使得自性回復清明圓滿之狀態，不再被物欲蒙蔽，達到「見不可欲」、「應無所住而生其心」之境界。至於道家之觀點，則有以下二則，他說：

> 秋鴻一何樂，空際乘風飛。秋蟲一何憂，壁間終夜悲。憂
> 樂本何有？力盡兩無依。物生逐所遇，久行不知歸。[79]

---

[75] 蘇轍《欒城集·等軒頌》，卷18。
[76] 蘇轍《欒城集·代毛筠州祭王觀文詔文》，卷26。
[77] 蘇轍《欒城後集·次遲韻之二》，卷2。
[78] 蘇轍《欒城三集·種決明》，卷5。
[79] 蘇轍《欒城後集·次韻子瞻和淵明飲酒之四》，卷1。

老聃新沐，晞髮于庭。其心泊然，若遺其形。夫子與回，見之而驚。入而問之，強使自名。曰：豈有他哉！夫人皆然。惟役於人，而喪其天。其人苟亡，其天則全。四支百骸，孰為吾纏？死生終始，孰為吾邊？彼赫者，將為吾溫。肅肅者，將為吾寒。一溫一寒交而萬物生焉。物皆賴之，而況吾身乎！溫為吾和，寒為吾堅。忽乎不知，而更千萬年。[80]

文中「惟役於人」的「人」，指的是人的欲念；「而喪其天」的「天」，指的是道，或道在人身上的顯現，即性。當人過度沈溺於欲念之中，言行舉止必然為欲念所拘執，欲念得不到滿足時，終至為達目的，不擇手段，種種惡行於焉產生。而欲海之廣大無邊將使人陷入無窮的痛苦深淵，在重重物欲的障蔽下，得之於道的靈明自性黯淡無光。蘇轍以道家超越生死、物我的人生智慧告訴眾人，不要一輩子追逐物欲，「久行不知歸」；須瞭解「憂樂本何有？力盡兩無依」的虛妄不實，不執著於所知、所處的現象界的一切事物，能自覺的體悟和反省人的真實本性，本性就存在於自我的所有屬性和行為結果之中待人發掘。看清物妄，追求真性，也就是「其人苟亡，其天則全」的意思，此時人將實現自我超越，如聖人般性全而合於道。他說：

諸妄不可賴，所賴惟一真。內欲求性命，油然反清淳。外將應物化，致一常日新。[81]

80　蘇轍《欒城後集・沐老圖贊》，卷5。
81　蘇轍《欒城後集・次韻子瞻和淵明飲酒之二十》，卷1。

明白萬物乃虛妄不可依賴，求得真實本性，就可內心清靜，物來
而順應。

∞第三節　**修養論**

　　儒家哲學是一種人學，主旨是教人如何做人，如何成為君
子、聖賢，所以成聖是儒家的人格理想和終極關懷，因之修養工
夫論是各思想家關注的焦點。修養論的基礎在人性論，不同的人
性論亦將產生互異的修養論。自魏晉以來，佛、道二家對心性問
題多有研究與闡發，其修養論偏向於反求諸己、向內用功的方法
也影響到儒學，尤其在宋代，各思想家的修養工夫論幾乎都有
佛、老的影子，蘇轍亦然。他以成聖為目的之修養論，主要的工
夫是「復性」。

　　性是道在人身上的顯現，因此修養論的根本目的在求道，也
就是向道回歸，其基本的工夫在「復性」，透過復性的工夫，達
致體道全性的聖人境界，子由說：

> 萬物皆作于性，皆復於性，譬如華葉之生于根而歸於根，
> 濤瀾之生于水而歸于水。[82]
> 方其作也，雖天地山河之大，未有不變壞、不常者。惟復
> 于性，而後湛然常存矣。不以復性為明，則皆世俗之智，
> 雖自謂明，非明也。不知復性，則緣物而動，無作而非

---

[82]　蘇轍《老子解》，見《三蘇全書》，第5冊，頁417。

凶。雖得於一時，而失之遠矣。[83]

聖人散樸為器，因器制名，豈其狥名而忘樸，逐末而喪本哉！蓋亦知復于性，是以秉萬物而不殆也。[84]

指出復性是使人回歸於根本的必要途徑，唯有恢復本然之性，才是「明」，才能使生命的價值湛然常存，人才不枉為萬物之靈，否則自性蒙蔽，所作所為隨外物之變化而起舞，必因沈溺於物欲而遭致凶禍。得道之聖人性定神凝，不因外在名物之紛繁而迷惑，不似眾人逐物而失性，能掌握性之大全以應物，故能物來而順應，不會陷於危殆之境。眾人因為不知性真物妄之理，一味追逐外物，終至以物易性，喪失本然之性，所以必須「復性」，也就是恢復人人皆具的固有本性，藉由復性的工夫，破除對外物的執著，使清明的自性顯現出來，如混濁之水，使之徐靜，當雜質沈澱之後，清澈的水質就會出現。

　　北宋的學術思想蓬勃發展，各思想家莫不嘔心瀝血構建一套獨特的思想體系，儘管各家對道、性的解釋不同，但他們最終的目的都相同，也就是為政治服務。欲藉自己的學說救國，使國家政治清明，免於危亡。蘇轍在大談復性的工夫之餘，也強調國君不僅要復性，更要復命。他說：

命者，性之妙也。性可言，至于命則不可言矣。《易》曰：「窮理盡性以至于命。」聖人之學道，必始于窮理，中于盡性，終于復命。仁義禮樂，聖人之所以接物也，而

---

[83] 蘇轍《老子解》，見《三蘇全書》，第 5 冊，頁 418。
[84] 蘇轍《老子解》，見《三蘇全書》，第 5 冊，頁 437。

> 仁義禮樂之用必有所以然者，不知其所以然而為之，世俗
> 之士也，知其所以然而後行之，君子也，此之謂窮理。雖
> 然，盡心必窮理而後得之，不求則不得也。事物日構于
> 前，必求而後能應，則其為力也勞，而其為功也少。聖人
> 外不為物所蔽，其性湛然，不勉而中，不思而得，物至而
> 能應，此之謂盡性。雖然，此吾性也，猶有物我之辨焉，
> 則幾于妄矣。君之命曰命，天之命曰命，以性接物而不知
> 其為我，是以寄之命也。此之謂復命。[85]

引用《易》，指出聖人求道之三步驟：窮理、盡性、復命。又將命解釋為君命、天命，巧妙的將修養工夫與現實政治結合，強調一國之君復命的重要。這當然是受到北宋時期盛行的「尊王攘夷」與「大一統」思想的影響，此時期的士大夫對朝廷高度忠誠，具強烈之民族意識與氣節，一心以天下為己任，欲濟世救民，而國君為國家的領導者，其聖明與否關係國家之存亡，復命的工夫就更為迫切而需要。事實上，「復命」即「復性」，是國君恢復自己的本性，蘇轍這麼說只是為了強調國君復性之尊貴，他甚至不惜降低聖人的境界，指出其性湛然的聖人只是達到盡性，尚不如君之復命。蘇轍在其他地方，只要論及「聖人」，都是指體道性全的人類最崇高的精神境界，《老子解》中眾多的聖人論均是如此。此處復命的說法，或許可以批評他理論有矛盾之處，卻不可忽視他對政治的關心，對國君復性的深切期望。

蘇轍所提出之「復性」工夫，實際上包含儒、釋、道三家的

---

[85] 蘇轍《老子解》，見《三蘇全書》，第5冊，頁417-418。

修養工夫，體現其三教合一的思想。分述如下：

一、去妄

　　人之所以會迷失本性，陷溺於物欲之追求，是因爲不知道萬物都是虛妄不實，所以復性的第一步是要知物之妄，性之真，才能進行去妄的工夫。蘇轍說：

> 人各溺于所好，其美如享太牢，其樂如春登台，囂然從之而不知其非。唯聖人深究其妄，遇之泊然不動，如嬰兒之未能孩也。……世俗以分別為智，聖人知群妄之不足辨也，故其外若昏，其中閌然。[86]

以聖人與眾人之對比，指示眾人當效法聖人，瞭解世俗之人所樂於追求的物質享受與名利、榮華等，都是虛妄；而分別善惡、美醜、榮辱、貴賤等二元對立的主觀意識活動，也是不值一取。有了這一層體認，才能去妄而復性。去妄的方法是損，是無執。損是道家的說法，無執是佛教的說法，二者名目雖異，意思相近。他在《老子解》中說：

> 去妄以求復性，可謂損矣，而去妄之心猶存。及其兼忘此心，純性而無餘，然後無所不為，而不失于無為矣。[87]
> 有好有惡，則有所利有所害；好惡既盡，則其于萬物皆無

[86] 蘇轍《老子解》，見《三蘇全書》，第 5 冊，頁 42。
[87] 蘇轍《老子解》，見《三蘇全書》，第 5 冊，頁 452。

害矣。故王者無不安，無不平，無不泰。作樂設餌，以待來者，豈不足以止過客哉！然而樂闋餌盡，彼將舍之而去。若夫執大象以待天下，天下不知好之，而況得而惡之乎？雖無臭味、形色、聲音以悅人，而其用不可盡矣。[88]治亂禍福之來，皆如彼三者，積小成大。聖人待之以無為，守之以無執，故能使福自生，使禍自亡。譬如種苗，深耕而厚耔之，及秋自穫。譬如被盜，危坐而熟視之，盜將自卻。世人不知物之自然，以為非為不成，非執不留，故常與禍爭勝，與福生贅，是以禍至于不救，福至于不成，蓋其理然也。[89]

以老子「為道日損」的道理來說明去妄的工夫。藉由不斷減損自己的物欲，使心性復歸於清靜，等到沒有「為」的意念，欲望已損盡，就可達到「無為」之境界。然欲深谿壑乃人情之常，該如何減損呢？須破除我執。既知性真而物妄，那麼人世間執著的好惡、利害、治亂、禍福都不過是短暫的煙雲，實在不值得耗費大量的精神去追求，況且汲汲於名利等虛幻的名相，還會招來災禍，那何不放棄執著，順其自然呢？唯「執大象以待天下」，「其用不可盡矣」。也就是體悟道之自然奧義，本性之大全以處世，生命就可自在自適，不執著於物欲，也就沒有憂愁煩惱，但這並非要人呆若木雞或離群索居，而是「見不可欲」，由內心之「無為」，達到事事「無不為」之復性境界。

　　在蘇轍的文集中，也記錄了他閱讀佛經之餘，對「無執」的

88　蘇轍《老子解》，見《三蘇全書》，第 5 冊，頁 439。
89　蘇轍《老子解》，見《三蘇全書》，第 5 冊，頁 466。

體會，他說：

> 《圓覺經》云：「動念息念，皆歸迷悶。」世間諸修行
> 人，不墮動念中，即墮息念中矣。欲兩不墮，必先辨真
> 妄，使真不滅，則妄不起。妄不起，而六根之源湛如止
> 水，則未嘗息念而念自靜矣；如此乃為真定。真定既立，
> 則真惠自生。定惠圓滿，而眾善自至，此諸佛心要也。
> 《金剛經》云：「應無所住，而生其心。」既不住六塵，
> 亦不住靜，六塵日夜遊於六根，而兩不相染。此樂天所謂
> 「六根之源湛如止水」也。六祖嘗告大弟子，假使坐而不
> 動，除得妄起心。此法同無情，即能障道。道須流通，何
> 以卻住心？心不住即流通，住即被縛。故五祖告牛頭亦
> 云：「妄念既不起，真心任遍知。」皆所謂應無住而生其
> 心者也。[90]
> 善惡不思，此心自圓。[91]

「破執」是佛學中的重要概念，即破除對事物或事理固執不捨的
分別心。「破執」包括破除我執與法執，能破此二執，即可成
佛。蘇轍修習佛法，體悟執著於七情六欲所帶來的無窮煩惱與對
自性的戕害，於是提出「無執」的復性工夫，「先辨真妄，使真
不滅，則妄不起」，瞭解性真物妄之理，不執著於外物之追求，
於萬物「無所住」，則真心充滿，自性靈明，達臻復性。即使是
多行不義之人，只要一朝幡然覺悟，知昨日之非，破除妄執，仍

---

[90] 蘇轍《欒城後集・書白樂天集後之二》，卷21。
[91] 蘇轍《欒城三集・堂成》，卷5。

可復性而成聖。他說：

> 朝為不義，而夕聞大道，妄盡而性復，雖欲指不善，不可
> 得也。而又安可棄之哉！[92]

這類似佛家所言「放下屠刀，立地成佛」的頓悟工夫，也可看出
蘇轍心中「去妄」工夫之重要。

二、忘身

「忘身」實際上是「去妄」的延續，「去妄」強調的對象是
外在環境中的一切事物；「忘身」強調的是攸關個人身心的一切
狀況。萬物既是虛妄，人為萬物之一，人身自然也是虛妄，唯性
得之於道，才是唯一的真實。蘇轍說：

> 有身，大患之本，而世之士難于履大患，不難于有其身。
> 故聖人因其難于履患，而教之以難于有身，知有身之為
> 難，而大患去矣。性之于人，生不能加，死不能損，其大
> 可以充塞天地，其精可以蹈水火、入金玉，凡物莫能患也。
> 然天下常患亡失本性，而惟身之為見，愛身之情篤，而物
> 始能患之矣。生死病疾之變攻之于內，寵辱得失之交攖之
> 于外，未有一物而非患也。夫惟達人知性之無壞，而身之
> 非實，忽然忘身，而天下之患盡去，然後可以涉世而無累

矣。人之所以驚于權利、溺于富貴，犯難而不悔者，將以厚其身耳。今也祿之以天下，而重以身任之，則其忘身也至矣。如此而以天下予之，雖天下之大不能患之矣。[93]

古之達人，驚寵如驚辱，知寵之為辱先也。貴身如貴大患，知身之為患本也。是以遺寵而辱不及，忘身而患不至。[94]

他之所以要再提出「忘身」的工夫，是因爲世人「愛身之情篤」，所以被個人之生死、榮辱所牽絆，心繫自身的結果，種種欲望交相攻之於心，必至煩惱、災禍叢生，解決之道在於「知身之為患本也」，因而「忘身」，使「患不至」。這是道家超脫個人生死、權利、富貴、寵辱等之處世哲學，是一種生命自在的超越。世俗之人總是短視近利，終日汲汲營營，都是爲「厚其身」而奔波，得小利，盼大利；住小屋，盼大屋；坐這山，望那山，所謂「人心不足，蛇吞象」。個人的私欲就像無底洞，永遠沒有填滿的時刻，終至身心勞瘁，人生如苦海。如果人能放下對自身之執迷，大其心以觀天下，便會發現退一步則海闊天空，除去身心靈之重重枷鎖，生命自在自適而無往不樂，此時自性清明，幾於道境。

忘身不僅是要去除對自身的執迷，還要徹底忘掉自身的存在，達到無我的境界，才能真正明心見性，他說：

目不自見故能見物，鏡不自照故能照物。如使自見自照，

93　蘇轍《老子解》，見《三蘇全書》，第5冊，頁413－414。
94　蘇轍《老子解》，見《三蘇全書》，第5冊，頁412。

> 則自為之不暇，而何暇及物哉！不自見、不自是、不自
> 伐、不自矜，皆不爭之餘也。故以不爭終之。[95]

眼睛、鏡子不能自見、自照，故能見物、照物，人身亦然。心不
見自身，才能洞見事理，知悉天道，進而恢復本性之清明，以之
處世，無欲而剛，無伐善，無施勞，更不會陷於巧取橫奪之爭，
便可塞煩惱，息災禍，達到聖人無欲無為，不為外物所役之精神
狀態，自性真正獲得解脫。他說：

> 嗟夫！士方其未聞大道，沈酣勢利，以玉帛子女自厚，自
> 以為樂矣。及其循理以求道，落其華而收其實，從容自
> 得，不知夫天地之為大與死生之為變，而況其下者乎？故
> 其樂也，足以易窮餓而不怨，雖南面之王，不能加之，蓋
> 非有得不能任也。[96]

那種身心兼忘，得道復性的自在快樂，要超越「南面之王」，因
為天下在他的心中已如敝屣，即使身窮腹餓，仍能不怨而樂，這
是一種性命自得的人生境界。

三、無心

　　復性的另一工夫「無心」，「無心」是在「去妄」、「忘身」之
後，更高的修養境界。蘇轍說：

---

[95] 蘇轍《老子解》，見《三蘇全書》，第 5 冊，頁 427。
[96] 蘇轍《欒城集・東軒記》，卷 24。

> 道無形體，物莫得而見之也，況得而傷之乎？人之所以至
> 于有形者，由其有心也。故有心而後有形，有形而後有
> 敵，敵立而傷之者至矣。無心之人，物無與敵者，而曷由
> 傷之？夫赤子所以至此者，唯無心也。[97]
>
> 聖人中無抱樸之念，外無抱樸之迹，故樸全而用大。苟欲
> 樸之心尚存于胸中，則失之遠矣。[98]

他認爲道無形體，卻可適性而無傷，人因有心，所以形立，亦得
見一切外在的物質世界，分別之心遂起，卒陷溺於虛幻的現象界
中，輾轉於物欲之中打滾，又因爲爭奪物欲而「敵立」，終至互
相傷害。古今中外的社會，人類不斷上演著這種悲劇而不自覺，
究其根源，乃「有心」之故，若大家都能效法赤子，保持純然清
淨之天性，達到「無心」之境，一切任其自然，任物自爲，就可
息爭止亂。得道之聖人明瞭這層道理，內心與行爲均不執著於求
道，能放下心中一切事物，泯滅物我，身心靈與道合而爲一，無
有絲毫分際，也就是無心而性復。

　　無心既是復性的重要工夫，那該如何操作，才能達到這種境
界呢？他說：

> 心之用思，思則得之，不思則不得也。及其至也，無思無
> 為，寂然不動，感而遂通天下之故，由思而至於無思，則
> 復於性矣。復於性，則出於五事之表，此聖人所以參天

---

[97]　蘇轍《老子解》，頁 458。
[98]　蘇轍《老子解》，頁 441。

地，通鬼神，而不可知者也。故思之德睿，睿之至聖。[99]

指出無心並非一蹴可幾之工夫，首先須體察萬事、萬物運行的道理，瞭解變化的規律，積之日久，真能掌握大自然運行的奧妙，一切了然於胸，就可無思無為，應物而不傷，此時心之思已不復存在，清明自性亦已恢復。以孔子之聖，亦非一日直達聖城，而是長期的積累工夫，何況是凡夫俗子呢！所以就儒家的修養工夫而言，須先讀書以窮理，並能一一探求現象界中事物所具之理，藉由書中之理與自己日常生活之省察，體悟天地之至道，明白性之所由出，再順著自然本性去應對外物，而不為外物所左右，最後泯滅物我之界限，心性「寂然不動」，卻是「感而遂通天下」，達到萬物與我為一的「無心」境界。簡言之，就是由「窮理」、「盡性」以至於「復性」，這是一種不斷昇華的過程。

在蘇轍的文集中，也談到道家的修養工夫，並以「無心」作為綱領，他說：

> 天鑿六竇，俾以出入。有神居之，漠然靜一。六為之媒，聘以六物。紛然馳走，不守其宅。光寵所眩，憂患所迕。……苦極而悟，彈指太息。萬法盡空，何有得失？……妄真雖二，本實同出。得真而喜，操妄而慄，叩門爾耳，未入其室。妄中有真，非二非一。無明所塵，則真如窟。古之至人，衣草飯麥。人天來供，金玉山積。我初無心，不求不索。虛心而已，何廢實腹。弱志而已，何

廢強骨？……永與東坡，俱證道術。[100]

「有神居之」的「神」，就是「心」。他認爲天生人，以心主宰人
之感覺，心原本「漠然靜一」，就是純淨無染之狀態，後來受外
物所誘惑而迷昧於物質欲望，不知返其本，終至產生種種欲望不
得滿足之苦。欲解決這種苦，須藉由「虛心」、「弱志」的修養工
夫，瞭解外物之虛妄，清心寡欲，如古之至人，雖與眾人一樣生
活，但心性清靜，不爲外物所累，達到「不求不索」，任其自然
的「無心」境界，完成了「復性」。佛家的修養工夫亦然。他
說：

> 佛本無經。此經者，此心也。佛惟無心，故萬法由之而
> 出。若猶有心，一法且不能出，而況萬法乎？四果十地，
> 皆賢聖也。其所得法，各有淺深。然皆非無心，則不能
> 得。故曰：「一切聖賢，皆以無為法而有差別，如扁之斲
> 輪，傴僂之承蜩，皆非無心，無以致其功。其以無致功，
> 則與聖賢同。而其功之大小，則與賢聖異。賢聖之有差
> 別，盡無可疑者也。[101]

指出佛教萬物皆由「無心」而出，不管大、小乘或各宗派之說法
如何複雜與深淺不一，其主要之綱領在於「無心」，非「無心」，
萬事難以致其功。「無心」也就是完完全全的「無執」，對任何事
物都心無罣礙。佛所以自在，因爲無心；眾生所以煩惱，因爲有

---

100 蘇轍《欒城後集·和子瞻沈香山之賦》，卷5。
101 蘇轍《欒城三集·書「傳燈錄」後》，卷9。

心，故惟去除心念之我執，心無羈絆以應世，才能根除煩惱，同登佛域。

子由也曾記下自己對無心的體悟，以示世人。他說：

> 吾燕坐寂然，心念凝默，湛然如大明鏡。人鬼鳥獸，雜陳乎吾前，色聲香味，交邁乎吾體。心雖不起，而物無不接，接必有道。即千手之出，千目之運，雖未可得見，而理則具矣。彼佛菩薩亦然。然一身不成二佛，而一佛能遍河沙諸國。非有他也，觸而不亂，至而能應。……吾觀世間人，兩目兩手臂。物至不能應，狂惑失所措。其有欲應者，顛倒作思慮。思慮非真實，無異無手目。菩薩千手目，與一手目同。物至心亦至，曾不作思慮。隨其所當應，無不得其當。……所遇無不執，所執無有疑。緣何得無疑，以我無心故。若猶有心者，千手當千心。一人而千心，內自相攫攘，何暇能應物。千手無一心，手手得其處。稽首大悲尊，願度一切眾。皆證無心法，皆具千手目。[102]

以自己對佛學的理解和靜坐所得作說明，指出眾人雖僅兩手兩目，但因心有所執，得失心重，遇事自然患得患失，處置不得其當；菩薩千手千目，卻可以事事得心應手，游刃有餘，乃因無心故也。達到無心的境界，心性湛然如鏡，物來則映，物去則無，就可以心性清靜又自在應物，不至顛倒思慮，隨物流轉，如陀螺般任物擺布，達到一種無思、無為、無欲的境界，卻又感而遂通

102　蘇轍《蘇轍集・蘇轍佚著輯考・大悲圓通閣記》，頁1445。

天下，物來則應，應而得當，這是一種生命自在自適的情調，人
生修養的終極目標。

四、法聖

蘇轍在《老子解》中提到「聖人」共一百多次，並常常將
「聖人」與「眾人」作對照論述，其用心昭然若揭，不外乎欲勾
勒一理想的聖人圖象，讓眾人得以參酌效法。修養工夫本重實
踐，再多的理論若不能付諸行動，將只是空中閣樓，流於空言，
蘇轍深明此理，遂藉由聖人與眾人的諸多比較，讓眾人瞭解自己
的問題所在，並效法聖人高明的言行與修養境界，從而落實修養
工夫，由法聖而成聖。

有關蘇轍對聖人之論述甚多，茲擇其與眾人之對照並攸關修
養工夫者，列表比較如下[103]：

章節	聖 人	眾 人
10	聖人性定而神凝，不為物遷，雖以魄為舍，而神所欲行，魄無不從，則神常載魄矣。	眾人以物役性，神昏而不治，則神聽於魄耳。目困以聲色，鼻口勞于臭味，魄所欲行而神從之，則魄常載神矣。
12	聖人為腹，腹受而未嘗貪故也，此性之凝於內者也。	眾人為目，目貪而不能受，彼物之自外至者也。
13	聖人因其（世人）難於履患，而教之以難於有身，知有身之為難，而大患去矣。	世之士難於履大患，不難於有其身。

---

[103] 請參見蘇轍《老子解》，見《三蘇全書》，第 5 冊。

章節	聖　人	眾　人
13	夫惟達人知性之無壞，而身之非實，忽然忘身，而天下之患盡去，然後可以涉世而無累矣。	天下常患亡失本性，而惟身之為見，愛身之情篤，而物始能患之矣。
15	今知濁之亂性也則靜之，靜之而徐自清矣。知滅性之非道也，則動之，動之而徐自生矣。	世俗之士，以物汩性，則濁而不復清；枯槁之士，以定滅性，則安而不復生。
20	若夫聖人，未嘗不學，而以道為主，不學而不少，多學而不亂，廓然無憂，安用絕學邪？	不知性命之正，而以學求益增所未聞，積之未已，而無以一之。則以圓害方，以直害曲，其中紛然不勝其憂矣。
20	聖人兼涉有無，無入而不可，則「荒兮其未可央」也。	人皆徇其所知，故介然不出畦畛。
20	惟聖人深究其妄，遇之泊不然動，如嬰兒之未能孩也。	人各溺于所好，其美如享太牢，其樂如春登台，囂然從之而不知其非。
20	聖人包舉萬物，而不主于一，超然其若遺也。	眾人守其所知，各自以為有餘。
20	聖人知群妄之不足辨也，故其外若昏，其中若悶。	世俗以分別為智。
20	聖人才全德備，若無所施，故疑于頑鄙。	人各有能，故世皆得而用之。
20	聖人脫遺萬物，以道為宗。	眾人徇物忘道。
23	古之聖人言出于希，行出于夷，皆因其自然，故久而不窮。	世或厭之，以為不若詭辨之悅耳，怪行之驚世，不知其不能久也。
36	聖人乘理，乘理如醫藥巧于應病。	世俗用智，用智如商賈，巧于射利。

章節	聖 人	眾 人
38	聖人玄覽萬物，是非得失畢陳于前，如鑑之照形，無所不見。	世人視止于目，聽止于耳，思止于心，冥行于萬物之間，役智以求識，而偶有見焉，雖自以為明，而不知至愚之自始也。
47	古之聖人，其所以不出戶牖而無所不知者，特其性全故耳。	世之人為物所蔽，性分于耳目，內為身心之所紛亂，外為山河之所障塞。見不出視，聞不出聽，戶牖之微，能蔽而絕之。
52	夫聖人之所以終身不勤者，唯塞而閉之，未嘗出而徇之也。	天下皆具此道，然常患忘道而徇物。目悅于色，耳悅于聲，開其悅之之心，而以其事濟之，是以終身而陷溺不能救。
52	聖人塞而閉之，非絕物也，以神應物，用其光而已，身不與也。	世人開其所悅，以身徇物，往而不反。
64	聖人待之以無為，守之以無執，故能使福自生，使禍自亡。	世人不知物之自然，以為非為不成，非執不留，故常與禍爭勝，與福生贅，是以禍至于不救，福至于不成。
64	聖人知有為之害，不以人助天，始終皆因其自然，故無不成者。	世人心存于得喪，方事之微，猶有不知而聽其自然者；及見其幾成而重失之，則未有不以為敗之者矣。
64	聖人非無欲也，欲而不欲，故雖欲而不傷于物。非無學也，學而不學，故雖學而不害于理。	人皆徇其所欲以傷物，信其所學以害理。
79	聖人以其性示人，使知除妄以復性，待其妄盡而性復，未有不廓然自得，如右契之合左，不待責之而自服也。	人方以妄為常，馳騖于爭奪之場，而不知性之未始少妄也。

由上表之比較，可以看出聖人、眾人許多不同的特點，歸納說明如下：

1. **性之狀態**：聖人之性定而神凝，不為物遷，故為腹不為目，只求基本的溫飽，並不貪圖口腹之欲；可以不出戶牖而無所不知，蓋因性乃道在人身上之顯現，聖人之性全，故可以體道而知天下理。聖人並不滅性，知主靜，使性自清而避濁；知時而動之，使性自足而應世。眾人以物役性，執著於貪念而致身心紛亂，性海揚波，濁而不復清，耳目所見、所執，不出現象界之一切，因之性為種種物質欲望所蒙蔽，於是目光短淺，心性為物欲所拘執，無法體道而知真理，終生陷溺於虛妄之物質世界而不自知。蘇轍除了指出聖人、眾人性的狀態不同之外，也批評佛教的「以定滅性」，他認為以定滅性，性雖安而不復生，無法自在應世。

2. **人格特質**：聖人才、德兼具。其才全，足以乘理以應天下之變，如醫術高明之醫生，巧於應病而不窮；其德備，「**能推至誠之心而加之以不息之久，則天地可動，金石可移，況於斯人，誰則不服**」[104]，使得人人心悅誠服。眾人才、德偏於一隅，未得大全。其才因有所能，世得以器而用之；其德不全，卻巧於用智以求利，如善營生之商賈，巧於射利，終日汲汲營營，醉心於蠅頭小利之求取，更甚者，則敗德以求利，墜入萬惡深淵。

3. **學習宗旨**：聖人未嘗不學，學則以道為主，目的在體道而復性。所學能持道一以貫之，故不學而不少，多學而不亂，能包舉萬物之理，不局限於小知、小智。惟因大其心以觀物習道，故

---

[104] 見蘇轍《欒城後集・潁濱遺老傳下》，卷 13。文云：「聖人之德，莫如至誠。至誠之功，存於不息」，以下接本文所引之言。

不會陷於世俗分別之智，執著於善惡、美醜、榮辱等二元對立之概念，胸懷曠達，超然若遺。聖人學而不學，雖學習，卻不局限於所學之知識，故能學而不害於理。眾人不知性命之正，積學以求增廣見聞，卻不懂得以道貫之，所學紛然雜處，甚至互相衝突而不知其非。惟因不明道，而以分別爲智；守其所知，而自以爲有餘，終至以圓害方，以直害曲，堅信所學而害理。

4. **處世態度**：聖人知性真而物妄，故脫遺萬物，以道爲宗。知有身爲世之大患，乃忘身而去患，然後可以涉世而無累。玄覽萬物，是非得失了然於心，卻守之以無執，使福自生，使禍自亡。非無欲也，能欲而不欲，只求基本的生活需求，而不縱情於物欲，也不爲物欲所左右，故雖有欲，而不傷於物。眾人執妄以爲常，愛身之情篤，故常馳騖於爭奪之場，與禍爭勝，與福生贅，弄得禍至於不救，福至於不成。性爲物所蔽，故視止於目，聽止於耳，思止於心，役智以求識，終生陷溺於耳、目、聲、色之好而不知其非，放縱物欲的結果，徇其所欲而傷物。

5. **行事原則**：聖人體道全性，知有爲之害，不以人助天，行事始終因其自然，待之以無爲，故事無不成者。其中心行道，不毀世法，任物自爲，亦因物而爲。也就是一方面任其自然，又採取適當措施以除其害，能因事而爲，卻無爲之之心，故廓然自得而事成。眾人以身徇物，心存得喪，不知物之自然，以爲非爲不成，執著於有爲，終日爲小利、小欲而勞碌，得之則喜，失之則憂，心性難獲清靜。其下者，爲填無窮欲海，乃至不擇手段，惡性爭奪，終生陷溺而不能救。

瞭解聖人和眾人在各方面的差別，當知棄舊有之習氣以從聖，學習聖人去妄復性之明；自然無爲，應物不徇物之智；學而

不學，欲而不欲之德，由法聖而復性，達成人生修養的終極目標。由蘇轍所塑造之聖人圖象亦可知，這是儒、道兼綜之聖人，是佛教之菩薩，也就是三教融合之聖人，是最完美的人格典範。

五、修養進程

《論語》中，孔子對自己的修養歷程由十五歲至七十歲止，作了簡要的概述，為後人作出良好示範，蘇轍解《論語》時，也作出了自己的解釋，他說：

> 十有五而志于學，則所由適道者順矣；由是而適道，知道而未能安則不能行，不能行則未可與立，惟能安能行乃可與立，故三十而立，可與立矣；遇變而惑，則雖立而不固，故四十而不惑，則可與權矣；物莫能惑，人不能遷，則行止與天同，吾不違天，而天亦莫吾違也，故五十而知天命；人之至於此也，其所以施於物而行於人者至矣，然猶未也，心之所安，耳目接於物，而有不順焉，以心御之而後順，則其應必疑，故六十而耳順。耳目所遇，不思而順矣，然猶有心存焉，以心御心，乃能中法，惟無心然後從心而不踰矩，故七十而從心所欲，不踰矩。[105]

他認為思不如學，故十五而志於學，由學以求道，才是正確的途徑。學道一段時間，能知道，瞭解性之真，物之妄，不執著於物

欲，進而安於道，行於道，就可以立足於社會，故三十而立。雖能安、能行道，然遇變仍有惑，則所立有不固處，尚須體道而知權變，就可去除疑惑而堅定自立，故四十而不惑。當達到物不能惑，人不能遷的境界時，行爲舉止合於天道，不會做出任何違逆天道、天性之事，故五十而知天命。能知天命、順天道而爲，不論在施於物或行於人上面，都已達到相當高的修養境界，然仍有不足處，當耳目接於物，或仍有不順心，須以心御之而後順，故六十而耳順。此時耳目所遇，雖能不思而順，但心的作用還是存在，唯有以心御心，皆能合於法度，最後達到無心的境界，就可事事從心所欲，而皆中法，亦即泯滅物我，身心靈與道合一，是復性，也是修養工夫與學道的最高境界，故七十而從心所欲，不踰矩，躋於聖境。蘇轍藉孔子之言揭示自己心目中進德的六個階段，以學道、性之眞爲起點，無心合道而復性爲終點，而以道貫串其中，已非孔子原意，但他揭示一個成聖的修養進程，認爲聖人非生而知之者，乃是循此途徑，靠著日積月累的修養工夫以成聖，故人人循此，亦可成聖成賢。他褪去聖人的神秘面紗，直指進德工夫之重要，這種觀點要比程頤、朱熹認爲聖人生而知之[106]，更爲合理，而足以鼓舞人心。

---

[106] 程子曰：「孔子生而知之也，言亦由學而至，所以勉進後人也。」朱熹云：「愚謂聖人生知安行，固無積累之漸。」見朱熹《四書章句集註》，高雄：復文圖書出版社，1985年，頁54－55。

☜第四節　哲學思想之評價

一、本體論

　　哲學的發展常常蓬勃於文化危機之時，利用文化的容他性，創造出特殊的哲學思考，領導文化邁向另一段輝煌的時代，中國哲學如此，西洋哲學亦然。就本體論而言，中國哲學從《易傳》：「生生之謂易」開始，歷經漢、魏晉、唐到北宋諸儒，均著重於探討萬物的生成，即宇宙生成論，儘管各家觀點有異，但大方向無不同。西洋哲學的發展則有較大的變化，鄔師昆如在《西洋哲學史話》中說：

> 西洋的哲學如果我們很單純地把它分為四期的話：希臘哲學所不懂的東西，一定得問「神話」；中世哲學如果有不懂的地方，就得問「聖經」；近代哲學中，不管發生什麼難題，人類就得問自己的「理性」；當代哲學裏有不懂的地方，就得問「自然科學」。[107]

　　這段話概略勾勒出西洋哲學發展的脈絡。在「神話」的世代，柏拉圖（Platon 427－347B.C.）認為存在一個造化神，創造這個有秩序的宇宙，宇宙同時具備物質界與觀念界，聯繫此二世界的是

---

[107] 鄔師昆如《西洋哲學史話》，台北：三民書局股份有限公司，1977 年，頁 139。

人;在「聖經」的世代,上帝是萬物之源,更是人類存在及一切價值之源。上帝不僅擁有完美的人格、知識、權能,更是一個審判者,道德成爲被迫遵循的事情,上帝也成爲我們想像應如何被一個全能的超越存在者所對待的概念和符號。不管如何闡釋造化神與上帝,西方這兩個世代的宇宙觀,基本上是生成論,但是蘇轍所論之「道」,比西方的造化神或上帝更接近於我們可理解的觀察和深刻的反思。西洋哲學發展到了「理性」的世代,不管是笛卡兒(Rene Descartes 1596-1650)的「我思,我存」(Cogito, ergo sum)的理性主義,或休謨(David Hume 1711-1776)的經驗主義,都認爲世界是主觀和客觀二元的對立,他們強調知識論的方法,重視科學性的分析;當代哲學更重視自然科學,如唯物論或自然主義都認爲科學萬能,他們著重探討萬物的構成,構成論的基本思想認爲,宇宙萬物的運動、變化都是基本構成要素的分離與結合,並不認爲宇宙有起源和創生的過程。但是科學的發展日新月異,由於當代天文學的進步,我們已可透過哈伯太空望遠鏡觀測到巨大星雲裡剛誕生的星星,而在許多天文學者的努力下,宇宙形成的輪廓已日漸清晰,據劉君祖〈與宇宙有關的 13 個難題〉說:

> 根據最新理論,宇宙於大約 137 億年前誕生。……宇宙於「大霹靂」後出現,基本粒子(物質的基礎)接著誕生,這時氫、氦原子核不到 3 分鐘即形成。大約 30 萬年後,氫原子等氣體隨著宇宙冷卻而形成。該氣體可能在重力作用下凝結(condensation),而於大約 2 億年後形成最早的

恆星。這些恆星不斷聚集，並於數億年內形成原星系。[108]

這段話指出宇宙確實有其創生的過程，儘管其中尚有許多待開發的奧秘，我們仍可看出，中國哲學的宇宙生成論較接近當代的天文學。蘇轍所論之「道」，雖仍屬抽象而不見得容易把握，但在人類所知有限的狀況下，似乎是對本體論較佳之詮釋。

北宋儒學在佛、道勢力的壓迫下，產生有別於先秦原儒的突破性發展，在多種文化的滋養下，締造璀璨的文化高峰。此時學術潮流可概分為二，一為以儒家為本位的理學，一為主張三教合一的學派，如蜀學。基本的主張既不同，二派對道的闡釋也互異。理學家如二程，認為道即理，理是宇宙萬物的根源，也是宇宙和人類社會的最高原則，理乃至善。由此本體論發展出人性論與倫理觀，於是性即理、性本善、封建的倫理綱常成為天經地義、萬古不易的真理。這樣的論點在現實社會中容易因其僵化的規定性而為政治所利用，成為封建道德的理論基礎，變成統治者操控人民的利器，我們從理學的末流與南宋以後「吃人的禮教」，可以窺見此弊端。相較之下，子由所論之道並無善惡，善乃道所派生，這樣的本體論提供較大的空間與彈性，社會上的道德規範於是非互古不變的原則，而是須以道為考量而作修正的制度，這種論點可以防止政治制度流於過分的專斷與獨裁。我們由其經世思想，更可見蘇轍本體論之落實。總之，他們對道採取了根本不同的取向，也各自發展出迥異的理論體系，各領風騷於一時，今日觀來，蘇轍的本體論應是較少弊端，較易為現今大眾所

---

[108] 劉君祖〈與宇宙有關的 13 個難題〉，《牛頓雜誌》，2005 年 5 月，第 257 期，頁32。

接受的。

　　就哲學建構上所採取的態度而言，二程的洛學明顯的不夠開放。洛學事實上吸收了佛、老的思想來建構自己的新儒學體系，卻始終不肯正面承認，甚至將佛、老歸入異端。蘇轍的蜀學則採取了開放的態度，認為儒、釋、道在根本處是相通的，所論之道並無不同，只是在末，即器用上所適用的層面與範圍不同罷了。他還為了融合三教而作《老子解》，將釋、道的思想融入儒家的範疇，也為儒家思想尋求形而上的理論根據。朱熹說：

> 蘇侍郎晚為是書，合吾儒於老子，以為未足，而又并釋氏而彌縫之。[109]

指出《老子解》之思想確是三教合一，劉固盛《宋元老學研究》也說：

> 《老子解》便典型地體現了蜀學的思想特點，並反映出了宋代思想文化發展的時代精神，即：「三教之名雖殊，三教之理則一」。[110]

蘇轍對《老子》的詮釋當然非老子原意，但我們可由其深刻的解釋中，看到他欲融合三教的努力與開放的學術態度。

---

[109] 朱熹《朱子大全‧蘇黃門老子解》，台北：台灣中華書局，1970 年，卷72。

[110] 劉固盛《宋元老學研究》，四川：巴蜀書社，2001 年，頁187。

二、人性論

在蘇轍之前，中國人性論的觀點主要有四種，孟子的性善說，荀子的性惡說，揚雄的善惡混說，與韓愈的性三品說。韓愈的性三品說是對前三者之綜合，認爲人性可分上、中、下三品，即善、善惡混、惡三等，彼此有不可逾越之鴻溝。他在〈原性〉中說：

> 性也者，與生俱生也。……性之品有上中下三，上焉者，善焉而已矣；中焉者，可導而上下也；下焉者，惡、焉而已矣。……然則性之上下者，其終不可移乎。曰上之性，就學而愈明；下之性，畏威而寡罪。是故上者可教，而下者可制也。[111]

指出下品之性不能下學上達而成德成聖，這與佛教所言「一闡提人不能成佛」的觀點相近，卻與孔、孟「人人皆可以為堯舜」的論點不符。韓愈作〈原性〉本是爲反擊佛教，卻於不知不覺中受佛教影響而不自知。學術思想的發展本有其脈絡可尋，後人的理論常奠基於前人的觀點，有關人性論的議題，在宋代風起雲湧，興起熱烈討論的風潮。

蘇氏兄弟基本上不同意以上四種人性論，蘇軾在〈揚雄論〉中指出，孟、荀、揚、韓四說都在論「才」，而非「性」；蘇轍在

---

[111] 韓愈《韓昌黎全集・原性》，台北：台灣中華書局，1966 年，卷 11。

《孟子解》中也批判孟子的性善說，認爲仁、義、禮、智、不仁、不義、不禮、不智均出於性，而非性也。他們認爲性無善惡，將性提高到本體的地位，掌握大全的角度來看待一切，巧妙地將善惡納入性中，卻不使性陷入二元對立的分別作用，這樣也可提供人們，當仁、義、禮、智等德目互相衝突時，一個最佳的思考方針，站在大全的立場，做出最佳、最周全的抉擇。這或許是一種權變的思想，以今日觀之，卻也是較圓融而少弊端的論點，只要人情之所安，就是合宜的行爲；施政者亦然，只要措施符合人情，就是安民之良政，反之，就是擾民之暴政。可惜他對「人情」並未做進一步之討論，乃其不足之處。

　　與二蘇持不同立場的是二程，甚至演變成政治上對立的「洛蜀黨爭」。二程都是性善論者，倡導「性即理」，認爲人之性有二，一爲天地之性，一爲氣質之性。「天地之性」是性之本，乃純然至善；「氣質之性」因爲氣之清濁影響，而有賢愚、善惡之分。這種論點基本上是將孔子的性相近說與孟子的性善說聯繫起來，他說：

　　　　孟子言性之善，是言性之本；孔子言性相近，謂其稟受處不相遠也。人性皆善，所以善者於四端之情可見。[112]

抱持性善的觀點主因二程堅持儒家，排斥佛、老的立場，事實上性善論長期以來在中國學術思想上占主流地位。站在哲學的立場，我們並不能論定二蘇、二程人性論的高下，但由此人性論發

展而出的修養工夫，或可稍作判斷，此留待下部份討論。

西方哲學從希臘開始，就出現把人劃分為靈魂（精神）和肉體二元的思想，如柏拉圖的人性論，認為人是由靈魂與肉體所構成，肉體是囚禁靈魂的監獄，生命的過程是輪迴的悲劇。到了近代，如理性大師笛卡兒，不僅認為心、物二元，甚至是對立、平行的，使得精神世界與外在物質世界產生一道不能踰越的鴻溝。在這種哲學架構影響下，當代西方遂形成專門探索人的精神世界的心理學分析，如佛洛伊德（S. Freud 1856－1939）的精神分析學派、艾德勒（A. Adler 1870－1937）的個體諮商學派等，對精神醫學與教育理論作出重大頁獻。而對物質世界的探索，促成自然科學的進步，產生了科學文明，對人類的物質生活帶來莫大的便利。如此看來，西方哲學的人性論似乎優於中國哲學，實則不然。西方身、心分離的理論雖促進某些學科的發展，但精神世界與物質世界的對立、衝突，卻是種種人生與社會問題的開端。不管是清心寡欲，純粹追求精神世界的清教徒生活；或是沈溺物欲，專肆放縱情欲的極端享樂生活，都不是現代人身心安頓的良方，中國哲學在此恰好提供一個良好出路。中國哲學注重身、心的統一性，認為人應善用其心智去過豐富的生活，並在生活中實踐人的本性，達成身心合一、知行合一、內外合一等平衡、和諧的狀態。不管思想家們對人性如何闡發，他們共同的目標都是要達到「天人合一」的理想境界，都肯定人在宇宙之中的價值與尊嚴。因此中、西方哲學的差異是可以互補的，二者的結合，將大大推動人類文明的發展，並減少弊端的產生。而蘇轍的人性論，將人性提高到本體的地位，提醒世人以弘觀的角度看待現象界的一切事物，以開闊、無執的胸襟自在應世，更是中國哲學中的佼

佼者。

三、修養論

　　世人說一套，做一套者，比比皆是。蘇轍體弱多病，仕途坎坷，他在種種人生的磨難中，能否身體力行自己所提出的修養工夫論呢？且看他自己的說法，他說：

> 昔予年四十有二，始居高安，與一二衲僧游，聽其言，知萬法皆空，惟有此心不生不滅。以此居富貴，處貧賤二十餘年，而心未嘗動，然猶未睹夫實相也。及讀《楞嚴》，以六求一，以一除六，至于一六兼忘，雖踐諸相，皆無所礙，乃油然而笑曰：「此豈實相也哉！夫一猶可忘，而況《遺老傳》乎？雖取而焚之可也」。[113]
>
> 予自十年來，於佛法中漸有所悟，經歷憂患，皆世所希有，而真心不亂，每得安樂。崇寧癸未，自許遷蔡，杜門幽坐，取《楞嚴經》翻覆熟讀，乃知諸佛涅槃正路從六根入。每趺坐燕安，覺外塵引起六根，根若隨去，即墮生死道中；根若不隨，返流全一，中中流入，即是涅槃真際，觀照既久，如淨琉璃內含寶月。[114]
>
> 平昔好道，今三十餘年矣，老死所未能免，而道術之餘，此心了然，或未隨物淪散。「我師孔公，師其至一。亦入瞿曇，老聃之室。此心皎然，與物皆寂。身則有盡，惟心

---

[113] 蘇轍《欒城後集‧潁濱遺老傳下》，卷13。
[114] 蘇轍《欒城後集‧書「楞嚴經」後》，卷21。

> 不沒。所遇而安，孰匪吾宅？西從吾父，東從吾子。四方
>
> 上下，安有常處？老聃有言：夫惟不居，是以不去。」[115]

由蘇轍之自述可知，他師法儒、道、釋之精華，以之立身處世。在長達四十二年的仕宦生涯中，盡忠職守，不畏權貴，仗義直言，意在用世。王安石推行新法，他指陳其失，遂遭罷黜；舊黨得勢，他爲保存部分有利民生之新法，而與司馬光齟齬。他一心所繫乃國家社稷，而非個人榮辱，這是儒家治國、平天下思想的繼承。當病痛纏身、仕途多舛之時，佛、道的物妄性空，自然無爲的主張，恰可安慰屢遭憂患的心靈，撫平多難的傷痛，使之隨遇而安，真心不亂。他自言：「知萬法皆空，惟有此心不生不滅。以此居富貴、處貧賤二十餘年，而心未嘗動」，其少私寡欲，心性清淨的修持，實際上是他所謂忘身、無心的修養工夫的具體實踐。觀其一生之事蹟與人格之修養，或許未躋聖人之域，但也達到相當高的修養境界，值得肯定。

在北宋與蘇氏蜀學互別苗頭的是以二程爲首的洛學，二者對人性的主張不同，修養工夫自然也互異。事實上，他們在各自架構思想體系時，所使用的方法即有根本之差異，得出的結果當然不同。盧國龍在《宋儒微言》中說：

> 在思想邏輯上，蜀學是從個別到一般，從廣泛的知識到抽
>
> 象的原理，而程朱理學則從一般到個別，即首先樹立或者
>
> 確立一個形而上的理念，然後將它貫徹到形而下的知識

---

[115] 蘇轍《欒城三集・卜居賦并引》，卷5。

中。[116]

在蘇轍看來，修養工夫須先窮理以知性，然後超越個別的知識，致思於形而上的道以見性，知性真物妄之理，去除我執，進而忘身，達到無心之境界，完成復性，使心性契合於道。他並沒有為道先預設立場，認為道只能以心體悟，聖人雖是眾人的楷模，卻不等同於道，故曰：「學者皆學聖人，學聖人者不如學道」[117]。強調對道或性，由個別的理解到全體之掌握，修養工夫的步驟亦然，側重在自身的去執與體悟，而非亦步亦趨的仿效聖人，所以道與性均不等同於倫理綱常，而是超越其上之境界，這是一種自下而上的方法論。二程則先確立了道就是天理，就是仁、義、禮、智、信等倫理綱常，並提出了「性即理」的前提，所以人只要存天理，去人欲，就可以達到復性，成為聖人。聖人等同於道，倫理綱常是天經地義、萬古不移的理，只要不符合倫理道德的言行，就是人欲，就必須去除，這是一種自上而下的方法論，知先行後的修養工夫。程顥接著提出「識仁」，程頤提出「用敬」、「致知」之工夫論，自成一套嚴密的體系而受到推崇，但他們將天理等同於倫理綱常的主張，卻造成日後嚴重的流弊。原因在於倫理綱常的細目即禮教，乃前人所制定，而時代不斷的在進步，社會狀況日新月異，不同的時代需要適合的禮教，若禮教一成不變，僵化而無權變之餘地，必會讓新時代的人窒息，也可能成為當權者掌控百姓的利器，這是倫理道德異化之弊病。反觀蘇轍的理論，為道保留了相當的彈性，三教合一的思想雖被視為雜

---

[116] 盧國龍《宋儒微言》，北京：華夏出版社，2001 年，頁 377。
[117] 蘇轍《欒城後集・孟子解》，卷 6。

學而不受重視，但其相對的文化開放性卻可以防止倫理綱常之異化，不易爲當權者所利用。一般而言，自下而上的方法論，容易導致人欲的氾濫；而自上而下的方法論，則容易導致對人性的壓制。我們從蘇轍的理論可以看出，他贊成基本的欲望，反對縱欲，適足以救之；而理學對人性的壓制，卻於末流見其害。二者之高下，已不容分說。

中國哲學重視內向自省的修養工夫，與西洋哲學重視知識論的觀點不同。何錫蓉在《佛學與中國哲學的雙向構建》中說：

> 在比較哲學研究中，就有不少學者認為西方哲學是側重於
> 關心「自然」，而中國哲學重點在「境界」。境界，主要指
> 一種精神境界、最高理想或人的終極關懷。[118]

的確，西方哲學對大自然的關懷，促使他們醉心於自然學科的探索，外向的研究週遭的物質世界，科技文明因而日新月異，國家因而進步富強。中國哲學（尤其北宋以後）對自身修養境界的關懷，促使思想家趨於內向自省，著重內聖的修養工夫，而忽略外王，欠缺外向的活力，部分學者如劉子健指其爲近代中國保守、封閉之罪魁禍首[119]。中國知識分子的確是較重修身而不重科學知識的探求，但若逕指爲近世中國落後之根源，似乎有些過當。儒家內聖、外王的理念，實際上是兼顧內、外的追求，宋代思想家追求內聖的目的是爲了外王。而且考之史實，明末清初，中、

---

[118] 何錫蓉《佛學與中國哲學的雙向構建》，上海：上海社會科學院出版社，2004 年，頁 308。

[119] 劉子健《中國轉向內在——兩宋之際的文化內向》，趙冬梅譯，南京：江蘇人民出版社，2002 年。

西文化之交流頻繁，西方傳教士如利瑪竇等帶來不少科技新知，開拓國人之視野，也開啓知識份子對科學探索之窗，此中、西文化交流中斷於清雍正皇帝的下令閉關自守，這才是日後中國災難的開始。鄔師昆如說：

> 整個西洋哲學史的演變，無論那一個時代，凡是把哲學侷限到知識論中，專門鑽研真假對錯的邏輯法則，而置宇宙人生而不顧，都是哲學末流的時刻；或者，更可怕的，是利用知識的平面架構與價值的中立，企圖不透過形而上的原理原則，而直接導引出人生問題的答案；這種情形，更是會創造出只知利害關係，而沒有是非觀念的社會。希臘古代的詭辯學派如此，中世的唯名論如此，近代的理性主義以及經驗主義如此，當代的邏輯實證論也如此。……東方哲學在這方面的迷失比較少，無論是希伯來、印度、中國，在哲學一開始的時候，都注意到人生的根本問題：希伯來的救援哲學，印度的生老病死的觀察，中國的道德哲學，都在說明個人以及群體生存在世界上，應該如何透過自身的努力和修練，而達到「至善」的境界；無論是積極的修身，或是消極的出家修道，都有同一的目的，那就是使自己能頂天立地。[120]

他在為西洋哲學作結語時，說了這樣的一段話，肯定東方哲學對人的終極關懷，指出西方哲學若孤注一擲於發展知識論，只會帶

---

[120] 鄔師昆如《西洋哲學史話》，頁835－836。

來沒有是非觀念，唯利是圖的社會，近代兩次世界大戰爲人類帶來毀滅性的災難，就是最好的證明。西方在戰後多了一分對人道的關懷，中國在西方的衝擊下，不再一味追求內向，中、西哲學乃至文化的調和，應該才是人類光明的福祉，而儒家的中庸之道正是最佳的調和準繩，允執厥中，妥善拿捏尺度，建構符合當代潮流的普世倫理，才能諦造更和諧、進步的人類社會。

綜合以上的討論可見，蘇氏蜀學的哲學理論或許不夠嚴密，或許仍有缺陷，卻是頗具特色，切合實用，流弊較少的哲學理論體系，值得重視。

第四章

經學思想析論

　　蘇轍治經學之態度，大體而言，是以人情解經。蘇轍家學本重實用，他認爲聖人經典之所以能傳世，主因爲符合人情，若違反人情，則不足以言，這或許是受到歐陽脩的影響，但他又加以發揚光大。他在〈詩論〉中說：

> 自仲尼之亡，六經之道遂散而不可解，蓋其患在於責其義之太深，而求其法之太切。夫六經之道，惟其近於人情，是以久傳而不廢。而世之迂學，乃皆曲為之說，雖其義之不至於此者，必彊牽合以為如此，故其論委曲而莫通也。[1]

指出六經之道，符合人情，因此久傳不廢。在〈周公〉中亦言：「凡《周禮》之詭異遠於人情者，皆不足信也」[2]，可見蘇轍治學重實用，以人情解經之態度。

　　治經學之方法，則爲回歸原典，不重傳、注，貴深思自得。其於〈上兩制諸公書〉中云：

> 昔者轍之始學也，得一書伏而讀之，不求其傳，而惟其書之知。求之而莫得，則反覆而思之。至於終日而莫見，而後退而求其得，何者？懼其入於心之易，而守之不堅也。[3]

---

[1] 蘇轍《欒城應詔集・詩論》，台北：台灣商務印書館，四部叢刊本，1967年，卷4。

[2] 蘇轍《欒城後集・歷代論・周公》，台北：中華書局，四部備要本，1966年，卷7。

[3] 蘇轍《欒城集・上兩制諸公書》，台北：中華書局，四部備要本，1966

說明自己讀書的方法爲深思自得。蘇轍認爲「讀書百遍，經義自見」[4]，若一味觀前人傳、注，思想易受限制，囿於傳、注者之言，未必真能得聖人之遺意。他說：

> 後世不明其意，患乎異說之多而學者之難明也，於是舉聖人之微言，而折之以一人之私意，而傳疏之學橫放於天下，由是學者愈怠，而聖人之說益以不明。[5]

批評後世治經學者方法之謬。所以他認爲應先閱讀原典，以探求聖人原意；求之不得，再參酌傳、注，深思以自得之，才是正確的治學方法。

　　蘇轍之經學專著包括：《詩集傳》二十卷、《春秋集解》十二卷，均呈現濃厚之儒家思想，而無佛、老，爲呈現其學術價值，故以經典爲別，多方探討其經學詮釋之內涵與特色，由此帶出其經學思想與價值。

∽ 第一節　　《詩經》學

　　蘇轍作《詩集傳》，始於年二十的少年時代，歷經謫居筠州、雷州、循州的中年時代，修定完成於閑居潁昌的晚年時代，足見其所下功夫之深厚與治學之嚴謹。此學術著作在宋代《詩

---

4 年，卷22。

4 蘇籀編《欒城先生遺言》，北京：中華書局，叢書集成初編，1985 年，頁5。

5 蘇轍《欒城集‧上兩制諸公書》，卷22。

經》詮釋史上具承先啓後之貢獻。其《詩經》學之思想,可由對
〈詩序〉的看法、註釋的方式、解詩的體式三大方向作開展,探
討如下。

一、廢〈續序〉、批〈毛傳〉

自漢迄唐中葉,《詩經》之詮釋,主要是由〈詩序〉、〈毛
傳〉、〈鄭箋〉、《毛詩正義》所構建的漢學體系所規範,此時期學
者解《詩》,多承舊說,採以史證詩,疏不破注之原則。唐末成
伯璵作《毛詩指說》首先指出:「〈小序〉,子夏唯裁初句
耳。……其下皆是大毛自以詩中之意而繫其辭也」[6],開始懷疑
〈小序〉大部分爲漢儒所增益,但並未引起廣大的迴響。北宋慶
歷年間,疑經風開,學者解《詩》,漸出新意,不再一味沿襲舊
說。歐陽脩作《詩本義》,議論〈毛傳〉、〈鄭箋〉釋《詩》之
謬,企圖直探詩人本義。蘇轍繼之作《詩集傳》,辨析〈詩序〉
爲漢儒之附益,多有謬誤,未可盡信,遂不錄〈大序〉,僅存
〈小序〉首句(〈首序〉),刪去以下餘文(〈續序〉)不用,並對
其中求之過深之處「明著其失」,他說:

> 孔子之敘《書》也,舉其所爲作《書》之故;其贊《易》
> 也,發其可以推《易》之端,未嘗詳言之也。非不能詳,
> 以爲詳之則隘,是以常舉其略,以待學者自推之,故其言
> 曰:「仁者見之謂之仁,智者見之謂之智。」夫唯不詳,

---

[6] 成伯璵《毛詩指說》,台北:台灣商務印書館,文淵閣四庫全書,1983
年,頁8。

故學者有以推而自得之。今《毛詩》之敘何其詳之甚也？世傳以為出于子夏，予竊疑之。子夏嘗言《詩》于仲尼，仲尼稱之，故後世之為《詩》者附之。要之，豈必子夏為之？其亦出于孔子，或弟子之知《詩》者歟？然其誠出于孔氏也，則不若是詳矣。孔子刪《詩》而取三百五篇，今其亡者六焉。《詩》之敘未嘗詳也。《詩》之亡者，經師不得見矣，雖欲詳之而無由，其存者將以解之，故從而附益之以自信其說。是以其言時有反覆煩重，類非一人之詞者，凡此皆毛氏之學而衛宏之所集錄也。《東漢・儒林傳》曰：「衛宏從謝曼卿受學，作《毛詩敘》，善得《風》、《雅》之旨，至今傳于世。」《隋・經籍志》曰：「先儒相承，謂《毛詩敘》子夏所創，毛公及衛敬仲又加潤益。」古說本如此，故予存其一言而已，曰：是《詩》言是事也，而盡去其餘，獨採其可者見于今傳，其尤不可者皆明著其失。以為此孔氏之舊也。[7]

蘇轍指出〈詩序〉的作者不是子夏，甚至非孔門弟子，因為若出自孔門，應是言簡意賅，不可能如此詳盡。由六首亡詩之〈序〉如此簡要亦可證明此點，後人因未見此佚詩，無從附會，故得以保留原貌，所以〈詩序〉的首句應是孔門所傳，較為可信。首句以下的〈續序〉非成於一時一人，乃漢儒陸續增益而成，故時有重複之語，又根據《後漢書・儒林傳》與《隋書・經籍志》的記載，也可證明〈詩序〉是「毛氏之學而衛宏之所集錄」。基於這

---

[7] 蘇轍《詩集傳》，曾棗莊、舒大剛編《三蘇全書》第 2 冊，北京：語文出版社，2001 年，卷 1，頁 266－267。

種觀點，他注《詩》時，毅然刪去不足以爲信的〈續序〉，僅以〈首序〉作爲詮釋的依據[8]，對於〈詩序〉不合詩旨的地方，亦加以批駁，這在當時無疑是一種創舉，啓發後世學者。蘇轍批駁〈毛傳〉之處，計有三十七首，概分爲五類，列表說明如下：

（一）〈毛傳〉解釋不當者 [9]

篇　名	〈毛傳〉	《詩集傳》
麟之趾	〈關雎〉之應也。〈關雎〉之化行，則天下無犯非禮，雖衰世之公子，皆信厚如麟趾之時也。	夫〈關雎〉之化行，則公子信厚，公子之信厚如麟之仁，此所謂應矣，未嘗言其時也。舍麟之德而言其時，過矣。
羔羊	〈鵲巢〉之功致也。召南之國，化文王之政，在位皆節儉正直，德如羔羊也。	夫君子之愛其人，則樂道其車服，是以詩言「羔羊之皮」而已，非言其德也，言其德則過矣。
雄雉	刺衛宣公也。淫亂不恤國事，軍旅數起，大夫久役，男女怨曠，國人患之而作是詩。	夫此詩言宣公好用兵，如雄雉之勇于鬥，故曰：「不忮不求，何用不臧」。以為軍旅數起，大夫久役是矣，以為並刺其淫亂、怨曠，則此詩之所不言也。
簡兮	刺不用賢也。衛之賢者仕於伶官，皆可以承事王者也。	夫此詩言賢者不見用，而思訴之天子，故曰：云誰之思，西方美人。知周之不足訴，故曰：「彼美人

---

[8] 〈魯頌〉中的〈有駜〉、〈泮水〉、〈閟宮〉三首，甚至只取〈首序〉之前三字，餘皆刪去。

[9] 以下表格內之引文見孔穎達編著《毛詩正義》，北京：北京大學出版社，2002 年。蘇轍《詩集傳》，曾棗莊、舒大剛編《三蘇全書》第 2 冊，北京：語文出版社，2001 年。

篇 名	〈毛傳〉	《詩集傳》
		兮，西方之人兮。」《毛詩》既以西方美人為周，而又以彼美人為衛之賢者，曰：「所謂西方之人者，言其宜在王室也」，可乎？
竹竿	衛女思歸也。適異國而不見荅，思而能以禮者也。	此詩敘與〈泉水〉敘同，皆父母終，不得歸寧者也。毛氏不知泉源、淇水、檜楫、松舟之喻，以為此夫婦不相能之辭，故敘此詩為適異國而不見荅，思而能以禮者，失之矣。
將仲子	刺莊公也。不勝其母，以害其弟。弟叔失道而公弗制，祭仲諫而公弗聽，小不忍以致大亂焉。	由是觀之，莊公非畏母之言者也，欲必致叔于死耳。夫叔之未襲鄭也，有罪而未至于死，是以諫而不聽。諫而不聽，非愛之也，未得所以殺之也，未得所以殺之而不禁，而曰畏我父母，君子知其不誠也。故因其言而記之。夫因其言而記之者，以示得其情也。然毛氏不知其說，其敘此詩以為「…」（略），莊公豈不忍者哉？
山有扶蘇	刺忽也。所美非美然。	《毛詩》之敘以為所美非美，故其言扶蘇、荷華也，曰：「此高下大小各得其宜云爾。」然而扶蘇非大木也，鄭氏知其不可，故易之曰：「此小人

篇　名	〈毛傳〉	《詩集傳》
		在上而君子在下之謂也。」然而喬松非惡木，而游龍非美草，則又曰：「此大臣無思，而小臣放恣之謂也。」夫使說者勞而不得，皆敘惑之也。
蘀兮	刺忽也。君弱臣強，不倡而和也。	夫「蘀兮蘀兮，風其吹女」，此憂懼之辭，而非倡和之意也。
野有蔓草	思遇時也。君之澤不下流，民窮於兵革，男女思時，思不期而會焉。	鄭人困于亂政，感蔓草之得露零以生，而自傷不及也，故思得君子以被其膏澤。思之而不可得，故深思之，曰：「苟有是人也，必婉然清揚美人也，鄭無是人矣。然猶庶幾邂逅近而見之，以適其願。」…故鄭伯享趙文子于垂隴，子太叔賦〈野有蔓草〉，文子曰：「吾子之惠也。」意取此矣。或曰「有美一人」，婦人之謂也。然則「彼姝者子」何以異之，亦婦人也哉？毛氏由此故敘以男女失時，思不期而會。信如此說，則趙文子將不受，雖與伯有同譏，可也。
東方未明	刺無節也。朝廷興居無節，號令不時，挈壺氏不能常其職焉。	夫雖衰亂之世，蚤莫不易挈壺之職，雖或失之，而天時猶在，何至于未明而顛倒衣裳哉？毛氏因「東方未明」、「不能辰夜」而信以為然，其說亦已陋

篇　名	〈毛傳〉	《詩集傳》
		矣。
十畝之間	刺時也。言其國削小，民無所居焉。	夫國削則民逝矣，未有地亡而民存者也。且雖小國，豈有一夫十畝，而尚可以為民者哉？
終南	戒襄公也。能取周地，始為諸侯，受顯服，大夫美之，故作是詩以戒勸之。	此詩美襄公耳，未見所以為戒者，豈以壽考不忘為戒之歟？
墓門	刺陳佗也。陳佗無良師傅，以至於不義，惡加於萬民焉。	佗之不良，國人莫不知之者，知而不之去，昔者誰為此乎？蓋歸咎桓公也。然毛氏不知〈墓門〉之為桓公，而以為陳佗，故以斧、鴞皆為佗之師傅，其序此詩亦曰：「…」。（略）失之矣。
庭燎	美宣王也。因以箴之。	宣王不忘夙興，而問夜之早晚，足以為無過矣，非所當譏也。毛氏猶謂雞人不修其官，故敘曰：「因以箴之」，過矣。
雨無正	大夫刺幽王也。雨自上下者也，眾多如雨，而非所以為政也。	雨之至也，不擇善惡而雨焉。幽王之世，民之受禍者如受雨之無不被也。夫雨豈嘗有所正雨哉？此所以為雨無正也，而毛氏不達，故〈序〉以為：「…」（略），此則是詩之所不及也。
裳裳者華	刺幽王也。古之仕者世祿，小人在位則讒陷並進，棄賢者之類，絕功臣之世。	原其所以為是說者，不過以詩之「乘其四駱」為守其先人之祿位，「是以似之」為嗣其先祖，其說蓋

篇　名	〈毛傳〉	《詩集傳》
		勞苦而不明如此。至于小人讒陷，則是詩之所無有，是以知其為曲說而不可信也。
魚藻	刺幽王也。言萬物失其性，王居鎬京，將不能以自樂，故君子思古之武王焉。	魚何在？亦在藻耳。其所依者至薄也，然其首頒然而大，自以為安，不知人得而取之也。今王亦在鎬耳，寡恩無助，天下將有圖之者，而飲酒自樂，恬于危亡之禍，亦如是魚也。毛氏因在鎬之言，故序此詩為思武王，以在藻頒首，為魚得其性。蓋不識魚之在藻之有危意也。
生民	尊祖也。后稷生於姜嫄，文武之功起於后稷，故推以配天焉。…后稷之母配高辛氏帝。（釋「履帝武敏歆」之「帝」為「高辛氏之帝」。）	蓋此詩言后稷之生甚明，無可疑者。然毛氏獨不信，曰：「履帝武者，從高辛行也。」余竊非之，以履帝武為從高辛行歟？至于「牛羊字之」、「飛鳥覆之」何哉？要之，物之異于常物者，其取天地之氣弘多，故其生也或異，虎豹之生異于犬羊，蛟鼉之生異于魚鱉，物固有然者。神人之生而有以異于人，何足怪哉！雖近世猶有然者，然學者以其不可推而莫之信。夫事之不可推者，何獨此？以耳目之陋而不信萬物之變，物之變無窮而耳目之見有限，以有限待無窮，則其為說

篇　名	〈毛傳〉	《詩集傳》
		也勞而世不服。古之聖人不然，苟誠有之，不以所見疑所不見。故河圖、洛書、稷、契之生，皆見于《詩》、《易》，不以為怪，其說蓋廣如此。後世復有聖人，無是固不可少之，而有是亦不足怪。此聖人之意也。
酌	告成〈大武〉也。言能酌先祖之道以養天下也。	文王有於鑠之師而不用，退自循養，與時皆晦。晦而益明，其後既純光矣，則天下無不助之者。文王于是遂寵受之，蹻然起而王之。夫文王既造其始矣，故其後有嗣之者。武王之興也，實維文王之事信為之師。夫方其不可而晦，見其可而王之，此所以為〈酌〉也。而《毛詩》之序曰：「…」（略），則是詩之所不言也。
有駜	頌僖公君臣之有道也。	頌僖公也。
泮水	頌僖公能修泮宮也。	頌僖公也。此詩言既作泮宮，遣將出兵以克淮夷。〈閟宮〉言公子奚斯作新廟。今考于《春秋》，其事皆不載，世有以是疑二詩之妄者。予嘗辨之：泮宮，魯之學也；閟宮，魯之廟也，自魯先君而有之矣，僖公因其舊而修之，是以不見于《春秋》。至

篇　名	〈毛傳〉	《詩集傳》
		于淮夷之功，予亦疑焉，然此詩有之，「式固爾猶，淮夷卒獲」，有所未獲而欲終之，則其所獲尚少也。自僖公至于孔子八世，事之小者容有失之，其大者未有不錄也。今此詩之言甚美而大，則君臣之辭歟？或曰：「以君臣而為此辭可也，而孔子錄之，可乎？」曰：維可之，是以錄之，錄其所可而去其所不可，此孔子之所以為詩也。子貢曰：「紂之不善，不如是之甚也，是以君子惡居下流，天下之惡皆歸焉。」孟子曰：「吾于〈武成〉，取二、三策而已，以至仁伐不仁，何其流血之漂杵？」夫二子之言信矣，然孔子未嘗以廢《周書》，蓋好惡之言必有過者，要不以惡為善則已矣。此達者之所自諭也。
閟宮	頌僖公能復周公之宇也。	頌僖公也。夫此詩所謂「居常與許，復周公之宇」者，人之所以願之，而其實則未能也，而遂以為頌其能復周公之宇，是以知三詩（〈有駜〉、〈泮水〉、〈閟宮〉）皆後世之所增，而〈駉〉之序則孔氏之舊也。

由上表可知，蘇轍批〈毛傳〉解釋不當者共二十二首，其中駁注解錯誤的是〈簡兮〉、〈生民〉二首；駁〈首序〉有誤的是〈有駜〉、〈泮水〉、〈閟宮〉三首；其他均爲駁〈續序〉之不當，有十七首。

基於時代的需要，〈毛傳〉對《詩經》的詮釋，主要由政治教化出發，欲藉由重「禮」的方式，賦予《詩經》崇高的經典地位，使之成爲政治教化之指南，這是〈毛傳〉經典詮釋的特色，也是其缺點所在。張寶三〈「毛詩注疏」之「詩經」詮釋及其得失〉說：

> 《毛詩注疏》以闡釋《詩經》在政治教化上之作用為其最主要之詮釋內容。為能使《詩經》發揮其政治教化之作用，故《毛詩》學派之詮釋乃比附史事，區分〈風〉、〈雅〉正變，藉美、刺以達鑒戒之功能。……《毛詩注疏》之解經特性，使其重視《詩》與「禮」之關係，此亦顯現《毛詩》學者將《詩》「經典化」之企圖。然後世學者對此則頗有批評。[10]

指出《毛詩注疏》的詮釋特點與企圖。罔顧《詩經》爲歌謠之特質，一味以禮義教化解之，自然易流於穿鑿附會，強爲說辭；但是換一個角度來看，漢代去古未遠，對《詩經》中的名物訓詁，必有諸多可信之處，亦值得參考，所以蘇轍對〈毛傳〉並未全盤否定，只針對自己讀《詩》所得，批〈毛傳〉說解不合理之處。

---

[10] 張寶三〈「毛詩注疏」之「詩經」詮釋及其得失〉，《臺大中文學報》，第20期，2004年6月，頁32—33。

在〈簡兮〉中，蘇轍指出〈毛傳〉在同一首詩中，既以「西方美人」為周，又以「彼美人」為衛之賢者，並不恰當。〈生民〉乃周氏起源之神話，〈毛傳〉硬將「帝武」之「帝」訓為「高辛氏之帝」，謂為姜嫄之夫，褪去后稷出生之神異，似乎較合情理，但蘇轍指出，若如此解之，那詩中的「牛羊字之」、「飛鳥覆之」就難以說得通了。如果后稷的出生與一般人無異，飛禽走獸怎會特意照顧他？所以蘇轍認為神人之生，異於常人，不必大驚小怪，因為萬物之變無窮，耳目之見有限，不能以有限的識見去說解無窮的事物，否則其說也勞而世不服。這種論點贏得朱熹的贊同，不僅在其《詩集傳》中引用蘇轍的說法，並云：「斯言得之矣」[11]。其實原始民族民智未開，對自己祖先之起源常會訴諸神異之傳說，成為口耳相傳的神話，時至今日，許多少數民族亦是如此，沒有必要用科學的眼光去推翻神話中的事物，更何況攸關人類起源的問題，哲學家與生物學家的見解必大相逕庭，而《詩經》本是文學作品，非歷史著作，蘇轍的解釋當較符合〈生民〉一詩之原意，趙制陽〈蘇轍詩集傳評介〉批評蘇轍的見解，並指出〈毛傳〉不采神異之說，態度較為務實[12]。這樣的說法是忽略《詩經》為文學作品之本質，有待商榷。

蘇轍解《詩》時，每首均錄〈詩序〉首句，認為此為孔門所傳，此舉為其《詩集傳》之一大特色，但有三首例外，即〈有駜〉、〈泮水〉、〈閟宮〉。據〈詩序〉所載，〈有駜〉：「頌僖公君臣之有道也」，〈泮水〉：「頌僖公能脩泮宮也」，〈閟宮〉：「頌僖公能

---

[11] 朱熹《詩集傳》，台北：台灣中華書局，1970年，頁190。

[12] 趙制陽〈蘇轍詩集傳評介〉，《孔孟學報》，第71期，1996年3月，頁86。

復周公之宇也」。蘇轍認爲脩泮宮、克淮夷、復周公之宇，實乃大而美盛之事，但卻不見於《春秋》，事屬可疑，當只是人之所願，實則未能也，因而這三首詩，他只錄「頌僖公」三字。由此亦可見蘇轍不重傳注、貴深思自得，言之有據的解經態度。

其他十七首對〈續序〉的批駁，主要是根據原詩所透露的訊息，駁斥〈續序〉的附會衍說與不合理之處，流露蘇轍據原典解說的務實態度，與依人情解經的思想特色。如〈麟之趾〉，詩中強調的應是麟的仁厚之「德」，而非其「時」；〈羔羊〉中言，君子之愛其人，則樂道其車服，故言羔羊之裘是可能的，而毛氏言「德如羔羊」是不通的；〈雄雉〉中僅言衛宣公好用兵，並無刺其淫亂，男女怨曠之意；〈蘀兮〉乃憂懼之辭，非倡和之意；〈東方未明〉指出，雖衰亂之世，挈壺失職，然天時猶在，當不至因天未明而顛倒衣裳；〈十畝之間〉言國削則民逃，怎麼可能地亡而民存，這是不合理的；而〈終南〉以美襄公，〈庭燎〉以美宣王，均不見戒勸之詞；〈雨無正〉指出雨豈有正雨？當是指幽王之世，民之受禍正如受雨之無不被才是；至於〈將仲子〉當是刺莊公欲必致叔于死，〈墓門〉應是歸咎桓公放任陳佗爲禍，〈魚藻〉有危亡之意，這些都是毛氏解說時所忽略的。由此觀之，蘇轍雖仍不脫以政教解《詩》的路子，但所言較爲合理。

(二)〈毛傳〉名篇之誤

篇名	〈毛傳〉	《詩集傳》
蕩	召穆公傷周室大壞也。厲王無道，天下蕩蕩，無綱紀文章，故作是詩也。	〈蕩〉之所以為〈蕩〉，由詩有「蕩蕩上帝也。」《毛詩》之序以為「天下蕩蕩，無綱紀文章」，則其所以名篇，非其詩之意矣。
召旻	凡伯刺幽王大壞也。旻，閔也。閔天下無如召公之臣。	因其首章稱旻天，卒章稱召公，故謂之〈召旻〉，以別〈小旻〉而已。毛氏之〈序〉曰：「……」（略）。蓋亦衍說矣。

　　《詩經》本無篇名，今所見篇名，乃後來之人採詩中字句以便記識而已，與全篇意旨並無關係，蘇轍深明此點，故指出〈毛傳〉於〈蕩〉、〈召旻〉二詩，依篇名詮釋詩意，乃附會衍說，不足為信。蘇轍的說法頗近情理，故朱熹、呂祖謙、嚴粲、姚際恒等，均同意他的看法。

(三)〈毛傳〉言辭重複，非一人之辭

篇名	〈毛傳〉	《詩集傳》
式微	黎侯寓于衛，其臣勸以歸也。	式微式微式微式微式微微孔子之敘《詩》也，自為一書，故〈式微〉、〈旄丘〉之敘相因之辭也。而毛氏之敘〈旄丘〉，則又曰：「……」。（略）其言與前相復，非一人之辭明矣。
旄丘	責衛伯也。狄人迫逐黎侯，黎侯寓于衛，衛不能修方伯連率之職，黎之臣子以責于衛。	

篇名	〈毛傳〉	《詩集傳》
絲衣	繹賓尸也。高子曰：「靈星之尸也」。	毛氏之〈序〉稱高子之言曰：「靈星尸也。」〈絲衣〉本宗廟之詩，其稱靈星既已失之，然又有以知毛氏雜取眾說以解經，非皆子夏之言，凡類此耳。

　　蘇轍認為孔子敘《詩》，本自成一書，文意必然前後相承，不至言辭重複，〈毛傳〉將〈詩序〉分置於各詩之下，也不會改變這種現象。然而今所見〈旄丘〉之敘與〈式微〉重複，而〈絲衣〉中引用高子之言，甚至還錯解詩意，由此可見，〈毛詩序〉中唯首句較為可信，其餘則為漢儒之所附益，且非成於一人一時，故不可信。

(四)〈毛傳〉不知〈魏風〉為晉詩

　　《毛詩正義·葛屨·序》云：「魏地陝隘，其民機巧趨利，其君儉嗇褊急，而無德以將之」；鄭玄《詩譜·魏譜》亦言：「今魏君，嗇且褊急，不務廣修德於民，教以義方。其與秦、晉鄰國，日漸侵削，國人憂之。當周平、恒之世，魏之變風始作。至春秋魯閔公元年，晉獻公竟滅之，以其地賜大夫畢萬」[13]，均認為〈魏風〉七首乃晉獻公滅魏以前之詩，蘇轍對此有不同的看法。蘇轍於〈魏風〉卷首即批駁〈毛傳〉不知其為晉詩而誤。他說：

---

[13] 以上引言見孔穎達《毛詩正義》，頁420－422。

> 魏本姬姓之國，晉獻公滅之，以封大夫畢萬，其地南枕河
> 曲，北涉汾水，舜、禹之都在焉，其民猶有虞夏之遺風，
> 習于儉約。而晉公自僖公以來，變〈風〉既作，及魏為獻
> 公所併，其人作詩以譏刺晉事，如邶、鄘之詩，其實皆衛
> 之得失，故孔子之編《詩》，列之〈唐〉詩之上，亦如
> 〈邶〉、〈鄘〉、〈衛〉之次。然毛氏之敘〈魏〉詩則曰：
> 「魏地狹隘，其民機巧趨利，其君儉嗇褊急，國迫而數侵
> 削役乎大國，民無所居。」蓋猶以為故魏詩，而不知其為
> 晉詩也。[14]

蘇轍認為〈魏風〉作於晉獻公滅魏之後，實為晉詩，故孔子列之
於〈唐風〉之前，如〈邶風〉、〈鄘風〉列於〈衛風〉之前一樣。
在〈汾沮洳〉中又言：

> 公路、公行、公族，皆晉官也。《春秋傳》曰：「晉成公
> 立，始官卿之適以為公族，其庶子為公行。」[15]

他據《春秋》的記載，指出〈汾沮洳〉詩中所言「公路」、「公
行」、「公族」之官名，既始於晉成公之時，此詩必然為晉詩無
誤。朱熹在《詩集傳》中亦引用蘇轍的看法，他說：

> 蘇氏曰：魏地入晉久矣，其詩疑為晉而作，故列於〈唐風〉
> 之前，猶邶、鄘之於衛也。今按篇中公行、公路、公族皆

14　蘇轍《詩集傳·魏風》，頁343。
15　蘇轍《詩集傳·魏風·汾沮洳》，頁345。

晉官，疑實晉詩。又恐魏亦嘗有此官，蓋不可考矣。[16]

雖證據不足，不敢遽下定論，但朱熹基本上傾向於支持蘇轍的看法。此問題何以如此難解，蓋因文獻不足。《左傳‧襄公二十九年》僅記載：「叔侯曰：『虞、虢、焦、滑、霍、揚、韓、魏，皆姬姓也。』」[17]故今只知魏為姬姓之國，其始封之時約當周初，但始封之人及其世次，已無可考，唯有等待更多的文獻出土，才有可能釐清真相，否則也只能如屈萬里所言：「此說應再酌」[18]了。

（五）〈毛傳〉誤斷詩之年代

篇名	〈毛傳〉	《詩集傳》
采薇	遣戍役也。文王之時，西有昆夷之患，北有玁狁之難。以天子之命，命將遣率戍役，以守衛中國。故歌〈采薇〉以遣之，〈出車〉以勞還，〈杕杜〉以勤歸也。	〈采薇〉、〈出車〉、〈杕杜〉，此三詩皆言文王為西伯，以紂之命而伐玁狁，故其詩曰：「自天子所，謂我來矣」，天子謂紂也。然此詩之作，則非文王之世矣，故其詩曰「王命南仲，往城于方」，王謂文王也。文王未王而稱王，後世之所追誦也。而毛氏以王為紂，故敘以為文王之世，歌此詩以遣勞之。夫紂得命文王，而不得命南仲，故王得為文王而不得為紂。王不得為紂，則此詩非文王之世之詩明矣。

---

[16] 朱熹《詩集傳‧魏風》，頁63。

[17] 見杜預《春秋左氏傳杜氏集解》，台北：中華書局，四部備要本，1966年，卷19。

[18] 屈萬里《詩經詮釋》，台北：聯經出版事業股份有限公司，2002，頁181。

　　〈毛傳〉認為〈采薇〉、〈出車〉、〈杕杜〉三詩作於文王之
時，蘇轍不同意這種說法。他指出〈出車〉中「自天子所」的
「天子」指商紂，「王命南仲」中的「王」指文王，而此時文王
為西伯，並未稱王，可見此乃後代所追作之證據；況且天子紂可
以任命諸侯西伯為之攻伐玁狁，但不可能直接任命諸侯的部屬南
仲去攻伐。由此可證，此三詩並不作於文王之時，乃後代之所追
作。子由推測，大略作於武王、成王之世，他說：

> 〈小雅〉上述文、武，下及成王，然其詩之次皆非其世之
> 先後。周公既定禮樂，自〈鹿鳴〉至于〈杕杜〉九篇，皆
> 以施于燕勞，以其事為次，故〈常棣〉雖周公閔管、蔡之
> 詩，而列于四，非復以世為先後也。今將辯之：則其伐玁
> 狁、西戎者為文王之詩；其言天下治安，爵命諸侯，澤及
> 四海者為武、成之詩；其餘則有不可得而詳者矣。且其言
> 文王事紂之際，猶有追稱王者，然則武、成之世所以追誦
> 文王，而非文王之世所自作也。[19]

指出征伐玁狁之作為文王之詩，但非文王之世所自作，乃武、成
之世所以追誦文王。據現代學者的看法，此三詩的確不作於文王
之世，但亦非成於武、成王之世，而是作於宣王之時。屈萬里
《詩經詮釋》說：

> 玁狁一名，西周中葉以後始有之，殷末及周初稱鬼方（王

---

[19] 蘇轍《詩集傳‧小雅‧菁菁者莪》，頁408。

國維有說，見所著〈鬼方、昆夷、玁狁考〉）。詩中屢言玁
狁，知此乃西周中葉以後之詩；舊謂作於文王時者，非
也。以〈出車〉及〈六月〉諸詩證之，此詩蓋作於宣王之
世。[20]

他據王國維的考證而作出結論，其說可信度較高。不過蘇轍能指
出〈毛傳〉之誤，對北宋的《詩經》研究而言，已是向前邁進了
一步。

二、簡訓詁、重釋義

漢學本重訓詁，故《毛詩正義》中〈序〉、〈傳〉、〈箋〉、〈正
義〉，構成一完整的詮釋系統，優點是訓詁詳盡，保存許多名
物、制度之資料，缺點則是過於繁瑣。宋學不再墨守舊說，自出
新意解經，即是針對漢學之蔽而發。蘇轍認爲孔子之敘《書》、
贊《易》，均未嘗詳言，以待學者推而自得，故其解《詩》亦秉
持如是精神，他在〈詩論〉中說：

> 《詩》者，天下之人，匹夫匹婦，羈臣賤隸，悲憂愉佚之
> 所爲作也。夫天下之人，自傷其貧賤困苦之憂，而自述其
> 豐美盛大之樂，其言上及於君臣父子、天下興亡治亂之
> 迹，而下及於飲食牀第、昆蟲草木之類。蓋其中無所不
> 具，而尚何以繩墨法度、區區而求諸其間哉？此亦足以見

---

[20] 屈萬里《詩經詮釋》，頁295。

其志之不通矣。[21]

指出《詩》之內容包羅甚廣，但均爲人情感之自然抒發，故不需用任何規矩、法度，強爲之說，以求合於其事，如此解《詩》之義就可以意曉而無勞。所以蘇轍《詩集傳》的另一特點爲注解簡明扼要，不標示賦、比、興，並以儒家的仁義之道闡釋《詩》中義理。

　蘇轍對《詩》中字義的解釋不多，與其他《詩經》注本相較之下偏少，甚至有些詩只有釋義，而無字、詞之訓注[22]。整體而言，對意義的闡述多，對字、詞之注解少。其注主要承襲《毛詩正義》，約十分之七、八，但亦非一味抄襲，如在〈鵲巢〉中指出「鳲非鳲鳩也」，《毛詩正義》注解有誤；在〈七月〉中，《毛詩》注：「葽，草也」，其注：「葽，未詳」；〈六月〉中，《毛詩正義》注：「鎬也、方也，皆北方地名」，其注：「鎬，鎬京也。方，未詳」。可見蘇轍對自己不確定的名物，則存疑以示負責，並不敷衍。部分注解則改以自己深思所得。如〈鴟鴞〉中，《毛詩正義》注：「嘵嘵，懼也」，其注：「嘵嘵，急也」，又說：「爲室之勞，至于羽毀尾敝，室成而風雨漂搖之，則其音得無急乎？」今觀之，訓爲「急」，的確比「懼」更傳神，朱熹注《詩》時，從之。〈六月〉中，《毛詩正義》注：「棲棲，簡閱

21　蘇轍《欒城應詔集・詩論》，卷4。
22　如：〈殷其雷〉、〈二子乘舟〉、〈木瓜〉、〈采葛〉、〈將仲子〉、〈揚之水〉、〈野有蔓草〉、〈雞鳴〉、〈秦風・黃鳥〉、〈小雅・黃鳥〉、〈維天之命〉、〈烈文〉、〈時邁〉，計13篇。另外，只有一個注解的也有13篇，包括〈東方未明〉、〈甫田〉、〈十畝之間〉、〈椒聊〉、〈無衣〉、〈渭陽〉、〈權輿〉、〈伐柯〉、〈鴻雁〉、〈谷風〉、〈昊天有成命〉、〈閔予小子〉、〈訪落〉。

貌」，其注：「棲棲，不安也」，訓意更爲明白，朱熹亦從之。〈祈父〉中，《毛詩正義》注：「尸，陳也」，其注：「尸，主也」，言：「士憂兵敗身沒，不得還守祭祀，而使母獨主祭也」，對詩意的掌握更爲精確，朱熹從之。〈我行其野〉中，《毛詩正義》注：「特，外昏也」，其注：「特，匹也」，朱熹從之。〈鼓鐘〉中，《毛詩正義》注：「雅，萬舞也」，「南夷之樂日南」，其注：「《雅》，二《雅》也；《南》，二《南》也」，朱熹亦從之，並引其說：「蘇氏曰：『言幽王之不德，豈其樂非古歟。樂則是而人則非也。』」[23]可見蘇轍《詩集傳》不僅訓詁簡明，而且對部分字詞的理解更爲精準，並得到朱熹的認同，也體現其貴深思自得的解經特色。

《詩》雖是文學作品，但在古人眼中則是儒家經典，蘇轍的看法也是如此。在蘇轍其他的著作中，我們很容易觀察到儒、釋、道三教合一的思想傾向，但在《詩集傳》中，則純粹是儒家思想，這十分特殊，其實他在〈詩論〉已透露此思想傾向，他說：

> 夫聖人之於《詩》，以爲其終要入於仁義，而不責其一言之無當，是以其意可觀，而其言可通也。[24]

明白指出對《詩》的闡釋，是以「仁義」爲依歸，所以他在〈二雅〉、〈三頌〉中，大量以史證詩，說明爲君、爲臣之道，即使在

---

[23] 以上引言請參見孔穎達《毛詩正義》，頁 74、585、605、743、787、794、943；蘇轍《詩集傳》，頁 274、380、383、408、409、417、419、452；朱熹《詩集傳》，頁94、114、122、124、152。

[24] 蘇轍《欒城應詔集・詩論》，卷4。

〈國風〉中，以史證詩者也有三十一首[25]。以史證詩的目的，自然是爲了宣揚儒家的教化，終極目的是爲政治服務。他在〈國風〉一開頭就說：

> 良醫之視人也，察其脈而知其人之終身疾痛壽夭之數。其不知者，以爲妄言也；其知者，以爲猶視其面顏也。夫國之有詩，猶人之有脈也。其長短緩急之候，于是焉在矣。[26]

蘇轍認爲一國之詩，正如人之脈象，可以反映國家政治之良窳，察知民生之疾苦與歸向，故「讀其詩，聽其聲，觀其國之厚薄」[27]，可以判斷國之存亡。基於如是理念，就不難理解其《詩集傳》何以訓詁簡明，而重釋義了，這正是蘇氏家學重實用之特色，亦爲北宋學術潮流之所趨。

蘇轍重釋義的解《詩》特色，茲以數例作爲說明，以見其梗概。如〈二子乘舟〉，其注：

> 宣公納伋之妻，生壽及朔，朔與其母訴伋于公，公使之于齊，使盜先待于莘。壽以告伋，伋曰：「君命也，不可以去。」壽竊其節而先往，盜殺之。伋至，曰：「乃我

25　計有：〈汝墳〉、〈綠衣〉、〈燕燕〉、〈日月〉、〈終風〉、〈擊鼓〉、〈雄雉〉、〈式微〉、〈旄丘〉、〈新台〉、〈二子乘舟〉、〈牆有茨〉、〈柏舟〉、〈鶉之奔奔〉、〈定之方中〉、〈載馳〉、〈碩人〉、〈將仲子〉、〈叔于田〉、〈有女同車〉、〈狡童〉、〈褰裳〉、〈葛生〉、〈黃鳥〉、〈渭陽〉、〈墓門〉、〈鴟鴞〉、〈東山〉、〈破斧〉、〈伐柯〉、〈狼跋〉等 31 首。
26　蘇轍《詩集傳・國風》，頁 264。
27　蘇轍《詩集傳・國風》，頁 264。

也。」又殺之。自衛適齊必涉河，國人傷其往而不返，泛泛然徒見其景，欲往救之而不可得，是以思之，養養然憂而不知所定也。言二子若避害而去，于義非有瑕疵也，而曷為不去哉？夫宣公將害伋，伋不忍去而死之，尚可也，而壽之死獨何哉？無救于兄而重父之過，君子以為非義也。[28]

他以《左傳》桓公十六年與《史記・衛世家》所載史事說明詩之內容，沒有任何單字、詞之訓詁，純粹以史證詩。此注說明三件事，其一，衛宣公強納其子伋之妻，又欲使盜殺之，既淫亂又失為父之義；其二，壽與伋既知父之不義，若避害而去，亦不違道義；其三，宣公本只欲殺伋，若伋不忍去而死，尚合乎為人子之義，壽為兄而死，則非義也，既無救於兄，又加重父親的罪過，君子不為也。又如〈素冠〉，他同意〈詩序〉的看法，認為是刺不能守三年之喪，其注：

《記》曰：「子夏三年之喪畢，見于夫子，援琴而弦衎衎而樂作，而曰：『先王制禮，不敢不及也。』夫子曰：『君子也。』閔子騫三年之喪畢，見于夫子，援琴而弦切切而哀作，而曰：『先王制禮，不敢過也。』夫子曰：『君子也。』子路曰：『何為皆君子也？』夫子曰：『子夏哀已盡，能引而致之于禮；閔子哀未盡，能自割以禮。』」夫三年之喪，賢者之所輕而不敢過，不肖者之所難而不敢不

---

[28] 蘇轍《詩集傳・邶風・二子乘舟》，頁299。

勉，此所謂如一也。[29]

他引《禮記》中孔子與弟子的對話來闡釋「聊與子如一兮」的意義，強調禮制的重要，認為三年之喪既為先王所制，即應遵守，過與不及均不合禮。又如〈候人〉，其注：

> 小人朋黨相援，並進于朝，如南山之升雲，薈蔚而上，莫之能止。君子守道，困窮于下，如幼弱之女，雖有飢寒之患，而婉變自保，不妄從人，季女者無求于人，而人之當求也。[30]

說明小人結黨營私，肆意於朝廷，而君子雖困窮不得志，仍能守道自清，國君當求守道之君子，遠小人才是。又如〈行葦〉，其注：

> 道上之葦，其為物也微矣，仁人君子將于是何求哉？然謂其方且欲生也，故禁牛羊使勿踐之，而況于人乎！王者內則親睦九族，外則尊事黃耇，凡以無逆其性而非有所望之也，此所謂忠厚也。[31]

強調愛物之仁心，並指出國君應存心仁厚，內則親睦己之九族，外則尊敬並善養老者，才是為君之道。又如〈召旻〉，其於末段

---

29 蘇轍《詩集傳・檜風・素冠》，頁372－373。
30 蘇轍《詩集傳・曹風・候人》，頁375－376。
31 蘇轍《詩集傳・大雅・行葦》，頁502。

注曰：

> 世雖亂，豈不猶有舊德可用之人哉？言有之而不用耳。文
> 王之世，周公治內，召公治外，故周人之詩謂之〈周
> 南〉，諸侯之詩謂之〈召南〉。所謂「日辟國百里」云者，
> 言文王之化自北而南，至于江漢之間，服從之國日益眾
> 耳。蓋虞、芮質成于周，其旁諸侯聞之，相帥而歸周者四
> 十餘國，然則日辟百里之言不為過矣。楚椒舉有言：「夏
> 桀為仍之會，有緡叛之；商紂為黎之蒐，東夷叛之；周幽
> 為太室之盟，戎狄叛之，皆示諸侯汰也。」其後齊桓盟諸
> 侯于葵丘，震而矜之，叛者九國。由此觀之，辟國以禮，
> 蹙國不以禮，皆非用兵之謂也。近世小人欲以干戈侵虐四
> 鄰，求拓土之功者，率以召公藉口，此楚靈、齊湣之事，
> 桓、文之所不為，而以誣召公，烏乎殆哉！[32]

藉史以諫今之意甚明。他指出，其一，即使是亂世，仍有舊德可
用之人，只是昏君不肯用罷了；其二，文王以周公治內，以召公
治外，善用賢才，國以大治；其三，召公宣揚文王德治，四方諸
侯聞之，相率歸周，是以日辟國百里，此乃以德服人，非以武力
脅迫；其四，夏桀時，有緡叛之；商紂時，東夷叛之；周幽王
時，戎狄叛之，乃因君無禮，國無道，非不用兵所致；其五，齊
桓公、晉文公之成就霸業，亦因禮而得四方諸侯之認同，非以武
力；其六，近世好戰者，假借召公日辟國百里之名，欲以干戈侵

---

[32] 蘇轍《詩集傳・大雅・召旻》，頁539。

虐四鄰，求拓土之功，是不明白根本道理，污衊召公之小人。由此釋義可以看出，蘇轍不僅以史證詩，更是以史諫今，政治企圖十分明顯。他認爲欲降服四鄰，仰賴以德化之，不戰而屈人才是上上之策，流露濃厚的儒家德治色彩。

三、集傳體、辨義例

漢唐之《詩經》注釋，基本上是傳、箋、注、疏的模式，如《毛詩正義》，謹守傳不駁經，疏不破注的原則。到了宋代，疑經風開，爲經典的詮釋開闢新路，據朱彝尊《經義考》所載，宋代《詩經》著作就有一百多家，說《詩》體式亦隨之多樣化。其中北宋最重要的解《詩》著作爲歐陽脩《詩本義》與蘇轍《詩集傳》，二者體例並不相同。歐陽脩《詩本義》共十五卷，前十四卷爲正文，第十五卷爲後人輯補，其前十二卷之體例爲以詩之篇名標目，逐篇立論。各篇分前後兩段，前段申論毛、鄭得失，以「論曰」開端；其後斷以己意，以「本義曰」開端，故其體例特點爲分篇論說。蘇轍《詩集傳》採取的是集傳體，分篇依次作解。他在各〈國風〉、〈小雅〉、三〈頌〉開頭，先有一段專論，如論〈周南〉、〈召南〉之分別；〈邶〉、〈鄘〉、〈衛〉之命名、時代及地域；大、小〈雅〉之分別；三〈頌〉之特質、時代等，表達對《詩經》體例之看法。然後他先錄〈小序〉首句，再抄寫原詩，於每章後訓釋難字詞，接著闡釋詩之大意，最後指出全詩共有幾章，每章有幾句。整體而言，歐陽脩和蘇轍都採取了新的解《詩》體式，打破傳統的模式，而蘇轍《詩集傳》的體式更爲簡明，便於讀者掌握主旨，爲眾多後人所仿效。

子由在《詩集傳》的專論中,對《詩》之義例提出許多看法,說明如下。

(一) 論〈周南〉、〈召南〉之別

〈詩大序〉以「王者之風,故繫之周公」、「諸侯之風,先王之所以教,故繫之召公」分別二〈南〉;鄭玄〈詩譜〉進一步發揮說:「得聖人之化者,謂之〈周南〉,得賢人之化者,謂之〈召南〉」[33]。蘇轍對此有不同的看法,他說:

> 文王之風謂〈周南〉、〈召南〉,何也?文王之法周也,所以為其國者屬之周公,所以交于諸侯者屬之召公。詩曰「昔先王受命,有如召公,日辟國百里」,言其治外也,故凡詩言周之內治由內而及外者,謂之周公之詩;其言諸侯被周之澤而漸于善者,謂之召公之詩。其風皆出于文王,而有內外之異。內得之深,外得之淺。故〈召南〉之詩不如〈周南〉之深。〈周南〉稱后妃,而〈召南〉稱夫人。〈召南〉有召公之詩,而〈周南〉無周公之詩。夫文王受命稱王,則大姒固稱后妃,而諸侯之妻固稱夫人。周公在內,近于文王,雖有德而不見,則其詩不作;召公在外,遠于文王,功業明著,則詩作于下。此理之最明者也。然則謂之〈周〉、〈召〉者,蓋因其職而名之也。謂之南者,文王在西,而化行于南方,以其及之者言之也。東、北則紂之所在,文王之初所不能及也。《毛詩》之敘

---

[33] 見孔穎達《毛詩正義》,頁 14、22、23。

曰：「〈關雎〉、〈麟趾〉之化，王者之風也，故繫之周公；
〈鵲巢〉、〈騶虞〉之德，諸侯之風也，先王之所以教，繫
之召公。」然則，二〈南〉皆出于先王，其深淺厚薄，二
公無與，而強以名之，可乎？[34]

在這段話中指出，其一，〈周南〉、〈召南〉均為文王之風，而有
內、外之異。凡詩言周之內治，由內而及外者，謂之〈周南〉；
言諸侯被周之澤，而漸於善者，謂之〈召南〉。故〈周南〉稱后
妃，〈召南〉稱夫人。其二，〈周南〉無周公之詩，〈召南〉有召
公之詩。因周公在內，近于文王，雖有德而不見；召公在外，遠
於文王，功業明著。其三，「周」、「召」之名，乃因周公、召公
之職而名；「南」則因文王之教化行於南方而言。其四，〈周南〉
之詩深，〈召南〉之詩淺，乃因內、外之故，與周公、召公無
關。事實上對二〈南〉的解釋，舊說紛歧，蘇轍雖勇於提出與
《毛詩正義》不同的看法，但未必正確，據夏傳才《詩經研究史
概要》所言：

> 五四以後至當代的學術界，在清代學者研究的基礎上進一
> 步研究，認為：周南、召南原是地域名稱，由古南國而得
> 名，周南在今陝縣以南汝、漢、長江一帶，湖北、河南之
> 間，召南在周南之西，包括陝西南部和湖北一部分。郭沫
> 若《甲骨文字研究・釋南》考證，原有一種樂器名
> 「南」，這種樂器的使用，可能是南國音樂的特色。〈周

---

[34] 蘇轍《詩集傳・周南》，頁265－266。

南〉、〈召南〉就是南國地區的民歌，配合南國樂器所奏出的樂調。[35]

指出今日學者的共識，〈周南〉、〈召南〉實以地域命名，乃南國之民歌，與文王、周公、召公沒有關係。

(二) 論十五〈國風〉之次

〈國風〉之次第，今傳《毛詩正義》本與季札觀樂所見不同，季札觀樂在魯襄公二十九年，當時孔子才八歲，應是孔子以前魯國所流傳之次第，今所見《毛詩正義》國風之次第，一般以為乃孔子所定[36]。二者列表比較如下：

	十五〈國風〉之次第														
季札所見	周南	召南	邶	鄘	衛	王	鄭	齊	豳	秦	魏	唐	陳	鄶	曹
《毛詩》	周南	召南	邶	鄘	衛	王	鄭	齊	魏	唐	秦	陳	檜	曹	豳

由表可見前八〈國風〉相同，其後則異。何以孔子要作如是更動呢？或謂聖人必有深意，如孔穎達、成伯璵、歐陽脩、程頤、蘇轍等；或謂聖人未必有深意，如朱熹、郝敬、顧炎武等，這個問題至今仍未有定論，即使認為孔子必有深意，看法也大不相同，蘇轍的說法也只能聊備一覽。他說：

---

[35] 夏傳才《詩經研究史概要》，台北：萬卷樓圖書有限公司，1994 年，頁16。

[36] 參見黃忠慎《宋代之詩經學》，政大中文所博士論文，1984 年 6 月，頁168。屈萬里《詩經詮釋·敘論》，頁5。

　　孔子編《詩》，列十五國先後之次，二〈南〉之為首，正
　　風也；〈邶〉、〈鄘〉、〈衛〉、〈王〉、〈鄭〉、〈齊〉、〈魏〉、
　　〈唐〉之相次，亡之先後也；〈秦〉之列于八國之後，後
　　是八國而亡也；〈陳〉之後〈秦〉，將亡之國也；〈檜〉、
　　〈曹〉之後〈陳〉，已亡之國也；〈豳〉之列于十四國之
　　後，非十四國之類也。……嗚呼！數十百年之間，國之存
　　亡，孔子預知之。讀其詩，聽其聲，觀其國之厚薄，三者
　　具而以斷焉，是故可以先焉而無疑也。[37]

指出孔子是以亡國先後定〈國風〉之次第，而〈陳〉雖未亡，然
孔子編《詩》之時，陳已將亡，故以亡國視之；〈豳〉之所以置
於末，乃因〈豳〉為周公與周大夫所作，非豳人之詩而言豳之
風，故非十四國之類，遂置於最後。他還讚嘆以孔子之聖，能預
知國之存亡。蘇轍之說似乎言之成理，但事實上也只是推測，並
無證據。

（三）論《詩》之正、變

　　十五〈國風〉和二〈雅〉有正、變之說，此說始於〈詩大
序〉，其云：「至于王道衰，禮義廢，政教失，國異政，家殊俗，
而變風、變雅作矣」[38]，將詩歌與時代、政治結合，以利宣揚詩
教。鄭玄〈詩譜〉發揮其說，指出凡文、武、成王時詩，皆謂之
正詩，懿王以後的詩，皆謂之變詩。蘇轍大抵認同這種看法，他
在〈澤陂〉中說：

---

[37]　蘇轍《詩集傳·國風》，頁263－264。
[38]　孔穎達《毛詩正義》，頁16。

當其盛時，其人親被王澤之純，其心和樂而不流，于是焉
發而為詩，則其詩無有不善，則今之正詩是也。及其衰
也，有所憂愁憤怒不得其平，淫泆放蕩不合于禮者矣，而
猶知復反于正，故其為詩也，亂而不蕩，則今之變詩是
也。[39]

認為盛世之詩為正詩，衰世之詩為變詩。但他並非一味附會鄭玄
的說法，也指出其矛盾之處。如鄭玄將作於成王時代的〈豳風〉
視為變詩，據〈詩譜・豳譜〉所言：

成王之時，周公避流言之難，出居東都二年。……後成王
迎而反之，攝政，致太平。其出入也，一德不回，純似於
公劉、大王之所為。大師大述其志，主意於豳公之事，故
別其詩以為豳國變風焉。[40]

鄭玄既以時代分正、變，此處又以周公遭變之故，謂〈七月〉為
變〈風〉，說法前後相牴觸，蘇轍不同意他的看法，他說：

昔之言詩者以為此詩作于周公之遭變，故謂之豳之變
〈風〉。夫言正、變者，必原其時，原其時則得其實。衛
武、衛文、鄭武、秦襄之詩，一時之正也，而不得為正，
何者？其正未足以復變也。周公、成王之際，而有一不
善，是亦一時之變焉耳，孰謂一時之變而足以敗其數百年

---

[39] 蘇轍《詩集傳・陳風・澤陂》，頁371。
[40] 孔穎達《毛詩正義・詩譜・豳譜》，頁565－566。

之正也哉！[41]

認為論《詩》之正、變須根據時代，才能符合事實。成王時，詩既為正詩，不可因一時之變而稱變詩；相同的道理，懿王之後，詩既為變詩，亦不可因一時之正而稱正詩。他在〈定之方中〉有更詳細的解說，他說：

> 世之學者曰：「衛武、衛文、鄭武、秦襄之〈風〉，宣王之〈雅〉，皆美之詩也，然猶不免為變詩，何也？曰：王澤之薄也久矣，非是人之所能復也。昔周之興也，積仁行義凡數百年。其種之也深，而蓄之也厚矣，至于文、武，風俗純備，是以其詩發而為正詩。自成、康以來，周室不競，至幽、厲而大壞，其敗亦數百年，其畜之也亦厚矣。是以其詩不復其舊，而謂之變。夫自其正而至于變，其敗之也甚難，其間必有幽、厲大亂之君為之，而後能自其變而復于正，其反之也亦難，亦必有后稷、公劉、文、武積累之勤而後能。今夫五人者，其善之積未若其變之厚矣，是以不免于變。老者之所以為老，為其積衰也，因其一日之安而以為壯也，可乎？其所由來者遠矣。[42]

指出須積仁行義凡數百年，風俗純備，才有所謂「正詩」；反之，政教日衰，其敗亦數百年，謂之「變詩」，故正、變之根源繫乎王澤之厚薄，而王澤之厚薄仰賴長期之積累，非一時之人所

---

41 蘇轍《詩集傳・豳風》，頁378。
42 蘇轍《詩集傳・鄘風・定之方中》，頁304。

能左右。因之，衛武公等人雖有一時之德政，仍不免爲變詩，蓋
王澤之薄已久，非一人之力所能復。儘管蘇轍言之鑿鑿，今世學
者普徧認爲正、變之說不足採信。

(四) 論〈風〉、〈雅〉、〈頌〉之別

對於《詩經》的三種分類：〈風〉、〈雅〉、〈頌〉，歷來有許多
不同的解釋。最早是〈詩大序〉的說法，其云：

> 一國之事，繫一人之本，謂之風。言天下之事，形四方之
> 風，謂之雅。……頌者，美盛德之形容，以其成功，告於
> 神明者也。[43]

以政教觀點作解釋。孔穎達進一步指出，〈風〉是諸侯之詩，
〈雅〉、〈頌〉是天子之詩[44]。然〈頌〉有〈魯頌〉，魯乃諸侯之
國，何以有〈頌〉？對此，子由提出他的看法，他說：

> 詩有天子之風，有諸侯之風；有天子之頌，有諸侯之頌，
> 二者無在而不可，凡謂為是詩者則為是名矣。古之王者治
> 其室家，而後及于其國，故以家為本，以國為末。家者風
> 之所自出，而國者雅之所自成也。其為本也必約而精，其
> 為末也必大而粗。約而精者其微也，大而粗者其著也。微
> 則易失，著則難喪，是以文武之詩始于二〈南〉而繼之以
> 二〈雅〉，先其本也。方其盛也，其〈風〉加于天下，橫

---

[43] 孔穎達《毛詩正義》，頁 19－21。
[44] 孔穎達《毛詩正義》，頁 19－21。

被而獨見，則有二〈南〉而無諸侯之〈風〉。其後王德既
衰，衰始于室家，二〈南〉之風先絕而不繼，國異政，家
殊俗，則周人之〈風〉不能及遠，而獨為〈黍離〉。諸侯
之〈風〉分裂而為十一，故風之為詩無所不在也，當是時
也，王者之〈風〉雖亡，然其所以為國猶在也。故雖幽、
厲之世而〈雅〉不絕。至于平王東遷，而喪其所以為國，
則〈雅〉于是遂廢，故詩惟〈雅〉為非天子不作也。
〈頌〉之為詩，本于其德而已，故天子有德于天下則天下
頌之，諸侯有德于其國則國人頌之。商、周之〈頌〉，天
下之頌也；魯人之〈頌〉，其國之頌也，故〈頌〉之為詩
無所不在也。……〈風〉言其風俗之實也，〈頌〉頌其德
頌之實也。豈有天子而無俗，諸侯而無德者哉！[45]

他認為〈雅〉非天子不作，而〈風〉、〈頌〉則有天子之詩，有諸
侯之詩。〈風〉詩的本質在「言其風俗」故無所不在；〈頌〉詩的
本質在「頌其德」，故諸侯有德者，亦得頌之，如魯僖公有德，
而有〈魯頌〉。據現代學者的研究，「風」是樂調，所以〈國風〉
是流行於各國的地方樂調；「雅」是一種樂器，為正樂所採用，
故〈雅〉是宮廷和貴族的正樂；「頌」是一種大鐘，鐘聲緩慢，
其音莊重，故〈頌〉是由大鐘伴奏、聲調緩慢、配合舞蹈的樂
歌，乃王廷宗廟祭祀祖先、祈禱神明的樂歌[46]。蘇轍的看法雖不
全同於現代學者的研究，然其論〈風〉、〈雅〉則近之，而〈頌〉
既為祭祖祈神之樂歌，也具頌揚功德的特質，所以他雖未意識到

---

[45]　蘇轍《詩集傳・魯頌》，頁561－562。
[46]　請參見夏傳才《詩經研究史概要》，頁23－27。

《詩》的音樂特性，但由其內涵來推敲，已比漢儒更切合情理。

（五）論大、小〈雅〉之別

歷來學者對〈大雅〉、〈小雅〉之別，主要有兩種看法，一為主張由政治道德作區分，如《毛詩正義》、蘇轍等；一為主張由音樂作區分，如程大昌、鄭樵等。〈詩序〉主張由政治內容作區分，其云：「雅者，正也，言王政之所由廢興也。政有大小，故有〈小雅〉焉，有〈大雅〉焉」[47]，認為依政事之大小而分〈大雅〉、〈小雅〉。蘇轍不同意這種說法，他駁之曰：

> 〈小雅〉之所以為小，〈大雅〉之所以為大，何也？〈小雅〉言政事之得失，而〈大雅〉言道德之存亡。政事雖大，形也；道德無小，不可以形盡也。蓋其所謂小者，謂其可得而知量，盡于所知而無餘也；其所謂大者，謂其不可得而知，沛然其無涯者也。故雖爵命諸侯、征伐四國，事之大者，而在〈小雅〉；〈行葦〉言燕兄弟耆老，〈靈台〉言麋鹿魚鱉，〈蕩〉刺飲酒號呼，〈韓弈〉歌韓侯取妻，皆事之小者，而在〈大雅〉。夫政之得失利害止于其事，而道德之存亡，所指雖小，而其所及者大矣。《毛詩》之敘曰：「雅者政也，政有大小，故有〈小雅〉焉，有〈大雅〉焉。」以二〈雅〉為皆政也，而有小大之異，蓋未之思歟？[48]

---

[47] 孔穎達《毛詩正義》，頁20。
[48] 蘇轍《詩集傳·小雅》，頁389。

他分析〈大雅〉、〈小雅〉的內容，發現政事之大者，有編次於〈小雅〉中；政事小者，有出現於〈大雅〉中，證明〈詩序〉所言無據，進而提出自己的看法，認為〈大雅〉言道德之存亡，〈小雅〉言政事之得失。道德無形，但影響力沛然無涯；政事具體，影響力可得而知量，故而分大、小。據清代學者的看法，傾向於由音樂作區分，他們大多同意鄭樵的看法，其《六經奧論》云：「〈小雅〉、〈大雅〉者，特隨其音而寫之律耳。律有小呂、大呂，則歌〈大雅〉、〈小雅〉，宜其有別也」[49]，認為〈大雅〉、〈小雅〉之別乃因音樂曲調之不同。今觀〈大雅〉之詩，句法韻律之變化少；〈小雅〉之詩，變化較為靈活和諧，詩樂本不可分，因而由樂調之不同而作區分的可能性也較大。蘇轍的見解在今日看來雖不免迂腐，但亦可見其主張為政重德的儒家思想。

（六）重訂〈毛傳・小雅〉之篇目

〈毛傳・小雅〉分為〈鹿鳴之什〉、〈南有嘉魚之什〉、〈鴻鴈之什〉、〈節南山之什〉、〈谷風之什〉、〈甫田之什〉、〈魚藻之什〉七卷，陸德明曰：「以十篇編為一卷，名之曰什」，孔穎達亦云：「每十為卷，即以卷首之篇為什長，卷中之篇皆統焉」[50]，所以每卷應有十首詩才對，然觀〈毛傳〉，〈鹿鳴之什〉、〈南有嘉魚之什〉卷中有十三首詩，〈魚藻之什〉卷中有十四首詩，根本不合「什」的意義。鄭玄首先指出〈毛傳〉此篇目的安排「非孔子之舊」[51]，蘇轍則進一步重訂〈小雅〉之篇目，欲復孔子之舊。他

---

[49] 鄭樵《六經奧論・雅非有正辨》，台北：台灣商務印書館，文淵閣四庫全書，1983 年，卷 3。

[50] 請參見孔穎達《毛詩正義》，頁 630、647。

[51] 孔穎達《毛詩正義》，頁 711。

以每十篇爲一什，將〈小雅〉重訂爲〈鹿鳴之什〉、〈南陔之什〉、〈彤弓之什〉、〈祈父之什〉、〈小旻之什〉、〈北山之什〉、〈桑扈之什〉、〈都人士之什〉八卷，認爲這樣才符合「什」之意義，也才是孔子整理《詩》之原貌。蘇轍這種大膽的作法，對《詩經》學的發展，頗具影響，據陳明義之研究，他說：

> 蘇轍之重訂〈小雅〉篇什，……本身既是一種改經的行
> 爲，又是對《詩經》漢學典範的一種摧毀。蘇轍此舉就
> 《詩經》的詮釋史而言，影響頗大。呂祖謙《呂氏家塾讀
> 詩記》中，除〈南陔之什〉篇第依〈小雅·六月·續序〉
> 改爲〈南陔〉、〈白華〉、〈華黍〉、〈由庚〉、〈南有嘉魚〉、
> 〈崇丘〉、〈南山有臺〉、〈由儀〉、〈蓼蕭〉、〈湛露〉，稍異
> 蘇轍之外，其餘〈小雅〉諸篇什，皆從蘇轍所改。朱熹於
> 〈小雅〉篇什，據《儀禮》爲說，以爲〈南陔〉當在〈杕
> 杜〉之後，爲〈鹿鳴之什〉的最後一篇，而〈白華〉、〈華
> 黍〉、〈魚麗〉、〈由庚〉、〈南有嘉魚〉、〈崇丘〉、〈南山有
> 臺〉、〈由儀〉、〈蓼蕭〉、〈湛露〉十篇，當稱〈白華之
> 什〉，以下則同於蘇、呂二氏所改。朱子弟子輔廣著《詩
> 童子問》，於〈小雅〉篇什，亦從朱子所改。此外，清儒
> 方玉潤於〈小雅〉篇什全從蘇轍所改，凡此，皆可見蘇轍
> 重訂〈小雅〉篇什在《詩經》詮釋史上的影響。[52]

指出子由對〈小雅〉編次的更動，至少影響呂祖謙、朱熹、輔

---

[52] 陳明義《蘇轍詩集傳研究》，東吳大學中文所碩士論文，1993 年 12 月，頁 113。

廣、方玉潤等人。疑經、改經本爲宋代學術之風，蘇轍的做法雖
不見得是孔子編《詩》之原貌，卻較〈毛傳〉合理。

　　總之，蘇轍《詩集傳》採用集傳體，並於專論中對《詩》的
義例提出異於漢儒的看法，在《詩經》研究史上，具相當之意
義。

∞ 第二節　　《春秋》學

　　在強敵環伺的宋代，《春秋》所流露的大一統與尊王攘夷思
想，受到諸多學者的青睞，據朱彝尊《經義考》所考錄的著作就
超過四百種，在當時可謂顯學。蘇轍少而治《春秋》，並作〈春
秋論〉一篇，及謫居高安，職閑無事，遂著手撰寫《春秋集
解》，歷時約二十年，其於此書用功甚勤，自謂書成而可以無憾
矣。蘇轍《春秋》學之思想，可由以史解經、批駁三傳、特重禮
義、尊王非戰四大方向作探討。

一、以史解經

　　蘇轍治《春秋》的基本方法是以史解經，他認爲孔子之作
《春秋》，事亦略矣，後人欲明其微言大義，當由史入手，他
說：

　　　《春秋》者，有待于史而後足，非自以爲史也。世之爲

《春秋》而不信史，　則過矣。[53]

指出欲明白聖人遺意，當以史推之，蓋史實本不可憑空意推，應透過歷史記載，瞭解人物實際的言行舉止，才能真正掌握經典的真義，否則年代久遠，人人以己意臆之，終至眾說紛紜，莫衷一是，離孔子之意亦遠矣。故子由之《春秋集解》以《左傳》之記事爲主，《左傳》有不足之處，則參《公羊傳》、《穀梁傳》等諸說以補足，「覽諸家之說而裁之以義」[54]。值得注意的是，他雖據《左傳》以解經，但並未像《左傳》般詳盡記事，反而注解十分簡略，對《左傳》中諸多歷史事件略而不談。蓋《左傳》非純粹爲解《春秋》而作，蘇轍《春秋集解》則純爲釋經而作，其將《春秋》視爲經學而非史學，並企圖以之作爲北宋帝王施政之綱本，其政治目的顯而易見。更深入分析，「以史解經」的治學傾向，具有兩個實用目的，述之如下。

(一) 矯時代流弊

宋儒研治《春秋》，主要繼承唐代啖助、趙匡、陸淳的治學理念，主張棄傳就經，欲以經求經，直尋微言大義。然而《春秋》經文簡約，記事僅寥寥數語，且斷斷續續，若真的摒棄章句訓詁，又撤開三傳的材料，必難以通解，或流於穿鑿附會，故宋儒雖標榜直尋經義，實則不離《公羊傳》、《穀梁傳》，《左傳》則較受忽視。一味窮究微言大義的結果，或能激發新意，卻可能離

---

[53] 蘇轍《春秋集解·襄公七年》，北京：語文出版社，2001 年，卷 9，頁 10。
[54] 蘇轍《春秋集解·引》，頁 13。

孔子原意更遠，《四庫全書總目》對此提出批評，其云：

> 自啖助、趙匡倡為廢傳解經之說，使人人各以臆見私相揣
> 度，務為新奇以相勝，而《春秋》以荒。自孫復倡為有貶
> 無褒之說，說《春秋》者必事事求其所以貶，求其所以貶
> 而不得，則鍛鍊周納以成其罪，而《春秋》益荒。俞汝言
> 《春秋平議序》謂經傳之失不在於淺而在於深，《春秋》
> 尤甚。可謂片言居要矣。[55]

明白指出宋代《春秋》學的弊端在於「私相揣度」、「務為新
奇」，最後必流於空談義理。

　　蘇轍處此經學變古的時代，卻不為時代潮流所囿，而能眼光
獨到的指陳其非。他在少年所作的〈春秋論〉中說：「天下之
人，以為聖人之文章，非復天下之言也，而求之太過。求之太
過，是以聖人之言更為深遠而不可曉」[56]；在〈詩論〉中亦批評
當世學者治經之弊，在於「責其義之太深，而求其法之太切」[57]，
故皆曲為之說而莫通。深明時代流弊的他，研治《春秋》之時，
自然欲力矯當代潮流，主張以史實為本去探尋聖人遺意，反對憑
空造說。他在《春秋集解·引》中說：

> 予少而治《春秋》，時人多師孫明復，謂孔子作《春秋》
> 略盡一時之事，不復信史，故盡棄三傳，無所復取。予以

---

[55] 《四庫全書總目·經部二十九·御纂春秋直解》，第 1 冊，台北：藝文印
書館，1964 年，卷 29，頁 593。
[56] 蘇轍《欒城應詔集·春秋論》，卷 4。
[57] 蘇轍《欒城應詔集·詩論》，卷 4。

為左丘明，魯史也，孔子本所據依以作《春秋》，故事必以丘明為本。杜預有言：「丘明授經于仲尼，身為國史，躬覽載籍。其文緩，其旨遠，將令學者原始要終，尋其枝葉，究其所窮。優而柔之，使自求之；饜而飫之，使自趨之。若江海之浸，膏澤之潤，渙然冰釋，怡然理順。」斯言得之矣。至于孔子之所予奪，則丘明容不明盡，故當參以《公》、《穀》、啖、趙諸人。然昔之儒者各信其學，是而非人，是以多窒而不通。老子有言：「學不學，復眾人之所過，以輔萬物之自然而不敢為。」予竊師此語。故循理而言，言無所繫，理之所至，如水之流，東西曲直，勢不可常，要之于通而已。[58]

明白指出，其一，當時學者治《春秋》多師孫復，不信史實，又棄三傳，蘇轍認為此舉可議，蓋孔子既據魯史以作《春秋》，若不考以史實，如何能明白夫子筆削之意，故其強調當以《左傳》為本，回歸史實，再以之推闡聖人遺意，才是明確的治經方法。他又引杜預之言，反覆說明釋經須以史為本，才能窮究聖人之遠旨，否則言之無據，理不通，情不順，將流為妄語。其二，《左傳》雖詳載史實，然未必盡明孔子之意，故欲推究孔子之所予奪，亦應參酌《公羊傳》、《穀梁傳》及啖助、趙匡等人的說法，審慎去取，才能較接近聖人原意，而不流於主觀、武斷之言。其三，對於諸多學說取捨的標準為循理自然。他以老子之言作說明，指出治經當循理而言，求其自然通達，而循理之要在於觀其

---

[58] 蘇轍《春秋集解・引》，頁 13。

辭氣，他說：

> 若夫春秋二百四十二年之間，天下之是非，雜然而觸乎其
> 心，見惡而怒，見善而喜，則夫是非之際，又可以求諸其
> 言之喜怒之間矣。今夫人之於事，有喜而言之者，有怒而
> 言之者，有怨而言之者。喜而言之，則其言和而無傷；怒
> 而言之，則其言厲而不溫；怨而言之，則其言深而不誠。
> 此其大凡也。……愚故曰：《春秋》者，亦人之言而已。
> 而人之言，亦觀其辭氣之所嚮而已矣。[59]

指出《春秋》者，乃人之言而已，故觀其言之或喜、或怒、或
怨，即辭氣之傾向，就可掌握作者之喜怒好惡所在，進而明白孔
子之遺意。由此亦可見蘇轍之聖人觀，他認爲聖人之言行與一般
人基本上相同，只是對事理的體悟較深，自我的修持較高罷了，
故其所言只須按常理推之，即可掌握大要，明其意旨，不必字字
推敲，句句深求其義。蘇轍這種作法，是欲矯正北宋自孫復以來
喜爲苛議之歪風，扭轉王安石詆毀《春秋》爲斷爛朝報之妄，發
揚杜預以史釋經之精神，重新看重《左傳》的史料價值，並以一
種簡明流暢的注解，賦予《春秋》新的生命。朱熹反對深文周納
的褒貶說，肯定《左傳》，反對《公羊傳》、《穀梁傳》的思想，
在重視《公》、《穀》、微言大義的宋代可謂別樹一格，卻不能不
說是受到蘇轍《春秋》學的影響。

---

59 蘇轍《欒城應詔集·春秋論》，卷4。

（二）重歷史殷鑒

宋代士人對王朝高度忠誠，具強烈之民族意識與氣節，故宋代儒者常積極參與政治，欲濟世救民，以天下爲己任。在此思潮影響下，儒者紛紛戮力經史，欲求治國安民之道，故宋代的經史之學往往更傾向於政治化，而孔子爲儒家宗師，所作《春秋》實際爲政治爭鬥史，又蘊藏孔子垂訓之法，在宋儒眼中，無疑是一部治世寶典，因而治《春秋》者眾，也更趨於政治化。沈玉成、劉寧在《春秋左傳學史稿》中說：

> 清朝人批評宋人鑿空議論，指的是宋人不務考據、訓詁之學，然而就議論本身來說，則大都是有感而發，有為而發，主務實而不主務虛，那怕在純思辯性的哲學問題上，它的背後也有相當自覺的修己治人的政治意味。如果說宋儒把《易》、《禮》之學哲學化，無妨認為《春秋》學卻更多地趨向于政治化。[60]

指出宋儒義理之學背後的深層目的，所以對《春秋》之研治，僅管各家的方法論有異，卻具有共同的、實用的政治目的。宋鼎宗在《春秋宋學發微》中比較漢、宋儒者治《春秋》之別時，說：

> 漢儒以孔子之作《春秋》，但為漢家立法；而宋儒則以孔子之作《春秋》，為萬世立法。二者之所主，若就《春

秋》經世之志言，其相去固不可以道理計。然若詳考二者
之目的，實無不同。蓋漢宋儒者之治《春秋》，非徒為訓
詁，以取利祿；要在假《春秋》之教，以覓時代之出路，
所謂「古為今用」是也，然劉帝去孔氏未遠，且暴秦為祚
甚短，漢儒既不欲以漢承秦統，但言孔子為漢制作，《春
秋》已為漢帝致用之書矣。若趙宋則不然，孔氏之後，已
歷戰國、秦、漢、魏、晉、隋、唐諸朝，為時久遠。若承
漢儒為漢制作之說，則《春秋》之教，遂不得為宋用。因
創孔子為萬世立法說，以彌其缺。於是孔子之《春秋》，
亦得為趙帝之政論矣。[61]

點明宋儒之治《春秋》與漢儒一樣具有「古為今用」的政治實用
目的，而宋儒不僅要為時代找尋出路，更欲為萬世立法，故程頤
言：「《春秋》，為百王不易之大法」[62]，意即在此。

　　三蘇之學本重實用，不為空言，議論古今成敗得失為其思想
特色，故在經學地位崇高的北宋，蘇洵卻能衝破傳統，指出經、
史應該並重。他在〈史論〉中說：

經不得史，無以證其褒貶；史不得經，無以酌其輕重。經
非一代之實錄，史非萬世之常法，體不相沿，而用實相資
焉。[63]

61　宋鼎宗《春秋宋學發微》，台北：文史哲出版社，1986年，頁235。
62　見朱熹《近思錄集註》，台北：台灣中華書局，1987年，卷3，頁12。
63　蘇洵《嘉祐集‧史論上》，卷8。

認爲經、史須相輔相成，治經當借史以明義，而《春秋》乃孔子因史修經之作，自然須以史釋經，才能證成夫子褒貶之意。蘇轍承襲乃父思想，亦重歷史之鑑戒功用。由其早年作《進論》二十篇，晚年作《歷代論》四十五篇等史論之文，又有《古史》等史學專著，可見其重史之思想，而其重《左傳》，以史釋經的治《春秋》方法，正是此思想的具體實踐。重史的目的在以史爲鑑，治《春秋》的目的在明白是非善惡之別，通權達變之道，知曉治國之理，所以他認爲身爲君臣皆應熟讀《春秋》。他在〈宋文帝〉中說：

> 爲國者，不可以不知《春秋》。前有讒而不見，後有賊而不知，守經事而不知其宜，遭變事而不知其權，爲人君父而不通《春秋》之義者，必蒙首惡之名。爲人臣子而不通《春秋》之義者，必蹈篡弒之誅。其意皆以善爲之，而不知其義，是以被之空言而不敢辭。……宋之君臣誠略通《春秋》，則文帝必無惠公之禍，徐、傅、謝三人必不受里克之誅。悲夫！[64]

引用太史公之言，反覆強調國之君臣應通曉《春秋》之義，才能在施政時舉措得宜，避免亂象，政治才能清明，國家才得以大治。並感慨南朝宋文帝之君臣因不習《春秋》，遂重蹈《春秋》中所載晉惠公之覆轍，迎立文帝之重臣徐羨之、傅亮、謝晦亦受里克被誅殺之禍，如果他們能通習《春秋》，必可以史爲戒，明

---

[64] 蘇轍《欒城後集‧歷代論‧宋文帝》，卷10。

曉爲政之道[65]。

總之，在《春秋》普徧受到重視，解經傾向政治化的宋代，蘇轍親臨此學術潮流，卻比諸多學者更重視史料的價值，歷史鑑戒的功用，成爲其解《春秋》的一大特色。

二、批駁三傳

蘇轍治《春秋》雖以《左傳》爲主，輔以《公羊傳》、《穀梁傳》，然在其《春秋集解》中，也對三傳不合理處提出批駁，可見其回歸原典，貴深思自得的治學態度。以下針對其批三傳之處，列表並析論之。

（一）駁《左傳》[66]

《春秋》	《左傳》	《春秋集解》
隱公二年十二月「夫人子氏薨」	不赴于諸侯，不反哭于寢，不　于姑，故不曰薨。不稱夫人，故不言葬。	桓公之母仲子也。凡公母稱夫人，薨則曰夫人某氏薨。葬畢而　于廟，則曰葬我小君某氏；不稱夫人，則曰某氏卒。不　于廟，則不書葬。仲子始娶于宋，故曰「夫人子氏薨」，特立之廟而不　，故不書葬。左氏曰：「……」（略）。考之以事，皆不合，失之矣。

---

[65] 蘇轍此文主要在強調《春秋》的重要，故作縱橫家語，事實上南朝宋文帝之君臣應習《春秋》，只是身不由己。

[66] 表中引文見楊伯峻《春秋左傳注》、蘇轍《春秋集解》。

《春秋》	《左傳》	《春秋集解》
隱公三年八月「宋公和卒」	凡諸侯同盟，於是稱名，故薨則赴以名。	凡諸侯同盟，名于載書。朝聘、會問，皆以名通，故卒則書名，不然則否。左氏曰：「……」（略）。禮，君薨，赴于他國，曰：「寡君不祿。」臣子而名其先君，非禮也。
桓公五年秋「大雩」	秋，大雩，書不時也。凡祀，啟蟄而郊，龍見而雩，始殺而嘗，閉蟄而烝，過則書。	《左氏》曰：……」（略）。夫龍見而雩，常祀也，旱雩而以常祀言之，失之矣。
莊公元年春「王正月」	文姜出故也。	不書即位，繼故也。《左氏》曰：「……」（略）。文姜之出，孰與桓公之薨？且出在三月，舍其大而言其細，失之矣。
莊公七年四月「星隕如雨」	星隕如雨，與雨偕也。	恒星不見，夜明也。星隕如雨，眾也。《左氏》以為與雨偕，……按歷代《天文志》記眾星同隕者，以為星隕如雨，蓋無足怪也。

　　蘇轍駁《左傳》凡五處。其一，針對魯隱公二年十二月「夫人子氏薨」之經文，《左傳》並未釋義，他取《左傳‧隱公三年三月》之傳文批之。據《左傳》之言，夫人過世之禮，初當訃告於同盟諸侯；既葬，返哭於祖廟；卒哭，以死者之主祔於祖廟，三者俱備，才曰夫人薨，又言葬。而《春秋》此處言夫人薨，卻

未書葬，與《左傳》所言不符。他採用杜預的看法，認為此夫人指桓公之母仲子，並進一步指出凡公之母均稱夫人，死則曰薨；神主祔於祖廟則書葬，否則不書葬。仲子因特為之立廟，神主不祔於祖廟，故不書葬。《春秋》於隱公五年九月云：「考仲子之宮」，確實記載仲子之廟落成，據楊伯峻的看法：

> 夫人子氏，杜預探《左傳》意，以為即桓公之母仲子，是也。隱五年經云「九月考仲子之宮」，蓋此時三年之喪已畢，故為仲子之廟而落成之。《穀梁傳》以子氏為隱公之妻，《公羊傳》以子氏為隱公之母，皆不可信。[67]

他認為子氏為桓公之母仲子，非《公》、《穀》所言隱公之母，或隱公之妻。並指出隱公五年時，桓公三年之喪已畢，而且仲子之廟已落成。由此推之，子由的解說，合理而有據。

　　其二，針對隱公三年八月「宋公和卒」之經文，《左傳》載宋穆公臨終前召大司馬孔父而屬意殤公即位之事，並作評論：「君子曰：宋宣公可謂知人矣。立穆公，其子饗之，命以義夫！〈商頌〉曰：『殷受命咸宜，百祿是荷』，其是之謂乎！」[68]稱贊宋宣公善於知人，傳位予弟穆公，而不傳子與夷。其後穆公不忘其義，傳位予宣公之子，可謂光昭先君之令德。他對此史實完全不加採用，反引《左傳·隱公七年》之言，以名訃告同盟諸侯作發揮，認為依據禮制，君薨，訃告於同盟諸侯是必須的，但並不稱名，因為訃告乃臣子所發，卻直言先君名諱，此則非禮也，所

67　楊伯峻《春秋左傳注》，高雄：復文圖書出版社，1991年，頁21。
68　楊伯峻《春秋左傳注》，頁30。

以魯史可記宋穆公之名，訃告則必不稱名。子由此論可謂枝節小事，然亦流露其重禮之思想。重史之蘇轍此處竟不採史實，反就小處作議論是有原因的，因爲他贊成帝位世襲，反對兄終弟及或傳賢不傳子的方式。他在〈晉武帝〉中說：

> 立嫡以長不以賢，立子以貴不以長，古今之正義也。然堯廢丹朱用舜而天下安，帝乙廢微子立紂而商以亡。古之人蓋有不得已而行之者矣。得已而不已，不得已而已之，二者皆亂也。子非朱、紂，而廢天下之正義，君子不忍也。子如朱、紂，而守天下之正義，君子不爲也。[69]

認爲「立嫡以長不以賢，立子以貴不以長，古今之正義」，贊成帝位世襲才能避免爭奪之亂，基於如是理念，故而對《左傳》所稱美之事，不予採錄。

其三，針對桓公五年秋「大雩」之經文，《左傳》認爲雩祭當在龍見的節氣，即夏曆四月時舉行，時爲首夏，今桓公秋天才舉行，是經有譏公慢祭之義。蘇轍認爲龍見而雩乃常祀，常祀按例不書，今經書「大雩」，當是爲了旱災而舉行雩祭，非四月之常祀。他取《公羊傳》所言旱祭的看法以駁《左傳》，認爲此乃記災、無關褒貶。這兩種說法均各有道理，唯史料闕如，難以判定是非。但可見蘇轍重記事，不妄論褒貶的治經態度。

其四，針對莊公元年春，《春秋》云：「王正月」，卻不書即位之事，《左傳》認爲是因莊公之母出奔齊，莊公遂不忍行即位

大禮。蘇轍採《穀梁傳》之義，認為繼被弒之君而即位者，例不言即位。並批評《左傳》的說法是不明事之輕重，捨其父被殺之仇，而言其母出齊未歸之事，是「舍其大而言其細，失之矣」，更何況《春秋》言：「三月，夫人孫于齊」，可見夫人之出在三月，更可見《左傳》的論點不通。傅隸樸在《春秋三傳比義》中亦批評《左傳》，他說：

> 左氏以為莊公不書即位，是因文姜出在齊，莊公不忍行即
> 位之禮的原故。彼莊公不因父被殺於齊，戴天之仇未報，
> 而不忍即位，乃因其謀殺君夫之淫母出，而不忍即位，則
> 莊公尚稱得人子嗎？再就史事言，姜氏隨公如齊，桓公薨
> 於齊，經書喪歸，亦未言姜氏同歸，這一出字從何生根？
> 雖杜預多方為之彌縫，終不能言之成理，《左傳》本以史
> 實見長，此傳則於史實義例，一無可取。[70]

指出無論就史實或義例來看，《左傳》的說法都不通。他又指出三傳對此事的解說，以《穀梁傳》所言為得經義之正。蘇轍的看法與傅隸樸不謀而合，說解亦合理。

其五，針對莊公七年四月「星隕如雨」之經文，《左傳》認為是星隕而雨降，子由根據歷代《天文志》的記載，認為應是眾星同隕如雨。傅隸樸贊成《左傳》的解釋，他說：

> 「而」與「如」，古多通用。星隕如雨，即星隕而且落

---

[70] 傅隸樸《春秋三傳比義》，台北：台灣商務印書館，1983 年，頁 145。

雨。這個「如」字很重要，如果說星像雨一樣落，天上有多少星可以落？那是荒唐之言。左氏這一解釋最為合理合事實。……如果是真像雨一樣的落，星墜地便是石頭，人畜植物還能絲毫無損嗎？經不言災，可見人物無損，也就證明了星不是像雨點一樣下落。[71]

認為不可能出現流星雨，否則必是天災，經必言災。此言差矣！在《舊五代史‧天文志》與《新五代史‧司天考》均記載後唐明宗長興二年九月丙戌（西元 931 年 10 月 16 日）晚上，可見百餘顆星交流而隕的現象。愍帝清泰元年九月辛丑（西元 934 年 10 月 13 日）晚上，又再度出現眾星交流的奇景。在宋、元、明、清各朝代以及西方各國均可見流星雨之記載，這只是一種天文現象，並不會造成傅隸樸所言之災害。以現代天文學的研究可知，許多慧星接近地球時會造成壯觀的流星雨，如著名的獅子座流星雨，常吸引眾多天文迷觀測[72]。筆者亦嘗親眼目睹哈雷慧星接近時所形成的流星雨，的確可以「星隕如雨」來形容，十分壯觀。古人善於觀星，《春秋》中記載慧星凡三見，此流星雨僅一見，可見蘇轍的看法應是可信的，啖助、趙匡、劉敞及清之《彙纂》也都持相同的說法。由上可知，《春秋集解》雖主要依據《左傳》以釋經，卻非一味盲從，能指陳其非，言之有據。

---

[71] 傅隸樸《春秋三傳比義》，頁 173。

[72] 相關的天文學知識，請參見虛擬玉山天文台：
http://vm.nthu.edu.tw/science/shows/leonids/history.html；
香港天文台：http://ww.hko.gov.hk/gts/event/event-meteor_c.htm。

（二）駁《公羊傳》[73]

《春秋》	《左傳》	《春秋集解》
隱公元年春「王正月」	……立適以長不以賢，立子以貴不以長。公何以不言即位？成公意也。	隱立而以奉桓，其志可也，而禮則不可。《公羊》曰：「……」（略）。隱于是焉而辭立，則未知桓之將必得立也。且如桓立，則恐諸大夫之不能相幼君也。然則自立而以奉桓，禮歟？……然則廢桓而自立，禮歟？……立桓而己為政，及其成人而授之，于是可謂禮矣。
隱公元年五月「鄭伯克段于鄢」	克之者何？殺之也。殺之則曷為謂之克？大鄭伯之惡也。曷為大鄭伯之惡？母欲立之，己殺之，如勿與而已矣。段者何？鄭伯之弟也。何以不稱弟？當國也。其地何？當國也。齊人殺無知，何以不地？在內地。在內，雖當國不地也。不當國，雖在外，亦不地也。	克者何？能勝也。段之欲為亂久矣，鄭人知之而鄭伯不禁，非不能也，將養之使至于亂而加之以大戮。故雖逐之，而國人不敢爭，母不敢愛，此鄭伯之所謂能也。故書曰「鄭伯克段于鄢」，以示得其情也。凡諸侯之事，告則書，不然則否。雖及滅國，滅不告敗，勝不告克，不書于策。《公羊》、《穀梁》以為諸侯之事盡于《春

---

[73] 表中引文見何休《春秋公羊傳何氏解詁》，台北：台灣中華書局，四部備要本，1970 年；蘇轍《春秋集解》。

《春秋》	《左傳》	《春秋集解》
		秋》也，而事為之說，則過矣。
隱公元年七月「天王使宰咺來歸惠公仲子之賵」	略。	凡《春秋》之事當從史。左氏，史也。《公羊》、《穀梁》皆意之也。……以意傳《春秋》而不信史，失孔子之意矣。
隱公三年四月「君氏卒」	尹氏者何？天子之大夫也。其稱尹氏何？貶。曷為貶，譏世卿，世卿非禮也。外大夫不卒，此何以卒，天王崩，諸侯之主也。	隱既君矣，不稱子氏而稱君氏，著其君也。《詩》曰：「母氏聖善」，又曰：「伯氏吹塤，仲氏吹篪」；《禮》曰：「汰哉叔氏」，又曰：「哭于賜氏」，皆非姓也。猶曰「君氏」云爾。《公羊》、《穀梁》曰：「……」（略）。天王崩，為魯主，故卒之。王子虎、劉卷皆天子之大夫也，其卒未嘗不名。使尹氏嘗為諸侯主矣，則將名之。其曰尹氏而不名，非尹氏也，蓋君氏也。
隱公四年秋「翬帥師會宋公、陳侯、蔡人、衛人伐鄭」	翬者何？公子翬也。何以不稱公子？貶。曷為貶？與弒公也。	宋公使來乞師，公不義州吁而辭焉。公子翬請以師會之，公弗許，固請而行。故不稱公子。《公羊》、《穀梁》曰：「……」（略）。夫翬之伐

《春秋》	《左傳》	《春秋集解》
		鄭，未嘗弒也，且弒君而以不氏為貶而足乎？不足，不若不貶之愈也。
隱公五年九月「初獻六羽」	初獻六羽，何以書？譏。何譏爾？譏始僭諸公也。六羽之為譖，奈何？天子八佾，諸公六，諸侯四。	天子八佾，諸侯六，大夫四，士二。魯以周公祭文王，文王、周公之廟用八，諸公因之，非禮也。隱公問于眾仲，于是初獻六羽。……《公羊》、《穀梁》曰：「……」（略）。天子八佾，公六，諸侯四，然則大夫二，而士無佾矣，可乎？
隱公十一年十一月「公薨」	公薨，何以不書葬？隱之也。何隱爾？弒也。弒則何以不書葬？《春秋》君弒，賊不討，不書葬，以為無臣子也。……公薨何以不地？不忍言也。隱何以無正月？隱將讓乎桓，故不有其正月也。	不書弒，諱之也。薨而不地，隱之不忍地也。不書葬，不成喪也。《公羊》、《穀梁》曰：「……」（略）。……凡弒君不書葬，不成喪也。隱十年無正，事不在正月也。……亦有事在正月而不書者乎？蓋未之有也。未之有也，不書宜矣。
桓公二年春「宋督弒其君與夷，及其大夫孔父」	孔父孔色而立於朝，則人莫敢過而致難於其君者，孔父可謂義形於色矣。[74]	君子以督為有無君之心，而後動于惡，故先書「弒其君」。《公羊》曰：「孔父，字

---

[74]《公羊傳》並未明言孔父為字，言孔父為字的是《穀梁傳》才是。

《春秋》	《左傳》	《春秋集解》
		也。其不名,賢也。」諸侯不生名,死猶名之。大夫生名,死而名,正也。孔父之死,何賢而字乎?且方名其君,而字其臣,禮乎?
桓公六年九月「子同生」	何言乎子同生?喜有正也。……其諸以病桓與!	子同,桓之適長也。以太子生之禮舉之,故書。《公羊》曰:「……」(略)。喜有正,所以病桓也,然則非病桓將不書乎?
桓公十一年九月「宋人執鄭祭仲,突歸于鄭,鄭忽出奔衛」	祭仲者何?鄭相也。何以不名?賢也。何賢乎祭仲?以為知權也。……忽何以名?《春秋》伯、子、男一也。辭無所貶。	《公羊》曰:「……」(略)。夫以出君為知權亂之道也,故祭仲名也,非字也。且方名二君,而可以字其臣乎?嫡子稱子,禰先君也;庶子不得稱子,不敢禰先君也。非伯子男之謂也,且雖伯子男,其可一乎?
桓公十四年八月「御廩災,乙亥,嘗」	乙亥嘗。常事不書,此何以書?譏。何譏爾?譏嘗也。曰:猶嘗乎?御廩災,不如勿嘗而已矣。	壬申災,而乙亥嘗,書,不害也。然而周之八月非嘗之時也。《公羊》曰:「……」(略)。災而為害則不嘗,若災而不害,而可以勿嘗乎?事之不可以意推者,當從史。左氏,史也。

《春秋》	《左傳》	《春秋集解》
桓公十五年九月「鄭伯突入于櫟」	曷為不言忽之出奔？言忽為君之微也，祭仲存則存矣，祭仲亡則亡矣。	《公羊》曰：「……」（略）。夫突入于櫟，未入于鄭，忽未嘗奔也，而何以書之？
莊公元年夏「單伯送王姬」	單伯逆王姬	《公羊》、《穀梁》曰：「……」（略）。然則單伯為魯大夫矣。魯無單伯，天子之世卿也，且魯大夫必名。使魯主之，則周人送之，齊人逆之，足矣，魯人何為逆之哉？
莊公四年夏「紀侯大去其國」	曷為不言齊滅之？為襄公諱也。	大去者，不反之詞也。……《公羊》曰：「……」（略）《春秋》為賢者諱，何賢乎襄公復仇也？齊哀公烹于周，紀侯譖之，于是九世矣。世蓋有復九世之仇者乎？且襄公非志于復仇者也。雖或以是為名，《春秋》從而信之，可乎？
莊公七年四月「星隕如雨」	雨星不及地尺而復。	《公羊》以為「……」（略）。按歷代《天文志》記眾星同隕者，以為星隕如雨，蓋無足怪也。
莊公九年九月「齊人取子糾殺之」	其稱子糾何？貴也。其貴奈何？宜為君者也。	《公羊》曰：「……」（略）。……夫子

《春秋》	《左傳》	《春秋集解》
		糾、小白皆以庶弟爭國，未知孰宜為君也。
莊公十三年冬「公會齊侯，盟于柯」	莊公升壇，曹子手劍而從之。管子進曰：「君何求乎？」曹子曰：「城壞壓竟，君不圖與？」管子曰：「然則君將何求？」曹子曰：「願請汶陽之田。」管子顧曰：「君許諾。」桓公曰：「諾。」曹子請盟，桓公下與之盟。已盟，曹子摽劍而去之。要盟可犯，而桓公不欺。曹子可讎，而桓公不怨。桓公之信著乎天下，自柯之盟始焉。	《公羊》于此言「……」（略）。予以為此《春秋》之後好事者之浮說而非其實也。齊魯之怨不在桓公，曹沬無以發其怒，一也。使曹沬誠以劫得盟，如華元、子反，則《春秋》要盟不書，楚宋之盟，書曰「宋人及楚人平」，而不書盟，今書「公會齊侯盟于柯」，二也。故《公羊》不足信也。
莊公二十四年冬「戎侵曹，曹羈出奔陳」	曹羈者何？曹大夫也。曹無大夫，此何以書？賢也。何賢乎曹羈？戎將侵曹，曹羈諫曰：「戎眾以無義，君請勿自敵也。」曹伯曰：「不可。」三諫不從，遂去之。故君子以為得君臣之義也。	《公羊》曰：「……」（略）。以為曹無大夫，則二十六年曹殺其大夫，何也？以為有大夫乎，則賢羈而不氏，何也？故曹羈者，曹之世子，而非大夫也。
莊公二十四年冬「赤，歸于曹。郭公。」	赤歸于曹郭公。赤者何？曹無赤者，蓋郭公也。郭公者何？失地之君也。	闕文也。《公羊》、《穀梁》曰：「……」（略）使郭公失國而歸于曹，將書曰「郭公赤出奔曹」，先書「赤歸于曹」，而繼之以「郭公」，非詞

《春秋》	《左傳》	《春秋集解》
		也。
莊公二十六年夏「曹殺其大夫」	曹殺其大夫。何以不名？眾也。	稱國以殺，而大夫不名，殺無罪也。《公羊》曰：「……」（略）。晉殺其大夫郤錡、郤犫、郤至亦眾矣，而名之，何也？
閔公元年冬「齊仲孫來」	齊仲孫者何？公子慶父也。	《公羊》、《穀梁》曰：「……」（略）。魯慶父而謂之齊仲孫，《春秋》豈嘗然乎？
僖公八年七月「禘于太廟，用致夫人」	夫人何以不稱姜氏？貶。曷為貶？譏以妾為妻也。	夫人，哀姜也。其死也，魯人以夫人終之矣，然以其有罪而戮于齊，不列于太廟者八年矣，至是始致其主于太廟也。……故于其致也，特稱夫人，言其所以得致者，惟為夫人故也。《公羊》曰：「……」（略）。此皆意之之辭也，求其說而不得，是以為此辭也。
僖公十四年六月「季姬及鄫子遇于防，使鄫子來朝」	鄫子曷為使乎季姬來朝？內辭也。非使來朝，使來請己也。	季姬來寧，公怒鄫子之不朝也，止而絕其昏，故遇于防而使來朝，非禮也。……《公羊》、《穀梁》曰：「……」（略）。夫女子也而會諸侯，

《春秋》	《左傳》	《春秋集解》
		使來請己，事蓋有至此者乎？
僖公十七年夏「滅項」	孰滅之？齊滅之。曷為不言齊滅之？為桓公諱也。《春秋》為賢者諱。	魯滅之也。《公羊》、《穀梁》曰：「……」（略）桓公蓋嘗滅譚、遂矣，《春秋》未嘗為之諱也。且為桓公諱，而以魯滅項書，可乎？
僖公二十二年十一月「己巳，朔，宋公及楚人戰于泓，宋師敗績」	偏戰者日爾，此其言朔何？《春秋》辭繁而不殺者正也。……君子大其不鼓不成列，臨大事而不忘大禮，有君而無臣，以為雖文王之戰，亦不過此也。	宋公被執見釋而猶爭諸侯，楚以夷狄而干諸夏，故泓之戰雖曲在宋，而《春秋》辭無所予。《公羊》曰：「……」（略）……夫文王豈以一日不鼓不成列，而為文王哉？其所以服人者遠矣。以宋之德而為是，則亦不知戰而已。《春秋》何善焉？
僖公二十五年四月「宋殺其大夫」	何以不名？宋三世無大夫，三世內娶也。	稱國以殺而不名其大夫，殺無罪也。《公羊》曰：「……」（略）。使宋誠三世內娶乎？禮未有不臣妻之父者，從而不名其大夫，是許之也。
僖公二十七年冬「楚人、陳侯、蔡侯、鄭伯、許男圍宋」	此楚子也，其稱人何？貶。曷為貶？為執宋公貶，故終僖之篇貶也。	《公羊》曰：「……」（略）夫楚子之執宋公，稱子以執，伯討也，而謂其終身不

《春秋》	《左傳》	《春秋集解》
		免，則過矣。況僖之篇于楚子何有哉？
文公四年夏「逆婦姜于齊」	娶乎大夫者，略之也。	《公羊》曰：「……」（略）。公子遂如齊納幣，納幣于齊也。孰謂娶于大夫乎？
文公六年十月「閏月，不告月，猶朝于廟」	不告月者何？不告朔也。曷為不告朔？天無是月也。閏月矣，何以謂之天無是月？非常月也。猶者何？通可以已也。	不告月者，不告朔也。何以不言朔？閏非常月也。雖非常月，而告月以聽政，禮也。其曰「猶朝于廟」，幸其不已之詞也。……《公羊》、《穀梁》曰：「……」（略）。《春秋》蓋有同詞而異實者矣，「猶三望」、「猶繹」，可以已也；「猶朝于廟」，幸其不已也。
文公十四年「齊人執單伯，齊人執子叔姬」	單伯之罪何？道淫也。惡乎淫？淫乎子叔姬。然則曷為不言齊人執單伯及子叔姬？內辭也，使若異罪然。	諸侯而執王使，不稱行人，尊周也。《公羊》、《穀梁》曰：「……」（略）。猶以為魯大夫也。魯無單伯，以意而言《春秋》，則亦無所不至也。
文公十六年五月「公四不視朔」	公曷為四不視朔？公有疾也。何言乎公有疾不視朔？自是公無疾不視朔也。然則曷為不言公無疾不視朔？有疾猶可	公四不視朔，疾也。公蓋有以疾不以視朔者矣，四不視朔，以久書也。《公羊》曰：「……」（略）。

《春秋》	《左傳》	《春秋集解》
	言也，無疾不可言也。	定、哀之間，子貢欲去告朔之餼羊，蓋不復視朔矣，此《公羊》之所以為此言也。然而五月書四不視朔，則六月視朔之廢非始為此也。
宣公十年夏「齊崔氏出奔衛」	其稱崔氏何？貶。曷為貶？譏世卿，世卿非禮也。	春秋之際，大夫世而弒其君者，獨崔氏乎？而獨譏之也。文王之治岐也，仕者世祿《詩》曰：「凡周之世，不顯亦世。」三代之世臣，國之所賴以為固也，而《春秋》何譏焉耶？苟失其政，豎刁、陽虎皆足以為亂，會非世臣也。苟失其迹而譏之，則過矣。
成公八年夏「宋公使公孫壽來納幣」	納幣不書，此何以書？錄伯姬也。	納幣不書，此何以書？公孫壽，卿也。《春秋》于伯姬之嫁書之最詳，納幣、致女、以卿媵、以非禮。《公羊》、《穀梁》不達也，皆以為錄伯姬，失之矣。
昭公九年四月「陳災」	陳火。陳已滅矣，其言陳火何？存陳也。	陳已滅為楚縣，而猶書陳災，何也？楚雖滅陳，五年而陳復，天未絕陳，陳未亡故也。《公羊》、《穀梁》曰：「……

《春秋》	《左傳》	《春秋集解》
		（略）。《春秋》非能存陳，陳則未亡耳。
哀公十三年夏「公會晉侯及吳子于黃池」	吳何以稱子？吳主會也。	黃池之會吳以晉侯故稱子，不可言晉侯吳故也。《公羊》曰：「……」（略）。夫晉方主會而曰吳主會，……可乎？

　　蘇轍《春秋集解》駁《公羊傳》之處三十五，可概分爲史實、義例、禮制等三類。以史實最多，義例次之，禮制又次之，可見其重史之思想。茲舉例說明以見其梗概。

1. 史實

　　蘇轍據《左傳》所載史料，批駁《公羊傳》之不明史實，妄爲臆說。如莊公元年夏「單伯送王姬」、文公十四年冬「齊人執單伯，齊人執子叔姬」二處經文，《公羊傳》認爲單伯爲魯大夫，又自行揣測齊人執單伯、子叔姬乃因其通淫之故。子由根據《左傳》，認爲單伯爲周大夫，因爲魯無單伯，且魯大夫必名，更何況周莊王要嫁女至齊，由魯主之，齊人逆之，此時周天子派一世卿護送王姬至魯，這是合情合理的事。至於子叔姬，《左傳》認爲是齊昭公之妃，生舍，商人（齊懿公）弒舍而立，魯襄仲遂告於周天子，請以王寵得接子叔姬回魯，周天子乃派單伯至齊爲魯請，結果齊卻遷怒而執此二人。蘇轍據之批駁《公羊傳》的說法純爲臆說。事實上，單伯究爲周大夫或魯大夫，各家說法不一。然《公羊傳》指單伯與子叔姬私通一事，卻頗遭後人批評，晉范

甯《春秋穀梁傳范氏集解·序》云：「《公羊》辯而裁，其失也俗」[75]，此「俗」之批評，即由此而發。南宋趙鵬飛《春秋經筌》亦批之曰：「《公》、《穀》以淫目之，不達經文，不探事實，妄疵人矣」[76]，嚴詞批駁《公》、《穀》二傳對此事的說解不合事實。傅隸樸甚至直言：「《公羊》此傳可謂《春秋》之罪人」[77]。由此可見，子由此處採用《左傳》之記事，較合理而有據。

莊公十三年冬，「公會齊侯，盟于柯」之經文，《公羊傳》認為《春秋》於齊桓之盟不書日，齊桓之會不書至，乃褒齊桓公以誠信待人，又敘述曹子劫盟之事，稱贊齊桓公不計嫌隙，不欺盟，於是「桓公之信著乎天下」。然此劫盟之事，不見於《春秋》、《左傳》、《國語》，其真實性值得商榷。《左傳》言：「盟于柯，始及齊平也」[78]，意在獎齊、魯之釋怨修好。蓋盟之前，兵連禍結，乾時之役，齊敗魯師，迫魯殺子糾；長勺之役，魯敗齊師；後又退齊、宋聯軍於郎，敗宋師於鄑。此時齊桓公欲修霸業，故為柯之盟，與魯言好。蘇轍據此史實批《公羊傳》劫盟之說為「好事者之浮說而非其實也」，並進一步指出，齊、魯之怨不在桓公，曹沫沒理由發怒，而且《春秋》要盟不書，如楚、宋之盟，書「宋人及楚人平」，今既書盟，當非要盟，故《公羊傳》所言不足信。

閔公元年冬，「齊仲孫來」之經文，《公羊傳》認為齊仲孫為

---

[75] 范甯《春秋穀梁傳范氏集解·序》，台北：台灣中華書局，四部備要本，1970 年，頁 3 。

[76] 趙鵬飛《春秋經筌》，台北：台灣商務印書館，文淵閣四庫全書，1983 年，卷 8，頁 65。

[77] 傅隸樸《春秋三傳比義》，頁 513。

[78] 楊伯峻《春秋左傳注》，頁 194。

魯之公子慶父，之所以繫之齊，乃因外之也，即奪其國籍以累齊桓。《左傳》於此詳載史事，言齊仲孫湫至魯視察，爲齊桓公分析魯之形勢，直言魯之難在慶父，然其終將自斃；又謂魯不棄周禮，根本穩固，未可動也，於是齊桓公定魯難而親之。子由據此批評《公羊傳》之妄，指出《春秋》怎可能將魯慶父書爲齊仲孫，這實在太不合理。孫覺亦駁之：「《公》、《穀》皆曰：仲孫者，公子慶父也。繫之齊，外之也。按《春秋》之作，所以懲亂，實魯慶父而書齊仲孫，不惟義不明，亦何以止亂乎？皆非也」[79]。可見他據史實批駁《公羊傳》之看法，持之有故，又合於情理。

2. 義例

《春秋》乃孔子欲撥亂反正之作，往往寓褒貶於義例，後人尋繹聖人遺意，多由此而發。《公羊傳》本爲闡釋《春秋》微言大義而作，對《春秋》義例多所著墨，然有時鑽研太過，流於穿鑿，亦爲後人所詬病。蘇轍治《春秋》，雖亦參酌《公羊傳》，於不合理處亦批駁之，此舉數例作說明。隱公三年四月「君氏卒」之經文，《公羊傳》以君氏爲尹氏，認爲尹氏乃天子之大夫，其卒，例當書名，此處不書名，乃孔子之貶辭，因爲尹氏爲世卿，世卿不合禮制，故譏貶之。他認爲按《春秋》義例，天子之大夫卒，未嘗不名，此處不名，乃因君氏非尹氏，亦非天子之大夫。他據《左傳》所載，認爲此君氏乃隱公之母聲子，因爲隱公以攝自居，故母喪不以夫人之名赴告諸侯，亦未依夫人之禮安葬，遂

---

[79] 孫覺《春秋經解》，台北：台灣商務印書館，文淵閣四庫全書，1983 年，卷 5，頁 4。

不稱薨，亦不稱夫人某氏，但爲著其君，遂稱君氏。他又引《詩》、《禮》中所「母氏」、「伯氏」、「仲氏」、「叔氏」、「賜氏」等，皆非其姓作爲證明，表示古人未必詳載其姓。事實上這個問題歷來難解，歐陽脩認爲是非難斷；趙匡、顧棟高等以譏世卿之說爲是；趙汸、毛奇齡、朱大韶等則持《左傳》之說。雖然此爭訟自古難解，但可見子由以《春秋》義例批《公》、《穀》，不贊成妄加揣測的治經態度。

桓公十一年九月，「宋人執鄭祭仲，突歸于鄭，鄭忽出奔衛」之經文，《公羊傳》認爲祭仲爲字，《春秋》稱其字，乃賢其知權；鄭厲公稱名突，乃因祭仲納之，故繫之祭仲；稱鄭昭公名忽，是因國君薨後，嗣君不論爲伯、子、男，一律稱名或稱子。蘇轍批評《公羊傳》，竟以出君爲知權，實不可取，更何況君前臣名爲義例，國君既稱名，怎可能臣稱字，故祭仲當爲名而非字。至於突之不稱公子，乃因將以爲君，非復臣也；忽之稱名，乃因爲未逾年之君，蓋未嘗君也。而嫡子稱子是爲禰先君，庶子不稱子是因不敢禰先君，和伯、子、男之爵無關，況且當時鄭莊公薨而既葬，《公羊傳》所言並不成立。啖助批《公羊傳》：「**以廢君爲賢，不可以訓**」；「**按《春秋》前後例，伯、子、男皆殊稱，非一也**」[80]，故《公羊傳》之義實不可取。

莊公二十六年夏，「曹殺其大夫」之經文，《公羊傳》認爲不名大夫，乃因眾也。子由根據「**稱國以殺，而大夫不名，殺無罪也**」義例批之，又以晉殺大夫郤錡、郤犫、郤至亦眾而均名，作爲明證，認爲《公羊傳》此說不合理。趙匡亦嘗批《公羊傳》

---

80 見陸淳纂《春秋集傳辯疑》，北京：中華書局，叢書集成初編，1985 年，頁 24－25。

曰：「曹，小國也，唯有二卿，何足為眾」[81]。《左傳》於此無記，蓋《春秋》言殺大夫者三十有八，不名者僅三，究竟是史料闕如，或殺無罪？不得而知，然均可見《公羊傳》乃臆斷之詞。

僖公二十二年十一月，「己巳，朔，宋公及楚人戰于泓，宋師敗績」之經文，《公羊傳》認為《春秋》於此既書日又書朔，不厭其煩的文辭是褒宋襄公用兵之光明正大，謂其不鼓不成列，臨大事而不忘大禮，即使文王用兵作戰，亦不過此。蘇轍對《公》、《穀》「日月土地皆所以為訓」[82]，早有微詞，對此亦表達不滿。他認為泓之戰，曲在宋，然楚為夷狄，故《春秋》辭無所予。至於文王之德，其服人遠矣，未可以一日之戰觀之，而《公羊傳》對宋襄公一日之戰如此過譽，亦可見《公羊傳》之不知戰。事實上，歷來批駁《公羊傳》此說者眾，如啖助云：「文王以仁義行師，不應似宋襄徒守匹夫之信，不知事機也」[83]；劉敞云：「宋公之愛人也，則無以異於殺之耳。其信人也，則亦無以異於殺之耳」[84]，均可見蘇轍之批駁非妄言。

3. 禮制

蘇轍就禮以駁《公羊傳》之不合理處，如隱公元年春，「王正月」之經文，《公羊傳》認為經不書即位，乃孔子筆削，以成隱公之意，因為據禮，立嫡以長不以賢，立子以貴不以長，桓公既為貴、為嫡子，故隱公雖即位，夫子筆削之。《左傳》認為隱

---

[81] 陸淳纂《春秋集傳辯疑》，頁 44。
[82] 蘇轍《欒城應詔集・春秋論》，卷 4。
[83] 陸淳纂《春秋集傳辯疑》，頁 64。
[84] 劉敞《春秋傳》，台北：台灣商務印書館，文淵閣四庫全書，1983 年，卷 6。

公未舉行即位大典，未赴告於諸侯，故史官不書，非孔子之筆削。子由同意《左傳》的看法，並進一步指出，隱公若即位，雖以嗣君之禮事奉桓公，亦不合乎禮制，而且是動亂之根源，由桓公弒隱公而立可知，故應立桓公而自己攝政，等桓公成人再還政，才算是合乎禮制。啖助云：「《春秋》但以其攝，不言即位，亦無成隱之辭」[85]，意見相同。事實上《春秋》載十二公中，元年不書即位者四，即隱公、莊公、閔公、僖公，均有特殊原因，非夫子之筆削也。

隱公五年九月，「初獻六羽」之經文，《公羊傳》認為天子八佾，諸公六，諸侯四，故此處用六佾是僭諸公之禮，故夫子譏貶之。蘇轍認為據禮，應是天子八佾，諸侯六，大夫四，士二才對，若照《公羊傳》所言，則士無佾矣。況且魯為周公之後，周成王特許周公之廟用八佾，即許以天子之禮，但之後諸公卻多沿用，實非禮也，今隱公問於眾仲，於是初用六佾，乃合於禮，應是褒詞，非貶詞。

桓公六年九月，「子同生」之經文，《公羊傳》認為因隱公、桓公均非嫡子，魯國久無正，故特書之，乃喜有正也。既以言莊公之正，又譏刺桓公篡弒之非正。蘇轍據《左傳》詳載太子生之禮，認為既以太子之禮舉之，故魯史書於策，乃因禮而書，非關褒貶。趙匡亦云：「《春秋》一字皆為經邦大訓，不為憂喜生文」[86]，亦不同意《公羊傳》的說法。

---

[85] 陸淳纂《春秋集傳辯疑》，頁1。
[86] 陸淳纂《春秋集傳辯疑》，頁21。

(三) 駁《穀梁傳》[87]

《春秋》	《穀梁傳》	《春秋集解》
隱公元年春「王正月」	《春秋》貴義而不貴惠，信道而不信邪。……兄弟，天倫也，為子受之父，為諸侯受之君，已廢天倫，而忘君父以行小惠，曰小道也。若隱者，可謂輕千乘之國，蹈道則未也。	《穀梁》曰：「……」（略）。然則廢桓而自立，禮歟？兄弟之不加適庶，古之道也。諸侯再娶之，非禮，惠公尸之矣。惠公以夫人娶之，而其子可不以為適乎？雖然，自立以俟其長，亂之道也，蓋亦立桓而己為政乎。立桓而己為政，及其成人而授之，于是可謂禮矣。
隱公元年七月「天王使宰咺來歸惠公、仲子之賵」	仲子者何？惠公之母，孝公之妾也。禮，賵人之母則可，賵人之妾則不可，君子以其可辭受之。	以仲子為惠公之母，疑于僖公成風故也。婦人既嫁從夫，夫死從子。由其夫之喪而賵之，曰惠公仲子；由其子之喪而襚之，曰僖公成風。禮，不可以賵人之妾，而仲子猶獨無子乎？雖從其夫，禮也。故凡《春秋》之事當從史。
隱公七年冬「戎伐凡伯于楚丘」	凡伯者何也？天子之大夫也。國而曰伐，此一人而曰伐，何也？大天	戎嘗朝周，發幣于公卿，凡伯弗賓，故伐之。不言獲而言以

《春秋》	《穀梁傳》	《春秋集解》
	子之命也。戎者，衛也。戎衛者，為其伐天子之使，貶而戎之也。楚丘，衛之邑也。以歸，猶愈乎執也。	歸，尊王官也。《穀梁》曰：「……」（略）。稱衛則衛可見，戎衛則衛不見，而何以為貶乎？
桓公六年九月「子同生」	疑，故志之。時日同乎人也。	以太子生之禮舉之，故書。……《穀梁》曰：「……」（略）。然則非疑將不志乎？
桓公十五年十一月「公會宋公、衛侯、陳侯于袲，伐鄭」	地而後伐，疑辭也，非其疑也。	地而後伐，既會而後伐也。《穀梁》曰：「……」（略）。蓋以為伐突以正忽也，夫突在櫟不在鄭，伐鄭非伐突也，乃所以救突也。
桓公十八年正月「公會齊侯于濼。公與夫人姜氏遂如齊」	濼之會，不言及夫人，何也？以夫人之伉，弗稱數也。	濼之會，公實與姜氏行。其不言公與夫人姜氏會齊侯于濼，夫人不會也。《穀梁》曰：「……」（略）。夫人雖伉而與于會，可以不書乎？雖不伉而不與于會，其可書乎？
莊公十六年十二月「會齊侯、宋公、陳侯、衛侯、鄭伯、許男、滑伯、滕子，同盟于幽」	同者有同也；同尊周也。不言公，外內寮一疑之也。	會而不書其人，內之微者也。盟未有不同者也，此其曰同盟，何也？有不同者服也，于是鄭始聽命。《穀梁》曰：「……」（略）。柯之會，公既與齊盟矣，何獨至于幽而疑之？雖雖不

《春秋》	《穀梁傳》	《春秋集解》
		可與通，而襄公亡矣。桓公之霸，不從則國病；為國，故許之也。
莊公二十四年夏「公如齊逆女」	親迎，恆事也，不志，此其志何也？不正其親迎於齊也。	親迎，禮也。《穀梁》曰：「……」（略）夫常事不志，歲事之常也，親迎可以常乎？親迎而不志，則逾年即位可以不志矣。
僖公八年七月「禘于太廟，用致夫人」	用者不宜用者也，致者不宜致者也。言夫人必以其氏姓，言夫人而不以氏姓，非夫人也，立妾之辭也，非正也。……一則以宗廟臨之，而後貶焉；一則以外之弗夫人，而見正焉。	夫人，哀姜也。……《穀梁》曰：「……」（略）此皆意之之辭也，求其說而不得，是以為此辭也。
僖公九年冬「晉里克殺其君之子奚齊」	其君之子云者，國人不子也。國人不子，何也？不正其殺世子申生而立之也。	《穀梁》曰：「……」（略）。豈有其君之子，而國人不子者乎？且國人之不子，奚齊與卓均耳，不子奚齊而君卓，可乎？
僖公二十五年四月「宋殺其大夫」	其不稱名姓，以其在祖之位，尊之也。	《穀梁》曰：「……」（略）。《春秋》豈為孔氏作歟？而尊其祖，以及其大夫也。
僖公三十一年四月「四卜郊，不從，乃免牲，猶三望」	郊自正月至于三月，郊之時也。我以十二月下辛卜正月上辛，如不從，則以正月下辛卜二	禮，諸侯不祭天地，魯以周公故，孟春祈穀于上帝，所謂啟蟄而郊也。常以二月卜

《春秋》	《穀梁傳》	《春秋集解》
	月上辛，如不從，則以二月下辛卜三月上辛，如不從，則不郊矣。[88]	三月上辛，不吉，則卜中辛，不吉，則卜下辛。三卜而不從，則不郊矣。四月，非時也，四卜，非禮也。《穀梁》曰：「……」（略）。然則不待啟蟄而郊，禮乎？
文公四年夏「逆婦姜于齊」	其曰婦姜，為其禮成乎齊也。其逆者誰也？親逆而稱婦，或者公與？何其速婦之也？曰公也。其不言公何也？非成禮于齊也。	婦，有姑之詞也。……《穀梁》曰：「……」（略）。不言公，何以知其親迎也？宋蕩伯姬來逆婦，杞伯姬來求婦，皆由姑言之也。
文公五月正月「王使榮叔歸含且賵」	其不言來，不周事之用也，賵以早，而含以晚。	不言天王，闕文也。不言來歸，避不詞也。《穀梁》曰：「……」（略）。《禮》曰：「含者執璧將命，入，升堂致命，子拜稽顙。含者坐委于殯東南，有葦席，既葬，蒲席，降出，反位」。蓋以助喪盡恩，而不必用也，且國有遠近而皆責其及事，可乎？
襄公三年六月「戊寅，叔孫豹及諸侯之大夫及陳袁僑盟」	諸侯盟，又大夫相與私盟，是大夫張也。故雞澤之會，諸侯始失正矣，大夫執國權。	陳始亦從楚，令尹子辛侵欲于小國，故陳成公使袁僑求成于晉，諸侯既盟而後袁

《春秋》	《穀梁傳》	《春秋集解》
		橋至，故復使大夫盟之，殊及袁橋，主盟袁橋也。《穀梁》曰：「……」（略）。夫諸侯不專辭袁橋，而使大夫盟之，禮也。且悼公晉之明主，而以為失正，則過矣。
昭公七年正月「暨齊平」	平者成也，暨猶暨暨也，暨者不得已也，以外及內曰暨。	二月庚午盟于濡上，書平而不書其盟，何也？燕求于齊，曰暨齊平；齊求于燕，曰暨齊平。齊將以正燕，而納女及賂反求成焉，書曰「暨齊平」，所以病齊也。不言其盟，盟不足信也。《穀梁》曰：「……」（略）。齊魯未嘗不平，而何為平乎？
哀公十三年夏「公會晉侯及吳子于黃池」	黃池之會，吳子進乎哉，遂子矣！吳，夷狄之國也，祝髮文身，欲因魯之禮，因晉之權，而請冠端，而襲其藉于成周，以尊天王，吳進矣。吳，東方之大國也，累累致小國以會諸侯，以合乎中國，吳能為之，則不臣乎？吳進矣。	《穀梁》曰：「……」（略）。……吳方凌虐小國而曰進之，可乎？然則以「晉侯及吳子」，何也？《春秋》有以邑相及，有以大夫相及，皆非義也，猶以「晉侯及吳子」也。

　　《春秋集解》駁《穀梁傳》處三十一，然與《公羊傳》言同而並論者十四，故此處只錄其異者共十七則，仍就史實、義例、禮制三方面，各舉數例說明之。

1. 史實

　　《穀梁傳》與《公羊傳》同為釋《春秋》義理之作，亦時有不明史實，妄為臆說之語，蘇轍因之據《左傳》史料以批駁。如僖公八年七月，「禘于太廟，用致夫人」之經文，《穀梁傳》認為「夫人」是指僖公的生母成風，此處不書夫人氏姓，是譏僖公以妾母為夫人。《公羊傳》認為「夫人」是指僖公夫人聲姜，不稱姜氏，是譏僖公以妾為妻。《左傳》認為「夫人」是指莊公夫人哀姜，致夫人是進其神主於祖廟。三傳的看法差異頗大，子由以《左傳》為史，據之批《公羊》、《穀梁》皆臆斷之辭，不足為信。蓋哀姜雖為莊公夫人，然因有罪而戮於齊，不列於太廟已八年，僖公此時才致其入廟，或許是欲以時間沖淡反對的情緒，此乃人情之常。蘇轍認為哀姜有罪，可以不用夫人之禮；然魯人既以夫人終之，立之主而祔之廟，終將致之太廟。而於致太廟時特稱夫人，乃說明其之所以得致，只是因為她是夫人的身分。《公》、《穀》的說法，歷來頗受批評，如趙匡批《公羊傳》云：「按若娶于齊，則不當媵先至，若娶於他國，而公親往未還，則無人受脅而立齊媵」[89]，駁《公羊傳》謂齊女本為媵，因先至，遂威脅僖公立之為夫人的說法不合理。又批《穀梁傳》云：「僖公若致其母，即當言夫人風氏，不當但云夫人」[90]，毛奇齡亦

---

[89] 陸淳纂《春秋集傳辯疑》，頁56。
[90] 陸淳纂《春秋集傳辯疑》，頁57。

云：「夫子無立母之義，僖既為君，則母以子貴，在成風自為夫人，何必再立？況世無先君死後立夫人者」[91]，批評《穀梁傳》之妄，由此可見，三傳之義當以《左傳》為長，子由的看法亦於史有據，言之成理。

襄公三年六月，「戊寅，叔孫豹及諸侯之大夫及陳袁僑盟」之經文，《穀梁傳》認為之前諸侯既已正式立盟，大夫實不須再盟，此時大夫再盟，乃為私盟，等於否定諸侯之盟，這顯示大夫權勢之擴張，諸侯自此失正。蘇轍據《左傳》所載史實，指陳其非。指出陳侯本為楚之同盟，因不堪楚令尹子辛之侵欲，遂使大夫袁僑求成於晉，晉侯通告於諸侯，才有雞澤之盟。諸侯既盟，袁僑才到，故復使大夫盟之，這是合於禮的作法，非大夫之私盟。況且晉悼公為明主，《穀梁傳》謂其失正而權在大夫，則過矣。啖助云：「諸侯盟已畢，而袁僑至，故大夫與之盟爾，無他義」[92]，正是這種看法。

昭公七年正月，「暨齊平」之經文，《穀梁傳》認為是魯與齊講和，而且魯是在齊國威脅下，不得已而與之平。《左傳》於此詳載齊侯伐北燕，最後齊、燕講和之事，蘇轍據之認為是齊、燕平，並指出齊侯伐北燕，原欲納燕伯款，結果卻反收受燕之賄賂而弗納，故書「暨齊平」，所以病齊也，不言其盟，乃因盟不足信。他又進一步指出，齊、魯自襄公二十五年以後，無爭已十多年，此時何為平乎！事實上，此二說法歷來各有支持者，唯史料不足，難斷是非，然可見子由重史的治經態度。

---

[91] 毛奇齡《春秋毛氏傳》，台北：台灣商務印書館，文淵閣四庫全書，1983年，卷14。

[92] 陸淳纂《春秋集傳辯疑》，頁97。

2. 義例

　　《穀梁傳》喜以義例定孔子之褒貶，但因不諳史實，往往流於主觀，失之穿鑿。蘇轍亦由此批之，如隱公七年冬，「戎伐凡伯于楚丘」之經文，《穀梁傳》認爲戎指衛，因其伐天子之使，故夫子貶其爲戎。他駁之，若稱衛，則可見衛之惡行；若稱戎，則不見衛之惡，這樣怎能說是貶抑之詞！純就義例來看已不合理。啖助云：「若衛實伐天子之使改之曰戎，是爲衛掩惡也，如何懲勸乎」[93]，子由正是同意這種看法，他又以《左傳》之記載，謂此戎非衛，因戎子嘗朝周，致幣於公卿，凡伯卻不以賓禮饗之，戎子懷恨在心，遂趁凡伯奉命聘魯之時，攻之於楚丘，執之而去。故《穀梁傳》所言實妄。

　　莊公十六年十二月，「會齊侯、宋公、陳侯、衛侯、鄭伯、許男、滑伯、滕子，同盟于幽」之經文，《穀梁傳》針對不言公與「同」字作文章，認爲經不稱公，是因爲莊公與齊有殺父之仇，故遠近諸侯都懷疑他是否應該參與此會盟；而「同」指此盟有共同的目的，即同尊周。蘇轍指出莊公在十三年就會齊侯，盟于柯，怎麼可能在十六年幽之會又疑之！而且殺父仇人齊襄公已死，齊桓公在當時爲天下霸主，若不從則國病，故夫子應是稱贊莊公能爲國著想才是，非貶詞。至於經文特書「同盟」是因有不同者初服，即鄭始聽命，故特加一「同」字，杜預云：「言同盟，服異也」[94]，蘇轍即取此意。事實上，《春秋》本是魯史，

---

[93] 陸淳纂《春秋集傳辯疑》，頁9。
[94] 杜預《春秋左氏傳杜氏集解》，台北：台灣中華書局，四部備要本，1966年，卷3。

其不稱「公」而公爲主詞之處多矣，未必均有特殊含義，《穀梁傳》所言，實爲臆測。

僖公二十五年四月，「宋殺其大夫」之經文，《穀梁傳》認爲此被殺的大夫乃孔子的祖父輩，故尊之而諱其名。子由批之，《春秋》乃孔子寄寓褒貶之作，非孔氏家書，孔子怎麼可能尊己之祖而諱其名，蓋稱國以殺而不列大夫之名，是大夫無罪，此本爲《春秋》書法，《穀梁傳》如此臆說是以孔子私天下，徒惹來批評，孫覺云：「孔子作《春秋》以垂萬世，豈可因其在己祖之位，尊而不名乎？若然，則《春秋》乃孔子家史，非國史也」[95]，正是這種看法。

3. 禮制

針對《穀梁傳》所言禮制之不合宜處，蘇轍亦批之。如莊公二十四年夏，「公如齊逆女」之經文，《穀梁傳》認爲親迎是婚禮之常事，例不當書，但齊爲仇國，莊公不當親迎於齊，故特書之以貶。《左傳》於此無載，《公羊傳》云：「何以書？親迎，禮也」[96]；陸淳云：「《穀梁》譏逆於齊，是也」[97]，說法互異，他認同《公羊傳》的說法，並進一步指出，所謂常事不書是指歲事之常，而親迎乃娶夫人之禮，一生只有一次，怎麼可以算是常事？若照這樣來看，那麼國君即位也是國家之常事，也可以不必記載了！子由的說法頗合情理，亦可見其取諸說，裁之以義的工夫。僖公三十一年四月，「四卜郊，不從，乃免牲，猶三望」之

---

[95] 孫覺《春秋經解》，台北：台灣商務印書館，文淵閣四庫全書，1983 年，卷6。

[96] 何休《春秋公羊傳何氏解詁》，卷8。

[97] 陸淳纂《春秋集傳辯疑》，頁43。

經文，蘇轍並未批駁《穀梁傳》此處的解說，反而同意它「夏四月，不時也。四卜，非禮也」的說法，或因近於《左傳》之故。然其取《穀梁傳》在哀公元年對郊禮所作之總結批之。《穀梁傳》認為郊禮自正月至三月，在十二月下辛卜正月上辛，如不吉，則於正月下辛卜二月上辛，如又不吉，則於二月下辛卜三月上辛，還是不吉的話，就不舉行郊禮。蘇轍據《左傳·襄公七年》云：「夫郊祀后稷，以祈農事也，是故啟蟄而郊，郊而後耕」[98]，認為此郊是祈年穀豐收之祭，時間在驚蟄的節氣，即二月上半月，故於二月卜三月上辛，若不吉，則卜中辛，仍不吉，則卜下辛，三卜均不吉，就不舉行郊禮。所以《穀梁傳》認為郊禮在正月至三月之間，子由認為在三月，即驚蟄之後。據近人傅隸樸的研究，卜當在正月，若三卜仍不吉，則二月可以一卜，只要不出驚蟄的節氣，都是合禮的，故最多可以四卜，而祈農事之郊當在二月，不可到了春分。而節氣必用夏曆，周之四月即夏曆二月，故僖公三十一年四月四卜郊是合禮的[99]。他又批評《穀梁傳》：「不通禮，而好言禮，甚為誤人」[100]。今就實際的農事來看，傅隸樸的說法較為合理。

文公五年正月，「王使榮叔歸含且賵」之經文，含是小斂時納入死者口中之珠玉，賵是助喪的車馬，《穀梁傳》認為含當於殯前送來，賵當於葬時送來，今成風薨於四年十一月，早已含殯，故此時送含來，為時已晚。葬在三月，正月就歸賵，時間嫌早。《左傳》於此僅記事，未作評論。蘇轍認為天子派遣使者歸

---

[98] 楊伯峻《春秋左傳注·襄公七年》，頁950。

[99] 見傅隸樸《春秋三傳比義》，頁423－425。

[100] 傅隸樸《春秋三傳比義》，頁1096－1097。

含與賵，是表達助喪盡恩之禮，並非一定要用，況且諸侯國如此之多，遠近又各異，如果要事事及時，未免太過苛求，他又以《禮》證明《穀梁》早晚之說是不識禮。傅隸樸亦云：「早晚之說，……此又《穀梁》言禮而不通於禮之一證」[101]。可見子由的說法是合於禮的。綜合上述所論，蘇轍對三傳之批駁處，可謂言不虛發，大部分都言之有據而合於情理。

三、特重禮義

孔子重禮，人人均知，而貫串整部《左傳》，亦是明顯的重禮思想。禮，本是宗法社會的行為規範，透過禮制，可以穩定國家的既定秩序，使社會按照既定的規範正常運轉，故《左傳》云：

> 禮，經國家，安社稷，序民人，利後嗣者也。
>
> 夫禮，天之經也，地之義也，民之行也。天地之經，而民實則之。
>
> 禮，人之幹也，無禮無以立。[102]

正說明禮可以修己安人，維護社會國家之秩序。蘇轍承襲此重禮之思想，認為禮是人倫之所安，王道之所由，治國當然須以禮，故其《春秋集解》中論禮之處最多。相對而言，《左傳》的另一重民思想，卻未受其重視，他轉而發揮儒家之德義，呈現其以儒

---

[101]　傅隸樸《春秋三傳比義》，頁460。

[102]　以上引文參見《左傳》隱公十一年、昭公二十五年、昭公七年。

治世的政治思想。分別論之如下。

（一）重禮

蘇轍在魯定公十二年十二月解釋孔子何以墮三都而無疑，並進而揭示以禮樂治國的聖人理念，他說：

> 或曰：昭公將去季氏而失國，孔子為魯而墮三都亦幾于亂，孔子之為是何也？曰：昭公之去季氏而失國，失民故也。魯君之失民與三桓之得民久矣，故將以治魯而不得三桓不可為也，能得三桓而道之以禮樂，猶可治也。孔子為魯，而仲由為季氏宰，三家從之矣，其不從者其家臣也，家臣未能得魯眾也，雖其不從不能為患，此孔子之所以墮三都而無疑也。[103]

指出孔子欲集權公室，以禮樂治魯，不惜墮三都而幾至於亂，可見聖賢之用心。於此亦可見子由承襲聖人思想，以禮樂治國的理念。觀其《春秋集解》中論禮之處，其「禮」之意涵有三。

1. 尊卑之倫序

倫理綱常本為禮之重要內涵，國之內能尊卑有別，長幼有序，人人各安其分，各司其職，必然秩序井然，無有亂事。反之，若僭越職守，不遵禮法，必為禍亂之源。他說：

> 天子之卿而外交于諸侯，非禮也。

---

[103] 蘇轍《春秋集解·定公十二年》，頁139。

非禮也。天子非展義不巡守，諸侯非民事不舉，卿非君命不越境。

晉文公將帥諸侯以尊事天子，而不敢合諸侯于京師，故召王于河陽，而以諸侯見。其情則順，而禮則逆也。仲尼曰：「以臣召君，不可以訓」。

在禮，卿不會公、侯，會伯、子、男可也。

公將與諸侯伐秦，不敢過京師而朝焉，非以朝行也。不書公朝于京師，而書「公如京師」，若以朝行然，何也？方其來朝也，未嘗有事，是以置其情而書其迹，內詞也，且明君臣之禮也。[104]

由以上的說法可知，天子、諸侯、卿、大夫等，各依其職而有尊卑之倫序，人人應謹守君臣之本分，行合於職位之事，不能僭越既定的禮法，否則即爲非禮。如晉文公欲帥諸侯以尊事周天子，其情雖正，但召天子於河陽的作法卻不合乎禮，所以孔子批之「以臣召君，不可以訓」。蓋封建社會之中，禮是文治的核心，其等級尊卑具不可動搖性，然春秋二百四十二年之間，臣弒君者有之，子弒父者有之，亂臣賊子橫行天下，倫理綱常名存實亡，孔子作《春秋》既欲撥亂反正，寄寓褒貶，自然以禮義爲本，以正名分，別是非，明善惡。蘇轍相當贊成這種觀點，認爲治國當以禮爲本，因爲禮是順應社會發展的需要而產生的，是「人之所安，事之所當然」[105]，以禮治國，才能使人人循規蹈矩，杜絕亂事，真正實行孔孟大道。

---

[104] 以上引文參見蘇轍《春秋集解》，頁 18、46、70、71、101。
[105] 蘇轍《欒城應詔集‧周論》，卷 1。

2. 禮俗之規章

不同之時代，自有其約定俗成之禮法，爲眾人所共同遵守，蘇轍治《春秋》時，亦根據當時禮制作說明，以明孔子重禮之思想。他說：

> 禮，惟天子不親迎，使上卿逆之，上公臨之，諸侯親迎。有故，則使大夫可也。
>
> 公將娶于齊，故丹桓宮之楹，刻桓宮之桷，以誇示齊女，非禮也。
>
> 禮，日食則天子不舉，伐鼓于社；諸侯用幣于社，伐鼓于朝。
>
> 禮，三年之喪畢，而禘于太廟，以正昭穆。
>
> 伯姬魯女，嫁于宋蕩氏。母為子逆婦，非禮也。[106]

由上可知禮俗包括婚禮之迎娶；喪禮之安葬、祭祀；日、月蝕之用鼓；天災之用幣；享神之用牲等，均各有其規定之章程，違之則非禮。雖禮制因時而異，但只要合乎人情，爲人心之所安，他認爲都是合宜的。

3. 禮等同於理

聖人制禮，定其節文，非恣意爲之，實蘊含仁義道德於其中。如五倫，非僅定其尊卑之序，乃用以明君臣、父子、兄弟、

夫婦、朋友之理，故禮者，實爲理也，二者互爲表理。子由治
《春秋》時，針對不合理的行爲，亦斥之爲非禮，正爲此意。他
說：

> 公忘齊之讎，而越境以與其人狩，非禮甚矣。
> 須句小國，而邾滅之，取而反其君焉，禮也。
> 商人多行無禮。其爲父子也，與邴鄭之父爭田，弗勝。及
> 即位，掘而刖之。納閻職之妻而使職驂乘，故二人謀而殺
> 之。二人皆非大夫，不稱盜而稱人，見君之無道也。
> 鄭雖以叛中國爲罪，而伐其喪，非禮也。
> 十七年石買侵曹，取重丘。曹人訴之晉，晉人因其使而執
> 之。買實有罪，而執之于其使，則非禮也。[107]

上述五則，他所論之禮，重點不在禮法，而在處事之合理與否。
如其一，指責莊公忘齊襄公殺父之仇，竟進入齊國境內與齊人狩
獵，實在非常不恰當，違反爲人子之理。其二，須句爲小國，但
爲莊公生母成風之娘家，故邾國滅之，須句子求援於莊公，莊公
能救之而返其君，並未趁機侵占，使須句得以存續，這是合乎道
義的行爲。其三，齊懿公未即位前和邴鄭的父親爭奪田地，沒有
勝過他，就懷恨在心，即位之後，掘出他的屍體，砍斷他的腳，
又使其子邴鄭爲己駕車。懿公還奪取閻職之妻，納入宮中，又使
閻職任其驂乘，這種種暴虐的行爲，已是喪盡天理，故當二人共
謀殺之時，經不稱盜而稱人，可見君之無道，人人得而誅之。其

107　蘇轍《春秋集解》，頁37、65、86、108、116。

四,鄭雖背叛中原諸國而與蠻夷之邦楚國同盟,但是中原諸國攻其國喪之時,乃乘人之危,也是不應該的。其五,衛卿石買曾帶兵入侵曹國,曹訴之於晉,晉利用石買出使前來的機會抓他,這是不應該的,雖然石買有罪,但此行他擔任外交使者,代表衛國前來,就應受到禮遇,二事不能混為一談,故夫子罪晉,蘇轍亦言「非禮也」。由此觀之,違背天理,橫逆人心的行為,均是非禮也。

(二) 重義

禮,較偏於外在的約束力;義,則偏於內向的自我要求,二者實為一體之兩面。蘇轍云:「《春秋》書齊豹曰盜,三叛人名,所以懲不義,惡無禮也」[108],正說明不義的行為也就是無禮的行為,都是聖人所要撻伐的對象。禮、義的概念既互有融攝,有時亦不易區分,故常相提並論,在此為呈現蘇轍思想的多面向,特獨立出來討論。

蘇轍少年時作〈燕趙論〉,就已流露重義的儒家思想,他說:

> 仲尼曰:「君子好勇而無義則為亂,小人好勇而無義則為盜。」故古之聖人止亂以義,止盜以義,使天下之人皆知父子君臣之義,而誰與為亂哉?[109]

強調古之聖人教民德義,以止盜息亂。在《春秋集解》中,他摒

---

108 蘇轍《春秋集解》,頁 117。
109 蘇轍《欒城應詔集‧進論‧燕趙論》,卷 5。

除《左傳》充滿迷信色彩的天命觀，揭示重德義的治世哲學，直探禮制之核心。如他說：

> 詹之義當以身受齊責，以紓國患，而逃遁自免，故不書來奔，而書「逃來」，賤之也。
>
> 宋昭公雖以無道弒，而諸侯大夫皆以不討賊為譏，明君臣之義不可廢也。[110]

說明鄭詹身為鄭國的執政者，不能挺身為國化解憂患，反而逃至魯國以避己禍，只管個人安危，不顧國家存亡，喪失為臣之義，理當輕賤之。又宋昭公無道，欲去群公子而招致穆、襄之族為亂；不禮襄公夫人而招來戴公之族為亂；國有饑荒亦未善待百姓，此無道之君果難以善終，《春秋》書「宋人弒其君杵臼」，表明君無道。此時同盟諸侯晉、衛、陳、鄭之卿本欲聯合討伐宋之弒君，至宋，反而立宋文公，然後退兵回國，違反討賊之初衷。蘇轍認為昭公雖無道，仍是一國之君，臣仍不應以下弒上，違反君臣之義。而同盟之邦亦不應坐視不管，否則同盟之義也蕩然無存。他又說：

> 文公之入，秦之力也，故雖穆公私與鄭盟，而文公不問。
>
> 今襄公爭小忿而忘大德，罪之也。
>
> 偪陽，小國，妘姓。晉將取之以封宋向戌，因會而滅國以封宋大夫，非義也。[111]

110　蘇轍《春秋集解》，頁42、86。

111　蘇轍《春秋集解》，頁72、111。

指出晉文公得以返晉即位，全賴秦穆公的幫忙，故秦、鄭結盟欲圖中原時，晉文公念恩而不過問。今文公初喪，襄公即位，秦軍滅滑而還，途經崤山之時，晉襄公忘秦之大德，與姜戎之軍前後伏兵襲擊，盡殲秦軍，俘其三帥，雖大獲全勝，卻是有違道義的行爲。魯襄公十年，晉悼公召集十一國諸侯與吳王相會，卻趁機攻打鄰近的偪陽小國，滅之以作爲宋大夫向戌的封邑，偪陽何罪？晉因會而滅之以封他國大夫，也是違反道義的行爲。他又說：

> 王惡齊桓之定世子鄭也，使周公召鄭伯，曰：「吾撫女以從楚，輔之以晉，可以少安。」鄭伯喜于王命而畏齊，故逃歸不盟。雖有王命而棄大信，以從不義，書曰：「逃歸」，罪之也。
> 汶陽之田本魯之侵地，鞌之戰，晉人使齊人歸之，今以齊之服事晉也，而使魯歸之，非義也。[112]

指出周惠王欲廢太子鄭，齊桓公與眾諸侯會於首止，欲維護太子地位，安定周王室，這是合乎道義的行爲。鄭文公本參與此會，但在周惠王慫恿下，逃會而不盟，這是背棄大信、大義的行爲，故罪之也。又汶陽之田本爲魯地，爲齊所侵奪，魯成公二年晉、齊鞌之戰後，晉使齊歸還魯國，結果成公八年，因齊服事晉，晉景公竟派韓穿前來，要魯國把汶陽之地送給齊國。晉身爲霸主，前後態度不一，實乃背信棄義之行爲，不可取也。

---

[112] 蘇轍《春秋集解》，頁57、99。

綜合他對義的討論，包括君臣之義，國與國之間的道義、信義等，簡言之，即儒家之倫理道德。而禮、義本相輔相成，均爲治世良方，同爲子由《春秋集解》所側重。

四、尊王非戰

《春秋》大義在尊王攘夷，其目的在求國家之統一團結，反對諸侯互相征伐，以共同抵禦外寇侵略。蘇轍在注哀公十四年「西狩獲麟」時，爲《春秋》作一總結，他說：

> 平王東遷，而周室不竟。諸侯自爲政，周道陵遲，夷于列國。迨隱之世，習以成俗，不可改矣，然而文、武、成、康之德猶在，民未忘周也，故齊桓、晉文相繼而起，莫不秉大義而尊周室，會盟征伐以王命爲首。諸侯順之者存，逆之者亡，雖齊、晉、秦、楚之強，義之所在，天下予之，義之所去，天下叛之，世雖無王而法猶在也。故孔子作《春秋》，推王法以繩不義，知其猶可以此治也。及其終也，定、哀以來，齊、晉既衰，政出于大夫，繼之以吳、越、夷狄之眾橫行于中國，以勢力相吞滅，禮義無所復施，刑政無所復加。雖欲舉王法以繩之，而諸侯習于凶亂，不可告語，風俗靡然，日入戰國，是以《春秋》終焉。[113]

---

[113] 蘇轍《春秋集解》，頁147－148。

指出孔子作《春秋》，始於魯隱公，終於魯哀公，乃因二百多年間，雖周王室衰微，然先王之德猶在，民未忘周。齊桓公、晉文公等相繼而起之霸主，能秉持大義尊崇周王，雖流露擴權之野心，卻有尊王攘夷之功，故孔子認爲禮法尚存，天下仍可治理，遂作《春秋》以推王法、繩不義，作爲亂世重典，可見「尊王攘夷」是《春秋》相當重要的思想。宋儒在見識唐末五代藩鎮割據，天下分崩離析之亂，總結出中央集權的教訓，服膺大一統的觀念；兼以金人、西夏虎視眈眈，尊王攘夷的觀念亦深植宋儒心中。蘇轍治《春秋》，也恪守此尊王攘夷之大義。如他說：

> 齊將伐宋，請師于周，假王命而行，故單伯會之。書曰：
> 「單伯會伐宋」，後也。凡天子之大夫出會諸侯，不繫之王，尊與諸侯比也。王人而後繫之王，微，以王為重也。
> 凡諸侯有四夷之功，則獻于王，王以警于夷。
> 徐、吳、越雖與中國會盟，皆以夷故不得稱人。
> 楚子虔誘蔡侯般，殺之于申，名而書地，夷而害中國，疾之也。楚子誘戎蠻子殺之，不名不地，夷狄相殺，略之也。
> 公會夷狄以伐中國，惡莫甚焉。[114]

對齊桓公將伐宋，先請示周天子，以天子之命，師出有名，予以正面肯定。又對天子之大夫，尊之如諸侯，均表現尊王之意。而諸侯若攻伐四夷，則獻戰俘予周天子，天子再以之警示四夷，正

---

114 蘇轍《春秋集解》，頁 41、48、125、130、145。

展現尊王攘夷之義。故魯哀公會吳以伐齊之舉動，是會夷狄以伐
中國，遂遭致嚴厲之批評。另外，嚴華、夷之分，敘事詳中國，
而略夷狄，亦取此義。至於魯昭公十二年，晉伐鮮虞，蘇轍注：
「能伐鮮虞而不救陳、蔡，力非不足也，棄諸侯也，故以夷書
之」[115]，則是此義的發揮。

　　既然尊王攘夷爲孔子的政治理想之一，又該透過何種方式達
成呢？子由認爲當結盟而非戰。他說：

> 春秋之際，王室衰矣，然而周禮猶在，天命未改，雖有
> 湯、武，未能取而代之也。諸侯之亂，舍此何以治之？要
> 之以盟會，威之以征伐，小國恃焉，大國畏焉，猶可以少
> 安也。孔子曰：「桓公九合諸侯，一匡天下，民到于今受
> 其賜。微管仲，吾其被髮在衽矣。」故《春秋》因其禮俗
> 而正其得失，未嘗不予也。故曰：「其事則齊桓、晉文，
> 其文則史，其義則丘竊取之矣。」盟必有日月，而不日，
> 失之也。《春秋》以事繫日，以日繫月，以月繫時，以時
> 繫年。事成于日者日，成于月者月，成于時者時，不然皆
> 失之也。[116]

認爲春秋之時，周王室的權力衰微，然封建體制尚未瓦解，諸侯
各自爲政的現象可藉盟會的力量維持較安定的狀況，一則避免互
相攻伐，一則共同抵禦夷狄的入侵，故盟會是當時亂世既不得已
又唯一可行的辦法。由孔子對管仲輔佐齊桓公尊王攘夷，成就霸

---

[115] 蘇轍《春秋集解》，頁128。
[116] 蘇轍《春秋集解》，頁16。

・245・

業的肯定，可知孔子贊成這種作法。而盟會必有日期，若經文未載，必是闕文，非關義例。蘇轍此言，亦暗示《公羊傳》、《穀梁傳》及諸多以日月爲例，寄寓褒貶的說法實不可信。在締結盟約之後，若有諸侯背盟或夷狄來犯，霸主可領諸侯之師征討，然征討的目的在使對方歸服，而不在以力求勝。他說：

> 楚人方強，齊將綏之以德，故次于陘以待之。既而楚屈完來求盟，因而許之。雖有諸侯之眾而不用，蓋霸者之師求以服人而已，非若後世必以戰勝爲功也。二十八年，晉、楚戰于城濮，晉文公退三舍避楚，楚成得臣從之不已而後戰。方其退三舍而還，則文公亦將不戰矣。由此觀之，桓、文之于用兵，皆求服人而不求必勝也。[117]

以齊、楚召陵之盟與晉、楚城濮之戰說明，齊桓公、晉文公之成就霸業均是以德義服人，非憑藉武力，務以戰勝爲功[118]。他在史論文中也流露相同的思想，如在〈知罃趙武〉中云：

> 伯者之盛，非能用兵以服諸侯之難，而能不用兵以服諸侯之爲難耳。文公之後，前有知罃，後有趙武，皆能不用兵以服諸侯。此晉之所以不失伯也。[119]

117　蘇轍《春秋集解》，頁55。
118　事實上，齊桓公、晉文公之成就霸業並非均是以德義服人，仍是憑藉武力。
119　蘇轍《欒城後集‧歷代論‧知罃趙武》，卷7。

說明晉文公子孫能世爲盟主，前後二百餘年[120]，幾乎與春秋相終始，正是因爲能不用兵以服諸侯，故得以保霸業而不失。在〈五伯〉中，又指出：「**桓、文之兵，非不得已不戰，此其所以全師保國無敵於諸侯者也**」[121]，並批評宋襄公凌虐邾、鄫之君，爭鄭以怒楚，實竊霸者之名；而秦穆公、楚莊王雖有霸者之風，不失爲賢君，然秦穆公千里襲鄭，覆師於崤；楚莊王以兵伐宋，圍之九月，均師出不義，而幾至於狼狽，不能與齊桓公、晉文公相比，所以他認爲不戰而屈人之兵才是尊王攘夷的最佳辦法，亦即以德義服人，非以武力取勝。

　　《左傳》詳言兵事，對春秋所發生的幾次大戰均詳載原因、佈局、結果、影響等，尤其對戰陣的安排、計謀的運用多所著墨，彷彿小說情節，生動而詳實。蘇轍據《左傳》以解《春秋》，卻捨棄對戰爭的鋪陳，僅以寥寥數語交待戰爭的原因及結果，凡此種種均顯示其非戰的思想。蓋北宋自真宗與遼人訂下澶淵之盟後，維持了一百多年的和平，使得民生富庶，社會繁榮安定，成爲當時全世界文化水平最高的國家，這不能不歸功於結盟與息戰。蘇轍處此時代，家學又重實用，對此感觸自然深切，也影響其解《春秋》的思想取向。

---

[120]　事實上，晉文公子孫並非世爲盟主，前後二百餘年，當時秦、楚之勢力亦十分強大。
[121]　蘇轍《欒城後集·歷代論·五伯》，卷7。

∞ 第三節　經學思想之評價

一、《詩經》學

　　自漢以降，儒家思想成爲中國學術之主流，對儒家經典的詮釋，成爲各朝代的學術研究重點，但中國的詮釋理念與西方的詮釋學存在著本質上的不同。西方的詮釋學是哲學的詮釋學，意欲縮短經典文本與讀者之間的距離，目的在對文本作最精確的解讀。中國的詮釋理念乃實踐的詮釋學，透過認知活動闡釋經典之義理，目的在進行實踐活動。實踐活動包括內、外，內即內聖，將經典義理反求諸己，躬行踐履；外即外王，目的在求政治理想的實現。具備這一層認識，就可以理解何以《詩經》本是文學作品，在成爲儒家經典之後，遂被賦予層層教化意義，所以不管在漢、唐或宋代，對《詩經》的詮釋，都不脫離這條主軸；不管訓詁繁瑣或簡明，都不脫離這個基本精神。蘇轍《詩集傳》也是這股洪流下的產物，在時代的限制下，他雖未一味遵蹈前儒，卻仍落於窠臼，以儒家義理解經。

　　欲辨析《詩集傳》之解經特色，可以借用黃俊傑對儒家經典詮釋的看法，他在〈論東亞儒家經典詮釋傳統中的兩種張力〉中說：

　　　　從長達兩千年的東亞儒者經典詮釋史所見的客觀事實觀之，卻呈現至少兩種「解釋的張力」：第一是經典中的普

世價值與解經者身處的時空特性之間的張力；第二是解經
者自身的「文化認同」與「政治認同」之間的張力。[122]

指出儒家經典之詮釋，主要存在兩種張力，簡言之，即普徧性與
特殊性；文化認同與政治認同之間既緊密結合，又互相拉扯的解
釋張力。以第一種張力而言，蘇轍解經之時，須面對經典的普世
價值與自己身處的歷史情境，有效取得二者的平衡，才能創造符
合時代特色的詮釋新作。於是其《詩集傳》解詩時，不離說仁道
義，以史證詩，在〈雅〉、〈頌〉中大談君臣之道，治國之理，意
欲呈現儒家經典的普世價值，而採用簡訓詁、重釋義的集傳體
式，更彰顯此效果。另一方面，在成伯璵、歐陽脩懷疑〈詩序〉
非子夏所作的思想啟發下，蘇轍毅然廢除〈續序〉，僅存〈詩
序〉首句，並對〈毛傳〉說解不合宜處提出批駁，作出符合時代
特色的經典詮釋。朱熹對子由的《詩集傳》頗爲贊賞，其云：
「蘇黃門《詩說》疏放覺得好」，「子由《詩解》好處多」[123]。
事實上朱熹解《詩》之時，徵引宋人詩說多達二十家，而引蘇轍
者最多，計四十三條，均可見朱熹對蘇轍《詩集傳》的重視。但
他也對子由保留〈詩序〉首句的作法不以爲然，其云：「蘇氏
《詩傳》比之諸家，若爲簡直，但亦看〈小序〉小破，終覺有惹
絆處耳」[124]，又說：「他雖不取下面語言，留了上一句，便是病

---

122 黃俊杰〈論東亞儒家經典詮釋傳統中的兩種張力〉，劉小楓、陳少明主編
　　《經典與解釋的張力》，上海：上海三聯書店，2003 年，頁 28。
123 黎靖德編《朱子語類》，北京：中華書局，1988 年，頁 2089－2090。
124 朱熹《朱子大全‧答吳伯豐》，台北：中華書局，四部備要本，1970
　　年，卷 52。

根」[125]，朱熹這種批評是否公允呢？觀朱熹《詩集傳》之解詩，雖不列〈詩序〉，按〈詩序〉內容解詩者卻有十分之七，實可謂明批暗用者多，那麼他對蘇轍的批評也就有失公平。趙制陽在〈蘇轍詩集傳評介〉中也對子由提出批評。他說：

> 以政教說詩，以政治人物說詩，卻從未想及〈國風〉採自民間，當以「民俗歌謠」說之。故較之鄭樵、朱熹，蘇氏的見識不免遜色。亦即蘇氏大處信毛，小處反毛，其創新的局限性是顯然可見的。
>
> 蘇氏信其（〈詩序〉）首句而攻其下文，等於捨其本而逐其末，豈是允當之論？此為《蘇傳》著力之所在，亦為《蘇傳》癥結之所在。《蘇傳》不為後世所重，此當是主因之一。
>
> 屈萬里先生《詩經詮釋·敘論》中說他「能獨抒己見，而不迷信舊說」，這也是有待商榷的。[126]

這段話主要有三點批評，其一，指出蘇轍的見識不如鄭樵、朱熹。這種批評是不公平的，學術的發展有其脈絡可尋，後人的成果往往奠基於前人的研究，有如汪洋大海不辭涓涓細流，才能成其大，故以南宋的研究成果批評北宋的不足，失之於苛。北宋疑經風開，學者開始自由解經，乃宋學發展初期，對漢代章句訓詁之學開始有所懷疑與批判，若沒有北宋學者的啟發，南宋朱熹不

---

[125] 黎靖德編《朱子語類》，頁 2074。

[126] 趙制陽〈蘇轍詩集傳評介〉，《孔孟學報》，第 71 期，1996 年 3 月，頁 105、106、108。

可能成爲集大成者，由其引宋人詩說多達二十家，就可證明，更何況他引用蘇轍者最多，更可見影響之大。子由之詩說影響及於宋、元、明、清四代[127]，即使當代裴師普賢之《詩經評註讀本》仍有多處引用，其重要性不言而喻。其二，認爲蘇轍《詩集傳》不爲後世所重，主因爲信〈詩序〉首句而攻其下文，他認爲這是捨本逐末的做法。蘇轍認爲〈詩序〉首句出自孔門，這點迄今學者未有定論。他存〈首序〉而廢〈續序〉，乃因〈首序〉簡要，既合乎孔子學風，又可使學者推而自得，若訓注過詳，說解太死，將扼殺讀者自我體悟的空間，這是相當進步的看法，認識到不同時代的人、不同個性的人，面對相同的經典，可以有不同的啓發與體會。而且他批駁〈續序〉不合理處只有十七首，怎可遽下斷語，批其信〈首序〉而改〈續序〉是捨本逐末的作法！更何況〈詩序〉的問題自古以來爭論不休，時至當代，仍有學者不主張全廢，徐復觀在《徐復觀論經學史二種》中說：

> 《詩》序出現時代的先後，可作判定文獻價值的標準，不一定可作判定《詩》教價值的標準。同時，若認《詩》序爲有價值，不等於說每一序皆無瑕疵；若認爲無價值，也不等於說每一序皆無意義。最重要的是應當看出《詩》序者的用心所在。……每一《詩》序，都有教誡的用心在裡面，此之謂藉序以明《詩》教。就文意的解釋上說，較朱熹多繞了一個圈子。但正因爲如此，視線的角度放寬了，反映的歷史、社會背景也比較擴大了。……許多詩，賴

127　請參見陳明義《蘇轍詩集傳研究》，頁 160－174。

> 《詩》序述其本事，而使後人得緣此以探索詩的歷史背
> 景、政治社會背景，更為對詩義的了解，提供一種可以把
> 握的線索，這與《詩》教互相配合，也有莫大的價值。[128]

說得極為中肯。〈詩序〉也許是漢儒的傑作，但並非全無價值，它代表漢人的學術思想與對《詩》教之用心，仍有存在之價值。筆者取裴師普賢《詩經評註讀本》、屈萬里《詩經詮釋》與蘇轍《詩集傳》之解詩一一對照，發現差異較大的說法只有三分之一，而且大部分是〈國風〉中的愛情詩[129]，那麼〈詩序〉至少有三分之二應是值得一看的。蘇轍解詩大部分根據〈詩序〉，自然也是有根據的。至於《詩集傳》之未受重視，據筆者推敲，應是與其兄相同，文名太盛而掩學術光環，兼以蘇氏蜀學在政治上

---

[128] 徐復觀《徐復觀論經學史二種》，上海：上海書店出版社，2002 年，頁122－124。

[129] 古今說詩差異較大者有：〈卷耳〉、〈苢苢〉、〈摽有梅〉、〈小星〉、〈江有汜〉、〈野有死麕〉、〈何彼襛矣〉、〈騶虞〉、〈綠衣〉、〈燕燕〉、〈日月〉、〈終風〉、〈擊鼓〉、〈雄雉〉、〈匏有苦葉〉、〈簡兮〉、〈靜女〉、〈二子乘舟〉、〈桑中〉、〈蝃蝀〉、〈干旄〉、〈考槃〉、〈碩人〉、〈竹竿〉、〈河廣〉、〈木瓜〉、〈君子陽陽〉、〈采葛〉、〈大車〉、〈丘中有麻〉、〈將仲子〉、〈叔于田〉、〈大叔于田〉、〈鄭風·羔裘〉、〈遵大路〉、〈女曰雞鳴〉、〈有女同車〉、〈山有扶蘇〉、〈蘀兮〉、〈狡童〉、〈褰裳〉、〈丰〉、〈東門之墠〉、〈風雨〉、〈子衿〉、〈揚之水〉、〈出其東門〉、〈野有蔓草〉、〈溱洧〉、〈還〉、〈著〉、〈東方之日〉、〈甫田〉、〈盧令〉、〈葛屨〉、〈汾沮洳〉、〈園有桃〉、〈蟋蟀〉、〈山有樞〉、〈揚之水〉、〈椒聊〉、〈綢繆〉、〈杕杜〉、〈唐風·羔裘〉、〈有杕之杜〉、〈蒹葭〉、〈晨風〉、〈無衣〉、〈衡門〉、〈東門之池〉、〈防有鵲巢〉、〈月出〉、〈澤陂〉、〈素冠〉、〈隰有萇楚〉、〈鳲鳩〉、〈下泉〉、〈七月〉、〈伐柯〉、〈九罭〉、〈菁菁者莪〉、〈黃鳥〉、〈我行其野〉、〈無將大車〉、〈鼓鐘〉、〈楚茨〉、〈信南山〉、〈甫田〉、〈大田〉、〈瞻彼洛矣〉、〈桑扈〉、〈鴛鴦〉、〈頍弁〉、〈車舝〉、〈賓之初筵〉、〈魚藻〉、〈采菽〉、〈都人士〉、〈采綠〉、〈隰桑〉、〈白華〉、〈綿蠻〉、〈殷武〉，計 103首，其中〈國風〉有 80 首。

並未取得主導地位，自然備受忽視，而南宋熹挾集兩宋理學大成之姿，又於政治上取得正統學術地位，兩宋其他學者的著作自然相形失色。其三，不同意屈萬里稱蘇轍「能獨抒己見，而不迷信舊說」的看法，他認爲信〈首序〉，即是信「舊說」。這種批評似乎太過激烈，由前文之論述可見蘇轍對《毛詩》之諸多批駁，並提出自認爲合理的看法，這當然是「獨抒己見」，「不迷信舊說」。

　　以第二種文化認同與政治認同的張力來看，蘇轍本身認同儒、道、釋三種文化與思想，但其政治認同卻全然是儒家，形成以佛治心、以道養身，以儒治世的特殊生活型態。而《詩》罕言性命，取材於現實社會的真實人情與朝廷之頌歌，遂促使他暫拋形而上的道、性之論，完全以儒家的仁義道德、禮樂教化解《詩》，這雖是經典本身的特殊性，亦可見其鮮明的政治目的。北宋士風淳美，人所皆知，此時許多的學術著作，均是想爲國家尋得理想的政治藍圖，蘇轍也是。無怪乎朱熹對其《老子解》頗多批評，卻對《詩集傳》頻頻稱讚，還多處引用，原因亦在此。

　　總之，蘇轍《詩集傳》的貢獻在於前承歐陽脩《詩本義》的議論毛、鄭之謬，下啓鄭樵《詩辨妄》、王質《詩總聞》與朱熹《詩集傳》的經典詮釋，對破除漢學典範，建立宋學系統，具關鍵之功。但仍須指出其受限於儒家教化，未能正視《詩》的文學性，導致說解〈國風〉部分詩作，趨於僵化附會之不足。

二、《春秋》學

宋代《春秋》學乃顯學，研究者眾。北宋之《春秋》學主流

為孫復之尊王思想，南宋則為胡安國之攘夷思想，蓋時世使然。整體之治經特色為尊經棄傳，重發揮微言大義，欲使古為今用，以為時代尋找出路，為萬世建立綱法。然其不據三傳，徒以己意推求經典之義，已非聖人原意，而是對《春秋》作出符合時代特色的新詮釋，此舉雖為宋學之特色，卻也引來後人之批評。蘇轍置身此時代洪流之中，不能不受影響，但卻能睿智的觀察到，沒有根據的臆說必然危及經典的價值，故其治《春秋》，一反當時潮流，而以《左傳》之記事為本，再由之尋繹聖人原意，並且注解簡明，待學者自得之。一方面欲矯儒者治經之弊，一方面總結歷史之教訓，而終極目的在求為世所用，尤其為當政者所資鑑，故其云：「吾為《春秋集傳》，乃平生事業」[130]，而且書成之後，自嘆：「此千載絕學也」[131]，自謂此生可以無憾。蘇軾嘗言：

> 《春秋》，儒者本務，然此書有妙用，學者罕能領會，多求之繩約中，及近法家者流，苛細繳繞，竟亦何用？惟丘明識其用，終不肯盡談，微見端兆，欲使學者自求之，故僕以為難，未敢輕論也。[132]

指出《春秋》乃儒者必讀之經典，而應參酌《左傳》之記事，以明經典之妙用；不必拘泥於義例，而當注意其經世致用之功，觀點同於其弟也。他又謙虛的說自己不敢輕論，但在蘇轍完成《春

---

[130] 蘇籀編《欒城先生遺言》，頁2。
[131] 蘇籀編《欒城先生遺言》，頁2。
[132] 蘇籀編《欒城先生遺言》，頁2。

秋集解》之後，他「觀之，以為古人所未至」[133]，肯定其弟的
著作。朱熹對蘇轍以史釋經的詮釋方式頗表贊同，他認爲褒貶應
立基於史實，而不在書法。他説：

> 問：「胡文定《春秋解》如何？」曰：「説得太深。蘇子由
> 教人看《左傳》，不過只是看他事之本末，而以義理折衷
> 去取之耳。
>
> 《春秋》大旨，其可見者：誅亂臣，討賊子，內中國，外
> 夷狄，貴王賤伯而已。未必如先儒所言，字字有義也。想
> 孔子當時只是要備二三百年之事，故取史文寫在這裏，何
> 嘗云某事用某法？某事用某例邪？……近世如蘇子由、
> 呂居仁，卻看得平。
>
> 蘇子由解《春秋》，謂其從赴告，此説亦是。既書「鄭伯
> 突」，又書「鄭世子忽」，據史文而書耳。定、哀之時，聖
> 人親見，據實而書。隱威之世，時既遠，史冊亦有簡略
> 處，夫子亦但據史冊而寫出耳。
>
> 蘇子由教人只讀《左傳》，只是他《春秋》亦自分曉。[134]

綜合以上論點可知，朱熹認爲治《春秋》不必説解太深，字字推
敲其義，並批評過分重視義例之妄，宜觀史事之本末，而折衷以
義理。這些看法正是蘇轍治《春秋》之精神，可見蘇轍見解對朱
熹之啓發，朱熹亦相當肯定蘇轍之《春秋集解》。以今日的眼光
來看，以史釋經，有憑有據，雖未必真能完全切合聖人原意，但

---

[133]　蘇籀編《欒城先生遺言》，頁2。
[134]　黎靖德編《朱子語類》卷55、卷83。

卻較符合科學實事求是的精神，不失爲一種好的經典詮釋方法，
值得肯定。

蘇轍釋經，主取《左傳》，兼以《公羊傳》、《穀梁傳》、啖
助、趙匡等諸說，審慎去取，卻不拘泥於枝節處，與其《詩集
傳》一樣具有簡明流暢之特色，也對前人所言不合理處提出批
駁，具批判之精神。其批《左傳》處，或由禮制，或因情理，均
能言之有據，合情合理，可見其對《左傳》並非盲從，而能深思
自得。其批《公羊傳》、《穀梁傳》之處多，主要由史實、義例、
禮制三方面，說解其不合理處，亦均能持之有故，切中《公》、
《穀》臆測之妄，其識見之卓越於此可見。《四庫全書總目》評
其《春秋集解》云：

> 蓋積十餘年而書始成，其用心勤懇，愈於奮臆遽談者遠
> 矣。朱彝尊《經義考》載陳宏緒《跋》曰：「《左氏》紀
> 事，粲然具備，而亦閒有悖于道者。《公》、《穀》雖以臆
> 度解經，然亦得失互見。如『戎伐凡伯于楚丘』，《穀梁》
> 以戎爲衛；『齊仲孫來』，《公》、《穀》皆以爲魯慶父；『魯
> 滅項』，又皆以爲齊實滅之，顯然與經謬戾，其失固不待
> 言。至如隱四年秋，『翬帥師會宋公、陳侯、蔡人、衛人
> 伐鄭』；桓十有四年秋八月壬申，『御廩災。乙亥，嘗』；
> 莊二十有四年夏，『公如齊逆女』。諸如此類，似《公》、
> 《穀》之說，妙合聖人精微，而穎濱一概以深文詆之。因
> 噎廢食，讀者掩其短而取其長可也。」其論是書頗允。[135]

肯定蘇轍治《春秋》所下的工夫，但又引陳宏緒之《跋》語，批
蘇轍之短，認爲他對《公》、《穀》的批評是因噎廢食，並舉三條
經文作證明，《四庫全書》也贊同這個說法，但這種批評是否公
允呢？筆者以爲不然。其一，隱公四年秋，「翬帥師」之經文，
《公》、《穀》均認爲公子翬因弑隱公，故夫子貶之，不稱公子，
這種說法果真「妙合聖人精微」嗎？公子翬弑隱公，事在隱公十
一年，此時爲隱公四年，孔子不在其弑君之時貶，卻提前七年先
貶，是何道理？更何況弑君乃國之重罪，僅以不氏爲貶，足夠
嗎？可見蘇轍的看法是合理的。其二，桓公十四年八月壬申，
「御廩災，乙亥，嘗」之經文，由壬申至乙亥僅三日，《左傳》
認爲「書不害也」，《公》、《穀》認爲以火災之餘米祭祀，是大不
敬。據傅隸樸之考證，贊同《左傳》的說法，他說：

> 御廩中所藏者，不是精米，因御廩之穀必在祭之前十日提
> 出去舂，舂後不再入廩，御廩之火是燒不到粢盛的。……
> 根據廩人之職來說，則左氏之「書不害也」，是指御廩之
> 穀雖焚，粢盛仍在，并無礙於嘗祭，經有不礙祭的慶幸之
> 義。公羊謂以焚餘祭，不如不祭，認經有譏義。他不知御
> 廩所儲的是神穀，而不是粢盛。穀梁襲公羊之義，可謂自
> 檜以下。[136]

他以《周禮》、鄭玄注、劉敞說等爲依據，提出上述的看法，如

---

[136]　傅隸樸《春秋三傳比義》，頁 127。

此看來，蘇轍之取《左傳》義是高明的。其三，莊公二十四年夏，「公如齊逆女」之經文，《左傳》並無記載，子由取《公羊傳》之「親迎，禮也」，批《穀梁傳》之「不正其親迎於齊也」。若照陳宏緒的說法「《公》、《穀》之說，妙合聖人精微」，那此處到底是《公羊傳》，抑或《穀梁傳》合於聖人精微處呢？由此可見，陳宏緒與《四書全書總目》批蘇轍「因噎廢食」之說是不合理的。更何況《春秋集解》有許多地方採用《公》、《穀》之義，並非一概以深文詆之，而且在桓公五年秋「大雩」之經文，他還以《公羊傳》之釋義批《左傳》之不當，益可見陳宏緒說法之謬，《四庫全書》評論之欠公允。

《春秋》為儒家重要經典，寄寓孔子之政治思想。蘇轍釋經時，既欲以之為當代政治綱本，所秉持之理念亦不脫儒家教化，尤其經典中的普世價值與其所處之時代特性無大差異，遂弱化了彼此間拉扯的解釋張力，他可以輕鬆的承襲經典中的普世價值，並作出符合時代特色的經典詮釋，而對儒家政治文化的認同，更滙聚了這股力量。於是儒家的禮制規範，符合道義的言行舉止，以德服人的非戰思想，尊王攘夷的忠君行為，貫串其《春秋集解》。思想上融合三教的他，面對現實政治之時，就偏於儒家。強調尊王攘夷，以禮義治國，實際上是當時知識分子的共同願望，也是北宋《春秋》學的釋經重點，在此主流意識之外，紛歧的是對「盟」的看法。大部分的學者對「盟」的看法是負面的。如孫復《春秋尊王發微》云：

> 盟者，亂世之事，故聖王在上，闃無聞焉。斯蓋周道陵遲，眾心離貳，忠信殆絕，譎詐交作，於是列國相與，始

有歃血要言之事爾。凡書盟,皆惡之也。[137]

認爲當時爲亂世,天子之權力式微,諸侯國間私相歃血爲盟,乃譎詐權謀的開始,故夫子惡之。劉敞《春秋傳》云:

古者六歲而會,十二歲而盟。桓非受命之伯也,假同盟之禮,率諸侯以尊天子,蓋自是始伯也。[138]

貶斥齊桓公僭越,批其以諸侯而行天子之典禮,乃始作俑者,實爲王道之罪人。宋儒之所以如此貶斥諸侯間的會盟,是爲崇上抑下,尊君卑臣,爲北宋高度中央集權提供更合理的詮釋。蘇轍卻以更實際的眼光看待會盟,他認爲春秋之際,會盟是唯一可以維持暫時安定的方法,北宋亦然,藉由訂盟與遼人、西夏等強鄰維持和平,避免征戰,實爲最佳的可行辦法,所以反戰的他以盟會爲貴。由北宋澶淵之盟後維持了一百多年的和平來看,子由的觀點無疑更符合大眾利益。

總之,《春秋集解》能力矯北宋治經之流弊,回歸以史釋經之途,其眼光頗爲獨到,也獲得朱熹的肯定。其釋經特色簡明通達,以儒家思想爲本,重禮義、尊王非戰,實爲專制政權良好之政治綱本。但若以經學的眼光來看,其注釋過簡,且有許多經文未置一詞,乃其不足之處。以文學的眼光來看,偏於議論,重在說理,欠缺《左傳》敘事之美,卻無其神巫成份。整體而言,瑕

---

137 孫復《春秋尊王發微》,台北:台灣商務印書館,文淵閣四庫全書,1983年,卷1。

138 劉敞《春秋傳》,卷3。

不掩瑜，理應受到重視，可惜千古知音者少，關注者既不多，更遑論研究者，實為一大遺憾！

第 五 章

史學思想析論

　　蘇轍善於文章，亦長於史學，現存蘇轍文獻中，可見豐富的史論，不僅有史論六十五篇，更有史學專著《古史》，可見其於史學著力之深。他在《古史・書後》中說：

> 予少好讀《詩》、《春秋》，皆為之《集傳》。讀《太史公書》，質之《詩》、《書》、《左氏》、《戰國策》，知其未能詳覆，而遽以為書，亦欲正之。[1]

說明自己作《古史》的目的在正《史記》之缺，並自言書成之後，「堯舜三代之遺意，太史公之所不喻者，于此而明；戰國君臣得失成敗之迹，太史公之所脫遺者，于此而足」[2]。指出自己著史之中心思想在明聖人之遺意，論君臣得失成敗之迹，亦即資鑒史學，具實用之目的。

　　目前研究《古史》的專書有二，一為王治平《蘇轍「古史」中的歷史思想》，主要分析子由對武王伐紂、春秋、戰國時代的看法，探討的層面不廣，內容偏少；一為桑海風《蘇轍「古史」研究》，逐字比較《古史》與《史記》內容的差異，歸納出《古史》考訂《史記》錯漏之處，可見《古史》對《史記》的糾正補綴之功，屬於校讎學範圍。二書均著重於《古史》與《史記》的文本比較，對蘇轍之史學思想論述不足。基於此，本章將不側重於《古史》與《史記》的文本比較，而以《古史》六十卷與〈進論〉、〈歷代論〉中六十五篇史論為範圍，嘗試架構蘇轍之史學思

---

[1] 蘇轍《古史・書後》，曾棗莊、舒大剛編《三蘇全書》第 4 冊，北京：語文出版社，2001 年，頁 443。

[2] 蘇轍《古史・書後》，見《三蘇全書》第 4 冊，頁 443。

想體系。其史學思想可由歷史哲學、史學方法、歷史評論三方面作探討。

∞第一節　歷史哲學

　　歷史哲學是史學家對歷史演變的發展過程、動力等問題的思考，或謂歷史觀。他們在所創作的史書中，流露出自己獨特的歷史觀，左右其史學方法與歷史評論。蘇轍之歷史哲學主要表現在兩方面，一爲歷史演變的規律，二爲歷史演變的動力，試分別敘述如下。

一、歷史演變的規律──循環進化

　　蘇轍認爲人類歷史演變的趨向雖有一盛一衰、一治一亂的消長，但整體而言，歷史變遷的規律是循環進化。他在《古史・周本紀》中云：

　　傳曰：「夏之政尚忠，商之政尚質，周之政尚文。」而仲尼亦云：「周監于二代，郁郁乎文哉，吾從周。」余讀《詩》、《書》，歷觀唐、虞至于夏、商，以為自生民以來，天下未嘗一日而不趨于文也。文之為言，猶曰萬物各得其理云爾。父子君臣之間，兄弟夫婦之際，此文之所由起也。昔者生民之初，父子無義，君臣無禮，兄弟不相愛，夫婦不相保，天下紛然而淆亂，忿鬪而相苦。文理不

著，而人倫不明，生不相養，死不相葬，天下之人，舉皆戚然，有所不寧於其心。然後反而求其所安，屬其父子而列其君臣，聯其兄弟而正其夫婦。至于虞夏之世，乃益去其鄙野之制。……至于周而後大備，其粗始于父子之際，而其精布于天下，其用甚廣而無窮。蓋其當時莫不自以為文於前世，而其後之人乃更以為質也。……夫自唐虞以至于商，漸而入于文。至于周，而文極于天下。當唐虞、夏商之世，蓋將求周之文，而其勢有所未至，非有所謂質與忠也。自周而下，天下習于文，非文則無以安天下之所不足，此其勢然。[3]

在這段文字中，蘇轍以夏、商、周三代為例，說明人類在政治、生活、禮儀等方面，會不斷的進化，而前代是後代的基礎，明白揭示其歷史進化的觀點。他指出對夏、商、周三代「忠」、「質」、「文」的評價，是後人對其政教特色的概括，非夏人崇尚忠，商人崇尚質，只有周人崇尚文。大抵人類追求更美好完善的生活乃古今皆然，故忠、質、文是人類生活不斷發展進步的軌迹，夏、商之人亦欲追求文，只是勢有所未至，亦即在時代的侷限下，只能發展出比前代更進步而合於當代的生活，不可能跳脫時代的侷限。然此處只論及三代是漸趨進化，三代以後又是如何呢？蘇轍在《古史·秦始皇本紀》中云：

秦雖欲復立諸侯，豈可得哉？而議者乃追咎李斯不師古

---

[3] 蘇轍《古史·周本紀》，見《三蘇全書》第 3 冊，頁 399－400。此文又見於《欒城應詔集·進論·周論》，卷 1。

始，使秦孤立無援，二世而亡。蓋未之思與？夫商、周之
初，雖封建功臣子弟，而上古諸侯，棋布天下，植根深
固，是以新故相維，勢如犬牙。數世之後，皆為故國，不
可復動。今秦已削平，諸侯蕩然，無復立錐之國，雖使并
封子弟，而君民不親，譬如措舟滄海之上，大風一作，漂
卷而去。與秦之郡縣何異？……古之聖人，立法以御天
下，必觀其勢，勢之所去，不可強反。今秦之郡縣，豈非
勢之自至也與？然秦得其勢，而不免于滅亡，蓋治天下在
德不在勢。[4]

他認為秦朝削平諸侯，封建體制已經解體，秦順勢而行郡縣制是
合宜的，乃勢之所當然，而部分學者批評秦亡之因為「不師
古」，即不行封建，遂使國君孤立無援，這是不深思、不明時勢
之妄語。北宋當時士大夫盛言「三代」，歐陽脩、張載、二程等
均主張回歸三代之治，蘇轍不贊同這種看法，他反對制度復古，
認為當代的制度須以當代之時勢作通盤考量，制定出符合當代人
情需求的法令規章，不可一味復古，這正是其歷史進化觀的反
映。他在諸多政論中，採今昔對照的寫法，先言古制之精神，再
論當代的作法，一切以適合現實社會作依歸，並不寄託理想於遙
遠的三代，正是其歷史進化觀的落實。他又說：

昔禹會諸侯于塗山，執玉帛者萬國。傳商及周文、武之
間，止千百餘國。夫人之必爭，強弱之必相吞滅，此勢之

---

[4] 蘇轍《古史‧秦始皇本紀》，見《三蘇全書》第3冊，頁446。

必至者也。彼非諸侯獨能自存，聖賢之君，時出而齊之，
是以強者不敢肆，弱者有以自立。蓋自禹五世而得少康，
自少康十二世而得湯，自湯六世而得大戊，自大戊十三世
而得武丁，自武丁八世而得周文、武。當是時，雖有強暴
諸侯，不得以力加小弱。[5]

指出歷史發展之脈絡爲治、亂循環，當聖賢之君出，天下大治，
是以「強者不敢肆，弱者有以自立」，紛爭得以平息；當聖賢之
君沒，天下紛爭漸滋，強弱之國互相吞滅，亂象四起，但一段時
間之後，又會出現聖賢之君，改善紛亂的局面，如此治亂交迭，
周而復始，是爲循環。

　　綜合以上的討論，可以歸納出蘇轍對人類歷史演變規律的看
法，是由古至今不斷的循環進化，而循環的特徵是一治一亂，周
而復始。可以圖示如下：

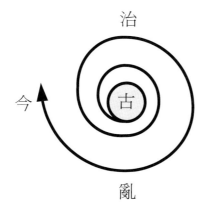

5 蘇轍《古史・秦始皇本紀》，見《三蘇全書》第 3 冊，頁 446。

所以古未必勝於今，今不必不如古，研究歷史的價值在了解過去，策勵未來，而非復古。

二、歷史演變的動力——德與勢

推動歷史演變的力量，蘇轍認為是德與勢。德是推動歷史演變的主要力量之一，聖人是德的化身，其靈明遠過於世人，知據勢以統御萬民，使民安居，亦是天下治亂的關鍵。聖人出，天下治；聖人沒，天下亂，但不可能代代出現聖人，故歷史呈現治、亂交替循環的演變軌迹。勢則包含人情的趨向與環境的變遷，子由指出古之聖人，不標新立異，能觀勢立法以御天下，他在《古史·夏本紀》中言：

> 聖人之于天下，苟可以安民，不求為異也。堯、舜傳之賢，而禹傳之子。後世以為禹無聖人而傳之，而後授之其子孫，此以好異期聖人也。昔者湯有伊尹，武王有周公，而周公又武王之弟也。湯之太甲，武之成王，皆可以為天下，而湯不以予其臣，武王不以予其弟，誠以為其子之才不至于亂天下者，無事乎授之它人而以為異也。而天下何獨疑禹哉！今夫人之愛其子，是天下之通義也。有得焉而以予其子孫，又情之所皆然也。聖人以是為不可易，故因而聽之，使之父子相繼而無相亂。……是故聖人不喜夫異，以其有時而窮也。[6]

---

6 蘇轍《古史·夏本紀》，見《三蘇全書》第3冊，頁367－368。

認爲堯、舜傳賢不傳子乃不得已而爲之，因其子不肖，故爲此權宜之計，是因勢而爲。禹傳子則因啓足以爲天下，而且人之愛其子，乃人情之常，聖人順此人情而立下傳子之規則，可以避免日後子孫爭奪帝位之亂，蓋子孫未能皆賢，因人情之趨向而立規章，才能除弊而防禍，可見聖人用心之深。在前引〈周本紀〉中，蘇轍論夏、商、周三代之進化，亦指出進化的力量在「**父子君臣之間，兄弟夫婦之際**」，當有所不寧於心，然後反而求其所安，此即人情之趨向，故人情之所安是人類生活演進力量的一環。勢還包括環境的變遷，蓋人雖是歷史的中心，卻生存於大環境中，時代環境的脈動對人類的生活與思想具深刻的影響，在前引〈周本紀〉、〈秦始皇本紀〉中均提到勢的作用，《古史》在許多地方對勢都有論及，可見勢在蘇轍心中的地位頗重。他認爲三代因勢而日趨於文，聖人觀勢而立法，秦朝得勢而行郡縣，在史論文中亦常強調君王要據勢而爲，才能成就大業，免於滅亡，所以勢也是推動歷史進化的另一股重要力量。事實上，歷史原是主、客體交互作用的過程，人之德爲主體，勢爲客體，每一代人都在上一代人的基礎與客觀環境的制約下，進行屬於當代的新的創造，人類的歷史也就在此德與勢交互作用的力量下，不斷的向前邁進。由此觀之，蘇轍對歷史演變規律的看法相當進步。

◎ 第二節　**史學方法**

　　史學家研究歷史的方法，即史學方法。不同的史學方法將導致不同的歷史呈現，而錯誤的方法亦將使歷史失去價值，所以作

史者須先立例，尤貴有法。劉知幾《史通・序例》云：

> 史之有例，猶國之有法，國之無法則上下靡定，史之無例
> 則是非莫準。[7]

說明史學方法的重要。蘇轍作《古史》所採用之史學方法，可由史料的蒐集、體例的選擇、史文的撰述三方面作探討，述之如下。

一、精擇史料

歷史乃史學家根據歷史事實所寫成，沒有史料，就沒有歷史，所以古今中外的史學家常須耗費許多歲月以蒐集史料，又須考證校讎史料之正確性，才能獲得有價值、可運用之史料，寫成一部信史。蘇轍作《古史》主要是對司馬遷《史記》中的部分史料不滿，意欲正之，故其史料來源主要是《史記》與先秦典籍，他自云：「因遷之舊，上觀《詩》、《書》，下考《春秋》，及秦漢雜錄」[8]，尤其是西漢未列於學官的古文《尚書》、《毛詩》、《左傳》等，他認為司馬遷未能詳閱，故成為他治史的重要史料。他認為古事當以古說為近，故先秦之典籍如《論語》、《孟子》、《莊子》、《禮記》、《春秋》、《世本》、《國語》、《戰國策》、《竹書》等，均為其史料來源，若所載互有抵觸，則以經傳為主。先秦以

---

[7] 劉知幾《史通・序例》，台北：台灣商務印書館，文淵閣四庫全書，1983年，卷4。

[8] 蘇轍《古史・自序》，見《三蘇全書》第3冊，頁352。

後的典籍，如司馬貞《史記索隱》、班固《漢書》、杜預《左傳注》等，亦或有採用。整體來說，《古史》是以《史記》為主，再參酌其他典籍作增刪，而由於其治史目的在明聖人之遺意，遂特重經書，甚至經書之傳注。在史料的取捨上，他會故意刪去不利聖人或聖王的史料，呈現美善的一面。可見在史料的選取上，並非博採，實乃精擇。以《古史・三皇本紀》來看。蘇轍說：

> 司馬遷紀五帝，首黃帝，遺羲、農而黜少昊，以為帝王皆出于皇帝。⋯⋯後世多以遷為非者，于是作〈三皇本紀〉，復紀少昊于五帝首。[9]

蓋司馬遷作《史記》，首為〈五帝本紀〉，即黃帝、顓頊、帝嚳、堯、舜，而不載伏羲、神農、少昊。此舉屢遭後世批評，如司馬貞云：

> 太史公作《史記》，古今君臣宜應上自開闢，下迄當代，以為一家之首尾。今闕三皇，而以五帝為首者，正以《大戴禮》有〈五帝德篇〉，又帝系皆敘自黃帝巳下，故因以〈五帝本紀〉為首，其實三皇已還，載籍罕備，然君臣之始，教化之先，既論古史，不合全闕。[10]

指出作通史獨缺三皇，實乃不妥。所以蘇轍作《古史》，遂補上

9　蘇轍《古史・三皇本紀》，見《三蘇全書》第 3 冊，頁 355。
10　瀧川龜太郎《史記會注考證》，台北：中新書局有限公司，1982 年，頁 11。

〈三皇本紀〉，其〈三皇本紀〉中載伏羲氏、神農氏、軒轅氏（皇帝），而〈五帝本紀〉則為少昊、顓頊、帝嚳、堯、舜，以補《史記》之闕。其史料來源主要根據司馬貞所作〈三皇本紀〉，但卻刪去神話部分，如記伏羲氏，刪去「母曰華胥，履大人迹於雷澤，而生庖犧於成紀，蛇身人首」；「立一百一十一年崩」，及後代女媧，蛇身人首，煉石補天之事。記神農氏刪去「少典妃感神龍而生炎帝，人身牛首」，「重八卦為六十四爻」，「立一百二十年崩」。記軒轅氏，不採司馬貞對其後代種種傳說之記錄，而主採《史記》，但去其「萬國和，而鬼神山川封禪，與為多焉。獲寶鼎，迎日推筴」，「順天地之紀，幽明之占，死生之說，存亡之難，時播百穀草木，淳化鳥獸蟲蛾，旁羅日月星辰，水波土石金玉，勞動心力耳目，節用水火材物，有土德之瑞」[11]，卻加上：

> 黃帝作《雲門》、《大卷》之樂。其師歧伯明于方，世之為醫者宗焉。然黃帝之書，戰國之間猶存，其言與《老子》相出入，以無為宗。（黃帝之書與《老子》同者，多見于《列子》）其設于世者，與時俯仰，皆其見于外者也。[12]

可見其史料之採擇頗具科學眼光，對怪異的神話傳說，不太合理的在位年限，乃至漢代方士的鬼神封禪、五行相生之說，他都不予採錄。但對黃帝「以無為宗」的補述，則流露其道家思想，與《古史·自敘》所言：「古之帝王皆聖人也。其道以無為為宗」

---

[11] 以上引言見瀧川龜太郎《史記會注考證》，頁11-26。
[12] 蘇轍《古史·三皇本紀》，見《三蘇全書》第3冊，頁354。

相呼應，正是其三教合一思想的呈現。

又如《古史·夏本紀》與《史記·夏本紀》相較而言，司馬遷據〈禹貢〉，詳載禹之事，但對仲康崩至少康立，則僅簡述之。蘇轍刪去《史記》中對禹之大牛敘述，並據班固〈律曆志〉以鯀為顓頊之五世孫，而非孫也；對仲康崩至少康立，則詳言其過程。對此，黃震《黃氏日抄》云：

> 《史記》謂禹名文命，《古史》刪之。按諱名而用謚法，始于周。以堯、舜、禹皆為謚，而反用《尚書》，所謂放勳、重華、文命為三聖之名，蓋漢儒之未考，《古史》刪之為是。《史記》又以鯀為顓頊之孫，《古史》以其世太促，而祖班固〈律曆志〉，以禹父鯀為顓頊五世孫，亦當從《古史》。《史記》載禹全用〈禹貢〉等編，而《古史》刪之。或者史遷之世，書未盡出，故須兼載。至《古史》之作，則事在《尚書》，不必重述也，兩皆無害。……《史記》止載仲康崩，子帝相立。帝相崩，子少康立。《古史》載羿既放太康，羿又為寒浞所奪，浞滅帝相，相后逃歸有仍，生少康。少康既長，誘殺浞二子，而後中興。愚按二史，詳略不同，豈史遷之世，未有寒浞滅夏之說耶？抑未備耶？《古史》可以補遺。[13]

對蘇轍《古史》改定《史記》載堯事之缺，補述少康中興史事之遺，表示肯定之意。

---

13 黃震《黃氏日抄》台北：台灣商務印書館，文淵閣四庫全書，1983 年，卷 51。

另外,《史記‧秦本紀》載昭襄十一年,齊、韓、魏、趙、宋、中山六國共攻秦,蘇轍云:

> 《史記》于此言攻秦者六國,又于齊、韓、魏〈世家〉、〈年表〉魏哀王二十一年、韓襄王十四年、齊湣王二十六年,皆言三國攻秦。是時,孟嘗君初自秦逃歸,則未有糾合三國同起兵者,而韓襄二十六年〈年表〉復言「與魏、齊擊秦,秦與我武遂以和」。三年之間,三國不應再擊秦。且《戰國策》亦止言三國,今以〈秦本紀〉之年及〈孟嘗君傳〉事為定,并改定三國〈世家〉。[14]

指出《史記》前後文矛盾之處,並在比較《史記》前後文與徵引《戰國策》之後,改定爲秦昭襄十一年,齊、韓、魏三國共攻秦,並據此改定齊、韓、魏三國〈世家〉。可見蘇轍詳讀《史記》,並能細心指陳其非,考訂其誤。凡此均可見蘇轍於史料之蒐集與考訂所下之功夫。

二、紀傳體例

蘇轍雖認爲《史記》內容有不完備之處,但對《史記》之體例,則肯定其具獨創性,爲千古不易之良法。他說:

> 太史公始易編年之法為本紀、世家、列傳,記五帝、三王

---

[14] 蘇轍《古史‧秦本紀》,見《三蘇全書》第3冊,頁419。

以來，後世莫能易之。[15]

蓋史書之體例雖有編年、紀傳、紀事本末、典志等諸體，然自司馬遷創此紀傳之體，後代之修史者率多因之，可見紀傳體能得到大部分史學家的認同。蘇轍家學本重實用，欲明古今人物之得失，收資鑒之效，而紀傳體以人物爲中心，突出人物在歷史變遷中的價值。所以蘇轍自然會棄編年之體，採紀傳之例。其《古史》之體例，〈本紀〉七，〈世家〉十六，〈列傳〉三十七，記伏羲、神農，訖於秦始皇。而於傳後之贊語，以「蘇子曰」開頭，內容側重於議論朝代之興衰，人物言行之得失。有時字數幾近千字，儼然一篇史論之文。可見其採用紀傳之體例，乃著眼於實用之目的。

另外一個原因是蘇轍對《史記》內容的不滿。《史記》一書在宋代史學界具頗高之威望，蘇洵〈史論〉亦對之頻頻稱贊，他說：

> 遷固史雖以事詞勝，然亦兼道與法而有之，故時得仲尼遺意焉。吾今擇其書有不可以文曉而可以意達者四，悉顯白之。其一曰隱而章，其二曰直而寬，其三曰簡而明，其四曰微而切。……隱而章，則後人樂得爲善之利；直而寬，則後人知有悔過之漸；簡而明，則人君知中國禮樂之爲貴；微而切，則人君知強臣專制之爲患。用力寡而成功博，其能爲《春秋》繼而使後之史無及焉者以是夫。[16]

15　蘇轍《古史・自敘》，見《三蘇全書》第 3 冊，頁 351。
16　蘇洵《嘉祐集・史論下》，台北：台灣商務印書館，1965 年，卷 8。

稱贊《史記》能「得仲尼遺意」，繼《春秋》之後，無人能及；又指出其「隱而章」、「直而寬」、「簡而明」、「微而切」四大優點，對《史記》備加推崇。蘇軾亦頗好《史記》，對《史記》稱引不絕，還向朋友借閱《史記索隱》、《正義》[17]。但蘇轍對《史記》進行深入之研究，他對《史記》的評價與父兄並不一致，指出《史記》的體例佳，然內容並不完備，認爲司馬遷「爲人淺近而不學，疏略而輕信」，所記三代之事，「不得聖人之意」，並採戰國之際縱橫辯士之說，或世俗相傳之語，而改易「古文舊說」，所以他「因遷之舊」[18]，作《古史》，目的就在改正《史記》的缺失，既然目的如此，當然《古史》之體例須與《史記》相同，才能作一比較。值得注意的是蘇轍《古史》雖承襲《史記》的〈本紀〉、〈世家〉、〈列傳〉之體例，卻不作〈表〉、〈書〉。〈表〉目的在指示史實的具體年代，〈書〉在記社會文物制度，由於蘇轍治史目的在探討人物之得失，故不重年表之制作。他也不贊成復古，認爲各代均會發展出適合當代的文物制度，所以他也不記上古時代之文物制度，益可見他重實用的治史觀點。

三、史文撰述

子由《古史》在史文撰述上的特色，爲文詞簡鍊、史中加注。述之如下。

---

[17] 見蘇軾《蘇軾文集・與陳季常十六首之六》，卷53，頁1566。

[18] 以上引言見蘇轍《古史・自敍》，見《三蘇全書》第3冊，頁351。

（一）文詞簡鍊

　　司馬遷《史記》之敘述以淺顯的散文爲主，行文清爽流暢，喜以當時流行的口語代替艱深古語，並多用對話，故刻劃人物，栩栩如生。蘇轍爲古文大家，有「一唱三嘆」之譽，長於議論。所作《古史》，文詞簡鍊，不用對話，而自有波瀾。以〈伯夷列傳〉來看，《史記》云：

> 西伯卒，武王載木主，號爲文王，東伐紂。伯夷、叔齊叩馬而諫曰：「父死不葬，爰及干戈，可謂孝乎？以臣弑君，可謂仁乎？」左右欲兵之，太公曰：「此義人也。」扶而去之。武王已平殷亂，天下宗周，而伯夷、叔齊恥之，義不食周粟，隱於首陽山，采薇而食之。及餓且死作歌，其辭曰：「登彼西山兮，采其薇矣。以暴易暴兮，不知其非矣。神農、虞、夏、忽焉沒兮，我安適歸矣。于嗟徂兮，命之衰矣。」遂餓死於首陽山。[19]

既有人物的對話，又有歌辭之託志，情節生動逼真，人物形象生動，彷彿小說之情節。再對照《古史》，其云：

> 文王崩，武王終三年之喪，帥諸侯之兵，觀政于商而還。居二年，紂日長惡不悛，遂舉兵伐之。伯夷、叔齊乃相與扣馬，陳君臣以諫，左右欲兵之。太公曰：「此義人

19　瀧川龜太郎《史記會注考證》，頁847。

也。」扶而去之。武王已平殷亂，天下宗周，而伯夷、叔
齊恥之，隱于首陽。義不食周粟，采薇而食之，卒以餓
死。[20]

一改小說之情節，而爲議論之文。於此可見《史記》長於刻劃人
物，《古史》則重義理之闡發，各有所長。然此處蘇轍據《史
記·周本紀》載武王即位九年，爲文王木主，載之車中，東觀兵
孟津。十一年遂伐誅紂之言，與〈伯夷列傳〉中伯夷諫武王「父
死不葬，爰及干戈」之文相牴觸，遂刪之，並據《尚書》而僅言
「陳君臣以諫」。由此觀之，《古史》行文之精簡亦自有據。

　　明代萬曆四十年重刊《古史》南雍本中，廣輯諸家對《古
史》之評語，茲錄數則攸關《古史》史文撰述之評論，以見其梗
概。

　　　陳子龍曰：「忽接七十餘（百里奚已七十餘矣），文章工
　　　妙，絕有波瀾。」
　　　許慶元曰：「序孝公（秦孝公），又自一境界。」
　　　王維楨曰：「序先世繆公政績，詞簡而壯。」
　　　鍾惺曰：「此等敗興事（秦始皇暴虐之事），往往與刻石誦
　　　功連說，妙有深意。」
　　　吳弘基曰：「神仙本領，正在『恬淡』二字。秦皇、漢武
　　　何如主也？造得到恬淡地位？微言！微言！」
　　　楊循言曰：「敘勝（陳勝）等起兵，皆用『法益刻深』，句

---

[20] 蘇轍《古史·伯夷列傳》，見《三蘇全書》第 4 冊，頁 147。

後有深意在。」

鄧以贊曰:「有鋒有勢（〈晉世家〉），真是矯健！」[21]

凡此均可見《古史》之詞文精簡而妙有深意，行文則有鋒有勢，波瀾壯闊。蘇轍蓋以古文之議論治史之行文，寓義理於字裡行間。

（二）史中加注

另一史文撰述之特色爲史中加注。此注爲蘇轍季子蘇遜所寫，雖非蘇轍親筆，然其於《古史・書後》云:

> 時季子遜侍予，紬繹往牒，知予去取之意，舉爲之注，後世可考焉。[22]

指出其子蘇遜陪侍在旁，知其作《古史》之去取，並爲之加注，蘇轍肯定此作法，並認爲後世可考之。可見蘇轍必見過此注，也同意注的內容，這給予後世研究者莫大的方便，亦具保存史料之功。根據此注的內容觀之，可分爲三類。

1. 批《史記》之誤

批《史記》之誤的注文最多，因《古史》本爲正《史記》而作，由注文之說明可以知道蘇轍的看法，所指陳《史記》之誤，及史料之依據與取捨。以《古史・燕召公世家》爲例，加注之處

---

[21] 以上引言見《三蘇全書》第 3 冊，頁 406、414、433、437、442、583。
[22] 蘇轍《古史・書後》，見《三蘇全書》第 4 冊，頁 443。

· 279 ·

有六，批《史記》占四。如「桓侯七年卒，子莊公立」，文後注曰：

> 《春秋》魯莊公之十九年，當燕莊公之十六年。是歲，衛師、燕師伐周，立王子頹。明年，鄭伯執燕仲父。諸儒皆言立子頹者，南燕姞姓，南燕近衛，于事為信。而太史公以為北燕姬姓。按《春秋》書姬姓之燕，皆曰「北燕」，則獨書「燕」者，謂南燕也。[23]

指出《春秋》中所言立王子頹之「燕師」，乃南燕姞姓，而司馬遷誤以為是北燕姬姓，蘇轍按《春秋》書例及諸儒之說改之。又如「六年，齊高偃帥師納簡公于陽」，文後注曰：

> 《史記》惠公在齊四年，齊人納之。惠公至燕而死，燕立悼公，蓋失之矣。以晏子之言考之，則簡公（《史記》簡公作惠公）之出也，燕既立悼公矣。悼公雖立，而未敢改元。及齊納簡公而不入，知其決不得歸，然後即位改元耳。至悼公六年，齊高偃又兵納簡公于陽，豈有惠公九年至燕而死之說乎？太史公之為人，粗而不詳，其于《詩》、《書》、《春秋》，皆未審，究觀本末，又篤信戰國雜說，意欲立異，自成一家，而輕失實之謬。孔子序《詩》、《書》，皆因古文而略發明之，豈求異哉！[24]

---

[23] 蘇轍《古史·燕召公世家》，見《三蘇全書》第3冊，頁499。
[24] 蘇轍《古史·燕召公世家》，見《三蘇全書》第3冊，頁500。

以儒家經典《詩》、《書》、《春秋》，批《史記》對燕惠公的記載錯誤，蓋輕信戰國雜說，欲成一家之言所致。又指出孔子序《詩》、《書》亦僅因古文而略加發明，意在闡發經旨，而非求異以驚世駭俗，可見聖人之用心，相較之下，司馬遷求異之心，自然不足取。又如「惠王七年卒，武成王立」，文後注曰：

> 《史記》趙惠文王二十八年，書燕將成安君、公孫操弒其王。是年即燕武成王之元年。而〈燕世家〉不言，疑，故錄之于此。[25]

指出司馬遷在〈趙世家〉中載「燕將成安君、公孫操弒其王」，但於〈燕世家〉卻不記此事。弒君乃燕國之大事，不見於〈燕世家〉，卻見於〈趙世家〉，實在頗為怪異，但蘇轍又無相關史料可證，遂存疑以待後世，亦可見《史記》的不合理處。又如「十四年，武成王卒，子孝王立」，文後注曰：

> 燕四十三君，有二惠、二僖、二宣、三桓、二昭、二文、二簡、二孝，雖僻陋少文，恐不至此。蓋譜系脫謬耳。案《左傳》記簡公款甚明，而《史記》以為惠公，則其餘失實者可知也。[26]

指出燕僅四十三君，《史記》中卻出現許多相同的君名，蘇轍認為燕國雖僻陋少文，但應不至如此，當是《史記》之誤，並以

---

25 蘇轍《古史・燕召公世家》，見《三蘇全書》第3冊，頁503。
26 蘇轍《古史・燕召公世家》，見《三蘇全書》第3冊，頁503。

《左傳》言「簡公」，《史記》卻記「惠公」，推斷司馬遷在〈燕世家〉中所載之燕王名號必有脫誤。

2. 保存異說

採錄不同的說法，可供後世參考。如《古史‧衛康叔世家》，「康叔卒，子康伯牟立」，文後加注：「《左傳》楚靈王所謂『王孫牟』也。《世本》作『髡』」。在「聲公十一年卒，子戍侯速立」，文後加注：「《世本》速作逝」[27]，記錄《世本》中不同的說法。又如《古史‧越世家》，「越王句踐，其先禹之苗裔，夏後少康之庶子也。封于會稽，謂之越子。斷髮文身，披草萊而邑焉」，文後注云：

> 或謂越祝融之後，芊姓。故史伯告鄭桓公曰：「芊姓夔越，不足命也。」《史記》以越為禹後，姒姓。未知孰是。[28]

蓋史料闕如，說法有異，未知孰是，遂存二說，以待後人。另外，也有《史記》前後文互有矛盾，蘇轍難以考定其非，遂兩存其說者。如《古史‧楚世家》，「五年，王翦、蒙武遂破楚國，虜王負芻，滅楚，為楚郡」，文後注云：

> 〈年表〉及〈王翦傳〉記楚亡事與〈楚世家〉同。惟〈秦

---

[27] 以上引文見蘇轍《古史‧衛康叔世家》，見《三蘇全書》第 3 冊，頁 525、536。

[28] 蘇轍《古史‧越世家》，見《三蘇全書》第 4 冊，頁 64。

始皇本紀〉：「二十三年，王翦擊荊，虜荊王。項燕立昌平
君為荊王，反秦于淮南。二十四年，王翦復破荊軍，昌平
君死，項燕自殺。」始皇二十三年，則負芻之四年；二十
四年，則負芻之五年。負芻既死，項燕立昌平君，昌平君
死，而後項燕自殺。與〈楚世家〉不同。昌平君者，楚人
為始皇相國，攻嫪毐者也。始皇二十一年，將攻荊，徙昌
平君于郢。然無以考驗其實，故兩存之也。[29]

指出《史記》中〈年表〉、〈楚世家〉、〈王翦傳〉記楚亡國之事與
〈秦始皇本紀〉不同。蘇轍查無史料可作證明，不知何說為是，
故保存兩種說法，亦可見司馬遷疏漏之處。

3. 補充說明

　　如《古史・周本紀》中有多處補充說明之注文，內容包含很
廣。在「古公卒，季歷立，是為公季」，文後注云：

自后稷至季歷，經夏、商，千餘歲而子孫相傳十四世而
已。使人人在位皆七十年，然後及此。此理之所無也。蓋
必有脫遺者矣。然今世無以考證，姑從《史記》之舊而
已。[30]

說明自己心中雖存疑，然史料闕如，姑從《史記》之舊，後世也
可因之發現問題。在「密須氏不共，以兵侵周。文王御之，敗其

---

[29]　蘇轍《古史・楚世家》，見《三蘇全書》第 4 冊，頁 46。
[30]　蘇轍《古史・周本紀》，見《三蘇全書》第 3 冊，頁 381。

兵，遂滅其國。因徙居岐、渭之間」，文後注云：

> 《大雅》言克密之後，即曰：「居岐之陽，在渭之將」是
> 也。[31]

附注《詩經》之文，作爲補充證據。在「歸馬于華山之陽，放牛
于桃林之野，示天下弗服」，文後注云：

> 天下雖安，兵不可弭。武王始誅紂，而遂歸馬、放牛，何
> 也？商之亡也，天下諸侯蓋有助為無道者矣。紂既滅，恐
> 兵以次及之，必有不安之心。武王恐其自疑，而沮兵以自
> 救，故為之歸馬、放牛，蓋以權示天下弗服而已。[32]

對武王的行爲作解說，認爲其歸馬、放牛的舉動，是要讓天下未
歸服而心有疑懼的諸侯放心罷了。在「文王之樂為《象》，武王
之樂為《武》」，文後注云：

> 《象箾》、《南籥》，文王之樂也。而鄭康成以《象》為
> 《大武》，蓋失之矣。[33]

指出鄭玄注《詩》之誤。由上可知，補充說明的範圍十分廣泛，
後世可因之尋繹蘇轍治史的思想、態度及方法，可謂大有功於來

---

[31] 蘇轍《古史·周本紀》，見《三蘇全書》第 3 冊，頁 383。
[32] 蘇轍《古史·周本紀》，見《三蘇全書》第 3 冊，頁 384。
[33] 蘇轍《古史·周本紀》，見《三蘇全書》第 3 冊，頁 385。

者。

∞ 第三節　歷史評論

　　歷史是人類經驗的記錄，昔日人類種種生活的經驗，正可成
爲後人的參考，人類的智慧因之而生，所以歷史兼具淑世與經世
的功能。歷史學家治史，表面是記錄層出不窮的事件，背後則涉
及種種不同的思想與價值觀，表現其不同的歷史智慧，後世可藉
由事件的敘述，勾勒其思想，更可由贊語或史論直接歸納其思想
觀點。蘇轍《古史》中長篇之論贊，詩文集中六十五篇史論，正
提供良好的材料，可據以探究他對史書、歷代、歷史人物的評論
觀點。本節即以此爲討論的中心。

一、評價標準──美與善

　　寫作歷史，品評人物，必然會涉及價值判斷，而價值判斷又
會影響歷史學家對歷史事實的解讀與歷史撰述的方向。在中國傳
統史學中，孔子以「春秋筆法」開歷史事實價值判斷的先河，明
是非，寓褒貶的思想爲日後大部分的史學家所繼承。司馬遷作
《史記》，雖被譽爲「實錄」，事實上是寓論斷於敘事。宋代理學
家以理來說解歷史的盛衰，奠下道德史觀之基礎。蘇轍思想融合
三教，其價值判斷的標準兼具道家自然無爲之美與儒家仁義道德
之善，此美善的價值判斷成爲他治史的重要目的。他在《古史‧
自敘》開頭就說：

> 古之帝王皆聖人也。其道以無為為宗，萬物莫能嬰之。其
> 于為善，如水之必寒，如火之必熱；其于不為不善，如騶
> 虞之不殺，如竊脂之不穀。不學而成，不勉而得。其積之
> 中者有餘，故其推之以治天下者，有不可得而知也。[34]

指出古代的帝王乃聖人，聖人之道以無爲爲宗，聖人之言行則爲
至善，並明言自己作《古史》的目的在「追錄聖賢之遺意，以明
示來世。至于得失成敗之際，亦備論其故」[35]。所以他認爲歷史
的價值在以理入史，借事明義，達到懲善罰惡的目的，並作爲後
世之資鑒。

　　蘇轍的美善價值標準源於其哲學思想，他認爲聖人君子須以
道治氣養心，此道爲形而上的概念，是自然全體之總名，能無爲
而無不爲，所以他在諸多史論中言：

> 古之賢君，必志於學，達性命之本而知道德之貴，其視子
> 女玉帛與糞土無異，其所以自養，乃與山林學道者比，是
> 以久於其位而無害也。[36]
> 夫道以無為體，而入於群有，在仁而非仁，在義而非義，
> 在禮而非禮，在智而非智。惟其非形器也，故目不可以視
> 而見，耳不可以聽而知。惟君子得之於心，以之御物，應
> 變無方，而不失其正，則所謂時中也。[37]
> 老、佛之道，非一人之私說也，自有天地而有是道矣。古

---

[34] 蘇轍《古史・自敘》，見《三蘇全書》第3冊，頁351。
[35] 蘇轍《古史・自敘》，見《三蘇全書》第3冊，頁351。
[36] 蘇轍《欒城後集・歷代論・三宗》，卷7。
[37] 蘇轍《欒城後集・歷代論・王衍》，卷9。

之君子，以之治氣養心，其高不可嬰，其潔不可溷，天地
神人皆將望而敬之。聖人之所以不疾而速，不行而至者，
一用此道也。[38]

三代聖人以道御天下，動容貌，出詞氣，逡巡廟堂之上，
而諸侯承德，四夷向風，何其盛哉！[39]

指出聖人君子須體道才能應物而無窮，尤其在上位者，能體道之
奧義，就不會目眩於虛幻的名利，能大其心以觀天下事物，所作
所為自然合於天道，治理天下就可使諸侯承德，百姓安居，四夷
向風，成就聖王之治，帶給人類生活無限之福祉。基於如是理
念，自然無為之美遂成為蘇轍品評聖王的標準，而以道御天下是
成為聖王的充分且必要條件。

聖王以道之無為自然提升自己的境界，但落實到現實層面，
則須仰賴儒家的倫理道德，畢竟世人不能皆賢，百姓未必能懂道
之真實內涵，唯有藉助禮義之規範，施行仁義之德治，才能化暴
戾、弭紛爭，使得國泰民安。凡人之修身亦然，道德之善勝於智
識之明。因此禮義、道德之善亦成為蘇轍論斷歷史的重要標準。
如他說：

今夫襄公以耕戰自力，而不知以禮義終成之，豈不蒼然盛
哉！然而君子以為未成。故其後世，忕于為利而不知義。
至于商君屬之以法，風俗日惡，鄙詐猛暴，甚于六
國。……誠因秦之地，用秦之民，按兵自守，修德以來天

---

[38] 蘇轍《欒城後集・歷代論・梁武帝》，卷10。
[39] 蘇轍《古史・秦本紀》，見《三蘇全書》第3冊，頁424。

下，彼將襁負其子而至，而誰與共守？惜乎，其明不足以
知之，竭力以勝敵，敵勝之後，二世而亡。其數有以取之
矣。[40]

昔齊晏子嘗告景公以田氏之禍，公問所以救之者，晏子
曰：「唯禮可以已之。」在禮，家施不及國，而大夫不收
公利。景公稱善，而不能用，齊卒以亡。[41]

子產以區區之鄭，立于晉、楚之間，敬而不懾，卒免大國
之患，非禮，何以當之？[42]

指出秦襄公以耕戰自力，使得秦國富強，日後得以統一天下，但
不知以禮義治國，秦朝遂二世即亡。齊景公明知有田氏之禍，亦
知唯禮可以止禍，惜乎不能用，齊卒以亡。子產治鄭以禮，因此
能立於晉、楚大國之間，數十年無患。凡此均禮義德治之功，故
「治天下在德不在勢」[43]。而管仲相齊桓公，雖霸諸侯，卻使桓
公死不得葬，嫡庶爭立，蓋因「智有餘而德不足，于是窮矣」[44]。
凡此均可見蘇轍重禮義道德之歷史價值觀。

　　一為自然無為之美，一為禮義道德之善，二者融攝成為蘇轍
獨特的歷史哲學。他巧妙的結合儒、道的思想，建構一套評價歷
史的標準。由他對孔子的論述，可以更清楚的看到二者的結合，
他說：

---

[40] 蘇轍《古史・秦本紀》，見《三蘇全書》第 3 冊，頁 424－425。

[41] 蘇轍《古史・魯周公世家》，見《三蘇全書》第 3 冊，頁 496。

[42] 蘇轍《古史・陳杞世家》，見《三蘇全書》第 3 冊，頁 521。

[43] 蘇轍《古史・秦始皇本紀》，見《三蘇全書》第 3 冊，頁 446。

[44] 蘇轍《古史・齊太公世家》，見《三蘇全書》第 3 冊，頁 475。

孔子以仁義教人，而以禮樂治天下。仁義禮樂之變無窮，
而其稱曰：「吾道一以貫之。」苟無以貫之，則因變而行
義，必有支離而不合者矣。《易》曰：「形而上者謂之道，
形而下者謂之器。」《語》曰：「君子上達，小人下達。」
而孔子自謂「下學而上達」者。灑掃應對，《詩》、《書》、
《禮》、《樂》皆所從學也。而君子由是以達其道，小人由
是以得其器。達其道，故萬變而致一；得其器，故有守而
不蕩。此孔子之所以兩得之也。蓋孔子之為人也周，故示
人以器而晦其道，使達者有見，而未達者不眩也。[45]

指出孔子的思想兼具道、器，能下學禮樂仁義，上達天道自然，
故中心思想能以道貫串，足以應世而無窮，不會陷入支離的禮義
節文而不知變通，乃下學而上達的聖人。其所以教人「示人以器
而晦其道」，因為他瞭解道之深奧，非達者不能體會，故教人易
於遵循之禮義規範，可見其思慮之周到。反之，老子就不如此，
他說：

老子之自為也深，故示人以道而略其器，使達者易入，而
不恤其未達也。[46]

認為老子與孔子同為得道之聖人，只是老子「示人以道」，使
「達者易入」，卻未考慮到世人大部分都是未達者，能悟道者其
實不多。事實上，蘇轍嘗作《老子解》，目的就在融合三教。治

---

[45]　蘇轍《古史・老子列傳》，見《三蘇全書》第 4 冊，頁 225。
[46]　蘇轍《古史・老子列傳》，見《三蘇全書》第 4 冊，頁 225。

史之時，他自然也把自己的哲學理念運用在對歷史現象的闡釋與評價上。

二、論《史記》

蘇轍對史書的評論集中在《史記》，故僅以之爲討論的對象。就歷史觀而言，司馬遷受鄒衍的影響，而有歷史循環的觀念。認爲歷史的發展是順著忠、敬、文作循環，再加上受禪之說，以赤、白、黑配合忠、敬、文，又配合金、木、水、火、土五行之相生，於是歷史就成爲五行相生，與赤、白、黑、忠、敬、文的循環。司馬遷生處西漢，正是五行說盛行的時代，必然受到影響。蘇轍反對這種歷史觀，他認爲歷史是進化的，唐、虞、夏、商之世，非有所謂質與忠，實則是均將求周之文，只是勢有所未至。所以每個朝代都在尋求最佳的生活方式與制度，只是在時代環境的侷限下，各自呈現不同的風貌。歷史將會不斷的在人與環境交互影響下持續的向前邁進，雖有治、亂之循環，但整體而言是進化的，非僅是忠、敬、文之循環。而《古史》不採五行說，亦可見蘇轍不贊同這種歷史觀。

對司馬遷易編年而爲紀傳，突出人物在歷史上的價值，蘇轍對此十分贊同，他認爲《史記》的體例有獨創之處，乃千古不易之良法，值得肯定。但對《史記》的內容，他就頗有意見。他認爲司馬遷未能詳閱《古文尚書》、《毛詩》、《左傳》、《戰國策》等書，故記堯、舜三代之事多有缺略，議論宗旨亦不得聖人之意，如《古史・五帝本紀》云：

學者言堯、舜之事，有三妄焉。太史公得其一，不得其二。莊子稱堯以天下讓許由，許由不受，恥之，逃隱。莊子蓋寓言焉，而後世信之。太史公曰：舜、禹之間，岳牧咸荐試之于位，典職數十年，功用既興，然後授政。示天下重器，王者大統，傳天下若斯之難，而許由何以稱焉？孟子曰：堯將舉舜，妻以二女。瞽叟不順，不告而娶。既而猶欲殺舜而分其室，然舜終不以為怨。余考之于《書》，孟子蓋失之矣。世豈有不能順其父母而能治天下者哉？……父母兄弟之際，智力之所不施也，有頑父、囂母、傲弟，而能和之以不失其親，惟至仁能之。此堯之所以用舜而不疑者也。父子相賊，奸之大也，豈其既已用之，而猶欲殺之哉！孟子又言：堯、舜、禹之終，皆荐人于夫。堯崩，舜辟堯子于南河之南；舜崩，禹辟舜子于陽城，天下皆往歸之，然後之中國，踐天子位。禹崩，益辟禹子于箕山之陰，朝覲獄訟者皆不之益而之啟，故益不得為天子。以《書》觀之，此亦非君子之言也。舜、禹之攝，格于祖考，郊祀天地，朝見諸侯，巡守方岳，行天子之事矣。及其終而又辟之，何哉？使舜、禹辟之，天下歸之，而其子不順，將從天下而廢其子歟？將奉其子而違天下歟？此事之至逆，由辟致之也。[47]

指出司馬遷能分辨堯欲以天下讓許由之事，乃莊子之寓言，蓋得聖人之旨。但對舜娶堯之二女，乃不告瞽叟而娶，瞽叟猶欲殺舜

---

[47] 蘇轍《古史·五帝本紀》，見《三蘇全書》第 3 冊，頁 361－362。

而分其室；以及堯崩，舜避堯子於南河之南，舜崩，禹避舜子於陽城，禹崩，益避禹子於箕山之陰，此二事，司馬遷全採孟子之說。蘇轍批評二事既不合理，又不能推明聖人之意，故據《尚書》而改之。

另外，戰國之際，諸子百家、縱橫策士各有著述，常常增損古事以為說辭，並非歷史真實，司馬遷往往採之而改易傳統之古文舊說，如《古史·孔子弟子列傳》云：

> 太史公稱：「子貢一出，存魯，亂齊，破吳，強晉，伯越。」予觀《春秋左氏傳》，齊之伐魯，本于悼公之怒季姬，而非陳恒。吳之伐齊，本怒悼公之反覆，而非子貢。吳、齊之戰，陳乞猶在，而恒未任事。凡太史公所記皆非也。蓋戰國說客設為子貢之辭，以自托于孔氏，而太史公信之耳。
>
> 苟至于君子，未有無恥者也。孟子稱禹崩，益辟禹之子于箕山之陰，朝覲獄訟者皆不之益，而之啟，然後益不敢踐天子位。太史公稱孔子既沒，弟子以有若貌類孔子，師之如孔子時。及問而不能答，乃斥去之。夫以益、有若之賢，而其無恥至此極歟！日月宿于畢而雨不應，商瞿四十而生五子，此卜祝之事，而鄙儒所以謂孔子聖人者，戰國雜說，類此者多矣。孟子猶不能擇，而況太史公乎！[48]

指出司馬遷所載子貢亂齊之事，蓋出於戰國說客之辭，據《左

---

[48] 蘇轍《古史·孔子弟子列傳》，見《三蘇全書》第 4 冊，頁 203、218－219。

傳》即可知非歷史事實。又《史記》言孔子沒後，弟子以有若貌似孔子，遂師事之如孔子一事，蘇轍嚴詞批之，認爲以有若之賢，不可能做出如此無恥的行爲，蓋亦戰國之雜說，而司馬遷信之耳，流露其美善的價值觀。

由上可知，蘇轍對《史記》中史料之批駁，或由古代文獻之記載，或由義理之推論，以考誤糾謬《史記》。據桑海風《蘇轍「古史」研究》，歸納出《古史》考訂《史記》錯漏之處，概分十項，約五百四十餘條[49]。足見《古史》對《史記》的糾正補綴之功。但須注意的是蘇轍並非全盤否定《史記》的內容，實際上《古史》的主要材料即爲《史記》，在許多地方蘇轍仍承襲司馬遷的看法，甚至敘述的文句、內容均十分相似，足見《史記》雖有缺失，亦非妄作。

三、論歷代

蘇轍在《欒城應詔集・進論》中對歷代之特色或得失，作一總結與評價，包括夏、商、周、六國、秦、漢、三國、晉、七代、隋、唐、五代，流露濃厚的資鑒思想。

論夏，肯定禹傳帝位予子是爲後世立下可以遵循的法則，避免後代之人相爭而亂天下，因爲後人不能皆如堯、舜，若不立一可以遵守的準則，必群起而爭帝位，或如王莽欺世盜名以竊天下，所以「聖人之道，苟可以安於天下，不求夫爲異也」[50]，以

---

[49] 桑海風《蘇轍「古史」研究》，四川大學古籍整理研究所碩士論文，2001年4月。

[50] 蘇轍《欒城應詔集・進論・夏論》，卷1。

避免有時而窮的窘境。可見蘇轍贊成帝位傳子不傳賢的方式。

論商，指出商代多賢君，「商之既衰而復興者五王」，而「商人之詩駿發而嚴厲，其書簡潔而明肅」，蓋商之政尊賢而尚功，近於強政。但與周代相比，周之賢君僅宣王一人，但享國卻久於商代數百歲，因周政本於尊尊而親親，貴老而慈幼，近於弱政。此一剛一柔，一強一弱，各有所長，各有所短，「柔者可以久存，而常困於不勝；強者易以折，而其末也，乃可以有所立」[51]，惟聖人能就其所長而用之，使長用而短伏，但後世君王若不賢，則長伏而短現，這就是商代所以不長，周代所以不振的原因。蘇轍於此點出君王聖明與否，攸關國之存亡，朝代之興衰。

論周，指出周代文禮之盛過於夏、商，乃時勢使然，是社會的進化，非故意為之，「當唐虞、夏商之世，蓋將求周之文，而其勢有所未至，非有所謂質與忠也」[52]，指出體制的演變是漸進而符合人情的，也強調禮制的重要，並反對一味復古，認為禮制須因時制宜。

論六國，指出六國以五倍之地，十倍之眾以抗秦，卻不免於滅亡，原因在於不能審度天下之形勢，慮患之疏漏，見利之淺薄所致。以當時之形勢來看，「韓、魏塞秦之衝，而蔽山東之諸侯」，然「韓、魏不能獨當秦，而天下諸侯藉之以蔽其西，故莫如厚韓親魏以擯秦」[53]，可是六國諸侯不明白這層道理，短視近利，貪疆場尺寸之利，背盟敗約，甚至自相屠滅，即使無秦之害，亦至民敝國困，更何況有秦國虎視眈眈，終不免於亡國。可

---

[51] 以上引言見蘇轍《欒城應詔集・進論・商論》，卷1。
[52] 蘇轍《欒城應詔集・進論・周論》，卷1。
[53] 以上引言見蘇轍《欒城應詔集・進論・六國論》，卷1。

見身處亂世，小國應詳審形勢而爲，不可貪圖近利。

　　論秦，謂秦起於西垂，襄公以耕戰自力，使得國富兵強，可惜不知以禮義終成之，風俗遂至鄙詐猛暴，至秦始皇，「以匹夫而圖天下，其勢不得不疾，戰以趨利」，雖然彊服四海而滅六國，但其「舉累世之資，一用而不復惜，其先王之澤，已竭於取天下」[54]，故其竭力以爭鄰國之利時，秦民之心已散，雖能統一天下，再傳而亡。苟能「因秦之地，用秦之民，按兵自守，修德以來天下，彼將襁負其子而至，而誰與共守？」[55]指出秦代之速亡，在於貪利而不能力行仁義，若能如商、周之先君，修德以待，必能一統天下又享國久遠。

　　論漢，分析高祖之得天下，起於草莽之中，天下皆非吾有，「故以疾戰定天下，天下既安，而下無背叛之志」[56]，更何況能除秦苛法，故「雖以兵取天下，而心不在殺人，然後乃定，子孫享國二百餘年。王莽之亂，盜賊蜂起，光武後以不嗜殺人收之」[57]。指出西漢、東漢之興在於不嗜殺人，能以仁義化服暴強。在〈漢論〉中，他又大談君臣之道，指出君臣之分，上下相守，可至無窮；若君臣相戾，則天下大亂。可見其以古喻今之用意。

　　論三國，指出「曹公、孫、劉，是以智勇相遇而失之者也。以智攻智，以勇擊勇，此譬如兩虎相捽，齒牙氣力，無以相勝，其勢足以相擾，而不足以相斃」，故三國鼎足而立，無一國能勝出。但蘇轍也指出，劉備能入巴蜀而用孔明，其才近似於漢高

---

[54]　以上引言見蘇轍《欒城應詔集・進論・秦論》，卷1。
[55]　蘇轍《古史・秦本紀》，見《三蘇全書》第 3 冊，頁 425。
[56]　蘇轍《欒城應詔集・進論・秦論》，卷1。
[57]　蘇轍《古史・孟子孫卿列傳》，見《三蘇全書》第 4 冊，頁 234。

祖，可惜「不知因其所不足以求勝」，「不忍忿忿之心，犯其所短，而自將以攻人」，終至功敗垂成，抑鬱而終。若能學漢高祖得天下之三術，即「先據勢勝之地，以示天下之形；廣收信、越出奇之將，以自輔其所不逮；有果銳剛猛之氣而不用，以深折項籍猖狂之勢」[58]，等待時機成熟，就可以收服曹、孫，而一統天下。這種作法看似不智不勇，實乃真智大勇。

論晉，直指晉室之敗，主因為王衍、王導等清談之禍。他認為當時天下並非無君子，然「其君子皆有好善之心，高談揖讓，泊然沖虛，而無慷慨感激之操，大言無當，不適於用，而畏兵革之事。天下之英雄，知其所忌而竊乘之，是以顛沛隕越，而不能以自存」，指出當時君王習於清談，不懂得休之以安，動之以勞的道理，自處太高而不習於天下之辱事，故「富而不能勞，貴而不能治」[59]，當世之姦雄遂乘此間，而攻其上之所難，晉因以亡。

論七代，指出南北朝時，天下紛亂，宋取之晉，齊取之宋，梁取之齊，陳取之梁，而周、齊取之後魏。表面看來，「此五蘗者，兵交而不解，內亂而無救」，但蘇轍認為宋武帝有機會可以統一天下，卻因短視近利而失掉良機。蓋「姚泓、宋武之際，天下將合之際也。姚興既死，而秦地大亂。武帝舉江南之兵長驅以攻秦，兵不勞而關中定。此天下之一時也」，「使武帝既入關，因而居之，以鎮撫其人民，南漕江淮之資，西引巴漢之粟，而內因關中之盛，屬兵秣馬，以問四方之罪戾。當此之時，天下可以指

---

[58] 以上引言見蘇轍《欒城應詔集・進論・三國論》，卷2。

[59] 以上引言見蘇轍《欒城應詔集・進論・晉論》，卷2。

麾而遂定矣」[60]。他分析當時的形勢，認為宋武帝一心戀棧江南的帝位，而不見天下之勢，未能因勢而成就大業，否則北取關中，南擁江南，何憂大業不成！今宋武帝棄此良機形勢，天下紛亂百餘年，實在是宋武帝之罪。

論隋，言三代之君享國久遠，後世莫能及，乃因「其取天下，非其驅而來之也；其守天下，非其劫而留之也。使天下自附，不得已而為之長，吾不役天下之利，而天下自至。夫是以去就之權在君，而不在民，是之謂人重而物輕」，因其視失天下甚輕，故其心舒緩，為政仁寬。隋代則不然，隋文帝「見天下之久不定也，是以全得天下之眾，而恐其失之；享天下之樂，而懼其不久；立於萬民之上，而常有猜防不安之心」[61]。因為把天下視為己有，深懼失之，於是制為嚴法峻令，誅滅謀臣舊將，以杜天下之變，結果防之太過，反而天下大亂，二世而亡。所以欲守天下，須人重而物輕，胸懷大度。

論唐，分析唐太宗平定天下之後，外設節度使，內設府兵，「外之節度，有周之諸侯外重之勢，而易置從命，得以擇其賢不肖之才。是以人君無征伐之勞，而天下無世臣暴虐之患。內之府兵，有秦之關中內重之勢，而左右謹飭，莫敢為不義之行，是以上無逼奪之危，下無誅絕之禍」，此內外並重，互相制衡的佈局，十分周全，可惜後繼之君王不詳審制度之得失，如天寶之際，府兵四出，萃於范陽；德宗之世，府兵皆戍趙、魏，造成內、外失衡，故當節度使擁重兵叛亂，朝廷無府兵可救，終至亡國。所以他下一結論：「唐之衰，其弊在於外重。而外重之弊，

---

[60] 以上引言見蘇轍《欒城應詔集・進論・七代論》，卷2。
[61] 以上引言見蘇轍《欒城應詔集・進論・隋論》，卷2。

起於府兵之在外，非所謂制之失，而後世之不用也」[62]。指出兵制須內外並重，相持而成，才不蹈唐代滅亡之覆轍。

論五代，探討後梁、後唐、後晉、後漢、後周所以亡國的原因。蘇轍認為後梁之父子兄弟自相屠滅，虐用其民，暴政必然滅亡；後周適逢聖人（宋太祖）之興，故不能再立國，此二朝之亡固不待言。然後唐、後晉、後漢均出現明君，何以仍不免於亡？他指出「蓋唐、漢之亂，始於功臣，而晉之亂，始於戎狄，皆其以易取天下之過也」，因欲得天下而不擇手段，當天下底定，若不改之，則非長久之計；若改之，又忤得利者之心，必群起而叛。故此三代，初無功臣、匈奴則不興；卒亦因功臣、匈奴而滅，所以取天下當如公子重耳，「唯其不求入，而人入之，無賂於內外，而其勢可以自入。此所以反國而後無憂也」[63]。他借晉文公以說明取天下不可僥倖於一時之利，當行仁義，待天下之自至，才不會有百歲不已之患。

綜合蘇轍對歷代的評論，可見其重在探討各朝代興衰存亡之因，以作為北宋君王施政之參考，乃儒家外王精神之發揮，具濃厚的政治目的。

四、論人物

蘇轍在史論文與《古史》贊語中，評論眾多歷史人物，所論範圍上及帝王，下及人臣、諸子等，因人物過多，未能一一列舉，僅擇要論之。

---

[62] 以上引言見蘇轍《欒城應詔集・進論・唐論》，卷3。
[63] 以上引言見蘇轍《欒城應詔集・進論・五代論》，卷3。

(一) 帝王

在〈漢景帝〉中，指出漢景帝「忌克少恩，無人君之量」，與漢文帝之「寬仁大度」，實有頗大差別，然二者在漢朝並稱賢君，主因為景帝言行恭儉，無傷於民。他說：「如景帝之失道非一也，而猶稱賢君，豈非躬行恭儉，罪不及民故耶？此可以為不恭儉者戒也」[64]。資源有限，而欲望無窮，欲以有限之資源填如谿壑之私欲，必將財竭而民窮，故為君之道，首重恭儉持身，清心寡欲，能知節物，去驕奢，才不會徒耗民力。

在〈漢光武上〉，稱贊漢高帝雖資質平庸，但懂得善用人才，終能締造西漢盛世，他說：「漢高帝謀事不如張良，用兵不如韓信，治國不如蕭何。知此三人而用之不疑，西破強秦，東伏項羽，曾莫與抗者。及天下既平，政事一出於何，法令講若畫一，民安其生，天下遂以無事。又繼之以曹參，終之以平、勃，至文景之際，中外晏然。凡此，皆高帝知人之餘功也」。而東漢光武帝雖「才備文武」，善於處理國事，使「政事察察，下不能欺，一時稱治」，然其「專以一身任天下」之結果，「其智之所不見，力之所不舉者多矣！」[65]故東漢之治，其寬厚樂易之風遠不如西漢。在〈漢光武下〉，批評漢宣帝，謂其「雖明察有餘，而性本忌克」，若非謹畏順從之臣，則予以排擠，使得「高才之士側足而履其朝」，此風一長，朝無重臣，終使王莽得「以斗筲之才，濟之以欺罔，而仕無一人敢指其非者」[66]，釀成篡漢之

---

[64] 以上引文見蘇轍《欒城後集・歷代論・漢景帝》，卷7。
[65] 以上引文見蘇轍《欒城後集・歷代論・漢光武上》，卷8。
[66] 以上引文見蘇轍《欒城後集・歷代論・漢光武下》，卷8。

禍。因此，無論君王英明與否，均應任用賢才，使人臣得其所而盡其才，方能輔君之不足。

在〈孫仲謀〉中，稱譽漢武帝雖好大喜功，四處征伐，幾喪天下，然晚年託國於霍光，則十分明智。霍光知用兵之害，「與民休息，而天下復安」。劉備知嗣子愚弱，託國於孔明，「雖後主之不明，而守國三十餘年，君臣相安，蜀人免於塗炭之患，過於魏吳遠甚」。但若所託非人，如孫權「喜諸葛恪之勁悍越眾，而付以後事」，結果「孫氏因之三世絕統」[67]，可見君王須慎選賢才以託六尺之孤，寄千里之命，才能使國祚綿延不絕。

在〈唐玄宗、憲宗〉中，蘇轍認為唐玄宗、憲宗即位之初，均勵精圖治，勤儉為國，可謂中興之明君。然至後期，卻安於佚樂，終至禍發不旋踵，「善其始而不善其終」，蘇轍不禁感慨道：「蓋玄宗在位歲久，聚欲之害遍於天下，故天下遂分。憲宗之世，其害未究，故禍止於其身。然方鎮之強，宦官之橫，遂與唐相終始，可不哀哉。嗚呼。太宗之恭儉，所忍無幾耳，而福至於不可勝盡，玄、憲之淫佚，所獲無幾耳，而禍至於不可勝言。而世主終莫之悟，覆車相尋，不絕於世，蓋未之思歟。」[68]人君恭儉持身，才能風行草偃，杜絕貪瀆之風而藏富於民。然欲使人君能清心寡欲，去侈靡，則須達性命之本，知道德之貴，與山林學道者比，才能破除一己之私欲，全心為民謀福。

在〈漢哀帝〉中，指責漢哀帝「身既失德，朝無名臣」，因之「漢遂以亡，非特天命，蓋人謀也」[69]，蘇轍認為君王應以德

---

[67] 以上引文見蘇轍《欒城後集·歷代論·孫仲謀》，卷9。

[68] 以上引文見蘇轍《欒城後集·歷代論·唐玄宗、憲宗》，卷11。

[69] 以上引文見蘇轍《欒城後集·歷代論·漢哀帝》，卷8。

修身，效法古聖先賢仁義之風，才有能力治國平天下；倘若主政者失道敗德，不僅辱沒己身，邦國亦將隨之覆亡。

在〈符堅〉中，蘇轍認爲符堅雖是「夷狄之餘，而有帝王之度」，可惜「有伯者之略，而懷無厭之心，以天下不一爲深恥。雖滅燕、定蜀、并秦涼、下西域，而其貪未已，兵革歲克而不知懼也」，終於在淝水之戰中大敗，且「歸未及國，而慕容垂叛之。既反國，而姚萇叛之」，遂「地分身死」，假如他能棄絕小利，精審天下局勢，不急攻之，而能「南結鄰好，戢兵保境，與民休息」[70]，不僅可保家國，尚可成就霸業，才是真智大勇。

（二）人臣

在〈管仲〉中，蘇轍指出「管仲九合諸侯，一匡天下，以桓公伯，孔子稱其仁」，然其「不能止五公子之亂，使桓公死不得葬」，則難辭其咎。他認爲管仲雖助齊桓公成就霸業，然卻「溺於淫欲而不能自克」，而且在桓公年老之時，未能審慎規畫其身後之事，「知諸子之必爭，乃屬世子於宋襄公」，竟將帝位更替的國家大事，屬託他國代爲處理，實爲可笑！又只告訴桓公：易牙、開方、豎刁三人不可信，卻未能薦舉賢才以代之。結果「管仲死，桓公不用其言，卒近三子，二年而禍作」[71]。因此，爲人君謀事，須放遠眼光，步步爲營，事事謹慎，才不致禍端百出。

在〈知罃、趙武〉中，指出齊桓公歿，齊國遂動亂而不能復霸，然晉「文公子孫世爲盟主，二百餘年，與春秋相終始」，主要原因在於「文公之後，前有知罃，後有趙武，皆能不用兵以服

---

[70] 以上引文見蘇轍《欒城後集．歷代論．符堅》，卷10。

[71] 以上引文見蘇轍《欒城後集．歷代論．管仲》，卷7。

諸侯。此晉之所以不失伯也」。方其時，晉悼公與楚爭鄭，而「知罃為中軍將，知用兵之難，勝負之不可必，三與楚遇，皆遷延稽故，不與之戰。卒以敝楚而服鄭」，晉平公時，屬任趙武，趙武與楚將屈建欲合諸侯之大夫于宋，以求弭兵。結盟之際，晉、楚爭先，趙武能忍人情之所不能忍，讓楚以弭相爭之禍。蘇轍認為趙武實具仁人之心，「《春秋》書宋之盟，實先晉而後楚，孔子亦許之歟！」[72]所以，擔任國之武將者，用兵之時，當三思而後行，倘能不戰而屈人，不損一兵一卒，才是兵戰之上乘。

在〈馮道〉中，指出馮道處亂世之中，不得已而事四姓九君，乍看之下，似乎難以言「忠」，然其於宰相任內，勸君王恭儉而罷殺戮，百姓賴以得救，功勞不可謂小。況且亂世出仕本就比隱居難，既然為世所用，則應盡力引導君王走向善境，拯救天下蒼生，而不應棄官歸隱，他說：「馮道以宰相事四姓九君，議者譏其反君事讎，無士君子之操。大義既虧，雖有善不錄也。……甚矣！士生於五代，立於暴君驕將之間，日與虎兒為伍，棄之而去，食薇蕨、友麋鹿易耳，而與自經於溝瀆何異？不幸而仕於朝，如馮道猶無以自免，議者誠少恕哉！」[73]為馮道頗受爭議的行為辯護，認他是行大義。蓋評論古人古事，本應設身處地，就其時代背景作判斷，才不致失之偏頗。

在〈狄仁傑〉中，指出漢惠帝亡後，呂后掌權，陳平用張辟疆之計，封王諸呂，使呂后安之。「故平與周勃得執將相之柄，以伺其間」，待呂后身殁，陳平與周勃「左袒一呼，而呂氏以亡」。武后篡唐而為帝，「追尊祖考，封王子弟，戕殺天下豪俊，

---

[72] 以上引文見蘇轍《欒城後集‧歷代論‧知罃、趙武》，卷7。
[73] 蘇轍《欒城後集‧歷代論‧馮道》，卷11。

志得氣滿」，方其時，「狄仁傑雖為宰相，而未嘗一言」。俟武后欲立太子之際，適時進言，說之以利害，動之以人情，卒能立唐室之後，待武后老而唐室自復，不動干戈而身與國俱全。「由此觀之，陳、狄之所以成功者，皆以緩得之也」[74]。蘇轍稱讚陳平、狄仁傑之眼光長遠，不急於一時之利，終能以緩柔而成大事。

在〈姚崇〉中，蘇轍對「唐史官稱姚崇善應變，以成天下之務」，頗不以為然，蘇轍指出，唐玄宗乃一豪俊之君，而姚崇復以豪俊事之，天下之事似乎均可迎刃而解，並因之締造了開元盛世，其實不然。唐玄宗從姚崇之議，結果「使人君上不畏天戒，中不敬宗廟，下不卹人言」，形成唐玄宗「愈老愈輕蔑群臣」、「專以適己為悅」的施政態度，終釀成天寶之亂。故蘇轍疾呼：「應變者要不失正而後可」[75]，才不會遺留禍端，危及後日。所以為人臣子的態度和政策，若稍一不慎或眼光短淺，為禍即使不見於今朝，必見於後世。

在〈陸贄〉中說：「贄以有常之德，而事德宗之無常；以巫醫之明，而治無常之疾，是以承其羞耳。……帝常持無常之心，故前勇而後怯；贄常持有常之心，故勇怯各得其當。然其君臣之間，異同至此，雖欲上下相保，不可得矣」。蘇洵稱許陸贄為賢，蘇轍亦認為其賢比漢之賈誼，而詳練實過之。可惜唐德宗貪名而好功，忽略陸贄之意見，起兵興討河朔，致兵連禍結，民不聊生。未幾，涇原復叛，導致德宗倉皇避寇，半年才得歸。既歸，陸贄奏請效齊桓公以不忘在莒為戒，因為戒心易忘，驕心易

[74] 以上引文見蘇轍《欒城後集‧歷代論‧狄仁傑》，卷10。
[75] 以上引文見蘇轍《欒城後集‧歷代論‧姚崇》，卷11。

生，可惜帝終不改。陸贄一生忠誠爲君王謀事，卻落得死於裴延齡之手，怎不令蘇轍感慨！他歷經四十二年仕宦生涯，晚年隱居時作此文，文末言：「吾以爲使贄反國，而爲鴟夷子皮浮舟而去，則其君臣之間，超然無後患，然後可以言智也哉！」[76]心中應有深沈之感慨。

在〈牛李〉中，評論唐末的牛李黨爭，認爲牛僧孺之德量高，而李德裕以才氣勝，雖各有所長，然而德重於才，故蘇轍說：「始僧孺南遷於循，老而獲歸，二子蔚、聚，後皆爲名卿。德裕沒於朱崖，子孫無聞，後世深悲其窮。豈德不足而才有餘，固天之所不予耶？」蘇轍又深深地感慨，牛李「實則當世之偉人也」，若能捐棄一己之私，「各任其所長，而不爲黨。」以至誠輔佐君王，則不僅是「唐末之賢相」[77]，或許唐朝國祚能更綿延久遠。蘇轍一生深受黨爭之苦，論及此，必是別有一番滋味在心頭。

（三）諸子

論孔子，蘇轍集中在論其道與出處。其云：「孔子之道如天然，在人，賢者識其大者，不賢者識其小者。顏子識其大者也，故仰之而知其有高者存焉，鑽之而知其有堅者存焉」[78]，指出孔子之道如天般高明而不易體悟。正因爲道之抽象難懂，故孔子不以道語人，以避免落於一偏，其所以語人者必以禮，蓋「君子由禮以達其道，而小人由禮以達其器」[79]，這是孔子設想周到之

---

[76] 以上引文見蘇轍《欒城後集・歷代論・陸贄》，卷11。
[77] 以上引文見蘇轍《欒城後集・歷代論・牛李》，卷11。
[78] 蘇轍《古史・孔子弟子列傳》，見《三蘇全書》第4冊，頁197。
[79] 蘇轍《欒城後集・歷代論・王衍》，卷9。

處,「使達者有見,而未達者不眩也」[80]。簡單來說,孔子之道以無為體,而入於群有,古之聖人命之曰一,寄之曰中,屬於形而上的層次。根據蘇轍的理解,他認為儒、道、釋所論之道相同,只是各自的表達方式不同而已。至於出處,蘇轍認為孔子意在用世,故當魯定公、季桓子為女樂所誤,「孔子去魯而游諸侯」。衛靈公雖無道,然善於用人,「孔子疑可輔焉,是以去魯,三年而往反于衛者四」,知其不用,又適陳、蔡、槃桓以俟葉公、楚昭王之用,可惜子西間之,昭王亦死,「知諸侯無復可與共事者,然後浩然有歸老之意」[81]。觀孔子一生,實欲出仕,欲使聖人之功現於天下,可惜終未遇識才明君,不能一展抱負。

　　論老子,蘇轍認為老子與孔子一樣是能體道之聖人,只是老子示人以道,而孔子示人以器。老子「志于明道,而急于開人心,故示人以道而薄于器,以為學者惟器之知則道隱矣,故絕仁義、棄禮樂以明道」,指出老子自為頗深,欲使達者易入,故直接示人以道。然道並不可言,可言皆其相似者罷了,於是「達者因似以識真,而昧者執似以陷于偽」,後世因老子之言以達道者不少,以亂天下者亦有之。而學孔子者無大過,卻常苦其無所從入,「二聖人者皆不得已也,全于此必略于彼矣」[82]。雖然孔子、老子開示後人的方法有異,互有長短,蘇轍基本上較贊同孔子示人以器的方式,以避免流於王衍之徒,以道自命而蔑棄禮法,使得風俗大壞,中原為墟。

　　論孟、荀。蘇轍肯定孟子所言「不嗜殺人者能一之」的看

---

[80] 蘇轍《古史・老子列傳》,見《三蘇全書》第4冊,頁225。
[81] 以上引文見蘇轍《古史・孔子列傳》,見《三蘇全書》第4冊,頁193。
[82] 以上引文見蘇轍《老子解》,見《三蘇全書》第5冊,頁422。

法，他指出若不深原其意，詳究其實，會以為孟子是迂腐之言，但考諸歷史，泰始皇、項羽殺人愈多，而天下愈亂。反之，漢高祖、東漢光武帝、唐太宗、宋太祖雖以兵取天下，而心不在殺人，故「蓋自孟子以來，能一天下者四君，皆以不嗜殺人致之。由此觀之，孟子之言，豈偶然而已哉」[83]。肯定孟子欲以仁義化服暴強的企圖。但對孟子、荀子的人性主張，他就不表贊同。他認為陰陽之未形謂之道，喜怒哀樂之未發謂之中，中即道也，在人為性，故性無善惡。及其發而中節，仁義禮知之用現於物，才謂之善或和。故「善惡皆習也，指習以為性，而不知其非，二子之失一也」。謂孟、荀指習以為性，已失聖人之言。他又以火作譬喻，謂「孟子之所謂善，則火之能熟者也，是火之得其性者也。孫卿之所謂惡，則火之能焚者也，是火之失其性者也，孫卿之失則遠矣」[84]。蘇轍以自己的人性觀點去評論孟、荀，雖不同意性善的看法，但性善、性惡說相較之下，他以性善說為長。

論韓非，蘇轍認為韓非兼用商鞅治秦之法，與申不害治韓之術，可謂集法家之大成。然「法之所止，雖有聖智不用也；術之所操，雖有父子不信也」，故君王若據法、術以操控臣下、百姓，將無所不為。因此他指出「秦、韓之治，行于一時，而其害見于久遠。使非不幸獲用于世，其害將有不可勝言者矣」，慶幸韓非不為世所用，否則遺禍必深。蘇轍這種看法和司馬遷悲韓非不為世用的觀點，可謂兩極，為免後世誤解，他又詳加說明，他說：「古之君子，循理而言，言之利害不存乎心，故言出而必

---

[83] 蘇轍《古史‧孟子孫卿列傳》，見《三蘇全書》第 4 冊，頁 235。
[84] 以上引文見蘇轍《古史‧孟子孫卿列傳》，見《三蘇全書》第 4 冊，頁 238。

合；雖有不合，要已無愧于中矣。豈復立法而求其必售耶？今非先立法而後說，人既已不知說矣，而況非之所以說秦，蓋求禍之道乎！太史公以李陵之事不合于漢武，終身廢辱，是以深悲之歟？」[85] 批評韓非的學說並非循理而言，更何況是面對殘暴的秦國，必然招來災禍，而司馬遷之悲韓非，實乃悲己之身世，並非肯定韓非的學說。

∽ 第四節　史學思想之評價

一、歷史哲學

中國人受到《易經》的影響，對歷史的看法常有周而復始，一盛一衰的觀念，認為歷史的發展是不斷的治、亂循環。但是循環之後最終的趨向為何？各人的看法則不一。司馬遷《史記·高祖本紀》云：

> 太史公曰：夏之政忠，忠之敝，小人以野，故殷人承之以敬。敬之敝，小人以鬼，故周人承之以文。文之敝，小人以僿，故救僿莫若以忠。三王之道，若循環，終而復始。周、秦之間，可謂文敝矣。秦政不改，反酷刑法，豈不繆乎。故漢興承敝易變，使人不倦，得天統矣。[86]

---

[85] 以上引文見蘇轍《古史·老子列傳》，見《三蘇全書》第 4 冊，頁 232。

[86] 瀧川龜太郎《史記會注考證》，台北：中新書局有限公司，1982 年，頁 181－182。

認為政治歷史的循環是依照三王之道的「忠」、「敬」、「文」，終而復始，故其贊美漢高祖能承周、秦文之敝，反其忠政，使民不倦，而得其天統。班固作《漢書》，則將五行相生說作為歷史發展的永恆規律。司馬遷、班固都注意到歷史循環變動的現象，但未有退化或進化的觀念。至唐劉知幾作《史通》，主張記史書事應因時改革，注意到社會進化之現象。宋代理學家二程，認為歷史是在不斷的循環中，呈現退化的趨向，而衡量的尺度是天理，只有三代是天理純正的階段。吳懷祺在《中國史學思想通史·宋遼金卷》批評說：

> 二程歷史觀有兩個不可彌補的缺陷。一、把「日衰削之理」作為變化普遍性、永恆性的原理。宇宙是辯證的無限的發展，事物發展是在螺旋中向上的運動。二程承認事物盛衰往復，「未有能復歸本原之地」，但他的「日衰削之理」的認識是把宇宙的變化作為有限的量的衰減。二、他們宣布二帝三王之世是「理」的標本，「天理」的綱常名分成為終極的真理，已經被他們發現了。由此，二程關於歷史盛衰變動、盛衰聯結的認識中的辯證法因素，最終被窒息了。[87]

指出二程認為歷史演變的趨向是不斷的循環退化，而最終要回歸三代之治，呈現復古的趨向。這是二程以理學治史學，未能將人類的歷史放在整個文明發展的過程來看，一味的強調天理，美化

---

[87] 吳懷祺《中國史學思想通史·宋遼金卷》，安徽：黃山書社，2002 年，頁 100－101。

三代之治，必然造成偏頗的史觀。蘇轍承襲劉知幾社會進化的觀點，提出歷史是不斷循環進化的規律，雖有治、亂之交替循環，但整體而言是進化的，所以他反對復古，主張應順應人情，觀勢而為，這無疑是一種相當進步的史觀。鄧鴻光在〈歷史規律與歷史人物研究〉中感慨的說：

> 長期以來，我們在歷史人物研究中偏重于歷史主客體之間的實踐關係，習慣于從作為基礎的經濟事實中去探索歷史人物的思想觀念，以及由這些觀念所制約的具體實踐活動。而對于人的自我意識，人作為有生命的個體而必然具有的需要、欲求、情感、意志，這些歷史認識的客體內容則被我們冷落了。[88]

指出長期以來，中國歷史之研究，雖注意到人物的價值，卻只著重在人物的思想與行為，而忽略了人是活生生的個體，有內在的「需要、欲求、情感、意志」，這些也是推動歷史演進的力量，但注意到的人卻很少。蘇轍在〈周本紀〉、〈周論〉中論及三代的演進，正揭示推動歷史、政治演變的力量為人的需要、欲求與情感，他統括為「人情」。在〈夏本紀〉、〈夏論〉中提到即使聖人制定禮樂制度，亦會順應「人情」，可見他的眼光十分銳利，可惜在理學掛帥，儒家為主流的時代，他的思想始終未受到重視。

　　王治平在《蘇轍「古史」中的歷史思想》中，對其歷史觀作一總結，他說：

---

[88] 鄧鴻光〈歷史規律與歷史人物研究〉，鄧鴻光、李曉明主編《史學理論與史學史》第 1 輯，武漢：崇文書局，2003 年，頁 4－5。

> 他把這個過程（歷史發展過程）看成是一個山峰形的路
> 線，前半段（三代）是一個逐漸進化的過程，後半段則正
> 好相反，是一個逐漸退化的過程。但不管進化退化，歷史
> 的發展過程都只有單一的目標、單一的主題、單一的方
> 向，整個過程非常地直線發展，沒有什麼曲折，一個時代
> 與上一個時代之間的關係是在同一方向上的承續，而非加
> 以辯正。而在影響歷史發展的因素上，可以發現某些非人
> 力所能改變的力量，如勢、天命等等，是蘇轍常常用以解
> 釋歷史的因素。[89]

指出蘇轍認為整個歷史發展的過程是先有一個山峰，在周朝達到
頂點，周之後就走下坡，秦漢以後就以單調的直線發展，沒有曲
折起伏，而影響歷史發展的重要力量為勢、天命，是非人力所能
改變的力量。筆者以為這樣的論點頗值得商榷。其一，王治平研
究的範圍限於《古史》，《古史》所載之時代，上起三皇，下迄秦
始皇，以有限的上古時代的歷史，去推測蘇轍對整體歷史發展過
程的觀點，是有點危險。其二，如果蘇轍真的認為整個歷史發展
的最高峰在周朝，這樣他的看法就同於二程，必然也會提倡復
古，希望回歸三代之治。事實上蘇轍並不贊成復古，他在〈秦始
皇本紀〉中，批評復古之說，贊成秦朝因勢而行郡縣制，並指出
秦朝之敗在於失德。在〈三國論〉中，稱讚漢高祖為英雄之君。
在〈唐論〉中，稱讚唐太宗內設府兵，「有秦之關中內重之勢，
而左右謹飭，莫敢為不義之行，是以上無逼奪之危，下無誅絕之

---

89 王治平《蘇轍「古史」中的歷史思想》，清華大學歷史所碩士論文，1997
　年6月，頁51。

禍」；外設節度使，「有周之諸侯外重之勢，而易置從命，得
以擇其賢不肖之才。是以人君無征伐之勞，而天下無世臣暴虐之
患」[90]，因而成就盛世。至於唐之衰，乃人謀不臧，非法制之
失。可見他並不認為周朝是僅有的高峰。其三，蘇轍在〈秦始皇
本紀〉中，提到歷史治、亂循環的軌跡已如前述。他在〈進論〉
中，分別論述夏、商、周、六國、秦、漢、三國、晉、七代、
隋、唐、五代政治之利弊得失，指出其治亂興衰之道，其治亂循
環的觀點十分清楚，怎麼會是單一的目標、主題與方向呢？其
四，蘇轍作《春秋集解》時，主要依據《左傳》，卻完全不採用
其天命觀；所作史論六十五篇，主要亦在論歷史之成敗得失，以
求資鑑之功，而不論天命，可見蘇轍重人治，而不重天命。在
《古史》中雖曾提及「天命」，實為天道自然之意，非命定而人
力不能改變的力量。他在〈秦始皇本紀〉中說：

> 治天下在德不在勢。誠能因勢以立法，務德以扶勢，未有
> 不安且治者也。[91]

明白指出天下治亂的關鍵在德，德足以影響勢，如果秦始皇統一
天下之後能修德，寬繇賦，與民休息，「而以郡縣治之，雖與三
代比隆可也」[92]，可見影響歷史發展的主要力量在人而非勢。以
上論述，目的不在批評王治平的研究，而在藉此凸顯蘇轍對歷史
演變規律的觀點。

---

[90] 以上引文見蘇轍《欒城應詔集‧進論‧唐論》，卷3。
[91] 蘇轍《古史‧秦始皇本紀》，見《三蘇全書》第3冊，頁446。
[92] 蘇轍《古史‧秦始皇本紀》，見《三蘇全書》第3冊，頁446。

二、史學方法

　　史學家面對浩如煙海的材料，需要適當的史學方法，以剪裁史料，熔鑄成史書，故史學方法的選擇也直接影響到史著的優劣與特色。杜維運《史學方法論》說：

> 在治史的基本態度上，應「多聞闕疑，慎言其餘」；選擇史料，應置原書於優先地位；考證史料，應「旁參互證」，「虛其心以求之，平其情而論之」；以同情的想像，為古人「設身處地」；以淑世的胸懷，為後世留美善的記錄。凡此，都是極有價值的史學原理。[93]

指出治史的態度須謹慎，史料的考證宜客觀，著史的目的在為後世留美善的記錄。以杜維運的這個觀點來看蘇轍的《古史》，《古史》當是頗具價值的史著。《古史》在《史記》的基礎上，指出《史記》的缺誤，又參酌後出的文獻以訂正、增刪其內容，成為一本價值不菲的上古史，可與《史記》相參酌。朱熹云：「所論史遷之失，以為淺近而不學，疎略而輕信，亦中其病」[94]；黃震《黃氏日抄》及《四庫全書》均認為《史記》、《古史》二書可以互相參考，肯定《古史》之作。

　　蘇轍認為古事當以古說為近，其史料之揀擇以上古之撰述為主，再參酌後世之資料，尤重經書之記載，輔以經書之傳注。而

---

[93]　杜維運《史學方法論》，台北：三民書局股份有限公司，1999年，頁2。
[94]　朱熹《朱子大全・古史餘論》，卷72。

受到美善價值觀的影響，他往往會維護聖王的良好言行，去除不利的說法，如舜在得瞽瞍同意後，堯才妻以二女；禹傳子未傳賢乃因不欲立異，以免有時而窮；湯、武革命均出於不得已，是解救百姓之大義。所以「**以理入史**」成爲《古史》的重要評價，《重訂古史》中載陳仁錫曰：「**子由《古史》，史中經也**」[95]，正道出蘇轍治史的重要方向。故其史料之收集可謂爲精擇，非博採，並能細心的發現《史記》中諸多矛盾的說法，並審慎去取。對不太合理的神話傳說、漢代盛行的五行終始說，均大部分刪除，頗具科學的眼光。

　　《古史》採用紀傳的體例，突出人物爲歷史的中心，並在傳後加上長篇贊文，可見其藉史言理，欲世人明白歷史得失功過之用心，具濃厚的經世目的。其不作〈表〉、〈書〉，就歷史的眼光來看爲一大缺失，然亦反映其不贊成復古的思想。在史文的撰述上，文詞簡鍊工妙，與《史記》之文各領風騷。而在史中加注說明，不僅保存史料，並大有功於來學。章學誠《文史通義‧內篇三‧史注》云：

> 誠得自注以標所去取，則聞見之廣狹，功力之疎密，心術之誠僞，灼然可見於開卷之頃，而風氣可以漸復於質古，是又爲益之尤大者也。然則考之往代，家法既如彼，揆之後世，繫重又如此，夫翰墨省於前，而功效多於舊，孰有加於自注也哉。[96]

---

[95] 見《三蘇全書》，第 4 冊，頁 464。

[96] 章學誠《文史通義‧內篇三‧史注》，台北：台灣中華書局，1966 年，卷3。

指出在史中加注，大有功於史法，可以考見作者功力之疏密，心術之誠偽，方便後學。可惜章學誠的說法得到大家的肯定，而蘇轍史中加注的作法，卻未受到重視。

三、歷史評論

自孔子作《春秋》以來，強調歷史懲惡勸善的作用，成爲中國史學的一大傳統。漢代之司馬遷、班固；唐代之劉知幾；宋代之歐陽脩、司馬光、二程、蘇轍；乃至清代的章學誠，莫不繼承此《春秋》大義，並喜以儒家的倫常之道評價歷史之功過得失。尤其宋代，以理入史成爲一時風尚，蘇轍作《古史》，目的在追錄聖賢之遺意，自然免不了說仁道義，在《古史》中處處可見「禮義」、「修德」等字眼，儒家的儒理綱常、道德之善成爲他評價各朝代政治與歷史人物功過的重要依據，所以朱熹對《古史》有不錯的評價，其云：

> 近世之言史者，唯此書爲近理，而學者忽之。……秦漢以來，史冊之言近理而可觀者，莫若此書。[97]
> 看子由《古史序》，說「聖人其爲善也，如冰之必寒，火之必熱；其不爲不善也，如騶虞之不殺，竊脂之不穀。」此等議論極好。程（頤）、張（載）以後，文人無有及之者。蓋聖人行事，皆是胸中天理自然發出來不可已者，不可勉

以有為為之。後世之論，皆以聖人之事有所為而然。[98]

稱讚《古史》論義理之處頗為可觀，論聖人行事所為無不善，乃胸中天理自然發出，非勉力而為，說明十分精當。吳懷祺《中國史學思想通史‧宋遼金卷》也說：

> （宋代）以史說理、說道者，成為一時風趨。范祖禹、羅泌、蘇轍等史學作品，理學道學痕迹尤深。[99]

指出蘇轍《古史》流露濃厚的理學、道學氣。這些評論主要針對蘇轍道德之善的價值觀而發，也因為符合傳統儒家思想而得到贊同。至於論及自然無為之美時，因近於佛、老，也就招來批評。如朱熹云：

> 蘇子曰：「古之帝王皆聖人也。其道以無為宗，萬物莫能嬰之。」予竊以為此特以老子、浮屠之說論聖人，非能知聖人之所以聖者也。故為其說空虛無實，而中外首尾不相為用。若削其「其道」以下，而更之曰「其心渾然，天德完具，萬事之理無一不備，而無有一毫人欲之私焉」，則庶乎其本正而體用可全矣。[100]

他以自己的理學思想，即天理、人欲之概念，批評蘇轍的佛道思

---

[98]　黎靖德編《朱子語類》，北京：中華書局，1986 年，卷 130。

[99]　吳懷祺《中國史學思想通史‧宋遼金卷》，頁 13。

[100]　朱熹《朱子大全‧古史餘論》，卷 72。

想。三教合一本是蘇轍思想的獨特處，儒家思想則爲朱熹的學術立場，二人立場不同，觀點自異，原無高下之別，可惜的是蘇轍的史觀遂因此而備受冷落。

蘇轍《古史》本爲糾謬《史記》而作，能細心指陳、考證《史記》缺誤之處，對《史記》不無補正之功。如黃震《黃氏日抄》云：

> 蘇子辨宰我無從叛之事，辨子貢無亂齊之事，皆有功聖門。……其傳有若也，常斥太史公載有若貌類孔子，而弟子師事之說，至採商瞿四十而生五子之說，以爲此卜祝之事，而鄙儒以論孔子，其說正矣。
>
> 《史記》載伊尹以負鼎說湯，《古史》去之。《史記》不載禱雨事，《古史》增之，皆當從《古史》。武丁學于甘盤，既乃遯于荒野，《史記》不載，而《古史》載之。舊說遯于荒野者爲甘盤，而《古史》指爲武丁，曰：「欲以習知民事。」與《無逸》書及近世朱文公《書說》合。此其於義爲精。
>
> 《古史》于《史記》載昭襄十一年，六國攻秦之事，即其未書之年衰爲據，改爲齊、韓、魏三國攻秦。雖世遠難知其詳，然即《史記》攻《史記》，史遷若在，亦自無辭。又其贊論，謂戰國苟能自修而不爭，如商、周先君，庶可服之。且以魏文侯、齊君王后爲證，是可垂訓，兼足輔孟子仁義之說。[101]

對《古史》更動《史記》之處，說解歷史事實，乃至贊語，均予以高度評價。王若虛《滹南遺老集》亦云：

> 子夏曰：「君子之道，焉可誣也？」潁濱《古史》論曰：「善乎子夏……此子夏之所謂誣也。」蘇氏之言深切時病，予故表而出之。[102]

認為蘇轍闡發子夏之言，能切中時病。大體而言，歷代學者對《古史》所言合於儒家思想者，都表示贊同，但若所言屬佛、道之流，則予以批判。如黃震批《古史》之論老子云：

> 班孟堅譏太史公先黃老而後六經，愚謂太史公本未有此失也，蘇子《古史》則不惟有此失，而又甚焉。[103]

反對蘇轍將老子與孔子相提並論，謂其所言之道相同。朱熹雖認為《古史》好處多，但亦批評《古史》：「以老子、浮屠之說論聖人，非能知聖人之所以聖者也」[104]。朱熹批蜀學為雜學，原因亦在此。儘管他對《古史》中流露之佛、道思想頗有意見，但認為蘇轍《古史》長於蘇軾之《東坡志林》，他說：

> 大抵不知天命人心為義理本原之正，而橫斜曲直，唯其意之所欲，此則蘇氏膏肓沈痼之疾，凡其父子兄弟之言若此

---

[102] 王若虛《滹南遺老集》，北京：中華書局：叢書集成新編，1985 年，卷7。

[103] 黃震《黃氏日抄》，卷51。

[104] 朱熹《朱子大全・古史餘論》，卷72。

類者不可勝舉。而少公資稟稍為靜厚，故其晚歲粗知省悟，而意聖賢之心不徒若是其卑也。是以特序此書，以救前失。然舊習已安，未易猝拔，而本原綱領終未明了，故其平日之邪論乘間竊發，而一時正見之暫明者不足以勝之也。若長公之《志林》，則終身不能有以少變于其舊，又不逮其弟遠矣。[105]

指出三蘇之學不知天命人心為義理之本源，唯蘇轍因資稟靜厚，故晚年所作《古史》，具一時之正見，比蘇軾終身執迷要佳。朱熹與三蘇對道的理解不同，所論自異，然可見朱熹對《古史》不無肯定。明代萬曆壬子時刊刻之《古史》，焦竑為之作序云：

子由所緒，正援據精審，足以扶微學，存古義，此史公之功人，非其苟為異而已。……余以謂于此有三益焉。念文士多而史材少，欲以鑱磨後進，為良史之儲，一益也；考見得失，即宏深奧衍如史公，不曲從而苟止，二益也；據經訂史，令英儒秀人壹歸雅正，而稗官雜說不汩于其中，三益也。[106]

中肯的說明蘇轍《古史》非苟為異，乃《史記》之功人，並指出《古史》的三個優點，即保存史料；考見《史記》之得失；據經以訂正史傳，使歸於雅正。焦竑的看法，頗能切中《古史》之要，可謂的評。《三蘇全書‧古史敘錄》也說：

105　朱熹《朱子大全‧古史餘論》，卷72。
106　見《三蘇全書》第4冊，頁461。

如果將蘇轍《古史》擺在整個宋代學術領域來考察，它只
不過是眾多古史著作中的一家而已。需要注意的是，諸家
古史，或借寓于編年，或假借于本末，或托體于典志體，
其中真正沿用紀傳體研究上古史，並做出成就的只有蘇轍
《古史》。[107]

高度肯定蘇轍《古史》在宋代史學中的地位。

蘇轍所作史論六十五篇，《進論》以評論歷朝政治得失爲
主，《歷代論》以議論歷史人物行誼爲主。蔣立文在《蘇轍傳》
中說：

崇寧五年，九月上旬，蘇轍終於完成了代表他一生最高政
論水平的傳世名著《歷代論》，共五卷，荐文四十五篇，
該書名雖論史，實則論政。[108]

以古鑑今，大抵爲史論之價值所在，即使時至今日，蘇轍史論之
卓越識見，仍足以發人深省，爲世所用。蘇轍史論本爲救世而
作，其企求經世致用之意圖明顯，故所論內容廣泛，主要談治國
之道，兼及爲君、爲臣之道，並論及先秦諸子。何寄澎在〈北宋
的古文運動〉中說：

在北宋務求經世致用的風氣，以及以政教為道的觀念中，

107　見《三蘇全書》第 3 冊，頁 345。

108　蔣立文《蘇轍傳》，吉林：文史出版社，1998 年，頁 216。

蘇轍仍可算是一鮮明的代表。[109]

指出務求實用爲蘇轍史論之重要目的。與父兄相較之下，蘇轍之
史論更近於經術，較少縱橫家之權術色彩。王水照在〈蘇轍的文
學思想和散文特色〉中說：

> 蘇轍這種沈靜謹重的氣質、性格影響到他散文的思想和藝
> 術面貌。蘇轍的政論、史論，一方面師法父兄，以探討治
> 亂得失為旨歸。……另一方面，比之父兄較少權術機變之
> 說，經術色彩較重，與歐曾相近。[110]

蘇轍爲宦四十二年之久，故能嫻熟政事，知悉民間疾苦，故所論
往往能切中時弊，而非空言。

總之，蘇轍所作史論具備相當高的價值，歷來頗獲好評。明
朝茅坤云：

> 《歷代論》四十三首，蓋子由於罷官潁上時，其年已老，
> 其氣已衰，無復嚮所為，飄颻馳驟若雲之出岫者，馬之下
> 坂者之態，然而閱世既久，於古今得失處，參驗已熟，雖
> 無心為文，而其折衷於道處，往往中肯綮、切事情，語所
> 謂老人之言是也。[111]

---

[109] 何寄澎《北宋的古文運動》，台大中文所博士論文，1911 年，頁 78。

[110] 王水照〈蘇轍的文學思想和散文特色〉，《三蘇散論》，四川師範大學學報
叢刊，第 13 輯，1987 年，頁 207。

[111] 茅坤《唐宋八大家文鈔·潁濱文鈔》，台北：台灣商務印書館，文淵閣四
庫全書，1983 年，卷 152。

謂蘇轍所作史論能切中古今得失之處，可謂評價不斐。劉壎亦言：

> 老泉之文豪健，東坡之文奇縱，而潁濱之文深沉，差不逮其父兄，故世之讀之者鮮焉。惟進卷中《歷代論》如〈夏〉、〈商〉、〈三國〉、〈東晉〉數篇，卻自精妙有味。[112]

指出蘇轍之多篇史論，精妙有味，可惜後世鮮少有人注意。呂思勉在《宋代文學》中說：

> 潁濱之文，氣象不如其父之雄奇；才思橫溢，亦非乃兄之敵。然議論在三家中最為平正。[113]

認為蘇轍所論比之父兄，最為平正。金國永在《蘇轍》中說：

> 他熟讀經史，洞悉古今。兼之身歷自仁宗到徽宗五代，有著極豐富的政治閱歷，他把君主專制的弊病看得十分深透，而且暮年之人，面臨亡國之禍，怎不萬念俱灰，發出哀婉的悲聲呢？因此，蘇轍的《歷代論》，不管從史學價值看，或從美學意義賞析，都是值得一讀的。[114]

稱讚蘇轍所作史論，析理精確，議論平正，兼具史學與美學價

---

[112] 劉壎《隱居通議·三蘇》，北京：中華書局，叢書集成初編，1985年，卷15。

[113] 呂思勉《宋代文學》，台北：台灣商務印書館，1933年，頁17－18。

[114] 金國永《蘇轍》，北京：中華書局，1990年，頁153。

值。誠如王鞏〈蘇黃門挽詩三首〉所言:「弟言仁達意,千古各垂名」[115],蘇轍所作史論和蘇軾所作一樣,具備相當高尚的史學和藝術價值,值得重視與肯定。

---

[115] 王鞏〈蘇黃門挽詞三首〉,見《墨莊漫錄》,張邦基撰,北京:中華書局,叢書集成初編,1985 年,卷 3。

第六章

經世思想析論

　　蘇轍一生，泰半時間在朝為官，長達四十餘年之仕宦生涯，歷經宋仁宗、英宗、神宗、哲宗、徽宗五朝。四十八歲以前皆任地方官，先後至陳州、齊州、南京應天府、筠州、績溪等，因官卑位小，政治建樹不多，但和下層百姓接觸頻繁，較了解民間疾苦。因之，王安石變法著眼於富國，增加朝廷收入；蘇轍則著眼於解民貧困，體諒下層百姓。哲宗元祐元年，官職漸居顯要，才得以大展長才。他總結歷代興亡教訓，主張採用溫和方式改革弊政，即使面對新法，他也不主張全部廢除，一切以是否切合世用為準，非為反對而反對；與舊黨同時執政，只要事有未妥，他也針對事理，盡其忠言，以報效國家。他得蒙重用，與聞國事之時間雖不長，然全心為國，不遺餘力。鞠躬盡瘁之結果，使元祐時期政治較為清明，百姓得以喘息。呂申公云：「只謂蘇子由儒學，不知吏事精詳如此」[1]；又據〈蘇文定公謚議〉言：「是以九年之間，朝廷尊，公路闢，忠賢相望，貴倖斂跡，邊陲綏靖，百姓休息，君子謂公之力居多焉，信也」，[2]大力稱讚元祐之政，頌揚蘇轍政績。可見子由之經世思想必有可觀之處，值得探討。此處由政治、軍事、財經三方面探之。

∞ 第一節　政治思想

　　政治乃處理眾人之事，包含甚廣，舉凡治國之所有事皆可含

---

[1] 蘇籀編《欒城先生遺言》，北京：中華書局，叢書集成初編，1985 年，頁3。

[2] 見蘇轍《欒城集·蘇文定公謚議》，卷首。

括其中。本文只從大處著眼，建構其政治思想之理論體系，由道體儒用，治國以術二大方向作探討。

一、道體儒用

道體儒用，是蘇轍政治思想的最高指導原則，亦即政治哲學。他認為儒、道的思想各有優、缺點，可以互補。他說：

> 臣聞老子之所以為得者，清淨寡欲；而其失也，棄仁義、絕禮樂。儒者之得也，尊君卑臣；而其失也，崇虛文而無實用。然而道之可以長行而無弊者，莫過於儒術。其所以有弊者，治之過也。漢文取老子之所長而行之，是以行之而天下豐；漢武取儒者之失而用之，是以用之而天下弊。此儒、道得失之辨也。[3]

指出老子清淨寡欲之道是優點，缺點是棄仁義禮樂，將難以用世。儒家思想之優點在重五倫，尊君卑臣，使社會秩序井然不紊，但過分強調禮的結果，將流於虛偽的形式節文，喪失真實的精神內涵。他並以漢文帝取老子之長而行，使得天下富足；漢武帝取儒家之短而用，使得世風敗壞作說明，認為儒、道之思想互有得失。

以道家來看，他在《老子解》中說：

3　蘇轍《欒城應詔集·御試制策》，卷 12。

以道化育天下，而未嘗治之，民不知其所以然，故亦有之而已。以仁義治天下，其德可懷，其功可見，故民得而親譽之，其名雖美，而厚薄自是始矣。……吾誠自信，則以道御天下足矣。唯不自信，以加之仁義，而重之刑政，而民始不信。[4]

說明以「道」治天下的好處，可以使風俗淳樸，百姓知足安居，此時仁義禮知行於天下，而民不知。但若以「仁義」治天下，則百姓知仁識義，雖瞭解道德之美，然風俗亦開始出現厚、薄之分別，所以化育天下應以道較佳。尤其君王，掌天下之權，用天下之利，若不能學道而清淨寡欲，將用物多而害民久。他在〈三宗〉中說：

古之賢君，必志於學，達性命之本而知道德之貴，其視子女玉帛與糞土無異，其所以自養，乃與山林學道者比，是以久於其位而無害也。[5]

認為君王之所以自養，當如山林學道者，能體會道之奧妙，瞭解性真而物妄，自然本性清靜，無欲無求，就不會浪費天下的資源，可以「久於其位而無害」，並使天下大治。另外，老子的緩柔之道，也是蘇轍取自於道家的政治哲學之一，他認為治國之道，宜以柔御剛，方能長保國安，避免變故。如在〈漢文帝〉中說：

---

[4] 蘇轍《老子解》，見《三蘇全書》第 5 冊，頁 419－420。
[5] 蘇轍《欒城後集·歷代論·三宗》，卷 7。

> 老子曰：「柔勝剛，弱勝強。」漢文帝以柔御天下，剛強
> 者皆乘風而靡。[6]

文中盛讚漢文帝能忍吳王濞之包藏禍心，因之亂以不作。並批判
漢景帝惟不能忍，急用鼂錯削諸侯封地之計，終釀成七國之禍。
在〈商論〉中也提及周之賢君雖不如商多，然其國祚卻久於商朝
數百歲，主因在於柔忍者可以久存，明白揭示以柔忍治國之利。
他認為治國，應以緩柔作為施政之原則，避免激進急躁，才是社
稷之福，才能蒙受大利。王素琴在《蘇轍古文研究》中說：

> 在三蘇中，以子由最常議及「柔」之大用，這一者是因他
> 的性格，本近於柔這一方面，再者是他的思想，頗有得於
> 老子之故。[7]

蘇轍個性沈穩內斂，兼因好《老子》之故，故無論在治國之道，
或為人處事上，均主張「以柔御剛」，才能圓融無礙。蘇軾、蘇
轍兄弟二人半生在洶湧詭譎之宦海中浮沈，凶險災厄不斷，然蘇
轍仍能較其兄平順而長壽，蓋亦屬「柔」之大用。

雖然他肯定老子學說的清淨寡欲之道與柔能克剛的思想，但
他也指出一味求道之弊，易流於放縱情欲，如此一來，邦國將邪
妄充斥，人欲橫流，國家焉能安定？人民勢必無所適從！在〈王
衍〉中，子由以魏晉之流弊作為證明，批判魏晉時王衍「濟邪

---

6 蘇轍《欒城後集・歷代論・漢文帝》，卷7。
7 王素琴《蘇轍古文研究》，政治大學中文所碩士論文，1996 年 6 月，頁
71。

佞，成淫欲」，遂「蔑棄禮法，而以道自命，天下小人便之」，影響所及，終至「君臣奢縱於上，男女淫泆於下，風俗大壞，至於中原為墟而不悟」。但當世儒者未識其弊，仍是捨「形器之說」而求道，結果「冥冥而不可得也，則至於禮樂度數之間，字書形聲之際，無不指以為道之極。然反而察其所以施於世者，內則讒諛以求進，外則聚斂以求售。廢端良，聚苟合，杜忠言之門，闢邪說之路，而皆以詩書文飾其偽。要之，與王衍無異」[8]，認為魏晉之時，世風敗壞，正是廢禮慕道所致，並嚴詞批評北宋當時部分學者好論道之行徑，與魏晉的王衍相同，都是借通達以濟淫欲，將是國家之禍。

那該如何行道又避免道之流弊呢？當濟之以儒家的用世之道。他認為「道」乃形而上之層次，一般人不易心領神會。雖然道是無所不在，聖人君子可以之治氣養心，以之御物而無窮，但道並不適合人人學習，否則易生弊端，但「禮」與「刑」屬形而下之層次，即所謂「器」，一般人容易了解而遵行，故古之聖人賴之以治天。他在〈王衍〉中說：

> 聖人之所以御物者三：道一也，禮二也，形三也。《易》曰：「形而上者謂之道，形而下者謂之器。」禮與形皆器也。……夫道以無為體，而入於群有。在仁而非仁，在義而非義，在禮而非禮，在智而非智。惟其非形器也，故目不可以視而見，耳不可以聽而知。惟君子得之於心，以之御物，應變無方，而不失其正，則所謂時中也。小人不知

---

[8] 以上引文見蘇轍《欒城後集·歷代論·王衍》，卷9。

而竊其名，與物相遇，輒捐理而徇欲，則所謂無忌憚也。故孔子不以道語人，其所以語人者，必以禮。禮者，器也，而孔子必以教人，非吝之也，蓋曰：「君子上達，小人下達。」君子由禮以達其道，而小人由禮以達其器。由禮以達道，則自得而不眩；由禮以達器，則有守而不狂。此孔子之所以寡言道而言禮也。[9]

由此觀之，真正欲施行孔孟大道，應是以「禮」來引導黎民姓循規蹈矩，以「刑」來約束不法行為之產生，二者雙管齊下，天下必得以大治，屆時民雖莫知，然「道」已盛行於其間。他在〈梁武帝〉中說：

誠以形器治天下，導之以禮樂，齊之以政刑。道行於其間而民不知，萬物並育而不相害，道並行而不相悖，泯然不見其際而天下化，不亦周孔之遺意也哉！[10]

指出以禮樂、政刑治天下，乃周公、孔子聖人之遺意，可以使得天下大治。如此看來，似乎儒家之禮樂就足以治世而無窮，那又何需「道」呢？他說：

仁義禮樂，聖人之所以接物也。而仁義禮樂之用必有所以然者，不知其所以然而為之，世俗之士也，知其所以然而

---

[9]　蘇轍《欒城後集・歷代論・王衍》，卷9。
[10]　蘇轍《欒城後集・歷代論・梁武帝》，卷10。

後行之，君子也。[11]

認為聖人君子能知仁義禮樂之所以然，亦即「道」，並以之應世，故所作所為可以順乎天理，應乎人情，不會有時而窮。反之，若不懂得「道」，當仁義禮樂互相衝突時，將是非莫準。況且若不明禮樂之根本精神，徒守其節文，將成為僵化的禮教，不能因時制宜，視情況而變通，甚者流於戕害人心，束縛性靈的工具。

　　總之，他認為孔子與老子都是得道的聖人，只是孔子示人以禮，老子示人以道。禮與道各有其優點與侷限，治國之道若能以道為體，以儒為用，就可以兼取儒、道之長，而去其短，使得邦國大治而無弊。

二、治國以術

　　國家大事千頭萬緒，光靠一最高指導原則，並不足以應付現實的種種問題，所以蘇轍又提出治國以術的方法，要先明天下之情，再以術御天下。

(一) 明天下之情

　　善治天下者，必先明天下之情，掌握人心之向背，才能以術治之，否則再高明的治術都可能徒勞無功。子由說：

---

[11] 蘇轍《老子解》，見《三蘇全書》第 5 冊，頁 418。

> 聖人之為天下，不務逆人之心。人心之所向，因而順之；
> 人心之所去，因而廢之。故天下樂從其所為。……今夫人
> 之情，非其所樂而強使為之，則皆有怏怏不快之心，是故
> 所為而無成，所任而不稱其職。[12]

治理天下，君王須先審知人情之所安與不安之處，瞭解民之所
欲，這樣作決策時，才能順應民心，並去除擾民之政，如此一
來，百姓均樂從其所爲而無怨，國家必然大治。反之，君王若不
明天下人心之所向，徒以己之私欲使天下，此不恤人情之所不安
的獨斷行爲，必使百姓怨聲四起，甚且群起暴動而傾覆國家，爲
君者豈可不慎！

　　掌握人情之好惡後，君王尚須明察君子、小人之情，才能爲
國舉得良才，協助治理國政。他說：

> 聖人見其初而求其終，聞其聲而推其形。蓋惟能察人於無
> 故之中，故天下莫能欺。何者？無故者，必有其故也。古
> 者明王在上，天下之小人伏而不見。夫小人者，豈其能無
> 意於天下也？舉而見其情，發而中其病，是以愧恥退縮而
> 不敢進。臣欲天子明知君子之情，以養當世之賢公名卿，
> 而深察小人之病，以絕其自進之漸，此亦天下之至明
> 也。[13]

指出唯有能「明知君子之情」，而稍順其意，不傷其心，方能求

12　蘇轍《欒城應詔集・進策・臣事下第四道》，卷8。
13　蘇轍《欒城應詔集・進策・君術第二道》，卷6。

用其才，並使之適才適所，發揮所能，爲國服務，成爲國之賢公
名卿，協助君王處理如麻之政事。而能「深察小人之病」，明白
奸雄之爲心，就可絕其進身仕途之路，息其欲得天下之心，使得
小人不能玩弄權柄，天下得以安寧。所以治國之道，須先明天下
之情，觀天下之勢，制定國策、任用人才時，才能因其所向，而
定其所歸，順應民心而爲。

(二) 御天下以術

　　明察天下之情後，更須求御天下之術，才能真正治理好國
家。他說：

> （漢）元、成、哀、平亦欲得天下之賢才而用之，然而不
> 知其情，不獲其術。賢人君子，避讒畏譏，遠引而去，而
> 小人宦豎，縱橫放肆，而制其事，此甚可憫也。夫人之平
> 居朋友之間，僕妾之際，莫不有術以制其變，蓋非有深遠
> 難見之事也。欲其用命，而見其所害；欲其樂從，而見其
> 所利；欲其喜，而致其所悅；欲其懼，而致其所忌；欲其
> 開心見誠，而示之以無所恐；欲其守死不去，而示之以無
> 所往。此天下之人皆能知之，而至於治天下則不能用，且
> 此過矣。……由此觀之，治天下愈不可以無術也。[14]

藉由人事相處的道理，說明「術」的功用，並以東漢末年元、
成、哀、平帝不明賢才之情，未獲御之之術，使得賢才遠去，小

---

[14] 蘇轍《欒城應詔集‧進策‧君術第一道》，卷6。

人縱橫，國家大亂作說明，強調治天下須善用術的重要。此「術」是指方法、技巧或策略，和法家之術形式上相似，但實質的精神內涵不同。法家如韓非，認為君王對人臣掌有絕對的權利，應利用法、術以操控臣下、百姓，其本質是為求君王之利。蘇轍所謂的術，是以儒家存心仁厚為本質，欲使天下安居為目的，即所謂言術而不離中道。他說：

> 術者，所謂道也。得其道，而以智加焉，是故謂之術。古
> 之聖人，惟其知天下之情，而以術制之也，萬物皆可得而
> 役其生，皆可得而制其死。[15]

指出聖人除了德治之外，治國尚須善用智慧與方法，才不流於道德空洞的口號，真正落實於社會民生，使百姓各得其所，各遂其生。

　　既然御天下之術如此重要，此術究竟為何？舉凡攸關治國之政治、軍事、財經、與君臣之間、安民之道均可包涵其中，範圍十分廣泛，難以鉅細靡遺陳述，更何況尚須因時而制其宜，故此處只從大處著眼，述其重要之綱目與原則。

1. 立為治之地

　　農夫欲植五穀，須先整治田地，才能播種而求秋收，若無田地，欲耕而不能，更遑論收成。君王治國也是相同的道理，須先立「為治之地」，再施以「為治之具」，才能使國家大治。也就是

---

[15] 蘇轍《欒城應詔集・進策・君術第一道》，卷6。

要先使百姓大致安居，生養有道，長幼有節，奠定國家的基礎，再施之以仁義、禮樂、刑法等，使國家得以富強而王天下。蘇轍認爲北宋當時的政治，治而不至於安，亂而不至於危，紀綱粗立而不舉，無急變而有緩病，根本的原因在於不立爲治之地。所以欲改善國家的窘境，須先立爲治之地。他以古聖王爲例，說明立爲治之地的內容與重要性。他說：

> 古者伏羲、神農、黃帝既有天下，則建其父子，立其君臣，正其夫婦，聯其兄弟，殖之五種，服牛乘馬，作為宮室、衣服、器械，以利天下。天下之人，生有以養，死有以葬，歡樂有以相愛，哀感有以相弔，而後伏羲、神農、黃帝之道得行於其間。凡今世之所謂長幼之節、生養之道者，是上古為治之地也。至於堯舜三代之君，皆因其所闕而時補之。……夫家卒乘車馬之數，冠婚喪祭之節，歲時交會之禮，養生除害之術，所以利安其人者，凡皆已定，而後施其聖人之德。是故施之而無所齟齬。[16]

由他對古聖王立爲治之地的說明，可以瞭解此「地」是一種民生樂利的境界。指出伏羲、神農、黃帝，乃至堯舜三代之君，治理天下時，能知民好惡，順應民心，使得人民生活富足，生者得養，死者得葬，冠婚喪祭之禮均能合於人情，使民安居。凡此種種乃治國之根本、綱紀，根本穩固之後，再施以聖人之德，遂締造了三代盛世。其後，子產用之於鄭，文種用之於越，商鞅用之

---

[16] 蘇轍《欒城集·新論上》，卷19。

於秦，孔明用之於蜀，王猛用之於前秦，其國皆因而富強，這都是立為治之地的功用，只是所施之具不同，故王霸不齊，享國長短不一。至於北宋，立為治之地一樣迫切而重要，只是世異事變，不同的世代有不同的要求與問題，他認為當世要立為治之地，須先解決「三不立」，他說：

> 嘗以為當今天下有三不立。由三不立，故百患並起而百善並廢。何者？天下之吏，媮墮苟且，不治其事，事日已敗而上不知使，是一不立也；天下之兵，驕脆無用，召募日廣，而臨事不獲其力，是二不立也；天下之財，出之有限而用之無極，為國百年而不能以富，是三不立也。[17]

此三不立涉及政治、軍事、財經三個層面。在政治上，吏治腐敗，政事廢弛；軍事上，士兵多而無用；經濟上，國庫收入有限，支出無節，入不敷出。此為國家問題之根源，治亂之所在，若不根本解決，再多的政策，都將流於空言，百善並廢，而百患並起。要解決三不立，可運用三個施政原則。他說：

> 居之以強力，發之以果敢，而成之以無私。夫惟有私者不可以果敢。果於一，不果於二，天下將以為言。不果者不可以強力，力雖強而輒為多疑之所敗。天下之人惟能為是三者，則足以排天下之堅強，而納之於柔懦；擾天下之怨怒，而投之於不敢。惟不能為是三者，則足以敗天下之賢

---

[17] 蘇轍《欒城集・新論中》，卷 19。

才，而卒之以不能有所建。是故無私而果敢，果敢而強
力。以是三者治天下之三不立，以立為治之地。為治之地
既立，然後擇其所以施之，天下將無所不可治。[18]

君王施政若能掌握無私、果敢、強力三大原則，即可破三不立，
建立為治之地。蓋能無私，官吏之任用、賞罰就可秉公處理，舉
賢明而去貪瀆。能果敢強力的推行政策，保留精壯之兵，汰除老
弱，不僅可以節省國庫支出，也能擁有一支精銳的軍旅。如此一
來，支出有節，也可改善入不敷出之財政窘況。所以子由認為無
私的心態、果敢的行為，強力的信念是解決三不立的重要原則與
方法，秉持三大原則處理國事，再因時制宜，擇其所而施之，天
下將無所不治。

2. 施為治之具

　　當為治之地已立，國家的綱紀已正，法度粗具，尚須再施以
為治之具，國家才能長治久安，幾於王道。「為治之具」指治國
之理念、方法。可由君道、臣事、民政三方面作說明。

　　（1）君道

　　君王是主宰國家政策成敗的靈魂人物，其聖明與否是治亂之
關鍵，故論政治，首重君道。君道之本在於修身，其次要審慎立
儲，施政能順天下之欲。

　　①修身

　　生為帝王，擁有天下之權，坐享天下之利，若不能以德修

---

[18] 蘇轍《欒城集・新論中》，卷19。

身，志學達道，必是社稷之禍。證諸歷史，明君使天下大治，昏君使民不聊生，暴君使國家覆亡，均可見君王修身之重要，故蘇轍指出：「為治之地既立，則（君）身修而天下可化也」[19]。君王修身，上可正己，下可化民，上行下效，民德歸厚，此古之聖王所以善治天下之道，今人以為大言而不信，實在是錯誤的觀念。他認為君王修身之要有四：儉、謙、勞、無欲。他說：

> 臣聞聖人欲有其富，則保之以儉；欲久其尊，則守之以謙；欲安其佚，則行之以勞；欲得其欲，則濟之以無欲。此四者，聖人之所以盡天下之利，而人不以為貪，極天下之樂，而不為人所厭者也。[20]

這段話是蘇轍期望宋仁宗能慎思、力行之事，也可看出他對君王修身的觀點。他認為君王要長享國家富有之樂，須恭儉節物，若用之以驕奢，此富必亡。在〈漢景帝〉、〈唐玄宗、憲宗〉二文，也分別揭示君王躬行恭儉，去淫佚的重要，可見他十分強調君王要清心寡欲，恭儉持身，去奢靡，不可浪費民力。君王要長久得到臣民的尊敬，須禮賢下士，謙以待民，若驕傲自滿，剛愎自用，將使賢才遠去，奸佞滿朝，不僅得不到人民的尊敬，還可能使得政權傾覆。君王要長享國家安定無事之閒，須勤勞於政事，整飭綱紀，落實吏治，百廢既舉，一切政事按正常軌道運行，國家太平無事，才能安享清平之逸，若怠惰而不理國事，弊端日滋，問題叢生，當大亂形成之際，再焦頭爛額去處理，既費時費

---

19 蘇轍《欒城集·新論下》，卷 19。
20 蘇轍《欒誠應詔集·御試制策》，卷 12。

力又於事無補。

　　君王要長久擁有天下，掌天下之權，得天下之尊，尚須視天下甚輕，看淡一切得失，以無欲無求的公正心態去面對與處理政事，才能廓然大公，舉措得宜，若視天下甚重，時時憂懼失之，心中所關注的只是如何保有天下，如何防止他人竊取，將如〈隋論〉所言，誅滅謀臣舊將，制定嚴法峻令，以防天下之變，結果防之愈過，愈快失之。所以他提醒君王：「古之聖人，修德以來天下，天下之所為去就者，莫不在我，故其視失天下甚輕，是故其心舒緩，而其為政也寬」，此乃聖人「所以深取天下者也」[21]。故君王要遂其欲，須以無欲濟之。其次，治國者在心態上須「人重而物輕」。他在〈隋論〉中說：

　　　古之聖人，其取天下，非其驅而來之也；其守天下，非其劫而留之也。使天下自附，不得已而為之長。吾不役天下之利，而天下自至。夫是以去就之權在君而不在民，是之謂人重而物輕。[22]

指出治國者須不戀棧權位，「視失天下甚輕」，才能心態平正地治理好國家。若是「重失天下」，必然處心積慮，以防天下之割裂，甚至不擇手段，無所不用其極，如此「防之太過」，必致民心背離，而如秦、隋亡國之速。故為政者應「視失天下甚輕」，才能「其心舒緩」，「為政也寬」，此即聖人之所以深取天下者也。

---

[21]　以上引言見蘇轍《欒城應詔集・進論・隋論》，卷2。
[22]　蘇轍《欒城應詔集・進論・隋論》，卷2。

②審慎立儲

帝王以九五之尊統御天下，擁有無以倫比之權力和地位，帝王的寶座自然是眾世子垂涎之物。觀之史實，多少王室父子、兄弟為爭奪帝位而骨肉相殘，不擇手段，所以審慎立儲，才能避免相爭之禍。蘇轍贊成帝位世襲，反對兄終弟及，認為這樣才能避免天下大亂，而選擇儲君的方式有四[23]。其一，若嫡長子品行端正，國家又處於太平無事之際，帝位應傳予嫡長子。此乃古今之正義。其二，若嫡長子屬桀、紂之流，或懦弱無能之輩，則應擇賢子而傳之。如文王捨伯邑考而立武王。其三，若嫡長子學行尚佳，然國有亂事，則應選平亂功大者，以迎合人心之所歸。如唐睿宗傳位予玄宗。其四，若眾長子均不可用，而須立幼主時，當如漢高帝、武帝，屬任賢臣，如陳平、王勃、霍光之流，才能避禍息亂。

他雖知君位世襲有許多弊端，然因受儒家忠君思想及時代所限，並未反對君王世襲制，但卻嘗試於此制度之中，藉由歷史資鑒，尋求一套最適當可行之法則，作為君王之借鏡，將弊端減至最低。

③順天下之欲

帝王施政的方針，主要為順天下之欲。「民之所好者生也，所惜者財也」[24]，能使百姓身家性命受到保障，飲食財物無虞，即是順民之所欲，百姓就可以安居樂業，而喜其君王。能使朝中大臣，在合理的範圍下，好名者得名，好利者得利，稍順其意而求用其才，就可借其長才而輔助治理國家。相同的道理，若欲改

---

[23] 見蘇轍〈夏論〉、〈晉武帝〉、〈唐高祖〉諸文。
[24] 蘇轍《欒城應詔集·御試制策》，卷12。

變現有的制度，進行改革，因爲會傷害既得利益者，須緩柔以得之，不可急切躁進，否則所施有逆人心，必生阻力，即使再佳之政策也會難以推動，徒勞而無功。所以君王施政之時，需把握順天下之欲的大原則，民之所欲，長在君心，才能善治邦國。

（2）臣事

君王欲以一人之力治理國家，必至疲於奔命，成效不彰，故任用賢才以輔助，乃必然之趨勢。而邦畿之中，賢才武夫雖眾，若無君王領導，勢必群龍無首，天下紛亂，所以古之聖人憑其睿智，針對現實需要制爲君臣之分，以安社稷。君臣既分，欲使國家長治久安，首先君王須知人善任，培養重臣；其次能君臣相守、官制簡明。

①知人善任

天下之事雖甚多而難辦，然必有能辦之人，端看君王能否發掘人才而用之。他說：

> 蓋古者英雄之君，惟能叩天下之才而存之，是以所求而必從，所欲而必得。漢武帝、唐太宗國富而兵強，所欲如意，而天下之才，用之不見盡。當其季年，元臣宿將，死者太半，而新進之士，亦自足以辦天下。由此觀之，則天下固有無窮之才，而獨患乎上之不叩不觸，而使其神弛放而不張也。[25]

指出天下有無窮之才，君王不可能事事皆能，須賴臣之才以補己

---

[25] 蘇轍《欒城應詔集·進策·臣事上第三道》，卷7。

之不足，並分擔紛紜之國事，國家才能大治。如漢武帝、唐太宗分別締造西漢、唐代盛世，關鍵就在於知人善任，能舉天下之才，治天下之事，而成就其國富兵強之所欲。即使君王本身才備文武，仍須善用人才，不可因此而獨斷獨行，因為國事如麻，必有自己智所不見，力所不逮之處，更何況人君不可能事必躬親，事事皆能，故他說：

> 人主之德在於知人，其病在於多才。知人而善用之，若己有焉，雖至於堯、舜，可也。多才而自用，雖有賢者，無所復施，則亦僅自立耳。[26]

知人善任，欲達堯、舜盛世可也，若多才而自用，就僅能自立而已。如漢高祖謀事不如張良，用兵不如韓信，治國不如蕭何，但用之不疑，終能敗項羽而建立漢朝。漢宣帝雖明察有餘，但性情忌克，唯順從之臣才得立於朝，於是賢才遠去，朝無重臣，王莽遂得以輕易篡之。即使如東漢光武帝文武兼備，善於處理國事，雖下不能欺，一時稱治，然其寬厚樂易之風遠不如西漢。可見善用人才以分己之勞，補己之短，是君王任臣治國之道，故「古之聖人驅天下之人而盡用之，仁者使效其仁，勇者使效其勇，智者使效其智，力者使效其力」[27]，任臣而適才適所，就可制其心而收其功。

②君臣相守

君臣既分而各有其責，尚須君臣相守，才能使國家長治久

---

26 蘇轍《欒城後集·歷代論·漢光武上》，卷8。
27 蘇轍《欒城應詔集·進策·君術第一道》，卷6。

安，國祚綿延久遠。他說：

> 蓋古之人君，收天下之英雄而不失其心，故天下皆爭歸
> 之；而英雄之士，因其君之資以用力於天下，功成求得而
> 不敢為背叛之操。故上下相守，而可以至於無窮。[28]

君臣各守其分，各司其職，摒除猜忌，以誠相待，自可上下相
安，國祚綿延久遠。此亦即五倫中君君、臣臣之道，倘若君臣真
能如此，國家自然富強。所以蘇轍在〈符堅〉中稱：「符堅、王
猛，君臣相得，以成伯功」[29]。若是「君臣相戾」，則將天下大
亂。子由說：

> 惟其君臣相戾，而不能以相用，君以為無事乎其臣，臣以
> 為無事乎其君。君無所用，以至於天下之不親，臣無以用
> 之，以至於悍悍而無所底麗，而天下始大亂矣！[30]

君王猜忌臣下而不能用，臣下揣度君王好惡而謀私利，如此上下
交相賊，忠信已蕩然無存，邦國境內必無可用之臣，一有危難，
憑君王一人之力，如何化險為夷？臣下對君王不能效忠，時時處
心積慮，刻刻汲汲營營，野心小者，貪名好利；野心大者，欲謀
帝位，如此一來，社會必定動盪難安，國家必定分崩離析。故君
之待臣，當如古之聖人和而不同。他說：

---

28 蘇轍《欒城後集・進論・漢論》，卷2。
29 蘇轍《欒城後集・歷代論・符堅》，卷10。
30 蘇轍《欒城後集・進論・漢論》，卷2。

> 古之聖人，推之以至誠，而御之以至威；容之以至寬，而
> 待之以至易。以君子長者之心待天下之士，而不防其為
> 詐，談笑議論，無所不及，以開其歡心。故天下士大夫皆
> 欣然而入於其中，有所愧恥而不忍為欺詐之行，力行果斷
> 而無憂懼不敢之意。[31]

蓋君之待臣，能「推之以至誠」，收服士大夫之心，使其願竭力
為國效忠，而無不軌之圖。能「御之以至威」，使不肖之士能收
斂邪心，戮力其職而不敢懈怠。並能賞罰公平而剛正，以深服天
下之眾，如此一來，天下皆畏其嚴而樂其寬，君臣之間能「優游
悅懌，歡然相得而無間。知無所不言，言無所不盡，開心平意，
表裏洞達，終身而不見其隙」[32]。如此君臣相守而相得，上下相
濟，以成事功。君既待臣以誠，臣則事君以忠，善盡輔君之責，
蓋人君不能皆賢，若得賢臣拂士之輔，才能匡正時弊，安治百
姓。他說：

> 齊景公作君臣相說之樂，其詩曰：「畜君何尤？」孟子
> 曰：「畜君者，好君也。」君有逸德而能止之，是謂畜
> 君。以臣畜君，君之所尤也。然其心則無罪，非好其君不
> 能也。故曰：「責難於君謂之恭，陳善閉邪謂之敬，吾君
> 不能謂之賊。」[33]

---

31 蘇轍《欒城應詔集‧進策‧君術第四道》，卷6。
32 蘇轍《欒城應詔集‧進策‧君術第四道》，卷6。
33 蘇轍《欒城後集‧孟子解》，卷6。

說明為臣之道，不可一味阿諛國君，投其所好，須能阻止國君之私欲，才是忠臣所當為，因為止君之欲，冒犯聖顏，易為君所惡，但卻是真心愛護國君之行徑。更進一步說，能責君難為之正事，使國君勉而行之，謂之恭君；能陳述善法以禁閉國君之邪心，使合於正道，謂之敬君；反之，國君有不賢之處，未能行善道，卻不肯諫正，是謂賊君。所以為臣之道，須能畜君、恭君、敬君，才是真正好君之臣；曲意奉承則為賊君之臣。觀諸歷史，唐太宗得魏徵之直諫，才能成就貞觀之治；蘇轍自己的體會應更深，他在參加秘閣考試時，犯顏直諫，尖銳批判仁宗之失，嘗引發軒然大波，其後為官亦正直耿介，正是躬行自己所言之臣道呀！

③官制簡明

針對北宋官制之弊，他提出大別為二等的看法，他說：

> 方今用人之弊有二，吏多也，吏雜也。吏多之弊輕，吏雜之弊重。吏多而不雜，則賢不肖猶有辨也；多而不免於雜，既費廩祿，又不得賢也。費廩祿則國貧，不得賢則事不舉。均之二弊，事不舉者，所當先治也。如臣之意，且可使審官、銓曹、密院三班分別天下之官，其事之為天下之要，而其地之為一方之急者，別之以為一等，而使諸道之職司各第其吏之廉明善事最異者，而上之於審官、銓曹、密院三班，而審官、銓曹、密院三班即任之以此。至於其餘不急之官，則又為一等，使碌碌之吏以今先後之法

占之。[34]

認為當時的官制太過複雜，而且冗官太多，導致諸事不舉又耗費
支出，應予以精簡化，並選擇廉明善事之賢才為吏，才能解決弊
端。他建議以審官、銓曹、密院為基準，分別天下之官，其事為
天下之要或地方之急者，置於上等，任以賢才；其餘不急之官，
置為下等，使其他碌碌之吏任之。蓋「主大計者，必執簡以御
繁，以簡自處，而以繁寄人。以簡自處，則心不可亂；心不可
亂，則利至而必知，害至而必察。以繁寄人，則事有所分；事有
所分，則毫末不遺，而情偽必見」[35]。所以官制簡明，以簡御
繁，才能心不亂而見情偽，諸事並舉而見大利。至於取士則須求
精不求多，由根本去節制，才能根除冗吏之弊。據張希清等在
《宋朝典章制度》中所言：

> 宋朝典章制度複雜多變，所以不少學者視之為宋史研究的
> 一大難題。[36]

他指出北宋之中央機構，包括中樞機構、中央行政機構、監察機
構；地方機構，包括路、府州、縣；職官制度有散官、寄祿官、
職事官、祠祿官、貼職、爵、食邑、食實封、功臣號、檢校官、
試秩、賜等十餘類，種類紛繁複雜，而且變化巨大，光以北宋
前、後期來看，不管是各機構的設置或職官的稱謂，均有判若兩

---

34 蘇轍《欒城應詔集・御試制策》，卷 12。
35 蘇轍《欒城集・上皇帝書》，卷 21。
36 張希清等《宋朝典章制度・前言》，長春：吉林文史出版社，2001 年，頁
2。

朝之感，可見官制既複雜又多變。蘇轍身處其中，又在朝爲官，能洞見其弊而提出建言，強調官制宜簡明而精擇人才，才是治國之道。

（3）民政

人民是國家的根本，根本穩固，國家才能安寧，所以如何安治百姓，使民樂居而無爭，是治亂之關鍵所在。蘇轍認爲欲善治其民，可由教以德義、導以禮樂、齊以刑政三方面著手。

①教以德義

儒家之德治自漢武帝以來，已成中國政治文化之主流，子由論治國之道，亦十分注重儒家之仁義道德。他認爲治國首重以德義安民，才能使民和睦而安居，世風淳厚而無亂。他在〈堯舜〉中說：

> 堯之世，洚水為害，以意言之，堯之為國，當日夜不忘水耳。今考之於《書》，觀其為政先後，命羲和正四時，務農事，其所先也。末乃命鯀以治水。鯀九年無成功，乃命四岳舉賢以遜位。四岳稱舜之德，曰：「舜父頑、母嚚、象傲，克諧，以孝烝烝，乂不格姦。」堯以為然而用之。君臣皆無一言及於水者。舜既攝事，黜鯀而用禹，洚水以平，天下以安。堯舜之治，其緩急先後，於此可見矣。使五教不明，父子不親，兄弟相賊，雖無水患，求一日之安，不可得也。使五教既修，父子相安，兄弟相友，水雖未除，要必有能治之者。昔孔子論政曰：「足食，足兵，民信之矣。」子貢曰：「必不得已而去，於斯三者何先？」曰：「去兵。」曰：「必不得已而去，於斯二者何

先？」曰：「去食。自古皆有死，民無信不立。」古之聖
人，其憂深慮遠如此。[37]

揭示君王治國之道：修五教、安父子、友兄弟、民信之。以堯舜
治國之理念和孔子論政之思想說明德義安民之重要。並直指時
弊，強力批判一味追求「富國而強兵」者，或「侵奪細民」，或
「陵虐鄰國」，結果「富強之利終不可得」[38]。在〈燕趙論〉
中，也強調教民德義之必要。他指出古之聖人教民德義，以止盜
息亂，故無論是「輕揚而剽悍」的吳楚之民，或「勁勇而沈靖」
的燕趙之民，欲化其暴性戾氣，移易其風俗，須藉由士大夫教以
德義，方能使民「喜於為善」，化成良民，不致「亂天子之治」[39]。
故「王道之本，始於民之自喜，而成於民之相愛。而王者之所以
求之於民者，其粗始於力田，而其精極於孝悌廉恥之際」[40]，人
民能悅樂於孝悌廉恥之行，彼此修潔而相愛，則王道必成，也是
德治的最終目標。欲達到這種境界，除了時時教民以德之外，可
以藉由歲時表彰民之孝悌、力田不惰者，以風天下。並恢復古代
以孝悌舉才的制度，他說：

> 臣欲復古者孝悌之科，使州縣得以與今之進士同舉而皆
> 進，使天下之人，時獲孝悌忠信之利，而明知天子之所

[37] 蘇轍《欒城後集‧歷代論‧堯舜》，卷7。文中「舜父頑、母囂、象傲，
克諧，以孝烝烝，乂不格姦」，乃根據屈萬里之評點。大陸學者如曾棗
莊、陳宏天等評點為「舜父頑、母囂、象傲，克諧以孝，烝烝乂，不格
姦」。

[38] 蘇轍《欒城後集‧歷代論‧堯舜》，卷7。

[39] 蘇轍《欒城應詔集‧進論‧燕趙論》，卷5。

[40] 蘇轍《欒城應詔集‧進策‧民政上第一道》，卷9。

欲。如此則天下宜可漸化。[41]

藉由舉孝悌之科，使天下百姓知上意之所在，而各趨其利，所謂
因勢利導，久之，忠信之俗可以漸復，百姓習於仁義，王道之德
治可成。

②導以禮樂

禮樂乃社會文明進化之表徵，是儒家推行王道政治的重要綱
目，以禮之節文引導百姓循規蹈矩，以樂之祥和化解百姓戾氣，
如此移風易俗，使人心趨於純正，行為合宜，天下自然安定。蘇
轍說：

> 古之言治者，必曰禮樂。禮樂之於人，譬如飲食，未有一
> 日而不相從者，故士之閒居，無故不去琴瑟，行則有佩玉
> 之音。登車則有和鸞之節，身蹈於禮而耳屬於樂。如此而
> 後邪辟不至。[42]

說明古之聖王治民，以禮樂為本，使民之言行從容禮樂之間，而
不違法亂紀，天子的政權亦可因此穩固。尤其是禮，子由認為是
治國之根本，亦是利器。他在《春秋集解》中流露濃厚的重禮思
想；在《古史》贊語中，亦時時強調以禮治國的重要，並以史實
為證；在諸多策論中，大談禮之功用，以禮為教民之具，導民之
術，指出：「古之聖人，其御天下也，禮行而民恭，則役使如

41　蘇轍《欒城應詔集・進策・民政上第二道》卷9。
42　蘇轍《欒城集・私試進士策問》，卷20。

意」[43]，以禮導民，教化易行，功效長遠，此乃聖王治世之智慧。不過先王制禮有其特定的時空背景，時過境遷，禮之節文或有不合當代者，須因應環境的變遷，人情之所宜而作調整。他說：

> 今夫冠禮，所以養人之始，而歸之正也；昏禮，所以養人之親，而尊其祖也；喪禮，所以養人之孝，而為之節也；祭禮，所以養人之終，而接之於無窮也；賓客之禮，所以養人之交，而慎其瀆也；鄉禮，所以養人之本，而教之以孝悌也。凡此數者，皆待禮而後可以生。今皆廢而不立，是以天下之人，皇皇然無所折衷，求其所從而不得，則不能不出其私意，以自斷其禮。私意既行，故天下之弊起。……故古之聖人，不用財，不施惠，立禮於天下，而匹夫匹婦，莫不自得於閭閻之中，而無所匱乏，此所謂知本者也。[44]

指出聖人制定各種禮則，作為天下百姓遵行的標準，使之習於禮之節文規矩，而涵養其人倫之義，推之既久，行之既遠，百姓將安於其中，心志坦然。反之，君王不立禮制，人民無所適從，各因私欲而行，或流於奢，或過於儉，風俗將因之敗壞，百姓不能安心而居，人倫不能因之而明，社會亂象四起，國家亦將因之大亂。故當代之帝王須審度時勢與人情，訂定適當的禮樂節文，引導百姓共同遵守。

---

[43] 蘇轍《欒城應詔集・禮義信足以成德論》，卷11。
[44] 蘇轍《欒城應詔集・禮以養人為本論》，卷11。

③齊以刑政

教民德義，導以禮樂之外，治民尚須輔以刑政，使民有所懼，而不爲一時之邪行，也得以對作奸犯科者，施以適當的處罰，達到懲戒威嚇的作用，故「三代之治，以禮樂爲本，刑政爲末」[45]，但刑罰只是一種輔助的工具，治國仍應以道德禮樂爲本，使民發自內心向善，積極主動約束自己的言行，才是最有效的方式。但在所有百姓均化成良民之前，仍有賴刑罰的威嚇與約束，只是法令規章之制定，應「因天下之所安，而遂成其法」，如此「天下安其法而不怨」[46]，也就是以人情爲考量，少寬其法，而不可法禁太密，否則動輒得咎，人民將無所適從，故子由說：「君臣父子之義，禮樂刑政之本，何所不取於此」[47]，流露其重人情，仁慈寬厚的胸懷。他也對北宋法令繁密，防禁太深提出批評，他說：

> 古者有罪，不免於刑，失誤有贖，親賢有議，眚災有赦，未聞有赦天下者也。自漢以來，赦始及天下，而言政者病之。蓋成周之隆，成康之際，刑措不用。而漢孝文、唐太宗之盛，天下斷獄，歲不過數十。當此之時，雖有赦何所施之？後世法令滋章，而姦宄不禁，刑之不能止，而赦之不能救，數赦則民玩於法，而不赦則上所不忍，其將何施而可？[48]

45　蘇轍《欒城集‧河南府進士策問》，卷20。
46　蘇轍《欒城應詔集‧進策‧臣事下第四道》，卷8。
47　蘇轍《欒城集‧河南府進士策問》，卷20。
48　蘇轍《欒城集‧私試進士策問》，卷20。

指出刑罰是輔助治理天下的器具，有罪者當然須施以懲處，但治國的重點不在制定嚴密的法令以處罰人民，而在使百姓循規蹈矩，使刑措備而不用，他以漢、唐盛世爲例，說明這層道理。接著批評北宋法令過繁，刑不能止盜，犯法者多，若施以特赦，則百姓將心存僥倖，若不赦，君王又於心不忍，凡此均非解決之道，應回歸根本，以德化民，遵蹈禮制，使刑罰雖具而無用之時，才是真正的治國之術。而對當代法令的改革，他提出「無法」的概念。他說：

> 臣聞天下有二弊：有法亂之弊，有法弊之弊。法亂，則使人紛紜而無所執；法弊，則使人牽制而不自得。古之聖人，法亂則以立法救之；而法弊則受之以無法。夫無法者，非縱橫放肆之謂也，上之人，投棄規矩，而使天下無所執以邀其君，是之謂無法。[49]

認爲法令過於嚴密，易生弊端，使君子爲法所拘，難有作爲；使小人緣法而爲姦，以圖私利；使百姓「無所措手足，則日入于盜賊矣」[50]，故必須「無法」以救之。此「無法」並非廢除所有法令，而是法令簡明，保留彈性與空間，並慎擇良吏，使之按情理狀況下決斷，作出最恰當的處置，而非死守法令規章，一成不變的僵化體制，這實際上是一種「人治」的理想。

49　蘇轍《欒城集·進策·臣事下第三道》，卷8。
50　蘇轍《老子解》，見《三蘇全書》第5冊，頁460－461。

∽第二節　**軍事思想**

　　宋太祖爲避免重蹈五代時期兵連禍結之覆轍，實行高度中央集權的軍事改革，並以文制武，以降低驕兵悍將對政權的威脅，但也產生不少弊端。張希清等在《宋朝典章制度》中說：

> 由于過分地集權于中央，也不可避免要帶來一些弊病。統制過嚴，機構重疊，造成了主兵機構與非主兵機構之間、主兵機構與將帥之間、將帥與將帥之間、主將與偏裨之間、部隊與部隊之間權限不明，政出多門，各自為政，不能相互協調，缺乏統籌安排，結果必然是互相牽制、動輒掣肘，弊病叢生。[51]

指出宋代的軍事制度爲了將權力集中皇帝手裡，建立了樞密院、三衙統兵等體制，然各機構之權限不明，指揮系統交錯，兵權分散，雖可避免軍權集中少數將領手中，卻也造成互相牽制，缺乏一貫軍令的問題，一旦要打仗，主將不專號令，必難以戰勝。蘇轍深知強敵環伺，遼、西夏虎視眈眈，故如何改善軍事制度，擺脫強鄰威脅，也是他關注的焦點。其軍事思想可由兵民須分、內外相持、因勢而成、軍事策略四方面作探討，分別敘述如下。

---

[51] 張希清等《宋朝典章制度》，頁238。

一、兵民須分

子由不反對三代時寓兵於農的徵兵制，但時過境遷，不見得適用於今日，他認爲當代一國之中，兵民須分。他說：

> 使民出其賦以養兵，兵盡其力以衛民；民有耕耨之勤，而兵有征戍之勞，更相爲用，而不以相德。此固分兵民之本意也。[52]

又說：

> 國中之士爲兵，鄙野之民爲農。農不知戰而士不知稼，各治其事而食其力。兵以衛農，農以資兵。發兵征行，暴露戰鬥，而農夫不知其勤；深耕疾耨，霑體塗足，而士卒不知其勞。……今夫使農夫竭力以闢天下之地，釀乎其所得以衣食天下之武士，而免其死亡戰鬥之患。此人之情，誰不可者？[53]

指出兵民若分，農民可竭力開墾土地，勤勞田事，以養天下之兵；兵卒可習於戰事，保衛人民的身家性命。這樣一來，可以避免戰時有無糧之憂，使民得以安居，兵也可以專力於訓練與打仗。他在〈兵民〉中更進一步分析，天下之人隨其才之粗精高

---

[52] 蘇轍《欒城後集・歷代論・兵民》，卷 11。
[53] 蘇轍《欒城應詔集・進策・民政上第四道》，卷 9。

下，可大分為三類：首為士大夫，「讀詩書，執射御，習書計，
高可以治人，下可以為役，而祿從之矣」；次為農工商賈，「服田
疇，通貨賄，運機巧，上可以雄里閭，下可以養親戚，而利從之
矣」；其下為「才力過人，操行凡鄙」者，此種人「上不能為
吏，下不能為民，天畀之才，而無以資之，嬰之以勞苦，迫之以
饑饉，不群起為盜，則無以求濟其欲，此勢之所必至」。這三種
人之中，士大夫、農工商賈均可安於職守，為社稷貢獻心力，然
「才力過人，操行凡鄙」者，常為天下之憂患，則不如萃集軍
中，他說：「凡凶人勇夫皆萃於軍中，然後人人各得其歸。故雖
凶旱水溢，天下小小不寧，而盜賊不起」，所以兵民須分，使
「天下陰享其利，而不知其故也」[54]。他也似有所指的批判以民
為兵之弊，他說：

> 然儒者方且攘臂而言民兵之便。民力既盡於養兵，而又較
> 版圖，數丁口，使之執干戈，習戰陣；奪其農時，而齊之
> 以鞭扑，民有怨心，而責其效死以報國。求信其私說，而
> 不卹後害。嗚呼，其亦未之思歟！[55]

可見蘇轍贊成有條件的募兵制，除了志願從軍者外，更強制凶人
勇夫入於兵籍之中，使之不能為禍鄉里，而可效命疆場。他對於
王安石新法中，以民為兵之「保甲法」[56]，頗不以為然，認為農

54　蘇轍《欒城後集・歷代論・兵民》，卷 11。

55　蘇轍《欒城後集・歷代論・兵民》，卷 11。

56　周寶珠、楊倩描、王曾瑜新撰，《北宋史・南宋史・王安石》，香港：中華
　　書局，1998 年，頁 141－142。「保甲法。自熙寧三十年十二月開始，在京
　　畿各縣制訂保甲條例，而後逐步向全國推廣。其辦法是每十家為一保，五

民生活並不富裕，再奪其農時，徵民爲兵，必致民怨沸騰，欲求其效死以報國，實是一種苛求。

二、內外相持

在軍事佈局上，子由提出內外皆不偏重，相持而後成之觀點。他在〈唐論〉中說：「天下之變，常伏於其所偏重而不舉之處，故內重則為內憂，外重則為外患」。並指出秦朝、漢武帝及魏晉之時，天子廣收天下之兵，高度中央集權，侵削諸侯，致使「四方微弱，不復為亂」，然其弊在於「奸臣內擅而外無所忌，匹夫橫行於四海而莫之能禁」，此為內憂；東周、漢初及唐末之際，「諸侯擁兵，而內無以制」，終使國家分崩離析，此為外患。故他說：

> 愚嘗以為天下之勢，內無重，則無以威外之彊臣；外無重，則無以服內之大臣而絕姦民之心。此二者，其勢相持而後成，而不可一輕者也。[57]

軍事佈局上既須內外相持，又該如何著手？蘇轍認為唐太宗內設府兵，外設節度使[58]，即具備內外互相制衡之利。他說：

十家為一大保，十大保為一都保，將住戶編制起來。由主戶中物力高者並有才幹心力的人為保長、大保長、都副保正。不論主客戶，每戶二丁抽一，稱為保丁，組織起來，備弓箭，學武藝，負責維持地方治安。經過訓練後，較試武藝，有些勝於正兵（禁軍）。這實質上是古代的一種民兵，為禁軍的後備軍。」

[57] 蘇轍《欒城應詔集，進論，唐論》，卷3。

[58] 事實上，府兵設於北周，節度使設於唐高宗之時。

故外之節度，有周之諸侯外重之勢，而易置從命，得其擇
其賢不肖之才，是以人君無征伐之勞，而天下無世臣暴虐
之患。內之府兵，有秦之關中內重之勢，而左右謹飭，莫
敢為不義之行，是以上無逼奪之危，而下無誅絕之
禍。……有周秦之利，而無周秦之害，形格勢禁，內之不
敢為變，而外之不敢為亂，未有如唐制之得者也。[59]

稱讚唐太宗的軍事佈局內外兼重。宋朝許多士大夫對唐朝政治體
制頗多微詞，尤其唐太宗弒兄弟而居帝位，更為理學家所攻訐，
如程頤說：

唐有天下，如貞觀、開元間，雖號治平，然亦有夷狄之
風。三綱不正，無父子君臣夫婦，其原始於太宗也。[60]

批評唐太宗乃唐代三綱不正之根源。蘇轍對此均略而不談，只針
對唐太宗之軍事佈局作闡發，認為不可以成敗論計得失，而應精
審制度之是否得宜，可見子由非食古不化之人，是懂得權宜之
士。在〈民政下第五道〉提出更具體的作法，他說：

臣愚以為方今之際，內郡之兵當常在內，而不以戍邊。戍
邊之兵當常戍邊，而不待內郡之戍卒。募內郡之兵其樂徙
邊者，而稍厚之。不足，則募民之樂為邊兵者以足之。使

---

59 蘇轍《欒城應詔集，進論，唐論》，卷 3。文中「得其擇其賢不肖之才」，
　 台北：台灣商務印書館，文淵閣四庫全書，1983 年，作「得以擇其賢不
　 肖之才」。
60 朱熹編《河南程氏遺書》，卷 18。

> 二邊有一定不遷之兵，而頗損內郡之眾，計其內外之數，
> 相通如舊而止。平居無事，以此備邊；而一旦欲有所攻奪
> 掩襲，則獨發內郡之卒，使二者各思致其勇力以報其上。
> 銳而用之；墮而置之。屯兵歷年，而士無所怨其勞；出兵
> 千里，而士無所憾其遠。兵入，則出者得以休息，而無乘
> 塞之苦；兵出，則守者閒暇，而無行役之困。交相為用，
> 如循環之無端而不可竭。[61]

指出北宋可以仿唐制，使內郡之兵與戍邊之兵數量相等，而一在
內，一在外。平時戍邊之兵屯田並防守邊境，戰時內郡之兵用以
攻敵，如此內、外之兵相輔相成，交相為用，亦可互相制衡，避
免擁兵作亂，一舉兩得。

三、因勢而成

蘇轍曾針對天下分裂擾攘之歷史時期，深入剖析處此紛亂之
際，國家該如何自處之道，如〈六國論〉、〈五代論〉、〈七代論〉
等。他認為國家之領導者應放遠眼光，勿貪一時近利，並能審知
天下之情勢，見勢而為。如此，邦畿小者，得以避免敗亡；大
者，得以掌握一統天下之契機，而得志於四海，此即所謂因勢而
成。

他在〈七代論〉中說：

---

61 蘇轍《欒城應詔集‧進策‧民政上第五道》，卷10。

> 英雄之士能因天下之勢而遂成之，天下之勢未有可以必成
> 者也，而英雄之士常因其隙而出於其間，堅忍而不變，是
> 以天下之勢遂成而不可解。[62]

認為主政者應以清明睿智，深思遠慮，詳細分析局勢之是否可
為。在多國紛爭中，地小國弱者，應記取「唇亡齒寒」之教訓，
聯弱抗強，以提升防禦力量，而免於淪亡之禍。在〈六國論〉
中，分析六國當時形勢，他說：

> 夫韓、魏不能獨當秦，而天下之諸侯藉之以蔽其西，故莫
> 如厚韓親魏以擯秦。秦人不敢逾韓、魏以窺齊、楚、燕、
> 趙之國，而齊、楚、燕、趙之國因得以自安於其間矣。[63]

指出六國無法獨力抗秦，應結為同盟，團結六國之力，以韓、魏
為障蔽，才能避免秦之吞噬。可惜當時六國並未作明智抉擇，只
「貪疆場尺寸之利，背盟敗約，以自相屠滅，秦兵未出，而天下
諸侯已自困矣。至使秦人得間其隙，以取其國，可不悲哉！」[64]
短視近利的結果，相繼滅亡。

　　若是寡國對立，實力相當者，則應鎮撫人民，貯積國力，靜
待對方疲弊之時，厲兵秣馬，奮而乘勢取之，則天下必可合於一
統，結束分裂之對立。倘若未能及時見勢而為，機會一失，則將

---

[62] 蘇轍《欒城應詔集‧進論‧七代論》，卷 2。文中「而英雄之士常因其隙
　　而出於其間」，台北：台灣商務印書館，文淵閣四庫全書，1983 年，作
　　「而英雄之士常因其隙而入於其間」。
[63] 蘇轍《欒城應詔集‧進論‧六國論》，卷 1。
[64] 蘇轍《欒城應詔集‧進論‧六國論》，卷 1。

難以復取。他在論南北朝形勢時說：

> 嗟夫！使武帝既入關，因而居之，以鎮撫其人民，南漕江
> 淮之資，西引巴漢之粟，而內因關中之盛，屬兵秣馬以問
> 四方之罪戾，當此之時，天下可以指麾而遂定矣，而何江
> 南之足以蒂芥夫吾心哉？然而其事則不可以不察也，其心
> 將有所取乎晉，而恐夫人之反之於南，是以其心憂懼顛
> 倒，而不見天下之勢。孔子曰：「無欲速，無見小利。欲
> 速則不達，見小利則大事不成。」故夫有可以取天下之勢
> 而不顧，以求移其君而遂失之者，宋武之罪也。[65]

指出當時南朝宋武帝有機會可以收取北朝而統合天下，可惜因小
利而罔顧天下形勢之可為，錯失良機，可謂歷史之罪人。而對於
野心勃勃，亟欲篡取天下者，蘇轍則提出嚴正之警告，他在〈五
代論〉中說：

> 後唐之莊宗、明宗，與晉漢之高祖，皆以英武特異之姿，
> 據天下太半之地，及其子孫，材力智勇亦皆有以過人者，
> 然終以敗亂而不可解，此其勢必有以自取之也。[66]

指出五代之際，不及百年，然天下五禪，何以未有一代能享國久
遠？乃因其帝王均「僥倖於一時之利」而「無所不為」，未深慮
天下形勢，過於躁進，遂形成取之易，守之難之景況。他認為應

---

[65] 蘇轍《欒城應詔集‧進論‧七代論》，卷2。
[66] 蘇轍《欒城應詔集‧進論‧五代論》，卷3。

效法晉文公，緩忍以待時勢之自至，「唯其不求入而人入之，無賂於內外而其勢可以自入，此所以反國而後無憂也」[67]，如此因勢利導，晉國遂能雄霸於諸侯。此因勢而成之說，不離權術，頗有戰國策士縱橫捭闔之風，當是受其父之學所影響，只是同論六國，蘇洵從「弊」立論，言「六國破滅，非兵不利，戰不善，弊在賂秦」[68]；蘇軾從「養士」立論，認為六國因養士而興，秦因不養士而亡；蘇轍則從「勢」立論，強調觀勢而為的重要。父子三人，關注的焦點不同，所論互異，然各擅盛場。

四、軍事策略

北宋國勢積弱不振，面對遼、西夏等異族環伺之窘況，只以軟弱之態度回應，雖然在宋真宗與遼締結澶淵之盟後，北宋暫時維持了一百多年的和平，但事實上，異邦仍虎視耽耽，不時威脅著宋王朝之安寧，蘇轍於諸多策論中，也剖析了對抗異族之道，茲歸納為以下幾點：

（一）養威自重

子由在〈北狄論〉中指出，當世之大患在於中國之士常畏懼北狄之勇戰而不敢輕犯，遂使得氈裘之民得以要挾中國而奪利。其實只要能「養兵休士，而集其勇氣」，則敵國再強，亦不足畏。可惜當時「士不戰而氣已盡矣」。整飭之道，首重使天下之

---

[67] 蘇轍《欒城應詔集‧進論‧五代論》，卷3。
[68] 蘇洵《嘉祐集‧權書下‧六國》，台北：台灣商務印書館，1965年，卷3。

士「養威而自重」，不可一味「交歡納幣」，奉敵國如驕子。他說：

> 今誠養威而自重，卓然特立，不聽夷狄之妄求，以為民望，而全吾中國之氣，如此數十年之間，天下摧折之志復壯，而北狄之勇，非吾之所當畏也。[69]

一針見血地揭示宋朝軍政之弊在於隳惰懶散，這樣就算再弱的敵人，也無戰勝的希望。蓋若士兵無勇，再好的軍事策略也是枉然，唯有激勵士氣，養威而自重，才是克敵之藥方。他說：

> 古之善用兵者，惟能及其心之未倦而用其銳氣，是以其兵無敵於天下。[70]

說明養兵之銳氣，才能不畏戰，戰無不克。

(二) 兵安其將

北宋實行更戍法，士兵時常調防，將領隨時異動，故將者無兵權，兵者不知將，雖可防止將領擁兵自重之禍，然將領難以掌握軍心，一旦要打仗，難使士卒為之效力。他說：

> 舉天下之兵數百萬人，而不立素將，將兵者無腹心親愛之兵，而士卒亦無所附著而欲為之效命者。故命將之日，士

---

[69] 以上引文見蘇轍《欒城應詔集·進論·北狄論》，卷 5。
[70] 蘇轍《欒城應詔集·進策·民政下第五道》，卷 10。

卒不知其何人，皆莫敢仰視其面。夫莫敢仰視，是禍之本
也。此其為禍，非有脅從駢起之殃。緩則畏而怨之，而有
急則無不忍之意。此二者，用兵之深忌，而當今之人，蓋
亦已知之矣。然而不敢改者，畏唐季五代之禍也。[71]

指出北宋軍事制度之弊，眾人皆知，卻無人敢改，乃畏唐季五代
之禍也。子由認為宋太祖、太宗立國之初，為免重蹈五代之覆
轍，故設此法，足以變五代豪將之風，但未必可以長用，畢竟時
過境遷，環境已異，如今強鄰環伺，當思變通以應付外侮。他分
析五代兵制之優點說：

良將勁兵遍於天下，其所摧敗破滅，足以上快天子鬱鬱之
心，而外抗敵國竊發之難。何者？兵安其將，而樂為用命
也。[72]

認為「兵安其將，而樂為用命」是可以效法的優點，但前提是擇
得良將。應先恢復武舉，重武將，才能覓得忠良之才，「擇將而
得將，苟誠知其忠，雖舉天下而與之而無憂，而況數萬之兵
哉！」[73]能擇得良將，兵安其將，而樂從將令，才是用兵抗敵之
良策。

---

[71]　蘇轍《欒城應詔集・進策・臣事上第四道》，卷7。
[72]　蘇轍《欒城應詔集・進策・臣事上第四道》，卷7。
[73]　蘇轍《欒城應詔集・進策・臣事上第四道》，卷7。

（三）屯兵重地

蘇轍分析北宋邊境屯兵的狀況，認為屯兵之處太多，使得兵力分散，削弱備禦的力量，外寇若至，必不能抵抗，徒然浪費兵力。他認為當集中兵力於要害之地，才能真正達到嚇阻敵人的功效。他說：

> 古之善守者，置兵於要害之地，則敵人不敢過而為盜。何者？畏吾之乘其背也。過人之城而又遇城焉，則腹背而受敵，此用兵之深忌也。今國家不料敵之不敢過吾城以深入吾地，而懼敵之敢入深也。夫敵之過吾城以深入吾地，是吾利也，而又何患乎？臣故欲收諸小屯無益之兵，而聚之大屯，諸故小屯皆廢以為亭障，嚴斥堠，謹烽燧，以為大屯之耳目。置大屯於要害之地，以形制戎狄，高城深池，精為守備，使可以對敵逾月而不陷。制為諸屯，使其相去之遠近，可以輕兵十日而相救。臣讀古兵書《戰國策》，未嘗見有敵人敢越大城，深入而為寇者。[74]

以古兵書為例，說明軍事佈局之策略，宜將兵力集中於要塞之地，是為大屯，據形勢之險，則敵人不敢輕易攻伐。小屯作為大屯耳目即可，而大屯之間互為支援，一有戰事，可以輕兵十日而相救，彼此互相聯防，鞏固抗敵之力量。

---

[74] 蘇轍《欒城應詔集・御試制策》，卷 12。

（四）互相箝制

子由在〈西戎論〉中分析戎狄之情，他認爲戎狄若是一強一弱，將是中國之禍，他說：

> 戎狄皆強，而後侵略之患不至於中國；蓋一強而一弱，中國之患也。彼其弱者不敢獨戰，是以爭附強國之餘威，以趨利於中國，而後無所懼。強者并將弱國之兵，蕩然南下而無復反顧之憂，然後乃敢專力於中國而不去。此二者，以勢相從而不可間，是以中國之士常不得解甲而息也。[75]

如果戎狄一強一弱，弱者自附於強者，合作以攻中國，將爲北宋之大患，欲化解此憂患，宜利用戎狄好勇樂戰之習性，使之二者均強，互相攻伐，中國則「堅坐而相守」，待其自相攻鬥而疲弊之餘，再坐收漁翁之利。他說：

> 夫戎狄之人，惟其愚陋而多怨，是故可與共憂也；惟其強狠而好勝，是故可以激而壯也。使之自相攻擊而不能相下，則其勢必走於中國。中國因而收之，而其不服者乃可圖也。[76]

此互相箝制之道，不勞兵戰而蒙大利，可謂高明之見。

---

[75] 蘇轍《欒城應詔集·進論·西戎論》，卷5。
[76] 蘇轍《欒城應詔集·進論·西戎論》，卷5。

(五) 損己驕敵

　　三蘇之中，蘇洵最爲主戰，他反對賄賂夷狄，主張一戰以平息邊患；蘇轍最爲慎戰，認爲最好能不戰而屈人之兵，非不得已不戰。蓋「好戰則財竭而民貧」，所以他不反對賄賂夷狄以安邊境的政策，然亦非一味妥協，強調「畏戰則多辱而無威」，那該如何做呢？他認爲當慎用權謀，他說：

> 蓋古之英雄，能忍一朝之恥，而全百世之利。臣以爲當今之計，禮之當加恭，待之當加厚，使者之往，無求以言勝之，而其使之來者，亦無求以言犯之。凡皆務以無逆其心，而陰墮其志，使之深樂於吾之賄賂，而意不在我。而吾亦自治於內，蒐士揀馬，擇其精銳而損其數，以外見至弱之形，而內收至強之實。作內政以寓軍令。凡皆務以自損吾強大之勢，而見吾衰弱之狀，使之安然無所顧忌，而益以怠傲。不過數年，彼日以無備，而吾日以充實。彼猶將以吾爲不足與也，而有無厭之求。彼怠而吾奮，彼驕而吾怒。及此而與之戰，此所謂敗中之勝而弱中之強者也。[77]

對外，繼續賄賂夷狄，禮其使者，使其驕傲自滿之心生；對內，汰除老弱之兵，表面上減少兵員的數量，以鬆懈敵心，實際上精擇兵士，施以訓練。忍一朝之辱，待強敵驕惰日甚，再「奮一朝

之勞，而盡力以攻之，則其後可以大安」[78]。善用戰略，才能戰無不克。

(六) 懷柔招安

蘇轍在〈西南夷論〉中分析了蠻夷之俗，認爲其有別於北狄組織嚴密之邦，而是「見利則聚，輕合易散」之族，故雖常爲亂，但屬烏合之眾，易於迅速敉平。他更深入探求其爲變之因，說：

> 愚嘗觀於西南徼外，以臨蠻夷之眾，求其所以為變之始，而遂至於攻城郭、殺人民、縱橫放肆而不可救者，其積之莫不有漸也。夫蠻夷之民，寧絕而不之通，今邊鄙之上，利其貨財而納之於市，使邊民凌侮欺謾而奪其利，長吏又以為擾民而不之禁。窮恚無聊，莫可告訴，故其勢必至於解讎結盟，攻剽蹂踐，殘之於鋒鏑之間，而後其志得伸也。嗟夫！為吏如此，亦見其不知本矣。通關市，戢吏民，待之如中國之人，彼尚誰所激怒而為此哉？[79]

認爲解決之道在於懷柔而招安，即設置四夷校尉，使「強者不能內侵，而弱者不為中國之所侮」[80]。如此一來，西南蠻夷之禍必可止息。

---

[78] 蘇轍《欒城應詔集·進策·民政下第四道》，卷 10。
[79] 蘇轍《欒城應詔集·進論·西南夷論》，卷 5。
[80] 蘇轍《欒城應詔集·進論·西南夷論》，卷 5。

☜ 第三節　　財經思想

財經是國事興廢之關鍵，若無財，則諸事難舉，任何政策都無法推動。王安石推動新法，著眼於豐財，蘇轍〈上皇帝書〉亦云：「今世之患，莫急於無財而已。財者為國之命而萬事之本，國之所以存亡，事之所以成敗，常必由之」[81]，道出財政的重要，攸關國之存亡。事實上北宋財政十分吃緊，國庫稅收入不敷出，的確是當時朝政的一大問題。子由關心國事，潛心政務，也針對財經問題提出自己的看法。他的財經思想主要表現在財政管理、土地政策、賦稅制度三方面，分別敘述如下。

一、財政管理

蘇轍財經思想的基本概念是君王修身節用，藏富於民，此乃儒家理財的重要主張；豐財的策略是去三冗，減少不必要的支出，以降低國庫的負擔；平糴法可以調節穀價，兼濟災民；官貸民急，則可以紓民之困，免受高利貸剝削。

(一) 藏富於民

《論語‧顏淵》中載有若言：「百姓足，君孰與不足？百姓不足，君孰與足？」[82]道出儒家藏富於民的思想，蘇轍承襲此仁

---

[81]　蘇轍《欒城集‧上皇帝書》，卷21。
[82]　《論語‧顏淵》，卷12。

政思想，在擔任戶部侍郎時，針對當時財經政策提出建言，他
說：

> 財賦之原，出於四方，而委於中都。故善為國者，藏之於
> 民，其次藏之州郡。州郡有餘，則轉運司常足；轉運司既
> 足，則戶部不困。……自熙寧以來，言利之臣不知本末之
> 術，欲求富國，而先困轉運司；轉運司既困，則上供不
> 繼；上供不繼，而戶部亦憊矣。兩司既困，故內帑別藏。
> 雖積如丘山，而委為朽壤，無益於算。[83]

子由並不反對中央集權的財政管理方式，但指出根本之道在改善
百姓的生活，當百姓生活富足，國庫的收入才能增加，否則人民
貧困，無以為生，再高的稅率也徵收不到多少賦稅，所以藏富於
民才是真正能解決財政問題的方法。另一方面，他也批評王安石
熙寧變法雖著眼於理財，卻不由根本進行，一味追求富國，而不
由富民著手，必然失敗。

要達到藏富於民，首先君王要節用。國君享天下之利，若不
知節用，將耗費民脂民膏，他在〈元祐會計錄敘〉中敘述宋真宗
之豪奢，他說：

> 群臣稱頌功德，不知所以裁之者，於是請封泰山，祀汾
> 陰，禮亳社，屬車所至，費以鉅萬。而上清、昭應、崇
> 禧、景靈之宮相繼而起，累世之積，糜耗多矣。[84]

---

[83] 蘇轍《欒城後集・潁濱遺老傳上》，卷 12。
[84] 蘇轍《欒城後集・元祐會計錄敘》，卷 15。

指出皇室的支出龐大。祭祀天地時所費鉅萬，又大興土木，建造宮殿，不知節制，使得國庫空虛，至宋仁宗時，「財之不贍，為日久矣」[85]，只好搜刮百姓，結果「賦斂煩重，百姓日以貧困，衣不蓋體」[86]。國君奢侈，必然賦稅苛重，民不聊生，而人民貧困，國庫收入不可能充裕，要以有限的財力填補國君無窮的欲望，必至民窮財盡，國家覆亡，所以子由勸宋仁宗恭儉寡欲，他說：

> 臣願陛下日夜自損以礪左右，痛為節儉以寬百姓。損錦繡，棄金玉，以質素為貴。賦稅之入，獨以供不得已之費，使天下知戴陛下之德。[87]

若君王能修身寡欲，節儉質樸，賦稅之收入只用於該用之處，必可省下大筆費用，使國庫充裕，減輕人民的負擔。蓋「國之財賦，非天不生，非地不養，非民不長。取之有法，收之有時」[88]，百姓才能安居而樂其君。君王能恭儉寡欲，上行下效，風行草偃，官吏、百姓亦以儉約為美，即可民富而國治。

(二) 去三冗費

蘇轍和王安石均贊成政治改革，而改革的重點在於豐財，然二人豐財的理念大不相同，王安石主張開拓財源，求財而益之；蘇轍則主張節流，去三大冗費以改善財政。他上書宋神宗云：

---

85 蘇轍《欒城後集·元祐會計錄敘》，卷 15。
86 蘇轍《欒誠應詔集·御試制策》，卷 12。
87 蘇轍《欒誠應詔集·御試制策》，卷 12。
88 蘇轍《欒城後集·收支敘》，卷 15。

臣所謂豐財者，非求財而益之也，去事之所以害財而已矣。夫使事之害財者未去，雖求財而益之，財愈不足。使事之害財者盡去，雖不求豐財，然而求財之不豐，亦不得也。故臣謹為陛下言事之害財者三：一曰冗吏，二曰冗兵，三曰冗費。[89]

指出豐財之道重在節流，因為他深知財政的癥結在於一歲之入，不足以供一歲之出，而北宋之苛捐雜稅頗多，比之唐朝有過之而無不及，卻是入不敷出且民生疲敝，在這種狀況下要開源並不容易，不如節約政府支出，既不擾民，又可改善財政短絀之窘境，更何況冗吏、冗兵、冗費都是北宋朝政之沈疴，理當去之。

以冗吏而言，張希清等在《宋朝典章制度》中說：

宋代官員素以冗濫著稱。其主要表現有二，一是員多闕少。真宗景德年間，吏部四選文武官員不到一萬人，到哲宗元祐三年（1088），增至三萬四千多人，「吏部一官闕，率常五七人守之」。而徽宗宣和元年（1119），則猛增到五萬一千多員。二是官員素質低下，驕橫、貪婪、無能。這是與選官制度密切相關的。但從宋代入仕途徑來看，造成冗官的主要原因不是科舉取士，而是恩蔭補官、胥吏出職、進納補官等。從人數上來說，宋代科舉取士固然很多，平均每年約 360 人，但恩蔭補官則更多，平均每年約在 500 人以上，若再加上胥吏出職，進納補官等，將是科

---

[89] 蘇轍《欒城集·上皇帝書》，卷 21。

舉取士的兩倍以上。[90]

指出宋代官員每年遞增，而所增者率多來自恩蔭補官，其素質低落，又人數眾多，雖位居中下級官員，但必然加重政治上的腐敗和財政上的負擔。子由因之陳言：「近世以來，取人不由其官，士之來者無窮，而官有限極」，若不加以改善，則「新進之士日益多，國力匱竭而不能支，十年之後，其患必有不可勝言者」[91]，提醒君王應檢討選吏制度，宜量民而置官，量官而求吏，能精擇修潔奉公之士，裁抑恩蔭之濫，才能去除冗吏之弊。

以冗兵而言，宋代軍隊的主力為禁軍。太祖初，禁軍約二十萬人；太宗時，增至三十五萬；仁宗時，增為八十二萬[92]。職務為防衛首都，並備征伐。其半數駐京城，半數分戍邊境及內地重鎮。在內者，其力集中；在外者，其力分散，使京師之軍足以制服外戍者。外戍禁軍，每一至二年換防一次，以習勞苦而免怠惰，戍地統帥則不隨兵易防，是為「更戍法」[93]。而宋之強敵為遼，太宗兩次親征，皆為所敗，故須養兵以防遼，然無退役制度，年老無戰鬥力之士卒，亦不能不養，卻又得招募新兵，以維持戰力，於是兵額日增，戰力日弱。宋代兵員增加迅速，又因實施更戍法，須年年調防，所費甚多，然稅入增加甚少，使財政日益困窘。子由因之提出建言，除了精擇將帥之外，他說：

陛下誠聽臣之謀，臣請使禁軍之在內郡者，勿復以戍邊。

90 張希清等《宋朝典章制度》，頁113。
91 以上引言見蘇轍《欒城集‧上皇帝書》，卷21。
92 方豪《宋史》，台北：華岡出版有限公司，1979年，頁56。
93 脫脫《宋史‧兵志二》，卷188。

因其老死與亡，而勿復補，使足以為內郡之備而止。去之以漸，而行之以十年，而冗兵之弊可去矣。[94]

即廢除更戍法，以免除調防的費用，並控制兵卒名額，使之自然減少，假以時日，冗兵之弊即可除。

以冗費而言，蘇轍指出其一為君王宗室之耗費。當時君王之宗室眾多，「無親疏之差，無貴賤之等，自生齒以上皆養於縣官，長而爵之，嫁娶喪葬無不仰給於上，日引月長，未有知其所止者」，宗室之繁衍日多，而恩蔭毫無節制，所費日益龐大，財政如何能長期負擔？故他建議：「凡今宗室，宜以親疏貴賤為差，以次出之」，「使得占田治生，與士庶比」，即可去冗費之一。子由以漢、唐為例，言當時之法：「帝之子為王，王之庶子猶有為侯者，自侯以降，則庶子無復爵土。蓋有去而為民者，有自為民而復仕於朝者」[95]，指出自己的建議於史有據，可以用之不疑。如此一來，帝王之宗室均恩蔭有限，更何況是官吏之恩蔭呢！去除冗吏的阻力也會降低。冗費其二為轉漕之費，由於宋代實行中央集權制，且重兵齊聚京師，故東南之米糧須大量運至京師，往返數千里之遙，漕運之費自然龐大。蘇轍建議將每歲所運之數分四等分，其二按舊法，「官出船與兵而漕之」；其一，招募富人，「使以其船及人漕之」，而免其商稅，能順利運糧至京師而無損者，再給予獎勵；其一，官自置場，於京師買糧，省下運費，若兵願得錢者，也可以錢代糧。他認為以此二法與舊法並行，試其利害再作調整，就可去冗費之一。冗費之三為無益之

---

[94] 蘇轍《欒城集·上皇帝書》，卷 21。
[95] 以上引言見蘇轍《欒城集·上皇帝書》，卷 21。

費，他指出京師水災與河朔旱災之時，「國有至急之費，而郊祀之賞不廢於百官」；橫山用兵之際，「官私乏困，日不暇給，而宗室之喪不俟歲月而葬」。當天災人禍之時，國用吃緊，應該節用無益之費以救災，儉省百官、宗室之費以濟民。如此又可去冗費之一端。

總之，蘇轍認為豐財之道為去三冗，「三冗既去，天下之財得以日生而無害，百姓充足，府庫盈溢」[96]，何必擔心國家不富呢！

(三) 行平糴法

宋代為平穩穀價，惠恤人民，設有常平制度，以縣戶為單位，每一萬戶，一年收購一萬石稻穀儲存。穀價低時，以市價加三五錢收購；穀價高時，減價三五錢出售，但減價不得低於成本。蘇轍以為不足，又再提出建言，他說：

> 民之為性，豐年食之而無餘，饑年則轉死溝壑而莫之救。富商大賈乘其不足而貴賣之，以重其災，因其有餘而賤取之，以待其散。予奪之柄歸於豪民，而上不知收，粒米狼戾而不為斂，藜藿不繼而不為發，故為之法曰：賤而官為糴之，以無傷農，貴而官為發之，以無傷末。小饑則發小熟之斂，中饑則發中熟之斂，大饑則發大熟之斂。[97]

根據一般的民情，豐年時穀賤傷農，饑年時穀貴傷民，而富商又

---

[96] 以上引言見蘇轍《欒城集·上皇帝書》，卷21。
[97] 蘇轍《欒城應詔集·進策·民政上第五道》，卷9。

· 374 ·

乘機加重其災，故政府適度的平穩物價，照顧百姓是必要的，子由肯定這種平穩物價的方式，但又指出平糴的目的爲救災，若一味考慮成本，必有所顧惜，荒年之時，饑民仍是無以爲生。然國之經費本已不足，若不顧成本，經費從何而來呢？他說：

> 夫天子之道，食租衣稅，其餘之取於民者，亦非其正矣。茶鹽酒鐵之類，此近世之所設耳。夫古之時，未嘗有此四物者之用也，而其爲國亦無所乏絕。臣愚以爲可於其中擇取一焉，而置之用度之外，歲以爲平糴之資，且其既已置之用度之餘，則不復有所顧惜，而發之也輕。發之也輕，而後民食其利，其與今之所謂常平者，亦已大異矣。[98]

認爲平糴的資金來源，可擇茶、鹽、酒、鐵專賣的收入之一，將這筆資金置於平時國家用度之外，也就是成立一平糴基金，專款專用，不列入國家之收支，這樣就可以不必顧忌成本，平時穩定物價，荒年時救濟災民，利民之功效將勝於常平法。

（四）官貸民急

蘇轍長居基層，對民生疾苦有深刻體會。他發現當時社會上許多富豪以相當高的利息貸民之急，最後借貸者往往無力償還本息，遂落得脫衣避屋或舉家爲奴，聽任富豪之使喚。這種情況「民受其困，而上不享其利，徒使富民執予奪之權以豪役鄉里」，故不如官貸以賙民之急。他說：

---

[98] 蘇轍《欒城應詔集・進策・民政上第五道》，卷9。

周官之法，使民之貸者，與其有司辨其貴賤，而以國服為息。今可使郡縣盡貸，而任之以其土著之民，以防其逋逃竄伏之姦，而一夫之貸，無過若干。春貸以斂繒帛，夏貸以收秋實，薄收其息而優之，使之償之無難，而又時免其息之所當入，以收其心。使民得脫於奴隸之中，而獲自屬於天子，如此則天下之遊民可得而使，富民之貸，可以不禁而自息。……若夫所謂貸民急者，則可以朝行而夕獲其利，此當今之所急務也。[99]

他以周代為證，說明此法可行，並提出用於當世之法。認為可以郡縣為單位，承辦類似銀行之業務，以較低的利息貸款給急用之民，讓他們不必受高利貸的剝削，而有能力償還貸款，若真有無力償還者，又時免其息，以收民心。如此一來，百姓不受富民剝削，政府可享利息收入，又兼得民心，可謂一舉數得。但為防弊，又須限制每人貸款的額度，並任當地土民關注貸款者，以防止狡詐之人借款而竄逃。此官貸民急的政策，可以救民之急，使之免於僕隸之辱而收民心，子由認為應當馬上施行。

二、土地政策

自唐中葉以後，均田制完全破壞，土地私有制迅速發展，宋代承襲此現實，土地私有制遂占主導地位。張希清等在《宋朝典章制度》中說：

> 宋代土地制度的特點是「田制不立」和「不抑兼併」，即
> 承認土地私有，允許土地買賣。……政府因要進行徵稅，
> 所以它關心的是土地的占有狀況，而對土地買賣並不禁
> 止。宋真宗晚年，由於土地兼併問題嚴重，曾有一些臣僚
> 提議對官員等人的土地占有數量進行限制，但並沒有真正
> 付諸實施。[100]

指出宋代土地制度的特點爲自由買賣，政府再據以收稅，結果造
成土地兼併嚴重，多數的土地集中於少數人之手，大部分的百姓
淪爲無田的佃農。宋真宗時雖有官員提議限田，卻未付諸行動。
對此日益嚴重的土地問題，蘇轍提出自己的看法，包括限制私
田、廣收公田、以兵屯田。

(一) 限制私田

　　子由認爲三代之君開井田，畫溝洫，因口之多寡以授田，又
因田之厚薄以制賦，故能成就仁政。及至隋、唐，其授民田有口
分、永業，皆取之於官；賦稅有租庸調，皆計之於日，民亦安
之。宋代田制破壞，土地兼併嚴重，廣大的農民無田以維生，俯
仰不足以蓄妻子，養父母；少數的地主卻不耕而食，造成貧富懸
殊，社會問題亦接踵而至。他建議君王必須限制私田。他說：

> 蓋天下之多虞，其始自井田之亡，田制一敗，而民事大
> 壞，紛紛而不可止。其始也，兼并之民眾，而貧民失職。

---

[100] 張希清等《宋朝典章制度》，頁396。

> 貧者無立錐之地，而富者連阡陌，以勢相役，收太半之
> 稅。耕者窮餓，而不耕者得食。以為不便，故從而為之法
> 曰：限民名田，貴者無過若干，而貧者足以自養。[101]

指出土地兼併之害十分嚴重，若政府再不加以管制，貧民將無立
錐之地，故須限制百姓擁有田地之量，至於最高的數量多少，他
認為有討論的空間，並未明言，但指出此限田的政策是可以直
行，而不須假之以術的。

（二）廣收公田

三代之時，土地國有，田畝之利，衣食之用，凡所以養生之
具，皆賴天子，後來天子之地歸於豪民，無田者為之耕，故天下
之農夫，已非天子之農，而是富人之農。要改善這種狀況，蘇轍
認為應廣收公田，他說：

> 臣愚以為當今之勢，宜收天下之田，而歸之於上，以業無
> 田之農夫。……田為公田，室為公室 以授無田之民，使
> 天下雖富庶之邦，亦常有天子之田。[102]

若能廣收公田，使無田之農夫耕之，就可改善貧農被富豪剝削的
狀況，並使農民為天子之農，非富人之農。但是公田如何徵收
呢？若強制徵收，必遭民怨，反彈的聲浪一定很大，子由認為應
緩收之，如利用荒年，廣收廢棄之田，並招流民以開墾荒地。他

---

101 蘇轍《欒城應詔集・進策・民政上第五道》，卷9。
102 蘇轍《欒城應詔集・進策・民政下第二道》，卷10。

說：

> 當今自楚以北，至於唐、鄧、汝、潁、陳、蔡、許、洛之
> 間，平田萬里，農夫逃散，不生五穀，荊棘布野。而地至
> 肥壤，泉源陂澤之迹，迤邐猶在。……今者舉千里之地廢
> 之為場，以養禽獸，而不甚顧惜，此與私割地以與人何
> 異？……此豈非近世之弊，因循不治，以至此哉！[103]

指出陳、蔡、荊、楚等地，土地肥沃，然地廣而人稀，乃因五代
以來，戰亂頻仍，遂堙廢而不治。今當收為公田，招來流民以開
墾，並任賢才為吏，教民稼穡，為之興利除害，則必為富壤之
區，民亦得安其生。除了上述的荊楚等地外，其他地方也可比照
辦理。不過他也指出此事急不得，他說：

> 臣以為收公田者，其利遠非可以歲月之間而待其成也，要
> 之數十百年，則天下之農夫可使太半皆天子之農。[104]

奉勸君王須眼光長遠，持續的收納公田，開墾荒地，假以時日，
國家與百姓均享其利。

（三）以兵屯田

　　北宋在河北、陝西沿邊地區建立屯田，並利用當地戍兵進行
生產，其軍事意義大於經濟意義。後因得不償費，宋神宗時，則

103　蘇轍《欒城應詔集・進策・民政下第三道》，卷10。
104　蘇轍《欒城應詔集・進策・民政下第二道》，卷10。

採租佃給農民耕種的方式。蘇轍認為兵民須分，戰時農民耕田以養兵，不戰之時，兵應屯田以寬農。他說：

> 古者三代之兵，出而為兵，入而為農。出兵臨敵，則國有資糧之憂；而兵罷役休，則無復養兵之費。及至後世，海內多故，而征伐不息，以為害農，故特為設兵以辦天下之武事。其始若不傷農者，而要其終衣食之奉，農亦必受其困，故為之法曰：不戰，則耕以自養，而耕之閒暇，則習為擊刺，以待寇至。[105]

指出屯田之利在於寬農。尤其天下太平，邊疆無事之時，仍須養兵不息，此乃不得已之事，若能以兵屯田，自耕自食，可以減輕農民的負擔。但他也指出要兵卒耕田而食，必有阻力，須以術使之。他說：

> 今世之兵，以兵募之，而欲強之以為農，此其不從，固無足怪者。今欲以兵屯田，蓋亦告之以將屯田而募焉。人固有無田以為農而願耕者，從其願而使之，則雖勞而無怨。苟屯田之兵既多而可用，則夫不耕而食者，可因其死亡而勿復補，以待其自衰矣。[106]

要強迫今世之兵以為農，兵未必願意，但可以從現在開始，募兵之時先告知須屯田，先約法三章，則後募之兵雖耕而不怨。之前

---

[105] 蘇轍《欒城應詔集・進策・民政上第五道》，卷9。
[106] 蘇轍《欒城應詔集・進策・民政上第五道》，卷9。

不耕之兵，待其死亡而不補，這樣十數歲之後，不耕之兵所剩無幾，而屯田之兵願耕而無怨，就可以解決問題。然並非所有的兵卒均須屯田，他認爲戍邊之兵須屯田，而「京師可獨置天子腹心之軍數萬人，以制四方之客軍，使之獨得不耕而食」[107]，指出禁衛之軍，護衛京師之安危，責任重大，可以不耕而食。

三、賦稅主張

北宋的賦稅有兩稅、榷稅及雜稅。兩稅包括戶稅、田稅；榷稅包括茶、鹽、酒之專賣；雜稅則名目很廣，包括坊場稅錢、賣香硯錢、賣秤錢、額外鑄刻錢、竹木稅錢等數十種。蘇轍對賦稅的看法並不多，主要有二，一爲罷兩稅法，改行租庸調法，一爲罷榷蜀茶，改收稅錢。

（一）行租庸調

唐代稅制初行租庸調法。租者，地之所當出，即每丁歲納粟二石；庸者，歲之所當役，即每丁歲服役二十日；調者，兵之所當費，即每戶歲納布帛二丈。但在安史亂後，人民流離失所，戶籍散亂，土地兼併嚴重，原有的制度遭到破壞，唐德宗時，宰相楊炎遂創立兩稅法，一爲戶稅，以錢爲額，分夏、秋兩稅；一爲田稅，以粟米爲額。主要依民戶的貧富等級課稅。由於簡單方便，宋初乃沿用兩稅法，但子由認爲施行兩稅法產生許多弊端，他說：

---

107 蘇轍《欒城應詔集・御試制策》，卷12。

變法而為兩稅，以至於今。天下非有田者不可得而使，而有田者之役，亦不過奔走之用，而不與天子之大事。天下有大興築，有大漕運，則常患無以為使。故募冗兵能供力役之急，不知擊刺戰陳之法，而坐食天子之奉。由是國有武備之兵，而又有力役之兵，此二者其所以奉養之具，皆出於農也。而四海之游民，無尺寸之庸調，為農者常使陰出古者游民之所入，而天子亦常兼任養兵興役之大患。故夫兵役之弊，當今之世，可謂極矣。[108]

原本的租庸調法，以「人丁」為本，即使是無田之游民，亦須庸調，即須服役、納布帛；施行兩稅法後，以「資產」為宗，游惰之民得以逃稅，稅收落在農民身上，加重其負擔，而且不公平。另外，庸者，使男丁每年服差役二十日，當天下有大興築、大漕運之時，可以供力役之急，今施行兩稅法，人民不必負擔差役，國家只好募冗兵以供之，結果一國之內有武備之兵，又有力役之兵，其衣食皆出於農，農民的負擔沈重，而力役之兵又不能打仗，徒然耗費國庫。所以兩稅法對國家與安分的農民都沒好處，不如再行租庸調法。子由說：

故臣欲收游民之庸調，使天下無僥倖苟免之人，而且以紓農夫之困。苟天下之游民自知不免於庸調之勞，其勢不耕則無以供億其上，此又可驅而歸之於南畝。要之十歲之後，必將使農夫眾多，而工商之類漸以衰息。如此而後，

使天下舉皆從租庸調之制，而去夫所謂兩稅者，而兵役之
憂，可以稍緩矣。[109]

他認為實行此法，游民無法逃稅，稅賦較為公平，可以減輕農民
的負擔。而且游民為了生活與繳稅，勢必回歸農田耕作之途，時
間一久，可使農民人數增加，工商游走之民減少，人民安居其
地，減少社會問題。另一方面也可解決差役問題，至於原先的力
役之兵，則讓他自然減少，不再增補，假以時日，自然消失。

（二）罷榷蜀茶

蘇轍對北宋的茶、鹽、酒公賣制度，雖然認為是前朝所未
有，但並未持反對的態度，唯獨對蜀茶之專賣有意見。他身為蜀
人，對四川榷茶的狀況十分清楚，認為弊多於利。他在〈論蜀茶
五害狀〉中，分析榷蜀茶之弊有五，其一，邛、蜀、彭、漢、
綿、雅、洋等州，興元府三泉縣人戶，均以種茶為生，自官榷茶
以來，重法脅制，不許私賣，卻抑勒等第，高秤低估，遞年減
價，今只得舊價之半；又巧立名目剝削茶農，使之虧損連連。其
二，川茶本法止於官自販茶，其法已陋，今官吏又緣法為姦，販
布、鹽、瓷器等物，為害不一，既奪商賈之利，又兼營質當（當
舖），以合法掩護非法。其三，官自販茶，依量出稅錢，竟不及
以前未榷茶的十分之一，可見公行欺罔。其四，蜀道行於溪山之
間，最號險惡，而搬茶至陝西，既辛苦又危險，昔以廂軍貼舖搬
運，不一、二年，死亡略盡，今雇人夫或差稅戶，甚為騷擾人

---

[109] 蘇轍《欒城應詔集·進策·民政下第一道》，卷10。

民。其五，陝西民間所用食茶，蓋有定數，今茶官貪求羨息，搬運過多，出賣不盡，遂多虧損。由此五弊可見朝廷並未因榷蜀茶而得利，只是徒惹民怨，所以他說：

> 五害不除，蜀人泣血，無所控告。臣乞朝廷哀憐遠民，罷放榷法，令細民自作交易，但收稅錢，不出長引，止令所在場務據數抽買博馬茶，勿失朝廷武備而已。如此則救民於網羅，使得再生，以養父母妻子，不勝幸甚。如朝廷以為陝西邊事未寧，不欲頓罷茶事，即乞先弛榷禁，因民販茶，正稅之外，仍收長引錢。一歲之入，不下數十萬貫。而商旅通行，東西諸貨日夜流轉，所得茶稅、雜稅錢及酒課增羨，又可得數十萬貫。而罷置茶遞，無養兵衣糧及官吏緣茶所費息錢、食錢之類，其數亦自不少，則榷茶可罷，灼然易見。[110]

建議朝廷因四川地理位置特殊，又地處偏遠，不如罷榷，讓百姓自由貿易，再收稅錢。或先弛榷禁，再收長引錢，這樣朝廷稅收可以增加，蜀人也可免剝削之害。蘇轍並於貼黃處乞求罷茶官陸師閔，言其久擅茶事，欺罔朝廷，罪不可赦。他以自己訪聞所得實情，上奏朝廷，可見他對民生之關心。

---

[110] 蘇轍《欒城集・論蜀茶五害狀》，卷36。

∞ 第四節　經世思想之評價

一、政治思想

　　蘇轍的政治思想是以道家的清靜無為為體，以儒家的禮義道德為用，並吸收縱橫家的權術思想，期能為北宋政治提供最實用而可行的方針。觀其策論之文量多而精，論政能切中時病，正流露其積極用世，欲匡國濟世的胸懷。曾棗莊在《三蘇文藝思想》中說：

> 他們「議論」的中心是「古今成敗得失」，也就是研究治國安民的經驗教訓；寫作目的是為了「施之人」，是要為國為民「療飢」、「伐病」；這就決定了寫作的內容：「言必中當世之過」。翻翻三蘇的集子就不難發現他們確實是實踐了自己的理論。[111]

指出三蘇父子一貫的思想是欲求古今成敗得失，作為治國安民的政策，具鮮明的政治目的。尤其子由，為官最久，官位最高，他對政事的體會必然深刻。他贊成政治改革，但反對沒有彈性的新法，指出王安石的新學、新法不符合人情，必然失敗。他在〈自齊州回論時事書〉中批評新法：

---

[111]　曾棗莊《三蘇文藝思想》，四川：文藝出版社，1985年，頁20。

> 蓋青苗行，而農無餘財；保甲行，而農無餘力；免役行，
> 而公私並困；市易行，而商賈皆病。上則官吏勞苦，患其
> 難行；下則眾庶愁嘆，願其速改。[112]

嚴詞指責新法的諸多措施窒礙難行，而且嚴重傷害百姓的生活，是「立法以強人，此迂儒之所以亂天下也」[113]，並指出王安石「急於財利，而不知本」[114]，不能由根本處改革，且用人不當，使得耿介之士罷黜，奸佞小人滿朝，最後必然失敗。蘇轍雖因反對新法而屢次遭貶，但仍堅持一貫的態度不改變。在元祐時期，舊黨得勢，子由位居高位，卻不主張盡廢新法，一切以現實作考量，秉持不擾民，緩柔以成事的態度，反對激烈的改革方式，亦因此與主張盡廢新法的司馬光意見相左，但他仍據理力爭，表現擇善固執、重實用的政治理念。

洛學以內聖為前提，重視心性修養工夫，認為只有國君成德，才能實行王道。對此，蘇轍頗不以為然，他在《古史》中藉子夏之教人，批評洛學的不切實際，他說：

> 異哉！今世之教者，聞道不明，而急于誇世，非性命道德不出于口，雖禮樂政刑有所不言矣，而況灑掃應對進退也哉！教者未必知，而學者未必信，務為大言以相欺，天下之偽自是而起。[115]

---

[112] 蘇轍《欒城集・自齊州回論時事書》，卷35。
[113] 蘇轍《欒城後集・歷代論・周公》，卷7。
[114] 蘇轍《欒城後集・潁濱遺老傳上》，卷12。
[115] 蘇轍《古史・孔子弟子列傳》，見《三蘇全書》第4冊，頁209-210。

· 386 ·

對程頤高談性命之學，欲復三代之治，只重君王之德業，罔顧實際政治現況的看法不滿，指責伊川是務為大言以欺天下，是迂闊而不切實際的理論。強調禮樂政刑才是治國的根本利器，符合人情世故，才能推動政策而無礙；一味的強調天理，去除人欲，並非人情之所安，王道之所由。事實上，伊川與子由之政治理念均為儒家思想，只是二人著重的地方有異，伊川以內聖為前提，子由以外王為目標，加上二人之人性觀不同，遂產生不同的治國之道。純儒之外，子由又吸收道家的清靜無為與縱橫家之治術，以強化治國的成效，一切以實用為考量，卻也因此遭來批評，台官安鼎彈劾他：「欺罔詐謬，機械深巧」[116]，正是由此而發。蘇轍的政治思想雖強調御天下以術，然此術乃是方法，非玩弄權術，操縱臣下、百姓之意，由其所論之君術、臣事、民政等治國之術，可見不脫離儒家之仁治色彩。他從政時一心為國，立朝嚴正不阿的態度，正是躬行自己的政治理念。脫脫在《宋史》言：「君子不黨，於轍見之」[117]；王雲五《宋元政治思想》說：

> 子由從政之初，及奉派參加三司條例，即所謂新政之工作，開始即與新政有所接觸，並有所表示。安石初時亦頗聽其言，至將青苗錢稍擱。其後安石雖一意孤行，子由對新政所表示之意見頗多，亦多持平，與反新政者一筆抹殺頗異。[118]

116　畢沅《續資治通鑑》，卷 82。
117　脫脫《宋史‧蘇轍傳》，卷 339。
118　王雲五《宋元政治思想》，台北：台灣商務印書館股份有限公司，1970年，頁 183。

肯定蘇轍能以持平的態度議論新政，不似他人流於意氣之爭。吳武雄在〈蘇轍之仕宦及其政績〉中說：

> 蘇轍個性厚重篤實，謹於律身，其居官論事是非分明，立身嚴正，對人絕無附會苟同。其立論建言，皆針對事理而發，並未牽涉私人恩怨，重視操守，恪盡職責。……蘇轍在官場之貢獻頗顯著，一生盡忠職守，憂國憂民，努力尋求突破朝廷之困境。[119]

亦高度肯定子由之人格與仕宦之政績。

從總體上看，北宋是一個政治變革的時代，也是一個儒學復興的時代，二者相互影響，密不可分。此時儒學的發展本質上是一種政治哲學的形成，目的在對當時的政治制度進行理性的批判和重建，而理念的差異，亦因之形成各具特色的學派，激盪出不一樣的政治哲學，當然也產生不同的政治變革，蘇轍的蜀學亦身陷其中。具體而言，北宋的政治變革與儒學復興出現三個高峰，即以范仲淹慶歷學術為主導的慶歷新政；以王安石新學學術為主導的熙寧變法；以二蘇蜀學和二程洛學為代表的元祐更化。

慶歷學術的政治哲學是以儒家勵精圖治的精神，取代宋初施行的黃老無為思想，結合師古與用今，欲使「法制有立，綱紀再振」[120]，即重建政治憲綱，以復現三代的王道政治為目標，期能克服現實之積弊，以扶救世衰，其具體的措施在清整吏治。新

---

[119] 吳武雄〈蘇轍之仕宦及其政績〉，《興大中文學報》，1996 年，第 9 期，頁 286－287。

[120] 范仲淹《范文正公集·政府奏議·荅手詔條陳十事》，卷上。

學學派是對慶歷學術的繼承和發展，儘管其思想來源可謂為儒、道、釋、法兼綜，然其基本精神仍為儒家，尊崇天道與天理，按照「由是而之焉」的理論思路，欲推天道以明人事。然其「任理而不任情」的理論，雖深化和發展了慶歷學術對重建政治憲綱的現實思考，卻也存在著理論缺陷，盧國龍《宋儒微言》說：

> 不能將理性精神與人文情懷兩個方面有機地結合起來，自然理性被作為第一義的，人文情懷被作為第二義的，在理論上就表現為天人二分，人道人文服從於自然天道，在實踐中則難以避免獨斷論，關於天道的解釋既不受人道人文、人心所向的制約，它在事實上就必然成為政治強勢的特權。這是新學派的一大思想盲點，有待蜀、洛各派學者予以匡正。[121]

指出新學一味倡言天道，卻忽視了人情的力量，易流於獨斷獨行，事實上由王安石推行新法的強勢作風，可見此言不虛。接下來登場的元祐學術，其基本精神在對熙寧變法進行批判性的理論反思，彰顯人道的價值，進行溫和的政治改良。以蜀學而言，其哲學思想為三教合一，但政治思想則以儒家為主，並特別注重歷史的經驗教訓，欲從中歸結出趨利避害的政策，強調人情的價值，重實用。盧國龍說：

> （蜀學）從思想邏輯上說，這種建立在歷史法則基礎上的

---

[121] 盧國龍《宋儒微言》，北京：華夏出版社，2001年，頁24。

> 理性精神，是「推闡理勢」的必然結果，相對於新學派建
> 立在自然法則基礎上的理性精神而言，它既是一種有力的
> 矯正，也是北宋儒學理論思維的一大發展。[122]

稱讚蜀學以歷史經驗法則而建構的理性思維，落實於可以觀察感
知的現象界，對新學是有力的矯正，也是儒學理論的一大發展。
同時期的洛學，一樣對新學進行批判性的反思，卻走向不同的道
路。二程確立其「體用一源」的政治哲學，以天道與人道渾融一
體的思想理念進行政治改良，標榜存天理、去人欲的社會文化改
造工程，強調正君心、正人心的重要。這事實上是一種理想化的
道德思維，並不易達成。薩孟武在《中國政治思想史》中批評理
學家的政治思想，他說：

> 善哉梁啟超之言：「宋明諸哲之訓，所以教人為聖賢也。
> 盡國人而聖賢之，豈非大善，而無如事實上萬不可致。恐
> 未能造就聖賢，先已遺棄庸眾。故窮理盡性之談，正誼明
> 道之旨，君子以之自律，而不以責人也」。為政者希望修
> 德以感化萬民，我固然不能反對，但我敢斷言其必徒勞無
> 功。[123]

指出理學家的理想過高，難以達成。

就理論來看，洛學、蜀學各具特色，不必加以軒輊。就實際

---

[122] 盧國龍《宋儒微言》，頁34。
[123] 薩孟武《中國政治思想史》，台北：三民書局股份有限公司，1989 年，頁 426。

政治來看，二者均贊成改革，但反對新法；二蘇的官位較高，受重用時間較長，二程的官位較低，受重用的時間較短。而二蘇之中，蘇轍的官位又高於其兄，在元祐更化期間，其所施行的政治改革與影響力都較大。

二、軍事思想

宋太祖有鑑於唐末五代藩鎮擁兵割據之害，於是杯酒釋兵權，採取高度中央集權之統治，重文臣，輕武將，使「兵無常帥，帥無常師，內外相維，上下相制」[124]。不僅羅致精兵於中央，且廣收地方之錢糧，推行「強幹弱枝」之政策。如此雖能避免地方擁兵叛亂之禍，然一旦外敵來犯，也無兵可擋。宋朝長期積弱不振，外侮頻仍，此為重要原因之一。歐陽脩在〈本論〉中嘗感嘆：

> 財不足用於上而下已弊，兵不足威於外而敢驕於內，制度不可為萬世法而日益叢雜，一切苟且，不異五代之時，此甚可歎也！[125]

認為北宋之積弊無異於五代，王安石〈本朝百年無事劄子〉也指出：

---

124 馬端臨《文獻通考‧兵考四‧兵制》，台北：台灣商務印書館，文淵閣四庫全書，1983 年，卷 152。
125 歐陽脩《歐陽文忠全集‧本論》，台北：中華書局，四部備要本，1966年，卷 59。

> 兵士雜於疲老，而未嘗申勅訓練，又不為之擇將，而久其
> 疆場之權；宿衛則聚卒伍無賴之人，而未有以變五代姑息
> 羈縻之俗。[126]

謂北宋之軍事亂象與五代同。雖然士大夫痛批時弊，且亟欲謀求救弊之方，然一般士人也只以美化三代之言，勾勒理想於遙遠之古代，認為今日之積弊，乃因三代先王之制遭破壞所致。如石介在〈原亂〉中說：

> 周秦而下，亂世紛紛，何為而則然也？原其來有由矣，由
> 亂古之制也。[127]

歐陽脩在〈問進士策〉中，也十分稱譽三代之治，並提出「今一切悖古」為「仁政未成」[128]之因。因而回向三代，成為當時知識分子的重要訴求。明瞭宋朝之時代背景，再讀蘇轍之策論，就益發佩服他過人之觀察力和善於剖析之縝密思維。他並不寄託理想於遙遠的古代，反而將眼光專注於現代，其策論多採今昔對照的方式闡發，先論古代，再提出當代的作法，考量現實狀況，不求一味復古。並特重歷史之教訓，即使一般儒者嚴詞批評的唐、五代兵制，亦擇其優點而為北宋軍政提出建言，如內外相持、兵安其將均是。他憑其豐富之歷史知識與軍事睿見，詳細分析天下情勢，針對夷狄特性提出妥善的軍事策略，包括養兵威而自重，

---

126 王安石《王臨川集》，台北：台灣商務印書館，1965 年，卷 41。
127 石介《徂徠集‧原亂》，台北：台灣商務印書館，文淵閣四庫全書，1983 年，卷 5。
128 歐陽脩《歐陽文忠全集‧問進士策》，卷 48。

以激勵軍心；兵屯重地，使戎狄互相箝制，並自損以驕敵，再攻其不備；對西南蠻夷則懷柔以招安等。可謂切中肯綮，契合時宜之見，可惜未獲當政者採行，終至金兵南下，北宋覆亡。

陳正雄在《蘇轍學術思想述評》說：

> 蘇轍對於國家兵源的主張是：兵民合一，並不贊同募兵制度。……古制適用，何以不用？隱兵於農，是為上策。[129]

認為子由主張回歸古代，採用兵民合一的徵兵制。而他僅以〈私試進士策問〉作為論據，此乃子由為科舉考試所出之試題，雖在某方面可以反映其思想，但未必能全然作為出題者的思想依據，更何況他在〈兵民〉、〈進策〉諸文中，均提出兵民須分，贊成募兵的理論，陳正雄之見差矣！縱觀宋朝之兵制，即為募兵制，尤其在天災荒年之時，更是大舉募兵，以救濟無以維生之饑民，然兵卒日多，戰力卻日弱，徒然耗費大筆賦稅，仍無力抵禦外侮，北宋積弱不振，冗兵即為主要弊端之一。無論王安石推行之保甲法，或蘇轍倡行之募兵制，做法雖異，目標則一致，均是欲拯救時弊，期能去冗兵，得精兵，以節省經費，提升戰鬥力。只是北宋朝政實積重難返，戶籍、田籍又長期不修[130]，欲徵民為兵，

---

[129] 陳正雄《蘇轍學術思想述評》，頁163－164。

[130] 參見孫國棟著，〈從北宋農政之失敗論北宋地方行政之弱點〉，《新亞書院學術年刊》，1966年，第8期，頁126－127。文中指出：「北宋承五代之敝，戶籍田籍不修」。至宋太宗時，「惟記戶主姓名及田畝數而已」；宋仁宗時，「戶籍田籍叢脞已百年，天下之逃稅、逃田、逃丁不知多多少少」；宋神宗時欲推行新政，「重定方田法，仍以官吏擾民而罷」；宋徽宗時，「再行方田，又兩行而兩輟」。可見官方之戶籍、田籍資料只是虛數，如此不僅難以落實徵兵制，恐怕任何國策之制定和推動，均會產生

頗窒礙難行,所以王安石的新法終告失敗。而依蘇轍之見,文人將領欲統帥凶人勇夫,亦恐非易事,更何況將領還頻頻調動,如何收服軍心、整飭軍紀?其實北宋王朝之積弊太深,欲改革軍政,絕非單純之徵兵或募兵制可以奏效。沈祖祥說:

> 宋朝禁軍、廂軍制度的確立,從一個側面體現了北宋王朝重文輕武,重內輕外、集權中央的格局意識,而宋朝禁軍、廂軍制度的廢弛及至徹底破壞,又從另一個側面反映了封建統治的極度黑暗和腐朽。[131]

指出宋朝軍政之腐敗,問題叢生,並不易解決。不過蘇轍之看法雖偏於理想,然仍可見其一代儒者憂國憂民,亟欲救弊之沸血熱忱!

三、財經思想

北宋主要的財經問題是積貧與貧富懸殊。國家的苛捐雜稅多,卻入不敷出;社會上土地兼併嚴重,財富集中於少數大地主之手,貧民無以為生。當代許多思想家都看到這些問題,也贊成以改革來解決時弊,只是每個人提出的策略不同,甚至因此引發激烈的政治鬥爭,改革當然也沒有成功。

以財政管理來看,藏富於民,去除冗費是各思想家共同的指

難以言喻之問題和困擾。

[131] 沈祖祥《中國歷史三百題·宋代的禁軍與廂軍是怎樣的》,上海:古籍出版社,1989年,頁735－736。

導方針。惟在節約開支之外，王安石的新法更注重開源，但在時代的限制之下，他開源的方法僅限農田水利法，主要爲農田水利、治河二大方向，包括修堤堰、濬溝洫、墾廢田、浚黃河、清汴河、疏漳河等，欲藉修繕農田水利使農民收穫增加，以達成國富的目標。總的來說，其新法之措施泰半在理財，尤其著重在改善農民的生活，並提出許多具體的規劃方案，如青苗法，類似今日的農民銀行，以紓農民青黃不接時之困；市易法，類似今日的商業銀行，以通天下之財貨；均輸法，配合市易法，所以均各路之貢賦，欲達成以義理天下之財的目標。這些財政措施均立意良善並規劃具體，可見王安石在財政管理上的卓越識見。相較於王安石，其他的思想家僅提出指導性的思想，欠缺詳細的執行計畫。如范仲淹提出厚農桑；二程提出省費節用，以農爲本；蘇軾提出均農富國；蘇轍提出去三冗，藏富於民。均偏重於政策性的思想，即使蘇轍所提之平糶法、官貸民急亦然，僅有方針，卻無細目，而且其基本精神與新政之青苗法相通，但他卻強力反對青苗法的施行。因爲他眼見青苗法的實施造成許多弊端，農民的生活不僅沒有改善，反而更加貧困，所以堅決主張廢除，卻沒意識到自己在〈民政下第二道〉所言之官貸民急與青苗法相似。由於古人的財經知識有限，故所論或偏於一隅，難以全面。今日觀之，王安石的財經政策要略勝其它思想家一籌，只是新法雖佳，敗在用人不當，與既得利益者的阻力太大，在這方面，蘇轍去冗吏與緩柔之術的主張，恰可以補其不足。北宋中下階層的官吏大多來自恩蔭，素質低落，以之執行政策，必然貪污腐化，難收成效。若能改善恩蔭制度，精擇官吏，必能改善亂象，解民倒懸。而他在論去冗吏、冗兵，收公田、屯田等政策時，所秉持的緩柔

精神，對既得利益者的傷害較小，雖不能立見成效，卻是百年大計，可以減輕改革的阻力，較易成功。

以土地與賦稅政策來看，范仲淹提出均公田、減繇役，僅針對公務員之職田與人民的差役來談，涉及的層面較窄。王安石提出方田均稅法，欲借由清理田籍，使得其實，依其肥瘠，以定稅則，使天下之田賦歸於均平。蘇轍對此並無多加批評，只認爲測量經界對提振農業沒有幫助。而他提出限制私田的方法，可以抑制日益嚴重的土地兼併問題；廣收公田，使無田的農民可以承租，避免被地主剝削，又可開墾荒田，一舉兩得；以兵屯田，可以稍微紓解財政壓力，均不失爲具體可行的方式。而行租庸調法，可以抑制游民，賦稅公平；罷榷蜀茶，可以除五害，也是可以嘗試的辦法。

陳正雄在《蘇轍學術思想述評》說：

> 蘇轍對於夏商周的井田制度，認為是最好的田制，其後壞井田，開阡陌，農民生活頓失依所，租稅付不出，農田被兼併，俯仰不足以蓄妻子，養父母，在在顯示對於宋代田制的傷民。……井田之制，才是最好的農田政策，「授田」、「制服」則人口眾寡，田之厚薄以定，三代的仁政自成，而蘇轍的嚮往儒家聖人之治，亟希望在宋代再次實現。……蘇轍對農業政策，堅持恢復三代的井田之制。[132]

認爲蘇轍嚮往井田制度，而書中他所持的證據只有〈私試進士策

---

[132] 陳正雄《蘇轍學術思想述評》，頁 220－223。

問〉與〈民賦敍〉的部分內容。〈私試進士策問〉爲科舉考題，雖在某方面可以反映其思想，但若不細心使用，易致差錯；而〈民賦敍〉在文中雖曾提及「三代之君，開井田」，而「仁政自成」，但在文末明白指出：「凡此三者，皆儒者平昔之所稱頌，以爲先王之遺法，用之足以致太平者也。然數十年以來，屢試而屢敗，足以爲後世好名者之戒矣」[133]，事實上在批評保甲法、青苗法、兩稅法。蘇轍固然肯定三代行井田制度之成效，但不認爲當代可以施行，他在〈周公〉中批評《周禮》爲僞書，在〈進策〉二十五篇政論中提出種種土地、賦稅之政策，認爲當行租庸調法，是仿唐制，未言要恢復井田制，凡此均可見陳正雄的看法值得商榷。真正贊成井田制的是二程，程顥說：

> 天生蒸民，立之君使司牧之，必制其恆產，使之厚生，則經界不可不正，井地不可不均，此爲治之大本也。[134]

認爲井田制度可以解決土地兼併問題，乃治國之根本。他們雖知阻力必大，但明道言：「井田今取民田使貧富均，則願者眾，不願者寡」；伊川言：「亦未可言民情怨怒，止論可不可爾」[135]，欲力挽狂瀾於既倒，但真的可行嗎？蔡方鹿在《程顥、程頤與中國文化》中說：

> 二程復行井田，抑制兼併的思想是針對當時的社會危機而

---

[133]　以上引言見蘇轍《欒城後集‧民賦敍》，卷12。

[134]　程顥、程頤《二程全書‧論十事札子》，卷1。

[135]　以上引言見朱熹編《河南程氏遺書》，卷10。

> 發，是為了限制兼併勢力，平均土地，制民之產，使廣大
> 農民有田可耕，消除貧富兩極分化，以穩定社會，維護統
> 治階層的長遠利益。其價值取向是以公抑私，這在當時社
> 會具有一定的積極意義。但其思想與現實的土地制度和經
> 濟結構有所脫離，故在客觀上難以推行。[136]

指出理想和現實畢竟是有差距的，所以欲復行井田制度，將土地
收歸國有再重新規劃，只能是理想，就當時狀況而言，並不可
行。

---

[136] 蔡方鹿《程顥、程頤與中國文化》，貴州：貴州人民出版社，1996 年，
頁 59。

第七章

文藝思想析論

　　歷來研究蘇軾之文學思想者眾，探索蘇轍者寡，二人亦師亦友，同爲唐宋八大家之一，命運卻大不相同。蘇軾之多才多藝、豪放曠達，吸引了古今中外無數的讀者，欲一窺其文學理論之奧，一睹其文學作品之妙；蘇轍之長於策論、汪洋淡泊，卻是和之者寡，備受冷落。同爲有宋一代文豪，對蘇轍之忽視，事實上是不公平的。蘇軾曾稱讚其弟：「今世學者，猶子可與我上下耳」[1]，洪邁《容齋四筆》亦言：「誰說子由不如兄軾哉」[2]。今觀其所爲文，雖不如兄之絢爛，卻也別具一格，其文藝思想與父兄同中有異，亦值得重視。

∞ 第一節　**文學思想**

　　子由之文學思想，包括文貴養氣、不爲空言、文合節度、各任其才，四大方向，本文嘗試透析其理論所蘊含之思想層次，以建構一個立體而具有進程的文學觀，以下即述其內涵。

一、文貴養氣

　　養氣之說始於孟子，然孟子所養之氣，側重於道德修養，與文氣無關。文氣說首見於曹丕之《典論·論文》，他認爲「文以氣爲主」，而「氣之清濁有體，不可力強而致」[3]，其所謂

---

[1]　蘇轍《欒城後集·亡兄子瞻端明墓誌銘》，台北：中華書局，四部備要本，1966年，卷22。

[2]　洪邁《容齋四筆》，台北：台灣商務印書館，1979年，卷15。

[3]　曹丕《典論·論文》，北京：中華書局，叢書集成初編，1985年，頁1。

「氣」，乃指作者之才氣，是先天之稟賦，後天無法強求，故不主張養氣。劉勰之《文心雕龍》，雖有〈養氣〉篇，但所論非養文氣，而是基於「懼為文之傷命，嘆用思之困神」[4]，是保養體氣，避免神疲氣衰。古文家韓愈言：「氣盛，則言之短長與聲之高下者皆宜」[5]，他認為氣勢來自道理的充分，理直才能氣壯，強調的是文章內容和形式的和諧統一，即達道。然而未言如何養氣。第一個提出為文養氣的人是蘇轍，其養氣說包括理論與方法。

(一) 理論

蘇轍之養氣說主要見於〈上樞密韓太尉書〉一文。韓太尉即韓琦，乃宋代著名將相，個性正直忠義，在國家危疑之時，能知無不為，甚得朝廷倚重；又折節下士，是以「名重一時，人心歸之」[6]。他上書表達欲求見，以廣見聞之意。此求見信函歷來為蘇轍文論之主要依據，並備受重視。文章一開頭即言：

> 轍生好為文，思之至深，以為文者，氣之所形，然文不可以學而能，氣可以養而致。孟子曰：「我善養吾浩然之氣。」今觀其文章，寬厚宏博，充乎天地之間，稱其氣之小大。太史公行天下，周覽四海名山大川，與燕、趙間豪俊交游，故其文疏蕩，頗有奇氣。此二子者，豈嘗執筆學

4　劉勰《文心雕龍‧養氣》，台北：臺灣開明書店，1985 年，卷 9。

5　韓愈《韓昌黎全集‧答李翊書》，台北：中華書局，四部備要本，1966年，卷 16。

6　脫脫《宋史‧韓琦傳》，台北：中華書局，四部備要本，1966 年，卷312。

為如此之文哉？其氣充乎其中而溢乎其貌，動乎其言而見乎其文，而不自知也。[7]

他認為天賦之才不能強求，然後天之修養和閱歷卻可著力，只要肆力於養氣，文章自可因氣而工，孟子、司馬遷之所為文即是如此。郭紹虞在《中國文學批評史》中說：

> 子由上不能如子瞻之入化境，而下又不敢有作文之意，不欲求工於言語句讀以為奇，此所以謂「文不可以學而能」。但神化妙境雖不可學，言語句讀雖不屑學，而「生好為文」，癖性所嗜，未能忘情，於是不得不求之於氣。蓋理直則氣壯，氣盛則言宜，氣是理與言中間的關鍵，於是想由氣以進乎言宜之域。這樣，所以說文是氣之所形，而養氣則文自工。[8]

指出子由可謂是得力於養氣之文學家，其為文養氣之說，足以啟示後學。那麼他所謂的「氣」，究竟何指？據周楚漢《唐宋八大家文化文章學》所言，蘇轍所言之氣包括：浩然之氣、志氣、才氣、文氣、詞氣等。他說：

> 蘇轍的「氣」是個複雜的概念，它包括作者的思想品德、志氣、才氣和文章的氣勢、語言、音律，這些對文章的形

---

[7] 蘇轍《欒城集・上樞密韓太尉書》，台北：中華書局，四部備要本，1966年，卷22。

[8] 郭紹虞《中國文學批評史》，台北：五南圖書出版有限公司，1994年，頁193。

> 成起著舉足輕重的作用，囊括了影響文章質量的諸因素，
> 他的氣的概念是科學的。[9]

指出子由「氣」的概念十分多元，都是影響文章質量的重要因素，可以提高作者的思想與寫作素養，爲文章寫作奠定良好基礎。

(二) 方法

「氣」既然如此重要，那是否爲可「養」？王水照在〈蘇轍的文學思想和散文特色〉中說：

> 蘇轍的「氣」是指內在的精神力量，他認為文的神妙之境
> 雖不是光靠學力所能達到，但氣卻能通過具體途徑「養」
> 成。[10]

指出「氣」爲可「養」，以下即探討蘇轍所言之養氣方法：

1. 道德養氣

孟子主張集義以養氣，唯有注重後天的道德修養，才能心中充滿浩然正氣，此氣至大至剛，沛然充塞於天地之間。他說：

> 我善養吾浩然之氣。……其為氣也，至大至剛，以直養而

---

[9] 周楚漢《唐宋八大家文化文章學》，四川：四川出版集團巴蜀書社，2004年，頁225。

[10] 王水照，〈蘇轍的文學思想和散文特色〉，《三蘇散論（紀念蘇東坡誕辰九百五十週年）》，四川師範大學學報叢刊，1987年，第13輯，頁205。

無害，則塞于天地之間。其為氣也，配義與道；無是餒
也。是集義所生者，非義襲而取之也；行有不慊於心，則
餒矣。[11]

浩然之氣正大剛直，能使人成為頂天立地之大丈夫。蘇轍認為孟
子因善養浩然正氣，故所為文，亦如其氣之「寬厚宏博，充乎天
地之間，稱其氣之小大」，可見道德修養為養氣的重要方法。他
在〈吳氏浩然堂記〉亦言：

今夫水無求於深，無意於行，得高而渟，得下而流，忘己
而因物，不為易勇，不為嶮怯。故其發也，浩然放乎四
海。古之君子，平居以養其心，足乎內，無待乎外，其中
潢漾，與天地相終始。止則物莫之測，行則物莫之禦。富
貴不能淫，貧賤不能憂。行乎夷狄患難而不屈，臨乎死生
得失而不懼，蓋亦未有不浩然者也。[12]

以水作比喻，說明善養浩然正氣之功效，能使外物「莫之測」、
「莫之禦」，無法撼動其堅貞志節，故具備此充沛之正氣，足以
貧賤不憂，富貴不淫，患難不屈，死生不懼，發而為文，自然正
義凜然，氣勢非凡。他在〈太子少保趙公詩石記〉中謂趙公：
「其容晬然以溫，其氣肅然以清」，故所作詩「清新律切，筆迹
勁麗，蕭然如其為人，蓋老而益精，不見衰憊之氣」[13]。指出趙

---

[11] 《孟子·公孫丑》，台北：台灣中華書局，四部備要本，1960 年，卷 3。
[12] 蘇轍《欒城集·吳氏浩然堂記》，卷 24。
[13] 以上引文見蘇轍《欒城集·太子少保趙公詩石記》，卷 24。

公具備清肅之氣，所作詩如其人，年紀愈大，氣愈精盛，絲毫不衰。在〈祭文與可學士文〉中也說：「昔我愛君，忠信篤實。廉而不劌，柔而不屈。發為文章，實似其德。風雅之深，追配古人」[14]，稱讚文與可，文如其德。這都是蘇轍認為道德足以養氣，浩然正氣足以充塞作品，使得詩文之創作氣勢凜然，正如其人之明證。

2. 閱歷養氣

除修養品德，培育正氣外，子由更重視行萬里路，強調須增廣閱歷，以激發志氣，提升境界。他在〈舟中聽琴〉中云：

> 昔有至人愛奇曲，學之三歲終無成。一朝隨師過滄海，留置絕島不復迎。終年見怪心自感，海水震掉魚龍驚。翻回蕩瀁有遺韻，琴意忽忽從此生。師來迎笑問所得，撫手無言心已明。[15]

此詩雖言學琴，實與學文相通，學文當如學琴，行至滄海，藉由壯麗景觀，激動其心，涵養其氣，琴聲自然流瀉千里而有餘韻，文意自然生生不息而靈通有味，所謂「坐對江山增浩氣」[16]之意也。除了飽覽天下奇聞景觀，感悟天地之廣大外，還得與才人賢士交遊，才能聞其言以自壯。他在〈上樞密韓太尉書〉中言：

---

[14] 蘇轍《欒城集·祭文與可學士文》，卷26。
[15] 蘇轍《欒城集·舟中聽琴》，卷1。
[16] 蘇轍《欒城集·次韻王適州學新修水閣》，卷10。

轍生十有九年矣，其居家所與游者，不過其鄰里鄉黨之人，所見不數百里之間，無高山大野可登覽以自廣，百氏之書雖無所不讀，然皆古人之陳迹，不足以激發其志氣。恐遂汨没，故決然捨去，求天下奇聞壯觀，以知天地之廣大。過秦、漢之故都，恣觀終南、嵩、華之高，北顧黃河之奔流，慨然想見古之豪傑；至京師，仰觀天子宮闕之壯與倉廩、府庫、城池、苑囿之富且大也，而後知天下之巨麗；見翰林歐陽公，聽其議論之宏辯，觀其容貌之秀偉，與其門人賢士大夫遊，而後知天下之文章聚乎此也。太尉以才略冠天下，天下之所恃以無憂，四夷之所憚以不敢發，入則周公、召公，出則方叔、召虎。而轍也未之見焉。見夫人之學也，不志其大，雖多而何為。轍之來也，於山見終南、嵩、華之高，於水見黃河之大且深，於人見歐陽公，而猶以為未見太尉也。故願得觀賢人之光耀，聞一言以自壯，然後可以盡天下之大觀而無憾者矣。[17]

此段陳述為全文之核心，說明閱歷包括高山、巨川等自然景觀；宮闕建築、四方俊傑等人文景觀。藉由登覽名山大川，仰觀宮闕城池，可以開闊視野，知「天地之廣大」，見「天下之巨麗」，涵養磅礴之豪氣；與賢人豪傑交遊，可以沾其光耀，增長識見，激發高超之志氣。也就是透過向大自然與社會學習，充實人生之經驗，琢磨生命之睿智，胸中必可積鬱萬丈奇氣，下筆自然有神。此書信中強烈流露對歐陽脩、韓琦等一時碩彥的仰慕之情，欲藉

---

[17] 蘇轍《欒城集・上樞密韓太尉書》，卷22。

之以壯其氣，亦可見蘇轍所謂之閱歷養氣，尤其特重與賢傑之士交遊。

3. 佛、道養氣

三蘇之思想本就融合儒、釋、道，蘇轍又因自幼體弱多病，且仕途坎坷，故時以佛、老治氣養心。在〈上樞密韓太尉書〉中只提及道德與閱歷養氣，以佛、道養氣則散見於其他篇章之中。如在〈潁濱遺老傳下〉中言：「萬法皆空，惟有此心不生不滅，以此居富貴、處貧賤二十餘年，而心未嘗動」[18]，此為佛家之養氣。在〈送余京同年兄通判嵐州〉中云：「定心養浩氣，閉目收元精」[19]，此為道家之養氣。在《歷代論·梁武帝》中云：「老、佛之道，非一人之私說也，自有天地而有是道矣。古之君子，以之治氣養心，其高不可嬰，其絜不可涴，天地神人皆將望而敬之」[20]，則是揉合佛、道二家。大體上，蘇轍所言佛、道二家之養氣，目的在修心治性，藉由修心治性的工夫，提高思想之水平。惟有提高作者個人的思想素養，方能開拓識見，不侷限於一偏之智慧，創作才能深具內涵，昇華其所蘊藏之思想層次。

二、不為空言

蘇轍受父兄影響，為文重實用。他在〈亡兄子瞻端明墓誌銘〉中提到蘇軾「少與轍皆師先君，初好賈誼、陸贄書，論古今

18　蘇轍《欒城集·潁濱遺老傳下》，卷13。
19　蘇轍《欒城集·送余京同兄通判嵐州》，卷8。
20　蘇轍《欒城集·歷代論·梁武帝》，卷10。

治亂，不為空言」[21]，此「不為空言」即為其創作之主張，包含三層意義，述之如下：

（一）反映現實

蘇轍繼承乃父思想，強調文章須言之有物，能反映社會現實，為世所用，文章才有價值。他四十二年仕宦生涯中，所作析論政事之文頗多，可見其不僅文學主張如此，更付諸行動，將所學貢獻於邦國，即使杜門潁濱，亦心繫國事，作《歷代論》四十五篇，表面議論歷史興衰、人物功過，實則借古諷今，為論政之文。於此中心思想指導之下，所為文或深入古今治亂，或詳於分析局勢，或條列治國之道。論理切直充分，筆力閎肆遒勁，令人震懾不已。其實他在引言中即已表明心志，他說：

> 父兄之學，皆以古今成敗得失為議論之要。以為士生於世，治氣養心，無惡於身，推是以施之人，不為苟生也。不幸不用，猶當以其所知，著之翰墨，使人有聞焉。[22]

此議論古今成敗得失，意在針砭現實社會，欲收淑世之效。盧國龍在《宋儒微言》中說：

> 二蘇都長于策論，在一大批訓練有素的同輩人中，他們都堪稱此道高手，筆下風雷，有橫掃千軍之勢。而其所以為高，固然有文章風格、修辭藝術等方面的原因，但更根本

21　蘇轍《欒城後集・亡兄子瞻端明墓誌銘》，卷22。
22　蘇轍《欒城後集・歷代論・引》，卷7。

的，實在于他們形成了一種理論思路，有一個剖析現實問題的指導思想，這就是探討古今治亂軌迹及其所以然之故。[23]

均指出二蘇不僅認為文章應結合現實，發揮社會功用，更身體力行自己的主張。既抱持一顆熱切濟世之心，所關注的當然是社會現實，因而「心之所嗜，不能自己，輒存之於紙」[24]，下筆自然氣力萬鈞，令人折服。

(二) 文以貫道

蘇軾因才華洋溢，兼以日後繼歐陽脩成為文壇盟主，其文論自然受到重視，歷來探討之篇章頗多，於文學史及文學批評史中均可見大篇幅之介紹，其中文以貫道之主張成為許多學者之共識，張師健在《宋金四家文學批評研究》中說：

> 東坡的貫道說，自是儒家載道說的一種特殊樣態。其關鍵不僅在於文與道的關係；也在於「道」本身的性質：一、以文貫道；二、道可以通藝。歷來文學批評家所說的道，至少有兩種涵義：一是自然之道，劉勰是其代表。……一是儒家之道，也即所謂的「聖道」，如荀卿、揚雄、柳冕、韓愈及宋世理學家都作此主張。……東坡的「道」，似乎是兼涵二者的。[25]

---

[23] 盧國龍《宋儒微言》，北京：華夏出版社，2001 年，頁 381。
[24] 蘇轍《欒城後集‧歷代論‧引》，卷 7。
[25] 張師健《宋金四家文學批評研究》，台北：聯經出版事業公司，1975 年，頁 19。

指出東坡「文以貫道」說是「文以載道」的一種特殊型態，包含
自然之道與儒家之道。許錟輝在〈蘇軾〉一文中也提到「文以貫
道」之主張[26]，此思想應是承襲韓愈、柳宗元、歐陽脩「文以明
道」之主張，「文以明道」指出載體之目的，道之地位高於文；
「文以貫道」指出載體之要求，文與道之地位並立，文不再是道
的附庸，提高了文學的地位，卻不抹煞道的價值。三蘇思想本是
一脈相承，對此貫道說，所論大同小異，只是蘇軾鋒芒稍掩其
弟，蘇轍個性又沈靜淡泊，是以較受忽視，觀其〈墨竹賦〉，正
是此思想之體現。文中他借善畫竹之文與可言：

> 夫予之所好者道也，放乎竹矣。……追松柏以自偶，竊仁
> 人之所為，此則竹之所以為竹也。始也余見而悅之，今也
> 悅之而不自知也。忽乎忘筆之在手與紙之在前，勃然而
> 興，而脩竹森然。[27]

透過對客觀事物之觀察與思考，明確認識了所欲表達的對象，得
之心，遂能書之紙，恰如靈感之湧現，泉源不竭，此為胸有成竹
之謂也。在〈石蒼舒醉墨堂〉中亦云：「石君得書法，弄筆歲月
久。經營妙在心，舒卷功隨手」[28]，同樣說明了唯有浸淫此道日
久，才能了悟於心；妙於經營，才能得心應手。繪畫與書法之道
如此，作文亦然，道理早已蓄積心中，下筆為文，自然水到渠
成，如神來之筆，不假外物而渾然天成。故其言：

26　許錟輝主講，鄭正明筆錄，〈蘇軾〉，見《中國文學講話（七）‧兩宋文
　　學》，台北：巨流圖書公司，1986 年，頁 123。
27　蘇轍《欒城集‧墨竹賦》，卷 17。
28　蘇轍《欒城集‧石蒼舒醉墨堂》，卷 3。

> 庖丁，解牛者也，而養生者取之；輪扁，斲輪者也，而讀
> 書者與之。萬物一理也，其所從為之者異爾。[29]

此即「天地間萬事同一理」[30]之謂也。

由此可見，蘇轍雖未直接提及「文以貫道」，然其義實已蘊含文中。其所謂之道，除前文提及的自然之道、儒家之道外，根據其思想推敲，應亦融有佛、老之道。

（三）啟天下之未悟

蘇轍認為文章除了反映現實、文以貫道之作用外，最可貴的是能啟發世人領悟不明白的事理。他在〈劉愷丁鴻孰賢論〉中說：

> 夫君子之立言，非以苟顯其理，將以啟天下之方悟者；立
> 行，非以苟顯其要，將以教天下之方動者。言行之開塞可
> 無慎乎！[31]

說明不管是立言或立行，應足以「啟天下之方悟者」，「教天下之方動者」，而不只是「苟顯其理」而已，如此言行才具深層之意義，創作亦然。不作無病呻吟，能切中世理，開悟眾人，才是具有價值的創作。他在《歷代論·引》中說：

---

[29] 蘇轍《欒城集·墨竹賦》，卷17。
[30] 蘇轍《欒城集·王維吳道子畫》，卷2。
[31] 蘇轍《欒城應詔集·劉愷丁鴻孰賢論》，台北：臺灣商務印書館，四部叢刊本，1967年，卷11。

> 仕宦之餘，未嘗廢書，為《詩》、《春秋》集傳，因古之遺
> 文，而得聖賢處身臨世之微意，喟然太息，知先儒昔有所
> 未悟也。其後復作《古史》，所論益廣，以為略備矣。[32]

說明自己的三部學術著作，都是有感於「先儒昔有所未悟」，所
以他提出自己的觀點，以啓悟世人。另外，《歷代論》四十五
篇，《進論》二十五篇，都是他有感於時事，心中有所觸發而
作。蘇轍之長於策論，原因亦在此。其所為文不若蘇軾豪氣萬
千，時出新意，而往往繞著一個主題打轉，或簡或繁的引證史
實，或虛或實的引人入勝，或抑或揚的精心布置，都是為了強化
欲表達的主題，以啓天下之未悟。茅坤評其《歷代論》時云：
「其折衷於道處，往往中肯綮、切事情」[33]，肯定其論點之精
妙。呂思勉《宋代文學》中說：

> 潁濱之文，氣象不如其父之雄奇；才思橫溢，亦非乃兄之
> 敵。然議論在三家中最為平正，文亦較有夷猶淡蕩之致，
> 則亦非父兄所能也。[34]

他認為三蘇之中，蘇轍之議論最為平正，這正是他實踐自己理論
的結果。

　　既抱持「啟天下之未悟」的實用目的，對思想淺陋狹隘的作
品，自然發出不平之鳴。他在〈詩病五事〉中批評孟郊詩淺陋，

---

32 蘇轍《欒城後集・歷代論・引》，卷7。
33 茅坤《唐宋八大家文鈔・潁濱文鈔》，台北：臺灣商務印書館，文淵閣四
　庫全書，1983年，卷152。
34 呂思勉《宋代文學》，台北：台灣商務印書館，1933年，頁17－18。

他說：

> 唐人工於為詩，而陋於聞道。孟郊嘗有詩曰：「食薺腸亦
> 苦，強歌聲無歡。出門如有礙，誰謂天地寬？」郊耿介之
> 士，雖天地之大，無以安其身，起居飲食，有戚戚之憂，
> 是以卒窮而死。而李翱稱之，以為郊詩「高處在古無上，
> 平處猶下顧沈、謝」，至韓退之亦談不容口。甚矣，唐人
> 之不聞道也。[35]

針對詩歌內容，直指孟郊詩多訴窮愁潦倒，無以安身，苦澀淒寒
之主題，只牽涉個人身世之悲，並不關懷社會現實，亦未足以啓
悟世人，乃陋於聞道，牢騷之作，無裨於世用。在〈祭歐陽少師
文〉中亦批評當時盛行的太學體，他說：

> 嗟維此時，文律頹毀。奇邪譎怪，不可告止。剝剝珠貝，
> 綴飾耳鼻。調和椒薑，毒病脣齒。咀嚼荊棘，斥棄羹胾。
> 號茲古文，不自愧恥。[36]

指出石介等人雖有效打擊「西崑體」之浮豔文風，卻矯往過正，
形成艱澀險怪之「太學體」，扼殺古文之生命力。在〈歐陽文忠
公神道碑〉則稱讚歐陽脩之文，他說：

---

[35] 蘇轍《欒城三集·詩病五事》，台北：中華書局，四部備要本，1966年，
卷8。
[36] 蘇轍《欒城集·祭歐陽少師文》，卷26。

> 公之於文，天材有餘，豐約中度，雍容俯仰，不大聲色而
> 義理自勝，短章大論，施無不可。有欲效之，不詭則俗，
> 不淫則陋，終不可及。是以獨步當世，求之古人，亦不可
> 多得。[37]

認為歐陽脩之文平淡自然而義理自勝，乃繼孔子、韓愈之後，承襲文統之人，「及公之文行於天下，乃復無愧於古」[38]。北宋的古文運動完成於歐陽脩之手，意欲藉流暢的古文以明道，此道的意涵豐富，除了儒家之道外，由北宋的疑經、自由解經之風盛，亦可知足以啟悟世人的一家之見，亦含括其中。

三、文合節度

行文佈局乃文章之表現形式，須合節度、中規矩。蘇轍云：

> 予少年苦不達為文之節度，讀〈上林賦〉，如觀君子佩玉
> 冠冕，還折揖讓，音吐皆中規矩，終日威儀無不可觀。[39]

指出為文須合節度、中規矩，文章才能威儀可觀。此節度可從三方面探討，述之如下：

37　蘇轍《欒城後集・歐陽文忠公神道碑》，卷 23。
38　蘇轍《欒城後集・歐陽文忠公神道碑》，卷 23。
39　蘇籕《欒城先生遺言》，北京：中華書局，叢書集成初編，1985 年，頁
　　4。

(一) 材料

在反映現實之前提下，蘇轍認為文學創作對所描寫之現實，應有所揀擇、提煉，不必鉅細靡遺，事事皆記，做到神似即可。他在〈韓幹三馬〉中稱讚韓幹「畫馬不獨畫馬皮」，尚能「畫出三馬腹中事」[40]，贊美他畫出馬的神情意態，不僅形似，更達到神似。在〈詩病五事〉中說明得更詳盡，他指出《詩經》描寫周太王遷豳之時：

> 事不接，文不屬，如連山斷嶺，雖相去絕遠，而氣象聯絡，觀者知事脈理之為一也。蓋附離不以鑿柄，此為文之高致耳。[41]

稱讚《詩經》善於剪裁材料，雖只記載片段事件，卻是一氣呵成，敘事繁簡得當，觀之事理朗然，達到創作之極高境界。可見材料雖多，貴在去蕪存菁之功夫，能運用智慧，巧妙採擷適當素材，才能有效彰顯主題。而全文只要脈絡連貫，文意相屬，自為佳作；但若瑣事皆記，則流於零散，如「白樂天詩、詞甚工，然拙於紀事，寸步不遺，猶恐失之」。他認為白居易善於作詩詞，卻拙於紀事，作品中寸步不遺的記載事件，只會混淆主旨，鬆散結構，乃勞而無益之舉。他又指出，尤其是記載征伐之事，更不應每事皆記，如韓愈作〈元和聖德詩〉，詩中描述劉闢之死云：「宛宛弱子，赤立傴僂。牽頭曳足，先斷腰膂。次及其徒，體骸

---

40 蘇轍《欒城集‧韓幹三馬》，卷15。
41 蘇轍《欒城三集‧詩病五事》，卷8。

撑拄。末乃取闢，駭汗如瀉。揮刀紛紜，急切膾脯」，詳盡刻畫
殺戮之慘狀，令人不忍卒睹，故蘇轍批之曰：「此李斯頌秦所不
忍言，而退之自謂無愧於〈雅〉、〈頌〉，何其陋也！」[42]所以子
由強調文章要能客觀地反映現實，然應主觀地篩選材料，提煉語
言，求其精粹，得其神韻，沒必要寸步不遺，依樣畫葫蘆。

(二) 佈局

佈局是文章的結構經營，即根據主旨，將材料進行合理之組
織、安排，以表達連貫而完整之思想，乃寫作好文章的重要手
段。劉勰在《文心雕龍·附會》中指出，文章須注重謀篇佈局，
用來「總文理，統首尾，定與奪，合涯際，彌綸一篇，使雜而不
越者也。若築室之須基構，裁衣之待縫緝矣。」[43]觀古今至文，
作者或苦心經營，或成竹胸中，然其謀篇布置，莫不費盡心思，
有的四平八穩，中規中矩；有的奇肆縱橫，變化萬千，卻均能
「理圓事密，聯璧其章」[44]，供後人誦讀而讚嘆，所以文章之美
有賴結構之巧心經營。而結構佈局有一定之法，有無定之法。有
定法者，因之而嚴密；無定法者，因之而縱橫變化，二者相濟而
不相妨。文章之佈局，可遵循定法，可千波百折，運用之妙，存
乎為文者心中。蘇轍認為文章雖應渾然天成，自然去雕飾，但非
全無章法，謀篇佈局，仍須十分斟酌，務使結構謹嚴，理路分
明。故他說：「莊周〈養生〉一篇，誦之如龍行空，爪趾鱗翼所
及，皆自合規矩」[45]，讚美莊周文章具有奇氣，如龍行天際，看

---

[42] 以上引文見蘇轍《欒城三集·詩病五事》，卷8。
[43] 劉勰《文心雕龍·附會》，卷9。
[44] 劉勰《文心雕龍·麗辭》，卷7。
[45] 蘇籀《欒城先生遺言》，頁4。

似難以捉摸，實則均自有節度，合於規矩。又說：「張十二之文，波瀾有餘，而出入整理，骨骼不足。秦七波瀾不及張，而出入徑健簡捷過之」[46]，在比較張十二與秦七之文時，告訴蘇籀，爲文貴在波瀾有餘，骨骼徑健，而此「波瀾」、「骨骼」即爲文章之結構布局。文多波瀾，則意趣橫生，引人入勝；骨骼強健，則架構分明，條理清晰，所以作文應講究章法，注重技巧。而學習的方法爲多看多做，據《欒城先生遺言》載：

族兄在廷，問公學文如何？曰：前輩但多看多做而已。[47]

多看前人佳作，觀察其文意，揣摩其技巧，得其爲文之精髓，並多習作，文章自能日臻佳境。

子由對文章佈局的論述雖不多，但觀其文章，有「一唱三嘆」[48]之聲，有「一波三折」[49]之意，佈局之巧妙，令人目不暇給。其篇法或前呼後應，或曲徑通幽，或烘雲托月，或彩線穿珠，或正反相激；其章法或繁或簡，或虛或實，或賓或主，或正或反，或抑或揚，或斷或續，謀篇布局頗具特色[50]，亦可見其對文章佈局之重視。

---

[46] 蘇籀《欒城先生遺言》，頁 5。
[47] 蘇籀《欒城先生遺言》，頁 3。
[48] 蘇軾《蘇軾文集・答張文潛書》，北京：中華書局，1986 年，卷 49。
[49] 劉熙載《藝概・文概》，台北：金楓出版有限公司，1986 年，頁 47。
[50] 請參見拙著《蘇轍史論散文研究》，高雄師大教學碩士論文，2002 年 12 月，頁 120－132。

（三）語言

文章欲充分表達作者之思想情感，有賴精煉的語言，也唯有文辭精妙的文章，才能傳之久遠，故孔子云：「言之無文，行而不遠」[51]。古今佳文均是千錘百鍊之作，不僅具豐富之思想，更有絕妙好辭供人玩賞。三蘇論文本重立意，所立之意必出於衷心所感，非強爲文字，文章才能渾然天成，情思佳妙。但字句的鍛鍊，則可更精確的呈現欲立之意，使作品收巧奪天工，字潤意圓之效。蘇籀在《欒城先生遺言》中記蘇轍所言說：

> 予少作文，要使心如旋床，大事大圓成，小事小圓轉，每句如珠圓。[52]

強調文章所表現之義理，宜飽滿充分而流暢自如，字句則如珠玉圓滿流轉，可見其不務生澀怪奇，追求文句之自然有味，所以他讚美賈誼、宋玉所作賦「皆天成自然」[53]。此外，文章尚需有餘韻可資回味，言有盡而意無窮，方爲上乘，故蘇轍言：

> 文貴有謂，于少年聞人唱三台，今尚記得云云，其詞至鄙俚而傳者，有謂也。[54]

---

[51] 杜預《春秋左氏傳杜氏集解·襄公二十五年》，台北：中華書局，四部備要本，1966 年，卷 13。

[52] 蘇籀《欒城先生遺言》，頁 4。

[53] 蘇籀《欒城先生遺言》，頁 5。

[54] 蘇籀《欒城先生遺言》，頁 5。

正因爲有感於中而發於外，情感豐富，意味深長，如餘音繞樑，不絕於耳，遂能令人深刻難忘。

文句如珠圓，天然有遺韻之外，鍛字、鍊句、修辭、節奏都是提升語言表達能力的必要功夫。據蘇籀《欒城先生遺言》所載：

> 公言東坡律詩最忌屬對偏枯，不容一句不善者。[55]
> 公曰：去陳言，初學者事也。[56]

蘇轍指出東坡作律詩，對偶精妙，不容一句不善；又言爲文務去陳言，力求新意，均是語言鍛鍊的基本態度與技巧。又說：「班固諸敘，可以爲作文法式」[57]，班固之文贍事詳，整煉工麗，眾所皆知，蘇轍認爲可以爲作文之法式，可見其對文章造語之重視。觀其爲文，辭采之豐美，節奏之波折[58]，絕非信手拈來，倉卒之作，乃鍛字深、鍊句熟，語言精美警策，文意波折跌宕之作。

四、各逞其才

就文學鑑賞的角度而言，蘇轍認爲創作者應因個人之才性，馳騁所能，創作出獨具特色的作品；而讀者面對不同風格之作品，應給予同樣的肯定。此思想應是源自於父，蘇洵在〈上歐陽

---

[55] 蘇籀《欒城先生遺言》，頁2。
[56] 蘇籀《欒城先生遺言》，頁5。
[57] 蘇籀《欒城先生遺言》，頁6。
[58] 請參見拙著《蘇轍史論散文研究》，頁133－149。

內翰第一書〉中評論各家文章之風格，稱孟子之文「語約而意盡，不為巉刻斬絕之言，而其鋒不可犯」；韓愈之文「如長江大河，渾浩流轉」；歐陽脩之文「紆餘委備，往復百折，而條達疏暢，無所間斷」，並言「此三者，皆斷然自為一家之文也」[59]。可見他論文重視各家之藝術特色，強調風格之多樣化。子由受父親影響，亦持相同之論點，具開放的文學觀。他在〈開窗〉中強調「文章自一家」[60]；在〈題東坡遺墨卷後〉中亦言：「篇章散人間，墮地皆瓊英，凜然自一家，豈與餘人爭」[61]，表明其重文之傾向，並認為不同之風格，各具特色，不宜加以軒輊。在〈王維吳道子畫〉一詩中，也說：「勇怯不必同，要以各善耳」，只要各具姿態，均能引人入勝，故「壯馬脫銜放平陸，步驟風雨百夫靡」之壯美，和「美人婉娩守閑獨」、「女能嫣然笑傾國」之柔美，均是扣動人心之美，各有妙處，不宜因偏好而否定另一種美，畢竟「優柔自好勇自強，各自勝絕無彼此」[62]。藝術之美原是多方面的，風格應是多樣化的，文學也因此而多彩多姿，倘若侷限於某一風格，將狹隘了美的意涵，扼殺文學的豐富生命。蘇轍言：

> 余觀古人為文，各自用其才耳，若用心專模倣一人，捨己徇人，未必貴也。[63]

---

[59] 蘇洵《嘉祐集・上歐陽內翰第一書》，台北：台灣商務印書館，1965 年，卷 11。

[60] 蘇轍《欒城後集・開窗》，卷 4。

[61] 蘇轍《欒城三集・題東坡遺墨卷後》，卷 2。

[62] 蘇轍《欒城集・王維吳道子畫》，卷 2。

[63] 蘇籀《欒城先生遺言》，頁 3。

強調各逞其才，只要各具特色，文章自成一家，不必專事模倣，文學才能生生不息，洋溢活躍之生命力。

⌾第二節　藝術思想

蘇洵頗為愛畫，蘇軾在書法、繪畫上均有極高的造詣，而蘇轍在父兄的薰陶下，雖非書畫家，卻能識得箇中旨趣。他嘗言：

> 予先君宮師平生好畫，家君甚貧，而購畫常若不及。予兄子瞻少而知畫，不學而得用筆之理。轍少聞其餘，雖不能深造之，亦庶幾焉。[64]

說明自己雖未如兄長能得用筆之理，善於揮灑丹青，卻亦能品評書畫，體會藝術之形式與意境美。蘇軾以天縱英才，其書畫與繪畫理論歷來備受重視；蘇轍雖非畫師，然賞畫之餘，留下一些題畫詩，數量雖不少，但論及書畫理論之處卻不多[65]，但仍足以觀其藝術思想，瞭解其書畫理論。其書畫理論可由妙心經營、以形寫神、畫格奇正、風格多樣作探討。

---

[64] 蘇轍《欒城後集·汝州龍興寺修吳畫殿記》，卷21。
[65] 據李師栖《題畫詩散論·蘇轍的題畫詩》云：「蘇轍題畫詩六三首之中，有十二首或多或少的發表了他的文人畫理論」。台北：華正書局，1993年，頁233。

一、妙心經營

　　妙心經營指的是書畫的章法布局，也就是結構安排。書畫的構圖須巧妙經營，使字之結構、畫中之物象作最適當的配置，從而產生藝術上的美感，方爲佳構。而立意爲構圖之起始，須在心中先立一主見，善加剪裁欲著墨之物、景，辨高低遠近，分疏密濃淡，虛實之布局，賓主之安排，一切井然有序，在意識裡，構成完整的意象，即胸有成竹之謂也，才不致下筆有失，而能「筆墨墮地稱奇珍」[66]。要達到胸有成竹，構圖神妙，須由觀察體悟入手。子由在〈墨竹賦〉中指出文與可之善畫竹，乃因日與竹爲伍，他說：

> 廬乎修竹之林。……朝與竹乎為游，莫與竹乎為朋。飲食乎竹間，偃息乎竹陰。觀竹之變也多矣。若夫風止雨霽，山空日出。猗猗其長，森乎滿谷。葉如翠羽，筠如蒼玉。澹乎自持，淒兮欲滴。蟬鳴鳥噪，人響寂歷。忽依風而長嘯，眇掩冉以終日。笋含籜而將墜，根得土而橫逸。絕澗谷而蔓延，散子孫乎千億。[67]

說明文與可在畫竹之前，居於修竹之林，日夜與竹爲伴，朝夕觀其變化，精審其風雨晴陰之異，詳辨其葉筠笋籜之別，長期置身此中，自然可以掌握竹之神采，竹林之氣韻，一切既了然於胸，

---

[66] 蘇轍《欒城三集‧西軒畫枯木怪石》，卷3。
[67] 蘇轍《欒城集‧墨竹賦》，卷17。

於是「忘筆之在手與紙之在前，勃然而興，而修竹森然」[68]。這是因爲藉由長期之觀察，對景物之姿態神韻有所領悟，落筆運墨之時，自能心手相應，神而化之，否則隨意胡湊，將難登大雅之堂。寫書法亦然，唯有浸淫此道，多觀前賢佳作，揣其字之精神意態，摩其行文之間架佈局，久而久之，就可「經營妙在心，舒卷功隨手」[69]，援筆而立就。

除了觀察之外，積學以涵養是更進一步的工夫，也就是擴充自己的學養，才能提升書畫之意境。蘇轍認爲萬事同一理，爲文須先養氣，作畫亦然，唯有透過廣泛的閱讀、豐富的閱歷、道德的修持，才能提升自己的思想層次，下筆造境，才能生意盎然，境界高遠，不同於流俗。他在〈書郭熙橫卷〉云：

> 崩崖斷壑人不到，枯松野蔓相敧傾。黃散給舍多肉食，食罷起愛飛泉清。皆言古人不復見，不知北門侍詔白髮垂冠纓。袖中短軸縑半幅，慘澹百里山川橫。巖頭古寺擁雲木，沙尾漁舟浮晚晴。遙山可見不知處，落霞斷雁俱微明。十年江海興不淺，滿帆風雨通宵行。[70]

指出郭熙曾外放江南十年，耳目所接，盡是名山勝水，古樹漁唱，生活之經驗既豐，創作之靈感自富，故能「袖中短軸縑半幅」，卻是「慘澹百里山川橫」。山光水景，林泉谿壑既已了然於胸，發爲筆墨，必可從容布局，呈現非凡之氣韻，賦予畫作生命

---

68 蘇轍《欒城集・墨竹賦》，卷17。
69 蘇轍《欒城集・石蒼舒墨堂》，卷3。
70 蘇轍《欒城集・書郭熙橫卷》，卷15。

力。事實上郭熙爲當時頗負盛名之畫家，工畫山水寒林，他嘗言：

> 世人只知吾落筆作畫，卻不知畫非易事。莊子說畫史解衣
> 盤礴，此真得畫家之法。人須養得胸中寬快，意思悅通，
> 如所謂易直子諒，油然之心生，則人之笑啼情狀，物之尖
> 斜偃側，自然布列於心中，不覺見之於筆下。晉人顧愷之
> 必構層樓以為畫所，此見古之達士，不然則志意已抑鬱澀
> 滯，局在一曲，如何得寫貌物情，攄發人思哉。[71]

指出山水畫之構圖以立意爲先，而造意之先，尤須涵養，「養得
胸中寬快」，不侷於一曲，則志意飛馳，此時隨意下筆，山水美
景渾然天成，不待雕琢。蘇轍雖非畫家，所論畫理與郭熙不謀而
合。他在〈題李公麟山莊圖〉中亦云：「此心初無住，每與物皆
禪。如何一丸墨，舒卷化山川」[72]，稱贊李伯時之「龍眠山莊
圖」有王維清新淡遠之風，而之所以能達到這種境界，蓋得力於
此心無執著，時時以佛禪涵養之故。

二、以形寫神

　　繪畫是將客觀之事物，透過畫家個人之情感、經驗、特質
等，如實的表現出來，因此具有真實感與生命感。此真實感即

---

[71] 郭熙《林泉高致‧畫意》，台北：台灣商務印書館，文淵閣四庫全書，
1983 年，頁 13。
[72] 蘇轍《欒城集‧題李公麟山莊圖》，卷 16。

「形」，乃畫作之外在形式；生命感為「神」，是畫作之內在精神。二者不可偏廢，蓋形得神而靈，神得形而彰，故以形寫神才是畫中翹楚，若徒具形似，將流於俗氣。蘇轍在〈畫嘆‧并引〉中說：

> 武宗元比部學吳道子畫佛、菩薩、鬼神，燕肅龍圖學王摩詰畫山川水石，皆得其彷彿。潁川僧舍往往見之，而里人不甚貴重，獨重趙、董二生。二生雖工而俗，不識古名畫遺意，作畫嘆。[73]

他感嘆武宗元與燕肅二人，一學吳道子，一學王維，均能得其精髓，卻不為里人所重。一般人看重的是徒具形似之畫，如趙公祐與董源，而不懂此類型的繪畫，雖工卻俗，欠缺靈動的神韻，將流於僵化的模仿，不足以撼動人心。故隨物賦形之外，尚須掌握物、景之精神特性，取其風範氣韻，才能創作出如蘇軾所言：「合於天造，厭於人意」[74]的佳作。

國畫與西畫的寫生方法不盡相同。西畫較重形似逼真，運用焦點透視的方法，重比例、輪廓、明暗，偏於寫實；國畫則重主觀之造意，採取散點透視，偏於攝取景物之神情、生意，喜好虛、實相生，以營造意趣。所以中國畫實為文人畫，而且書畫合一，喜歡留白，設色清雅，追求高遠之意境。尤其宋代繪畫在佛老思想的影響下，重氣韻理趣，嗜好超然物外之畫意。蘇軾認為禪通於詩，詩通於畫的論點，正是這股潮流的反映。蘇轍或受父

---

[73] 蘇轍《欒城三集‧畫嘆‧并引》，卷1。
[74] 蘇軾《蘇軾文集‧淨因院畫記》，卷11，頁367。

兄之影響，也有類似的觀點，認為神意十足，藝術的創作才能超
逸脫俗，觸動人心，與觀賞者產生密切的心靈交流，引發共鳴，
令人感動。如他觀「秦虢夫人走馬圖」後云：

> 秦虢風流本一家，豐枝穠葉映雙花。欲分妍醜都無處，夾
> 道遊人空嘆嗟。朱幩玉勒控飛龍，笑語諠譁步驟同。馳入
> 九重人不見，金鈿翠羽落泥中。[75]

讚嘆畫中秦虢夫人的美豔栩栩如生，彷彿美人活生生的出現眼
前，令人對她的美「空嘆嗟」，而畫中的馬也神態活現，彷彿載
著美人躍入九重，徒留驚鴻一瞥的美麗記憶。又如〈韓幹三馬〉
中言：

> 老馬側立鬃尾垂，御者高拱持青絲。心知後馬有爭意，兩
> 耳微起如立錐。中馬直視翹右足，眼光未動心先馳。僕夫
> 旋作奔佚想，右手正控黃金羈。雄姿駿發最後馬，回身奮
> 鬣真權奇。圍人頓轡屹山立，未聽決驟爭雄雌。物生先後
> 亦偶爾，有心何者能忘之？畫師韓幹豈知道，畫馬不獨畫
> 馬皮。畫出三馬腹中事，似欲譏世人莫知。[76]

以一個觀賞者的角度，卻可以看出畫中老馬、中馬、後馬的姿
態，而御者、僕夫、圍人亦各有所思，可謂神態活現，足以引發
人之共鳴。如此的畫作決非一般板滯的形似畫，而是能捕捉人物

---

[75] 蘇轍《欒城集‧秦虢夫人走馬圖二絕》卷15。
[76] 蘇轍《欒城集‧韓幹三馬》，卷15。

之生意神情，藉由筆墨之濃淡勾勒，塑造靈動之氣韻，亦即以形寫神之佳構。於是一幅人馬圖躍然紙上，也令蘇轍讚嘆「**畫馬不獨畫馬皮，畫出三馬腹中事**」。繪畫如此，雕塑亦然。他在〈楊惠之塑維摩像〉中云：

> 至人養心遺四體，瘦不為病肥非妍。誰人好道塑遺像，鮯皮束骨筋扶咽。兀然隱几心已滅，形如病鶴竦兩肩。骨節支離體疏緩，兩目視物猶炯然。……真人遺意世莫識，時有遊僧施鉢錢。[77]

描繪在天桂寺所見之維摩像，雖看似形銷骨毀，卻兩目炯然，幾欲活動。蘇轍於此亦揭示繪畫或雕塑人像成功之關鍵在目，若眼光呆滯，人物之創作自然黯淡失色，即使應物象形，亦屬匠氣之作。若目光炯然，則神氣活現，彷彿真人親臨，甚至可以視其目而見其心。在這首詩中，他以藝術家的眼光去感受雕像之真與美，領略藝術所帶來的心靈悸動；也以思想家的眼光去體悟維摩至人「**養心遺四體**」的修持，思索他所留下來的佛禪理趣，進行一場感性與理性兼具的心靈交流。不過他也感慨一般人不識「**真人遺意**」，徒以單純的佛像等閒視之，忽略了實質的精神內涵，殊為可惜。

　　繪畫山水也是相同的道理，模山如臨山野，範水如處川流，藉由有形的山水草木，妙造高遠之氣韻；亦即以景物之真實感，營造畫作的生命感，達臻以形寫神，而神韻活潑的畫境。大自然

---

[77] 蘇轍《欒城集‧楊惠之塑維摩像》，卷2。

的景物如此豐富奇秀，畫家若能得山水於胸中，傾瀉逸氣於筆墨，不須刻畫瑣細的工筆，就可「賦形簡易神自足」[78]，得以極盡山川草木之靈性，抒發意趣橫生之神韻，賦予作品生命與價值。

三、畫格奇正

「妙心經營」、「以形寫神」乃書畫之創作理論，「畫格奇正」則爲鑑賞之觀點。蘇轍認爲繪畫之藝術格調以奇正爲高，他在〈汝州龍興寺修吳畫殿記〉中云：

> 先蜀之老有能評之者曰：「畫格有四，曰能、妙、神、逸。」蓋能不及妙，妙不及神，神不及逸。稱神者二人，曰范瓊、趙公祐，而稱逸者一人，孫遇而已。范、趙之工，方圓不以規矩，雄傑偉麗，見者皆知愛之。而孫氏縱橫放肆，出於法度之外，循法者不逮其精，有從心不逾矩之妙。……其後東遊至岐下，始見吳道子畫，乃驚曰：「信矣，畫必以此爲極也！」蓋道子之迹，比范、趙爲奇，而比孫遇爲正，其稱畫聖，抑以此耶？[79]

文中提到前人言畫格有四：能、妙、神、逸。蓋能隨物賦形者，不如勾勒景物之妙處；能得其妙者，又不如盡發其神韻；得其神韻者，又不如揮灑筆墨之逸趣。所以范瓊、趙公祐之工筆，雖

---

[78] 蘇轍《欒城集·歐陽公所蓄石屏》，卷3。
[79] 蘇轍《欒城後集·汝州龍興寺修吳畫殿記》，卷21。

「雄傑偉麗」，卻不若孫遇之「縱橫放肆，出於法度之外」。及蘇轍親見吳道子之畫，不禁讚嘆，謂其比范、趙之神爲奇，比孫遇之逸爲正，並以奇正爲畫作之最高境界。蓋「奇」爲不拘一格，筆法脫俗，具有創意；「正」則收斂筆墨，合於規矩，二者看似相反，實則相成，能奇而不失正，正而能出奇，格調自然神逸高遠。

四、風格多樣

子由認爲藝術之格調以奇正爲高，而創作之風格則可以多樣化。他在〈王維、吳道子畫〉中言：

> 吾觀天地間，萬事同一理。扁也工斲輪，乃知讀文字。我非畫中師，偶亦識畫旨。勇怯不必同，要以各善耳。壯馬脫銜放平陸，步驟風雨百夫靡。美人婉娩守閑獨，不出庭戶修容止。女能嫣然笑傾國，馬能一蹴致千里。優柔自好勇自強，各自勝絕無彼此。誰言王摩詰，乃過吳道子？[80]

指出天地間之萬事萬物其道理相同，只是所從而爲之者異罷了，所以庖丁之解牛、輪扁之斲輪，乃至文學家之作文，藝術家之創作，都具有相同的道理，即「道」，儘管面對的事物不同，運用的技巧互異，然其精神卻相通。就藝術的創作來看，其目的在塑造美的意涵，以感動人心，澄澈心靈，而人心不同，各如其面；

---

[80] 蘇轍《欒城集‧王維吳道子畫》，卷2。

好惡不同，各如其心。自古以來，不同的風格皆各有擁護者，均各擅勝場，不宜加以軒輊。蘇轍本著開闊的欣賞觀點，認為「壯馬脫銜」之壯美與「美人婉娩」之柔美，只要得其善處，均足以「各自勝絕」，不分高下。所以吳道子雄偉豪放的地獄圖，王維清空靜逸的輞川圖，均足以各領風騷，令人愛不釋手。其詩云：「誰言王摩詰，乃過吳道子」正為此意，卻也是針對其兄而發。蘇軾〈王維、吳道子畫〉云：「吳生雖妙絕，猶以畫工論。摩詰得之於象外，有如仙翮謝籠樊」[81]，認為王維閑靜淡遠之畫高於吳道子之雄峻生動。兄弟二人賞畫的觀點不同，而無疑地蘇轍的看法更為客觀，具有開放的接受性。

∞第三節　文藝思想之評價

一、文學思想

養氣說是蘇轍對中國文論的一大貢獻，歷來頗受重視。朱榮智在《文氣論研究》中說：

> 蘇轍〈上樞密韓太尉書〉一文，是宋代文氣論中，最受重視的一篇。因為他論為文養氣的方法，最為宏達，足以啟示後學。一般文家談為文養氣，多側重讀書明理、進德修業，蘇轍除亦重視內心德性的修養外，同時提出山川之

---

[81] 蘇軾《蘇軾詩集‧王維吳道子畫》，卷3，頁109。

助，以及廣交賢友。文氣的培養，和山川之助，確是大有
關係，能多閱名山大水，自能增廣識見，開拓心胸氣度，
下筆臨文之際，氣勢自然不凡。[82]

指出蘇轍的文氣論最爲宏達，肯定其爲文養氣的方法。陳正雄在
《蘇轍學術思想述評》中說：

> 韓愈說：「氣不可以不養也。行之乎仁義之途，遊之乎詩書
> 之源，無迷其途，無絕其源，中吾身而已。」就孟子養氣
> 集義寫作文章，不如蘇轍的「盡天下之大觀」的培養浩然
> 之氣，具體易行。這是蘇轍在文藝思想上的一大貢獻。[83]

他認爲蘇轍養氣之法，比韓愈所言更爲具體易行，是對文學理論
的一大貢獻。周楚漢《唐宋八大家文化文章學》說：

> 從文章寫作的角度來說，蘇轍的養氣途徑是正確的，他解
> 決了作者的思想積累和材料積累的問題，爲文章寫作打好
> 了基礎。[84]

認爲養氣之法可以爲寫作打好基礎，融合貫串作者長期積累之思
想和材料。於此可見蘇轍文氣論受重視之程度。他認爲養氣可藉
由修養道德、增廣閱歷及以佛、道治氣養心三種途徑來達成。他

---

[82] 朱榮智《文氣論研究》，台北：台灣學生書局，1986 年，頁 6。
[83] 陳正雄，《蘇轍學術思想述評》，台北：文史哲出版社，2000 年，頁 305。
[84] 周楚漢《唐宋八大家文化文章學》，頁 228。

自己也因此而有助於詩文之創作，得以因文章而千古垂名。張靜二在〈蘇轍的養氣說〉中道：

> 蘇氏（蘇轍）所養的「氣」，也可由他的創作文字中看出。煉氣至少使他得以為文，而由配道行義和遊覽閱歷養得的「浩氣」則大有助於他寫出雄偉的詩文。……難怪蘇氏（蘇軾）會以「汪洋」兩字來評論他的文章了。[85]

指出蘇轍之詩文創作，正足以證明養氣之功效。

蘇轍之文學思想，除養氣說之外，向來不受重視，或許因其論文之篇章不多，兼以個性謹重澹泊所致。其文氣論本受好評，而注重文章內容，強調不為空言，須反映現實、貫道之論點與父兄雷同，但更強調啓天下之未悟，而非苟顯其理而已。他注意到文章內涵更深層次的問題，將文章之實用價值推至最高境界。

至於以圓法、節度論文，據高光惠《蘇轍文學研究》所言：

> 以圓法論作文者，前於蘇轍固所在多是，但咸未如蘇轍之言，明白曉暢。……竊以為前於蘇轍者，多是隻言片語，而後於蘇轍者，偏好加以申述，則蘇轍處于其間，實為關紐。……於此實可言蘇轍論文之圓與節度，下開文學之方圓論。[86]

---

[85] 張靜二〈蘇轍的養氣說〉，《中外文學》，1992 年，第 21 卷，第 1 期，頁 107－108。

[86] 高光惠《蘇轍文學研究》，臺大中文所碩士論文，1989 年 6 月，頁 86－87。

古人喜以圓形象徵道德之完備，以方形指稱道德節度，如《周易‧繫辭》云：「著之德圓而神，卦之德方以知」[87]，《淮南子‧主術訓》云：「心欲小而志欲大，志欲員而行欲方」[88]，柳宗元在〈說車贈楊誨之〉中，亦勉楊誨之「圓其外而方其中」[89]，所論乃爲人處世之道。亦有人以之論詩文，據錢鍾書《談藝錄‧說圓》中所載：

> 《南史‧王筠傳》載沈約引謝朓語：「好詩流美圓轉如彈丸」。元微之〈酬樂天江樓夜吟積詩〉云：「布鼓隨椎響，坏泥仰匠圓」。見韓舍人〈近律戲贈〉云：「玉磬聲聲徹，金鈴箇箇圓」。白樂天〈江樓夜吟元九律詩〉云：「冰扣聲聲冷，珠排字字圓」。裴延翰《樊川文集序》云：「仲舅之文，潔簡渾圓」。司空表聖《詩品》云：「若轉丸珠」。梅聖俞〈依韻和晏相公〉云：「苦詞未圓熟，刺口劇菱芡」。東坡〈新渡寺席上次韻歐陽叔弼〉云：「中有清圓句，銅丸飛拓彈」；又〈次韻答王鞏〉云：「新詩如彈丸」。[90]

他條列歷代以「圓」說詩論文之語，此爲前於蘇轍者，所論較爲簡略，不如蘇轍所言周詳。而後於蘇轍者，據錢鍾書之見：

[87] 《周易‧繫辭上》，台北：中華書局，四部備要本，1966 年，卷 7。
[88] 劉安《淮南子‧主術訓》，台北：中華書局，四部備要本，1966 年，卷 9。
[89] 柳宗元《柳河東全集‧說車贈楊誨之》，台北：中華書局，四部備要本，1970 年，卷 16。
[90] 錢鍾書《談藝錄‧說圓》，台北：書林出版社，1988 年，頁 133。

李耆卿《文章精義》云:「文有圓有方,韓文多圓,柳文多方,蘇文方者亦少,圓者多。」觀其所舉蘇文方者諸例,及下條論韓、柳優劣,乃知圓方亦寓軒輊之意。周草窗《浩然齋雅談》卷上、元遺山《中州集》卷七,皆記蘭泉先生張建語:「略謂作詩不論長篇短韻,須要詞理具足,不欠不餘,如荷上瀏水,散為露珠,大者如豆,小者如粟,細者如塵,一一看之,無不圓成。」……。[91]

說明已較為周到,足證高光惠所言不虛。

其他對於材料的剪裁,佈局的經營,語言的鍛鍊,蘇轍所論中肯,亦足以為學文者法。在評鑑作品的標準上,他認為多樣化之風格乃文學之正常發展現象,不宜因個人喜好,而妄自貶抑他類風格之作,具開闊之文學觀。由此可見,其文論頗有見地,具豐富之內涵,實應受到相當之重視。

由文學觀的歷史發展可見並無定於一尊的理論,隨著時代的推移,社會背景的變化,往往會出現不同的觀點,或許推陳出新,或許舊酒新瓶,均因其不同的觀察角度,而有迴異的理論視點。然而不管時代如何進步,方法論如何精闢多元,古代的文學觀今日看來並非毫無意義,古人的智慧仍是啟迪今人的源泉。觀蘇轍之文學理論,養氣說屬於準備工夫,提醒創作者先提昇自己的思想素養,下筆為文才能氣盛言宜,具江海渾浩流轉之氣勢。不為空言、文合節度的觀點,則兼顧文學的內容與形式美。周憲《超越文學——文學的文化哲學思考》說:

---

[91] 錢鍾書《談藝錄・說圓》,頁133。

兩種相對立的主張，即絕對的道德主義和唯美主義，兩者
的對立實質上反映了對文學的道德價值與審美價值各執一
隅割裂開來的不同傾向。前一種理論把文學貶低為單純的
道德說教，後一種主張要求文學成為單純的娛樂。……綜
觀中外文學史的具體實踐，可以得出一個結論，真正具有
道德力量與審美品質的文學傑作，必定是兩者的和諧統
一。[92]

可見古今中外足以名垂千古的文學作品，必是內容、形式和諧統
一之佳構。觀理學家之文，時過境遷，閱之者寡，即因理勝而文
貧，誦之如同嚼蠟之故；駢文之辭麗而理乏，也只盛行於亂世，
僅有短暫之生命，唯有結合撼動人心的說理與迷人的形式魅力，
才是具有價值，能傳世久遠的創作，亦可見子由論點之明達。至
於文學鑑賞的角度，則雄壯、秀氣均為美，不同的風格形塑相異
的審美內涵，給予讀者多樣化的美感經驗，均各擅勝場，毋須軒
輊。總而言之，蘇轍之文學理論內容雖然不多，但卻精緻而高
明，足以啟發後人，應給予相當之肯定與地位。

二、藝術思想

古代文人視書畫為小道，故常不甚致力其中。蘇轍既非畫
師，雖亦識畫旨，然所作題畫詩較偏於賞畫心得，涉及藝術理論
之處並不多，故嚴格來說，他的藝術理論並不完整。就創作論來

---

[92] 周憲《超越文學──文學的文化哲學思考》，上海：上海三聯書店，1997
年，頁309。

看，只提出了妙心經營與以形寫神，相當於謝赫六法中的經營位置、氣韻生動二法，其他則付之闕如。而鑑賞論也只標舉畫格奇正，認為風格可以多樣化，而說明只有寥寥數語，難以觀察其更進一步之思想，這當然是因為他並未深耕其中，也沒有想在繪畫理論中成一家之言的企圖，偶爾為之的心態濃厚，所以他的藝術思想也鮮少受後人重視。儘管如此，他的目光仍有犀利之處，如提出要達到妙心經營，胸有成竹的構圖技巧，須由觀察實物入手，日日浸淫其中，摹其神態，再積學涵養以提升境界，指出一條可行而有效的學習途徑，雖非畫師，卻能切中作畫之肯綮。西洋畫由素描、寫生入手，再藉由遊歷四方，畫友之切磋而脫胎換骨，形成自己的獨特風格，道理亦相同，知名畫家畢卡索即是如此，足證蘇轍所言不虛。

　　宋代繪畫在佛、道思想的薰陶下，較為輕形而重意，蘇轍所論之以形寫神，有形、神並重，二者相得益彰的意味。藉由山水景物之點染，帶出畫作的神韻與生命力。他的看法有調合純寫實與純寫意之功，卻與蘇軾重意氣的看法不盡相同，不過這屬於個人主觀之好惡，無高下之分。李師栖在論蘇轍〈韓幹三馬〉詩時指出：

　　　　這一首詩是宋人對「神」一字要求重要的轉變，前人所謂的「神」還處在表現馬的神駿之上，到蘇轍所謂的「神」已經轉移到韓幹主觀的諷喻意志之上。也就是說蘇轍主張一個畫家在創作時不只是單純的摹倣呈現自然界的各種物象而已，畫家在創作之際，藉繪畫的物象為媒介，表達畫家本身的意志與感情才是藝術創作最重要的目的。繪畫創

作要表現畫家自己的思想，繪畫鑑賞也以此為標準。這是
文人畫理論非常重要的一個轉捩點，而這一轉捩點最早是
起始於蘇轍，討論文人畫理論的學者是不應該輕易放過
的。[93]

對蘇轍「神」的藝術觀點，予以高度肯定。

畫格奇正的觀點，揭示藝術之創作應具新意，不可一味抄
襲，才能令人耳目一新，但又能收逸而就正，可以避免流於怪奇
之偏，這種鑑賞的論點頗為中肯。另外，肯定風格之多樣化，認
為柔美、壯美均具美之意涵，正確的感知到美的多層次與豐富
性，能客觀的看待藝術之美，而不被個人主觀好惡所左右，具開
闊的鑑賞眼光，實屬難能可貴。李師栖在比較蘇軾、蘇轍二人同
名之題畫詩〈王維、吳道子畫〉時說：

> 由這兩首詩的內容看，蘇軾固然為文人畫定下部分理論基
> 礎，但是就繪畫藝術創作的角度而言，蘇轍要比乃兄蘇軾
> 客觀公正得多。……如韓幹、吳道子，皆是專業畫家，蘇
> 轍從未因此而貶低他們的地位。甚而在此詩中特別強調各
> 有所長的純藝術觀。……正顯示出蘇轍賞畫的胸襟。[94]

指出蘇轍鑑賞畫作之眼光，比蘇軾客觀公正而開闊。蘇轍勇於提
出與兄長不同的看法，亦可見其對乃兄並非亦步亦趨的跟隨，仍
有其獨立思考的識見。

---

[93] 李師栖《題畫詩散論·蘇轍的題畫詩》，頁243。
[94] 李師栖《題畫詩散論·蘇轍的題畫詩》，頁249。

　　子由在〈墨竹賦〉、〈王維、吳道子畫〉中，尚提及萬事同一理，將繪畫的原理與庖丁解牛、輪扁斲輪相提並論，以爲是皆有「道」。蘇軾有些不以爲然，在〈文與可畫篔簹偃竹記〉中云：

> 子由未嘗畫也，故得其意而已。若予者，豈獨得其意，并得其法。[95]

認爲其弟既非畫師，故不懂繪畫之技巧，僅能就畫意而論。事實上，品評文學、藝術作品的專家，亦未必是作家、畫家，只要能領略作品中情感之真，道德之善與意境之美，均不失爲高論。綜上所述，蘇轍之藝術思想理應受到重視。

---

[95] 蘇軾《蘇軾文集·文與可畫篔簹偃竹記》，卷11，頁365。

第八章

結　論

　　蘇轍之學術思想，包括哲學、經學、史學、經世、文藝等五大方面，看似複雜，實則以哲學思想爲體，以經世思想爲用。亦即以三教合一的「道」，作爲精神上的最高指導原則；以儒家的經世致用，作爲終極目標，所以其學術思想具濃厚的實用色彩與政治目的。以下根據筆者對其學術思想之研究，分點歸結如下：

一、哲學思想

　　由本體論、人性論、修養論三方面嘗試架構其哲學思想體系，期能將抽象的哲學概念，透過不同視角的分析，完整的呈現多層次的豐富內涵。整體而言，本體論是人性論之基礎，人性論爲修養論之根基，而哲學思想又是其他思想的核心與指導原則。

(一) 本體論

　　宇宙的本體爲「道」。道只有一種，儒家、道家、佛教對道的詮釋表面上雖有不同，實則殊途同歸，只是各家所採的視角不同，詮釋的語言有異罷了。道是宇宙萬物創生的本源，無形無象，非有非無，卻具有創作宇宙萬物的能力。道不僅創生萬物，也是萬物存在、運動、變化的依據，亦即是宇宙萬物之本體，在創生萬物之後，並未功成身退，而是內化於萬物之中，萬物並不能脫離道而獨自存在，簡言之，道是「自然全體的總名」。道是以陰、陽的對立轉化爲其表現形式，它涉及萬物復歸與反轉的過程，在此過程中，道的規律特性也在萬物中多樣化地呈現和持存。道的唯一性也產生「和」的概念，表明在差異者和對立物之中最相互協調的狀態。道是一種超越善惡、清靜無爲，卻足以爲

天下正的最高精神境界。道若不能落實於社會生活中，將只是一個哲學名詞，沒有實際功用，因此蘇轍提出道之體用說，將形而上、抽象的「道」，轉化爲形而下，具體可行的「德」，德成爲道在人和萬物中的具體顯現。本「道」行「德」，即以道爲依據，實踐德之社會規範，並時時以道檢視，調整社會規範的合理性，以防止異化，去除文明社會所產生的弊端，達致道德契合，一體圓融的境界。

（二）人性論

性，是道在人身上的顯現，性與道具有相同的屬性，人既爲萬物之靈，性也成爲道在人類社會的最佳代言。性可稱爲一或樸，它是純而未雜、素樸而大全的本體，與道一樣非善非惡，具有超然普遍的特性。性既源自於道，具備道寂然清靜之特性，在未與世俗之物相遇時，純而無染，表面靜默，內則蘊藏無窮可動的能量，人類所有的情感活動如喜、怒、哀、樂等，均含括其中。善是性之繼，是性所派生。當人與世俗之物相遇時，由性流露出種種情感活動，這些活動表現在人的行爲上，若能合於節度、規範，就是善；反之，就是惡。就性的本體而言，是超越善惡的形而上概念，但落實到形而下的層次，也就是性之用，卻是仁善的境界。如果說道是自然全體的抽象總名，性即是人情全部的抽象總名。人類情感的種種活動是具體的人情，而性是對此全部人情的總擬括。在現實生活中，人類隨著自我意識的產生與高漲，遂從與宇宙之道合一的狀態中分離而出，固執地走進了二元對立的世界，沈迷在是非、得失、寵辱、美醜、善惡的對立衝突中，無法自拔。強烈的分別心與對物欲的追求蒙蔽了自性的光

亮，甚至形成「以物易性」的窘況，於是對物欲的過分追求，造成社會的種種紛爭與亂象。為解決這個問題，蘇轍提出「性真物妄」的思想，指出現象的世界乃是變遷無常，虛妄不實的，唯一真實的是性，人要去除對萬物的妄見，復返本性；也就是瞭解萬物皆非真實的道理，自然不會逐物而失性，可以「性定而神凝，不為物遷」。

(三) 修養論

蘇轍以成聖為目的之修養論，主要的工夫是「復性」。復性的第一步是要知物之妄，性之真，才能進行去妄的工夫。他以聖人與眾人作對比，指示眾人當效法聖人，瞭解世俗之人所樂於追求的物質享受與名利、榮華等，都是虛妄；而分別善惡、美醜、榮辱、貴賤等二元對立的主觀意識活動，也是不值一取。有了這一層體認，才能去妄而復性。去妄的方法是損，是無執。損是道家的說法，無執是佛教的說法，二者名目雖異，意思相近。「忘身」實際上是「去妄」的延續，「去妄」強調的對象是外在環境中的一切事物；「忘身」強調的是攸關個人身心的一切狀況。萬物既是虛妄，人為萬物之一，人身自然也是虛妄，唯性得之於道，才是唯一的真實。「無心」是在「去妄」、「忘身」之後，更高的修養境界。他認為道無形體，卻可適性而無傷，人因有心，所以形立，亦得見一切外在的物質世界，分別之心遂起，卒陷溺於虛幻的現象界中，輾轉於物欲之中打滾，又因為爭奪物欲而「敵立」，終至互相傷害。古今中外的社會，人類不斷上演著這種悲劇而不自覺，究其根源，乃「有心」之故，若大家都能效法赤子，保持純然清淨之天性，達到「無心」之境，一切任其自

然，任物自為，就可息爭止亂。得道之聖人明瞭這層道理，內心與行為均不執著，能放下心中一切事物，泯滅物我，身心靈與道合而為一，無有絲毫分際，也就是無心而性復。修養工夫本重實踐，再多的理論若不能付諸行動，將只是空中閣樓，流於空言，蘇轍深明此理，遂藉由聖人與眾人的諸多比較，讓眾人瞭解自己的問題所在，並效法聖人高明的言行與修養境界，從而落實修養工夫，由法聖而成聖。又藉孔子之言揭示一個成聖的修養進程，認為聖人非生而知之者，乃是循此途徑，靠著日積月累的修養工夫以成聖，故人人循此，亦可成聖成賢。他褪去聖人的神秘面紗，直指進德工夫之重要，這種觀點要比程頤、朱熹認為聖人生而知之，更為合理，而足以鼓舞人心。蘇轍所提出之「復性」工夫，實際上包含儒、釋、道三家的修養工夫，體現其三教合一的思想。

二、經學思想

蘇轍治經學之態度，大體而言，是以人情解經。蘇轍家學本重實用，他認為聖人經典之所以能傳世，主因為符合人情，若違反人情，則不足以言。治經學之方法，則為回歸原典，不重傳、注，貴深思自得。蘇轍之經學專著包括：《詩集傳》二十卷、《春秋集解》十二卷，均呈現濃厚之儒家思想，而無佛、老，為呈現其學術價值，故以經典為別，多方探討其經學詮釋之內涵與特色，由此帶出其經學思想與價值。

(一)《詩經》學

　　蘇轍《詩經》學之思想，可由對〈詩序〉的看法、注釋的方式、解詩的體式三大方向作開展。北宋慶歷年間，疑經風開，學者解《詩》，漸出新意，不再一味沿襲舊說。蘇轍作《詩集傳》，辨析〈詩序〉爲漢儒之附益，多有謬誤，未可盡信，遂不錄〈大序〉，僅存〈小序〉首句（〈首序〉），刪去以下餘文（〈續序〉）不用，並對其中求之過深之處「明著其失」，蘇轍批《毛詩》解釋不當者共二十二首，其中駁注解錯誤的是〈簡兮〉、〈生民〉二首；駁〈首序〉有誤的是〈有駜〉、〈泮水〉、〈閟宮〉三首；其他均爲駁〈續序〉之不當，有十七首。蘇轍能指出〈毛傳〉之誤，對北宋的《詩經》研究而言，已是向前邁進了一步。《詩集傳》的另一特點爲注解簡明扼要，不標示賦、比、興，並以儒家的仁義之道闡釋《詩》中義理。他在〈二雅〉、〈三頌〉中，大量以史證詩，說明爲君、爲臣之道，即使在〈國風〉中，以史證詩者也有三十一首。以史證詩的目的，自然是爲了宣揚儒家教化，終極目的是爲政治服務。在體例上，《詩集傳》採集傳體，分篇依次作解。他在各〈國風〉、〈小雅〉、三〈頌〉開頭，先有一段專論，如論〈周南〉、〈召南〉之分別；〈邶〉、〈鄘〉、〈衛〉之命名、時代及地域；大、小〈雅〉之分別；三〈頌〉之特質、時代等，對《詩經》體例提出異於漢儒的看法。然後他先錄〈小序〉首句，再抄寫原詩，於每章後訓釋難字詞，接著闡釋詩之大意，最後指出全詩共有幾章，每章有幾句。整體而言，歐陽脩和蘇轍都採取了新的解《詩》體式，打破傳統的模式，而蘇轍《詩集傳》的體式更爲簡明，便於讀者掌握主旨，爲眾多後人所仿效，

在《詩經》研究史上，具相當之意義。

蘇轍《詩集傳》的貢獻在於前承歐陽脩《詩本義》的議論毛、鄭之謬，下啓鄭樵《詩辨妄》、王質《詩總聞》與朱熹《詩集傳》的經典詮釋，對破除漢學典範，建立宋學系統，具關鍵之功。但仍須指出其受限於儒家教化，未能正視《詩》的文學性，導致說解〈國風〉部分詩作，趨於僵化附會之不足。

(二)《春秋》學

蘇轍治《春秋》的基本方法是以史解經，他認為孔子之作《春秋》，事亦略矣，後人欲明其微言大義，當由史入手。其《春秋集解》以《左傳》之記事為主，《左傳》有不足之處，則參《公羊傳》、《穀梁傳》等諸說以補足，「覽諸家之說而裁之以義」。其注解十分簡略，對《左傳》中諸多歷史事件略而不談。因他純為釋經而作，將《春秋》視為經學而非史學，並企圖以之作為北宋帝王施政之綱本，其政治目的顯而易見。宋代《春秋》學的弊端在於「私相揣度」、「務為新奇」，最後必流於空談義理。深明時代流弊的他，研治《春秋》之時，能力矯當代潮流，主張以史實為本去探尋聖人遺意，反對憑空造說。其治《春秋》雖以《左傳》為主，輔以《公羊傳》、《穀梁傳》，然在其《春秋集解》中，也對三傳不合理處提出批駁，可見其回歸原典，貴深思自得的治學態度。他承襲《左傳》重禮之思想，認為禮是人倫之所安，王道之所由，治國當然須以禮，故其《春秋集解》中論禮之處最多。相對而言，《左傳》的另一重民思想，卻未受蘇轍重視，他轉而發揮儒家之德義，呈現其以儒治世的政治思想。「尊王攘夷」是《春秋》相當重要的思想。子由治《春秋》，也

恪守此尊王攘夷之大義，而方法則為結盟非戰。他認為春秋之
時，周王室的權力衰微，然封建體制尚未瓦解，諸侯各自為政的
現象可藉盟會的力量維持較安定的狀況，一則避免互相攻伐，一
則共同抵禦夷狄的入侵，故盟會是當時亂世既不得已又唯一可行
的辦法，與孫復、劉敞以盟為詭詐權謀之始，意見相左。

　　《春秋集解》能力矯北宋治經之流弊，回歸以史釋經之途，
其眼光頗為獨到，也獲得朱熹的肯定。其釋經特色簡明通達，以
儒家思想為本，重禮義、尊王非戰，實為專制政權良好之政治綱
本。但若以經學的眼光來看，其注釋過簡，且有許多經文未置一
詞，乃其不足之處。以文學的眼光來看，偏於議論，重在說理，
欠缺《左傳》敘事之美，卻無其神巫成份。整體而言，瑕不掩
瑜，理應受到重視。

三、史學思想

　　蘇轍善於文章，亦長於史學，現存蘇轍文獻中，可見豐富的
史論，不僅有史論六十五篇，更有史學專著《古史》，可見其於
史學著力之深。他作《古史》的目的在正《史記》之缺，並自言
書成之後，「堯舜三代之遺意，太史公之所不喻者，于此而明；
戰國君臣得失成敗之迹，太史公之所脫遺者，于此而足」。指出
自己著史之中心思想在明聖人之遺意，論君臣得失成敗之迹，亦
即資鑒史學，具實用之目的。

(一) 歷史哲學

　　歷史哲學是史學家對歷史演變的發展過程、動力等問題的思

考，或謂歷史觀。他們在所創作的史書中，流露出自己獨特的歷史觀，左右其史學方法與歷史評論。蘇轍認為人類歷史演變的規律，是由古至今不斷的循環進化，而循環的特徵是一治一亂，周而復始。所以古未必勝於今，今不必不如古，研究歷史的價值在了解過去，策勵未來，而非復古。推動歷史演變的力量，蘇轍認為是德與勢。德是推動歷史演變的主要力量之一，聖人是德的化身，其靈明遠過於世人，知據勢以統御萬民，使民安居，亦是天下治亂的關鍵。勢則包含人情的趨向與環境的變遷，古之聖人，不標新立異，能觀勢立法以御天下，事實上，歷史原是主、客體交互作用的過程，人之德為主體，勢為客體，每一代人都在上一代人的基礎與客觀環境的制約下，進行屬於當代的新的創造，人類的歷史也就在此德與勢交互作用的力量下，不斷的向前邁進。由此觀之，他對歷史演變規律的看法相當進步。

(二) 史學方法

歷史乃史學家根據歷史事實所寫成，沒有史料，就沒有歷史，所以古今中外的史學家常須耗費許多歲月以蒐集史料，又須考證校讐史料之正確性，才能獲得有價值、可運用之史料，寫成一部信史。蘇轍作《古史》主要是對司馬遷《史記》中的部分史料不滿，意欲正之，故其史料來源主要是《史記》與先秦典籍，尤其是西漢未列於學官的古文《尚書》、《毛詩》、《左傳》等，他認為司馬遷未能詳閱，故成為他治史的重要史料。他認為古事當以古說為近，故先秦之典籍如《論語》、《孟子》、《莊子》、《禮記》、《春秋》、《世本》、《國語》、《戰國策》、《竹書》等，均為其史料來源，若所載互有抵觸，則以經傳為主。先秦以後的典籍，

如司馬貞《史記索隱》、班固《漢書》、杜預《左傳注》等，亦或
有採用。整體來說，《古史》是以《史記》為主，再參酌其他典
籍作增刪，而由於其治史目的在明聖人之遺意，遂特重經書，甚
至經書之傳注。在史料的取捨上，他會故意刪去不利聖人或聖王
的史料，呈現美善的一面。可見在史料的選取上，並非博採，實
乃精擇。他認為《史記》內容有不完備之處，但對《史記》之體
例，則肯定其具獨創性，為千古不易之良法。《古史》雖承襲
《史記》的〈本紀〉、〈世家〉、〈列傳〉之體例，卻不作〈表〉、
〈書〉。〈表〉目的在指示史實的具體年代，〈書〉在記社會文物
制度，由於蘇轍治史目的在探討人物之得失，故不重年表之制
作。他也不贊成復古，認為各代均會發展出適合當代的文物制
度，所以他也不記上古時代之文物制度，益可見其重實用的治史
觀點。《古史》在史文撰述上的特色，為文詞簡鍊、史中加注。
給予後世研究者莫大的方便，亦具保存史料之功。

（三）歷史評論

蘇轍思想融合三教，其價值判斷的標準兼具道家自然無為之
美與儒家仁義道德之善，此美善的價值判斷成為他治史的重要目
的。子由對史書的評論集中在《史記》，就歷史觀而言，司馬遷
受鄒衍的影響，而有歷史循環的觀念。認為歷史的發展是順著
忠、敬、文作循環，再加上受禪之說，以赤、白、黑配合忠、
敬、文，又配合金、木、水、火、土五行之相生，於是歷史就成
為五行相生，與赤、白、黑、忠、敬、文的循環。司馬遷生處西
漢，正是五行說盛行的時代，必然受到影響。他反對這種歷史
觀，認為歷史是進化的，唐、虞、夏、商之世，非有所謂質與

忠，實則是均將求周之文，只是勢有所未至。所以每個朝代都在尋求最佳的生活方式與制度，只是在時代環境的侷限下，各自呈現不同的風貌。歷史將會不斷的在人與環境交互影響下持續的向前邁進，雖有治、亂之循環，但整體而言是進化的，非僅是忠、敬、文之循環。而《古史》不採五行說，亦可見其不贊同這種歷史觀。對司馬遷易編年而爲紀傳，突出人物在歷史上的價值，蘇轍對此十分贊同，他認爲《史記》的體例有獨創之處，乃千古不易之良法，值得肯定。但對《史記》的內容，他就頗有意見，或由古代文獻之記載，或由義理之推論，以考誤糾謬《史記》。據桑海風《蘇轍「古史」研究》，歸納出《古史》考訂《史記》錯漏之處，概分十項，約五百四十餘條。足見《古史》對《史記》的糾正補綴之功。但須注意的是蘇轍並非全盤否定《史記》的內容，實際上《古史》的主要材料即爲《史記》，在許多地方仍承襲司馬遷的看法，甚至敘述的文句、內容均十分相似，足見《史記》雖有缺失，亦非妄作。子由在《欒城應詔集・進論》中對歷代之特色或得失，作一總結與評價，包括夏、商、周、六國、秦、漢、三國、晉、七代、隋、唐、五代，流露濃厚的資鑒思想。在史論文與《古史》贊語中，評論眾多歷史人物，所論範圍上及帝王，下及人臣、諸子。史論本爲救世而作，其企求經世致用之意圖明顯，故所論內容廣泛，主要談治國之道，兼及爲君、爲臣之道，並論及先秦諸子。與父兄相較之下，蘇轍之史論更近於經術，較少縱橫家之權術色彩。

四、經世思想

　　蘇轍一生，泰半時間在朝為官，長達四十餘年之仕宦生涯，歷經宋仁宗、英宗、神宗、哲宗、徽宗五朝。四十八歲以前皆任地方官，先後至陳州、齊州、南京應天府、筠州、績溪等，因官卑位小，政治建樹不多，但和下層百姓接觸頻繁，較了解民間疾苦。因之，王安石變法著眼於富國，增加朝廷收入；蘇轍則著眼於解民貧困，體諒下層百姓。哲宗元祐元年，官職漸居顯要，才得以大展長才。他總結歷代興亡教訓，主張採用溫和方式改革弊政，即使面對新法，他也不主張全部廢除，一切以是否切合世用為準。

（一）政治

　　道體儒用，是蘇轍政治思想的最高指導原則，亦即政治哲學。他認為儒、道的思想各有優、缺點，可以互補。國家大事千頭萬緒，光靠一最高指導原則，並不足以應付現實的種種問題，所以蘇轍又提出治國以術的方法，要先明天下之情，再以術御天下。治國之道，須先明天下之情，觀天下之勢，制定國策、任用人才時，才能因其所向，而定其所歸，順應民心而為。「術」則指方法、技巧或策略，和法家之術形式上相似，但實質的精神內涵不同。法家如韓非，認為君王對人臣掌有絕對的權利，應利用法、術以操控臣下、百姓，其本質是為求君王之利。子由所謂的術，是以儒家存心仁厚為本質，欲使天下安居為目的，即所謂言術而不離中道。指出君王治國須先立「為治之地」，再施以「為

治之具」，才能使國家大治。也就是要先使百姓大致安居，生養有道，長幼有節，奠定國家的基礎。當爲治之地已立，國家的綱紀已正，法度粗具，尚須再施以爲治之具，國家才能長治久安，幾於王道。「爲治之具」指治國之理念、方法，可由君術、臣事、民政三方面著手。君術之本在於修身，其次要審慎立儲，施政能順天下之欲。君臣既分，欲使國家長治久安，首先君王須知人善任，培養重臣；其次能君臣相守、官制簡明。而人民是國家的根本，根本穩固，國家才能安寧，所以如何安治百姓，使民樂居而無爭，是治亂之關鍵所在。他認爲欲善治其民，可由教以德義、導以禮樂、齊以政刑三方面著手。

（二）軍事

　　蘇轍不反對三代時寓兵於農的徵兵制，但時過境遷，不見得適用於今日，他認爲當代一國之中，兵民須分。兵民若分，農民可竭力開墾土地，勤勞田事，以養天下之兵；兵卒可習於戰事，保衛人民的身家性命。這樣一來，可以避免戰時有無糧之憂，使民得以安居，兵也可以專力於訓練與打仗。他認爲北宋可以模仿唐制，使內郡之兵與戍邊之兵數量相等，而一在內，一在外。平時戍邊之兵屯田並防守邊境，戰時內郡之兵用以攻敵，如此內、外之兵相輔相成，交相爲用，亦可互相制衡，避免擁兵作亂，一舉兩得。而國家之領導者應放遠眼光，勿貪一時近利，並能審知天下之情勢，見勢而爲。如此，邦畿小者，得以避免敗亡；大者，得以掌握一統天下之契機，而得志於四海，此即因勢而成。他憑其豐富之歷史知識與軍事睿見，又詳細分析天下情勢，針對夷狄特性提出妥善的軍事策略，包括養兵威而自重，以激勵軍

心；兵屯重地，使戎狄互相箝制，並自損以驕敵，再攻其不備；對西南蠻夷則懷柔以招安等，可謂切中肯綮，契合時宜之見。

（三）財經

蘇轍財經思想的基本概念是君王修身節用，藏富於民，此乃儒家理財的重要主張；豐財的策略是去三冗，減少不必要的支出，以降低國庫的負擔；平糴法可以調節穀價，兼濟災民；官貸民急，則可以紓民之困，免受高利貸剝削。宋代土地制度的特點為自由買賣，政府再據以收稅，結果造成土地兼併嚴重，多數的土地集中於少數人之手，大部分的百姓淪為無田的佃農。對此日益嚴重的土地問題，他提出自己的看法，包括限制私田、廣收公田、以兵屯田等，以救時弊。賦稅方面，唐代的租庸調法，以「人丁」為本，即使是無田之游民，亦須庸調，即須服役、納布帛；北宋改行兩稅法後，以「資產」為宗，游惰之民得以逃稅，稅收落在農民身上，加重其負擔，而且不公平，不如再行租庸調法。這樣游民無法逃稅，稅賦較為公平，可以減輕農民的負擔。而且游民為了生活與繳稅，勢必回歸農田耕作之途，時間一久，可使農民人數增加，工商游走之民減少，人民安居其地，減少社會問題。另一方面也可解決差役問題，至於原先的力役之兵，則讓他自然減少，不再增補，可以減輕國庫的負擔。子由對北宋的茶、鹽、酒公賣制度，雖然認為是前朝所未有，但並未持反對的態度，唯獨對蜀茶之專賣有意見。他身為蜀人，對四川榷茶的狀況十分清楚，認為弊多於利，建議朝廷因四川地理位置特殊，又地處偏遠，不如罷榷，讓百姓自由貿易，再收稅錢。或先弛榷禁，再收長引錢，這樣朝廷稅收可以增加，蜀人也可免剝削之

害。

五、文藝思想

歷來研究蘇軾之文學思想者眾，探索蘇轍者寡，二人亦師亦友，同爲唐宋八大家之一，命運卻大不相同。蘇軾之多才多藝、豪放曠達，吸引了古今中外無數的讀者，欲一窺其文學理論之奧，一睹其文學作品之妙；蘇轍之長於策論、汪洋淡泊，卻是和之者寡，備受冷落。同爲有宋一代文豪，對蘇轍之忽視，事實上是不公平的。蘇軾曾稱讚其弟：「今世學者，猶子可與我上下耳」，洪邁《容齋四筆》亦言：「誰說子由不如兄軾哉」。今觀其所爲文，雖不如兄之絢爛，卻也別具一格，其文藝思想與父兄同中有異，亦值得重視。

(一) 文學理論

蘇轍之文學思想，包括文貴養氣、不爲空言、文合節度、各逞其才四大方向，是立體而具有進程的文學觀。他是第一個提出爲文養氣的人，所論氣包括：浩然之氣、志氣、才氣、文氣、詞氣等。可見「氣」的概念十分多元，都是影響文章質量的重要因素，可以提高作者的思想與寫作素養，爲文章寫作奠定良好基礎。養氣的方法有涵養道德、增廣閱歷、以佛道修心。不爲空言包含三層意義，即反映社會現實、文以貫道、啓發天下未悟之人。文合節度指文章在形式上須合於規矩，應主觀地篩選材料，提煉語言；文章雖應渾然天成，自然去雕飾，但並非全無章法，謀篇佈局，仍須十分斟酌，務使結構謹嚴，理路分明；文句如珠

圓，天然有遺韻之外，鍛字、鍊句、修辭、節奏都是提升語言表達能力的必要功夫。各逞其才指創作者應因個人之才性，馳騁所能，創作出獨具特色的作品；而讀者面對不同風格之作品，應給予同樣的肯定。

（二）藝術理論

　　就創作論來看，子由提出了妙心經營與以形寫神，相當於謝赫六法中的經營位置、氣韻生動二法；鑑賞論則標舉畫格奇正，認為風格可以多樣化。他認為要達到妙心經營，胸有成竹的構圖技巧，須由觀察實物入手，日日浸淫其中，摹其神態，再積學涵養以提升境界，指出一條可行而有效的學習途徑，雖非畫師，卻能切中作畫之肯綮。所論以形寫神，有形、神並重，二者相得益彰的意味，藉由山水景物之點染，帶出畫作的神韻與生命力，他的看法有調合純寫實與純寫意之功，卻與蘇軾重意氣的看法不盡相同。畫格奇正的觀點，揭示藝術之創作應具新意，不可一味抄襲，才能令人耳目一新，但又能收逸而就正，可以避免流於怪奇之偏，這種鑑賞的論點頗為中肯。另外，肯定風格之多樣化，認為柔美、壯美均具美之意涵，正確的感知到美的多層次與豐富性，能客觀的看待藝術之美，而不被個人主觀好惡所左右，具開闊的鑑賞眼光。

　　整體而言，蘇轍之學術思想淵源於父親蘇洵，卻作了更詳細的闡發。與兄蘇軾亦師亦友，二人之觀點於大處相同，小處有異。如在哲學思想上，均是三教合一，認為性無善惡，但子由的修養論較近於佛、道。在經世思想上，同為以儒治世，強調藏富於民，注重禮樂政刑與人情之所向，但東坡較重養士，即人才之

獲取；子由較重觀勢而爲，即分析情勢，以定政策，並強調緩柔之改革方針。在文學思想上，均重實用，言必重當世之過，強調文以貫道，而東坡好天然去雕飾之文；子由則強調養氣之功。在藝術思想上，東坡重意；子由認爲應形、意兼具。二人所持之觀點可謂大同小異，同爲蜀學之創立與發展者，在北宋與王安石新學、二程洛學分庭抗禮。可惜在理學取得政治主導地位後，日趨衰微而不受重視，一般人只知其爲文學家，卻忽略其更爲思想家。今筆者作此研究，藉由探析蘇轍之學術思想，肯定蜀學重實用、重人情之思想特色，並給予應有的歷史定位。

本論文的研究成果，在於架構蘇轍之學術思想體系，其中有許多地方是前人所未曾涉及，如哲學思想體系、《春秋集解》的研究、歷史評價的標準等；另一方面也指出前人研究值得商榷之處，包括《詩集傳》的評價、歷史哲學、軍事思想、土地政策等。而著作之考述，除概述其特色外，亦比較二蘇觀點不同之處，由此可見蘇轍對其兄並非亦步亦趨，有時看法勝於其兄，朱熹亦曾如是說，後人對蘇轍的誤解與忽視並不公平。期盼筆者的研究能給予子由較公允的評價，也爲後續研究者拋磚引玉。

蘇轍年譜簡表

宋仁宗寶元二年己卯（西元 1039 年）：一歲

· 二月二十日蘇轍生於眉山。

仁宗康定元年庚辰（西元 1040 年）：二歲

· 蘇洵居眉山

仁宗慶曆元年辛巳（西元 1041 年）：三歲

· 伯父蘇渙通判閬州，祖父蘇序往覗。

仁宗慶曆二年壬午（西元 1042 年）：四歲

· 蘇軾年七歲，始知讀書，聞歐陽脩之名。

仁宗慶曆三年癸未（西元 1043 年）：五歲

· 蘇軾入天慶觀讀小學，以道士張易簡為師。

仁宗慶曆四年甲申（西元 1044 年）：六歲

· 蘇轍亦入天慶觀讀小學。

仁宗慶曆五年乙酉（西元 1045 年）：七歲

· 蘇洵外出游學，程夫人親授蘇轍兄弟以書。

仁宗慶曆六年丙戌（西元 1046 年）：八歲

· 蘇洵與史經臣同舉制策，有名蜀中；又舉茂材異等，不中。

仁宗慶曆七年丁亥（西元 1047 年）：九歲

· 蘇洵與史經臣自嵩洛之廬山，望瀑布，與訥禪師、景福順公遊。

· 五月，祖父蘇序卒，伯父蘇渙、父蘇洵匆匆返家居喪，蘇轍兄弟始識伯父。

· 蘇洵因屢挫於科場，遂悉焚舊稿，閉戶讀書。作〈名二子說〉，勉勵二子。

仁宗慶曆八年戊子（西元 1048 年）：十歲

· 蘇洵杜門家居，以學行授二子。

· 蘇轍兄弟就學於城西社下劉巨。

仁宗皇祐元年己丑（西元 1049 年）：十一歲

· 蘇轍兄弟與里人程建用、楊堯咨會學舍中，作〈里舍聯句〉。

蘇軾〈記里舍聯句〉：「幼時里人程建用、楊堯咨、舍弟子由會學舍中，大雨聯句六言。程云：『庭松偃仰如醉』。楊即云：『夏雨淒涼似秋』。余云：『有客高吟擁鼻』。子由云：『無人共吃饅頭』。座皆絕倒。」

仁宗皇祐二年庚寅（西元 1050 年）：十二歲

‧蘇轍幼姊八娘適表兄程之才。

‧蘇轍兄弟居家讀書。

仁宗皇祐三年辛卯（西元 1051 年）：十三歲

‧伯父蘇渙居喪期滿，為祥符令。

‧蘇轍兄弟居家讀書。

仁宗皇祐四年壬辰（西元 1052 年）：十四歲

‧幼姊遭夫家虐待憂鬱而死。

仁宗皇祐五年癸巳（西元 1053 年）：十五歲

‧蘇轍以父兄為師，勤奮學習，少有壯志。

‧少喜著述，作《孟子解》、《論語略解》、《春秋論》。

‧多病好道。

仁宗至和元年甲午（西元 1054 年）：十六歲

‧張方平鎮蜀，訪知其父蘇洵。

‧蘇軾娶王弗為妻。

‧蘇轍作〈夏〉、〈商〉、〈周論〉。

仁宗至和二年乙未（西元 1055 年）：十七歲

‧張方平薦蘇洵為成都學官，蘇洵作〈上張益州書〉，並謁
　張於成都。

‧蘇軾謁張方平，張一見待以國士。

・蘇轍娶史氏為妻。

仁宗嘉祐元年丙申（西元 1056 年）：十八歲。

・張方平勸蘇洵進京，蘇洵致書張方平，並決定送二子進京
　應試。

・三月，蘇洵父子至成都辭別張方平，蘇轍始謁張方平，張
　盛讚蘇轍兄弟。

・七月，舉進士於京師，蘇轍兄弟皆中選。

・蘇洵上書歐陽脩、韓琦、富弼等人，歐陽脩薦洵於朝。蘇
　洵於歐陽脩席上初見王安石，拒絕同王交遊，王對蘇洵亦
　獨不嘉之，並屢詆於眾。

仁宗嘉祐二年丁酉（西元 1057 年）：十九歲。

・正月，詔以禮部侍郎兼翰林學士歐陽脩知貢舉，歐陽脩疾
　時文之求深務奇，凡文涉雕刻者皆黜。蘇轍兄弟同科進士
　及第。

・蘇轍作〈上樞密韓太尉書〉，上書求見韓琦。

・四月八日，蘇轍之母程氏卒於家，蘇氏父子返蜀居喪。

仁宗嘉祐三年戊戌（西元 1058 年）：二十歲。

・蘇轍兄弟居家服母喪。

仁宗嘉祐四年己亥（西元 1059 年）：二十一歲。

・十月，蘇轍隨父兄沿岷江、長江東下，同赴京師。蘇軾之
　妻王氏，蘇轍之妻史氏同行。

· 十二月初，抵江陵，父子三人途中所作詩文，匯爲《南行集》，蘇軾作敘。

仁宗嘉祐五年庚子（西元 1060 年）：二十二歲。

· 正月五日，蘇轍隨父兄離江陵，陸行赴京。

· 二月十五日，蘇氏父子抵京，暫寓西岡。集途中所作詩文爲《南行後集》。

· 三月，以選人至流內銓，蘇轍授河南府澠池縣主簿，因楊畋薦制策，未赴任。

· 蘇轍獻文五十篇，今見《欒城應詔集》，其中包括《進論》二十五篇。

仁宗嘉祐六年辛丑（西元 1061 年）：二十三歲。

· 蘇轍兄弟因舉制策，寓居懷遠驛。

· 八月，詔以起居舍人同知諫院司馬光、同知諫院楊畋、知制誥沈遘爲秘閣考官，試六論。所試六論爲〈王者不治夷狄論〉、〈劉愷、丁鴻孰賢論〉、〈禮義信足以成德論〉、〈形勢不如德論〉、〈禮以養人爲本論〉、〈既罪備五福論〉，今載《欒城應詔集》。

· 八月二十五日，宋仁宗御崇政殿，試賢良方正、能直言極諫科。蘇轍對策引起激烈爭論，最後入第四等次。

仁宗嘉祐七年壬寅（西元 1062 年）：二十四歲。

· 蘇轍侍蘇洵於京師。

· 十月蘇軾聞子由得告不赴商州，寄〈病中聞子由得告不赴

商州〉詩，蘇轍回之〈次韻子瞻聞不赴商幕〉詩。

· 蘇轍作《新論》三篇，發揮《進策》之改革主張。

仁宗嘉祐八年癸卯（西元 1063 年）：二十五歲。

· 蘇轍在京師，與兄軾唱和詩甚多。

宋英宗治平元年甲辰（西元 1064 年）：二十六歲。

· 蘇轍在京師閒居，研讀《老子》、《莊子》。

英宗治平二年乙巳（西元 1065 年）：二十七歲。

· 正月蘇軾罷鳳翔任還朝，差判登聞鼓院。蘇轍兄弟彙集數
　年詩作為《岐梁唱和詩集》。

· 三月蘇轍出為大名府（河北大名）推官。不久，因韓琦之
　故，差管勾大名府路安撫總管司機宜文字。有〈北京謝韓
　丞相啟〉。

英宗治平三年丙午（西元 1066 年）：二十八歲。

· 四月二十五日，蘇洵卒於京師。病重之際，命蘇軾續完
　《易傳》。

· 六月九日，英宗贈蘇洵光祿寺丞，敕有司具舟載喪歸蜀。
　蘇轍兄弟護喪出都，自汴入淮，泝江返蜀。

英宗治平四年丁未（西元 1067 年）：二十九歲。

· 八月，合葬父母於眉州彭山安鎮鄉可龍里老翁泉側。

宋神宗熙寧元年戊甲（西元 1068 年）：三十歲。

- 七月，蘇轍兄弟除喪。
- 十二月，蘇轍兄弟還朝，歲末至長安。

神宗熙寧二年己酉（西元 1069 年）：三十一歲。

- 二月，設制置三司條例司，議行新法。王安石任參知政事。
- 三月，上書論事，宋神宗即日詔對延和殿，旋以蘇轍任制置三司條例司檢詳文字，與王安石議事每不合。
- 八月，作〈制置三司條例司論事狀〉，全面批評新法，並乞外任。

神宗熙寧三年庚戌（西元 1070 年）：三十二歲。

- 春，張方平知陳州（河南淮陽），辟蘇轍爲陳州教授。

神宗熙寧四年辛亥（西元 1071 年）：三十三歲。

- 蘇轍爲陳州教授。
- 六月，歐陽脩致仕，蘇轍作〈賀歐陽少師致仕啓〉。
- 蘇軾以太常博士、直史館通判杭州。七月，出都，過陳州，留七十餘日。
- 九月，蘇轍兄弟至潁州，同謁歐陽脩，燕飲於西湖。

神宗熙寧五年壬子（西元 1072 年）：三十四歲。

- 蘇轍爲陳州教授。蘇軾作〈戲子由〉詩，歎學官生涯之清貧。

．七月，歐陽脩卒，蘇轍作祭文和挽詞。

神宗熙寧六年癸丑（西元 1073 年）：三十五歲。

．四月，文彥博判河陽，辟蘇轍爲學官。已而改齊州（山東濟南）掌書記。

神宗熙寧七年甲寅（西元 1074 年）：三十六歲。

．蘇轍任齊州掌書記。

神宗熙寧八年乙卯（西元 1075 年）：三十七歲。

．蘇轍任齊州掌書記。

．六月，王安石因修《三經新義》，加尙書左僕射兼門下侍郎。蘇轍作〈東方書生行〉以刺之。

．十一月，知密州蘇軾葺園北舊台，蘇名之曰「超然」，並作〈超然臺賦〉。

神宗熙寧九年丙辰（西元 1076 年）：三十八歲。

．十月，蘇轍罷齊州掌書記，還京，上書言事。

神宗熙寧十年丁巳（西元 1077 年）：三十九歲。

．正月，蘇轍改官著作佐郎，旋爲張方平辟爲應天府簽書判官。

神宗元豐元年戊午（西元 1078 年）：四十歲。

．蘇轍爲南京簽書判官。

・九月，蘇軾在徐州任，合樂黃樓，蘇轍爲作〈黃樓賦〉。

神宗元豐二年己未（西元 1079 年）：四十一歲。

・蘇轍爲南京簽書判官。

・二月，蘇軾罷徐州任，改知湖州。

・張方平致仕，蘇轍代作乞致仕表和謝表。

・七月，蘇軾以謗訕新政之罪名被捕。蘇轍作〈爲兄軾下獄上書〉，願乞納在身官職，以贖兄罪。

・十二月，蘇軾貶官黃州，蘇轍坐謫監筠州鹽酒稅。

神宗元豐三年庚申（西元 1080 年）：四十二歲。

・蘇轍赴貶所，張方平悽然不樂，贈詩爲別。

・六月，蘇轍離黃州，經江州、南康至筠州。

神宗元豐四年辛酉（西元 1081 年）：四十三歲。

・蘇轍居筠州。

・吳厚來訪，爲作〈吳氏浩然堂記〉。

神宗元豐五年壬戌（西元 1082 年）：四十四歲。

・蘇轍居筠州。

・蘇軾建武昌九曲亭，轍爲作〈武昌九曲亭記〉。

神宗元豐六年癸未（西元 1083 年）：四十五歲。

・蘇轍居筠州。

・四月，中書舍人曾鞏卒，作〈曾子固舍人挽詞〉。

・十一月，張夢得建快哉亭，蘇轍作〈黃州快哉亭記〉。

神宗元豐七年甲子（西元 1084 年）：四十六歲。

・春，蘇軾自黃州移汝州，五月來高安相別。

・九月，蘇轍改歙州績溪令。

神宗元豐八年乙丑（西元 1085 年）：四十七歲。

・三月，神宗崩，哲宗繼位，作〈神宗皇帝挽詞〉、〈代歙州賀登極表〉。

・八月，除秘書省校書郎。

宋哲宗元祐元年丙寅（西元 1086 年）：四十八歲。

・二月，至京師，除右司諫。

・四月，王安石卒於金陵。

・九月，司馬光卒，作〈司馬溫公挽詞〉、〈代三省祭司馬丞相文〉。遷起居郎。

・十一月，為試中書舍人，作〈辭召試中書舍人狀〉。

哲宗元祐二年丁卯（西元 1087 年）：四十九歲。

・正月，受命編次《神宗御制集》。

・十一月，除戶部侍郎，作〈辭戶部侍郎札子〉、〈謝除戶部侍郎表〉。

哲宗元祐三年戊辰（西元 1088 年）：五十歲。

・任戶部侍郎。

・三月，爲考官，與王欽臣等策試武舉於集英殿。

・九月，與孫覺等考試制科舉人。

哲宗元祐四年己巳（西元 1089 年）：五十一歲。

・六月，爲吏部侍郎，尋擢翰林學士、知制誥。

・八月，蘇轍、趙君錫爲賀遼生辰使。契丹盛傳三蘇文。

哲宗元祐五年庚午（西元 1090 年）：五十二歲。

・二月，文彥博致仕，作〈除文彥博太師、河東節度使致仕制〉。

・五月，爲龍圖閣學士、御史中丞。

哲宗元祐六年辛未（西元 1091 年）：五十三歲。

・二月，擢尚書右丞，作〈辭尚書右丞札子四首〉、〈謝除尚書右丞表二首〉。於先塋之側建刹。

・十二月，張方平卒，作〈贈司空張公安道挽詞〉、〈祭張宮保文〉、〈乞賜張宣徽諡札子〉。

哲宗元祐七年壬申（西元 1092 年）：五十四歲。

・四月，哲宗立后，以蘇轍攝太尉，充任告期使。

・六月，爲太中大夫，守門下侍郎，作〈辭門下侍郎札子〉、〈謝除太中大夫、守門下侍郎表二首〉

・八月，張方平葬，作〈再祭張宮保文〉。

哲宗元祐八年癸酉（西元 1093 年）：五十五歲。

　・任門下侍郎。

　・九月，高太后崩，轍草〈改圓陵爲山陵手詔〉，并撰〈大
　　行太皇太后諡冊文〉。

哲宗紹聖元年甲戌（西元 1094 年）：五十六歲。

　・三月，廷策進士，李邦直撰策題，歷詆元祐之政，蘇轍上
　　〈論御史策題札子二首〉。哲宗不悅，轍作〈待罪札子〉，
　　哲宗怒，詔轍以本官出知汝州。

　・六月，詔降左朝議大夫、知袁州。

　・七月，再降授試少府監、分司南京、筠州居住。

哲宗紹聖二年乙亥（西元 1095 年）：五十七歲。

　・蘇轍居筠州。

　・二月，作〈古史後敘〉。

哲宗紹聖三年丙子（西元 1096 年）：五十八歲。

　・蘇轍居筠州。

哲宗紹聖四年丁丑（西元 1097 年）：五十九歲。

　・二月，責授化州別駕、雷州安置。蘇軾貶瓊州別駕、昌化
　　軍安置。

　・六月，蘇轍至雷州，雷州守張逢對其十分禮遇。

哲宗元符元年戊寅（西元 1098 年）：六十歲。

- 三月，董必奏張逢禮遇蘇轍事，詔遷轍循州安置。
- 八月，至循州。

哲宗元符二年乙卯（西元 1099 年）：六十一歲。

- 蘇轍居循州。
- 四月，作〈龍川略志敘〉。
- 七月，作〈龍川別志敘〉。
- 九月，作〈春秋傳後敘〉。

哲宗元符三年庚辰（西元 1011 年）：六十二歲。

- 正月，哲宗崩，徽宗繼位。
- 二月，量移永州安置。
- 四月，授濠州團練副使、岳州居住。
- 十一月，授太中大夫、提舉鳳翔府上清太平宮、外州軍任便居住。遂還居潁昌。

宋徽宗建中靖國元年辛巳（西元 1101 年）：六十三歲。

- 蘇轍居潁昌。
- 四月，蘇轍寄書蘇軾，求軾歸許同住。
- 七月，蘇軾卒於常州，以不見子由為恨。
- 九月，遣幼子蘇遜往奠蘇軾，作〈祭亡兄端明文〉。

徽宗崇寧元年壬午（西元 1102 年）：六十四歲。

- 蘇轍居潁昌。

· 蔡京爲尙書右僕射兼中書侍郎。立黨人碑，刻文彥博、司馬光、蘇軾、蘇轍及蘇門四學士等百餘人姓名，稱奸黨。禁元祐學術。

· 五月，作〈再祭亡兄端明文〉。

· 閏六月，葬蘇軾夫婦於郟城小峨眉山，作〈亡兄子瞻端明墓志銘〉。蘇轍降爲朝議大夫，作〈降授朝議大夫謝表〉。

徽宗崇寧二年癸未（西元 1103 年）：六十五歲。

· 蔡京爲尙書左僕射兼門下侍郎。詔黨人子弟毋得至闕下，毀三蘇、黃庭堅、秦觀等人文集。令郡縣各立元祐黨人碑，宗室不得與黨人子孫爲婚。

· 正月，蘇轍獨身遷往汝南以避禍。

· 十月，罷提擧太平宮。

徽宗崇寧三年甲申（西元 1104 年）：六十六歲。

· 正月，蘇轍還居潁昌。

· 六月，詔頒元祐奸黨姓名三百零九人，刻石諸州。

徽宗崇寧四年乙酉（西元 1105 年）：六十七歲。

· 蘇轍居潁昌。

徽宗崇寧五年丙戌（西元 1106 年）：六十八歲。

· 蘇轍居潁昌。

· 九月，作〈潁濱遺老傳〉、〈欒城後集引〉、〈歷代論并引〉。

· 十二月，編成《欒城後集》。

徽宗大觀元年丁亥（西元 1107 年）：六十九歲。

· 蘇轍居潁昌。

· 正月，詔宰執墳寺曾經放罷者並給還，作〈謝復墳寺表〉。

· 十月，作《論語拾遺》。

徽宗大觀二年戊子（西元 1108 年）：七十歲。

· 蘇轍居潁昌。

· 正月，徽宗受八寶於大慶殿，大赦天下，蘇轍復官朝議大夫，遷中大夫。作〈謝復官表〉。

· 十二月，作〈書老子解後〉。

徽宗大觀三年己丑（西元 1109 年）：七十一歲。

· 蘇轍居潁昌。

徽宗大觀四年庚寅（西元 1110 年）：七十二歲。

· 蘇轍居潁昌。

徽宗政和元年辛卯（西元 1111 年）：七十三歲。

· 蘇轍居潁昌。

· 七月，作〈秋稼〉詩抨擊當道。

· 是歲，作〈卜居賦〉、〈欒城第三集引〉、〈再題老子解後〉、〈詩病五事〉等。編成《欒城第三集》。

徽宗政和二年壬辰（西元 1112 年）：七十四歲。

・蘇轍居潁昌。

・九月，作〈墳院記〉。由中大夫轉大中大夫致仕。

・十月三日，蘇轍卒。

・十一月，徽宗追復端名殿學士，特賜宣奉大夫。

徽宗政和七年丁酉（西元 1117 年）：

・蘇轍卒後五年，妻史氏卒，同葬汝州郟城縣上瑞里。

註：本年譜簡表主要參考

　　1. 孫汝聽《蘇潁濱年表》。

　　2. 邱德修《新脩蘇子由年表》。

　　3. 洪本健《宋文六大家活動編年》。

　　4. 曾棗莊《蘇轍評傳》。

參考書目

一、蘇轍主要著作（按書名首字筆劃排列）

《古史》，蘇轍著，台北：台灣商務印書館，文淵閣四庫全書，1983 年。

《老子解》，蘇轍著，台北：台灣商務印書館，文淵閣四庫全書，1983 年。

《春秋集解》，蘇轍著，台北：台灣商務印書館，文淵閣四庫全書，1983 年。

《詩集傳》，蘇轍著，台北：台灣商務印書館，文淵閣四庫全書，1983 年。

《龍川略志、龍川別志》，蘇轍著，北京：中華書局，1982 年。

《欒城集》，蘇轍著，台北：台灣中華書局，四部備要本，1966 年。

《欒城後集》，蘇轍著，台北：台灣中華書局，四部備要本，1966 年。

《欒城三集》，蘇轍著，台北：中華書局，四部備要本，1966 年。

《欒城應詔集》，蘇轍著，台北：台灣商務印書館，四部叢刊本，1967 年。

二、古籍（按書名首字筆劃排列）

《二程全書》，程顥、程頤著，台北：中華書局，四部備要本，1966 年。

《三蘇全書》，曾棗莊、舒大剛編，北京：語文出版社，2001 年。

《文心雕龍》，劉勰著，台北：台灣開明書店，1958 年。

《毛詩正義》，孔穎達編著，北京：北京大學出版社，2002 年。

《毛詩指說》，成伯璵著，台北：台灣商務印書館，文淵閣四庫全書，1983 年。

《元豐類藁》，曾鞏著，台北：中華書局，四部備要本，1971 年。

《王臨川集》，王安石著，台北：台灣商務印書館，1965 年。

《文忠集》，周必大著，台北：台灣商務印書館，文淵閣四庫全書，1983 年。

《六經奧論》，鄭樵著，台北：台灣商務印書館，文淵閣四庫全書，1983 年。

《文獻通考》，馬端臨著，台北：台灣商務印書館，文淵閣四庫全書，
　　1983 年。

《文史通義》，章學誠著，台北：中華書局，四部備要本，1966 年。

《五朝小說大觀》，桓驎等著，台北：廣文書局，1979 年。

《史記》，司馬遷著，台北：中華書局，四部備要本，1966 年。

《史通》，劉知幾著，台北：台灣商務印書館，文淵閣四庫全書，1983
　　年。

《古文關鍵》，呂祖謙著，台北：廣文書局有限公司，1970 年。

《四書集注》，朱熹著，台北：中華書局，四部備要本，1971 年。

《四庫全書總目》，永瑢、紀昀等撰，台北：藝文印書館，1964 年。

《四庫全書簡明目錄》，永瑢、紀昀等撰，台北：台灣商務印書館，文淵
　　閣四庫全書， 1983 年。

《四庫提要補正》，胡玉縉著，台北：木鐸出版社，1981 年。

《老子道德經》，王弼著，台北：世界書局，1973 年。

《朱子大全》，朱熹著，台北：台灣中華書局，四部備要本，1966 年。

《朱子語類》，黎靖德編，北京：中華書局，1986 年。

《宋史》，脫脫著，台北：中華書局，四部備要本，1966 年。

《宋人軼事彙編》，丁傳靖編，台北：台灣商務印書館股份有限公司，
　　1982 年。

《宋稗類鈔》，潘永因著，見《筆記小說大觀》三十六編，台北：新興書
　　局有限公司，1984 年。

《困學記聞》，王應麟著，上海：古籍出版社，《續修四庫全書》，1995
　　年。

《周易》，台北：中華書局，四部備要本，1966 年。

《典論》，曹丕著，北京：中華書局，叢書集成初編，1985 年。

《林泉高致》，郭熙著，台北：台灣商務印書館，文淵閣四庫全書，1983
　　年。

《河南程氏遺書》，朱熹編，台北：台灣商務印書館，1965 年。

《周易本義》，朱熹著，台北：華正書局，1975 年。

《河南邵氏聞見後錄》，邵博著，北京：中華書局，叢書集成初編，1985
　　年。

《直齋書錄解題》，陳振孫著，上海：古籍出版社，1987 年。

《尚書全解》，林之奇著，台北：台灣商務印書館，文淵閣四庫全書，

1983 年。

《春秋公羊傳何氏解詁》，何休著，台北：台灣中華書局，四部備要本，
　　1970 年。

《春秋穀梁傳范氏集解》，范甯著，台北：台灣中華書局，四部備要本，
　　1970 年。

《後漢書》，范曄著，台北：中華書局，四部備要本，1966 年。

《春秋左氏傳杜氏集解》，杜預著，台北：中華書局，四部備要本，1966
　　年。

《柳河東全集》，柳宗元著，台北：中華書局，四部備要本，1970 年。

《春秋集傳辯疑》，陸淳纂，北京：中華書局，叢書集成初編，1985 年。

《春秋尊王發微》，孫復著，台北：台灣商務印書館，文淵閣四庫全書，
　　1983 年。

《范文正公集》，范仲淹著，上海：商務印書館，四部叢刊初編，1967
　　年。

《春秋經解》，孫覺著，台北：台灣商務印書館，文淵閣四庫全書，1983
　　年。

《春秋傳》，劉敞著，台北：台灣商務印書館，文淵閣四庫全書，1983
　　年。

《春秋經筌》，趙鵬飛著，台北：台灣商務印書館，文淵閣四庫全書，
　　1983 年。

《悟真篇》，張伯端著，台北：台灣商務印書館，文淵閣四庫全書，1983
　　年。

《春秋毛氏傳》，毛奇齡著，台北：台灣商務印書館，文淵閣四庫全書，
　　1983 年。

《容齋四筆》，洪邁著，台北：台灣商務印書館，1979 年。

《荊川先生文集》，唐順之著，台北：台灣商務印書館，四部叢刊本，
　　1967 年。

《唐宋八大家文鈔》，茅坤著，台北：台灣商務印書館，文淵閣四庫全
　　書，1983 年。

《淮南子》，劉安著，台北：中華書局，四部備要本，1966 年。

《淮海集》，秦觀著，台北：中華書局，四部備要本，1970 年。

《習學記言》，葉適著，台北：中國子學名著集成編印基金會，1978 年。

《惜抱軒文集》，姚鼐著，台北：中華書局，四部備要本，1966 年。

《黃氏日抄》黃震著，台北：台灣商務印書館，文淵閣四庫全書，1983年。

《黃宗羲全集‧宋元學案》，黃宗羲著，浙江：浙江古籍出版社，1986年，第6冊。

《新五代史》，歐陽脩著，台北：中華書局，四部備要本，1971年。

《詩集傳》，朱熹著，台北：台灣中華書局，1970年。

《嵩山景迂生集》，晁說之著，台北：台灣學生書局，1975年。

《經義考》，朱彝尊編，台北：中華書局，四部備要本，1970年。

《經學歷史》，皮錫瑞著，台北：漢京文化事業有限公司，1983年。

《經典釋文》，陸德明著，上海：古籍出版社影印北京圖書館宋刻宋元遞修本，1984年。

《漢書》，班固著，台北：中華書局，四部備要本，1966年。

《嘉祐集》，蘇洵著，台北：台灣商務印書館，1965年。

《滹南遺老集》，王若虛著，北京：中華書局，叢書集成新編，1985年。

《論語何氏等集解》，台北：中華書局，四部備要本，1966年。

《論語或問》，朱熹著，台北：中文出版社，近世漢籍叢刊，1977年。

《墨莊漫錄》，張邦基著，北京：中華書局，叢書集成初編，1985年。

《歐陽文忠全集》，歐陽脩著，台北：台灣中華書局，四部備要本，1966年。

《舊唐書》，劉昫等著，台北：中華書局，四部備要本，1966年。

《隱居通議》，劉壎著，北京：中華書局，叢書集成初編，1985年。

《韓昌黎全集》，韓愈，台北：台灣中華書局，1966年。

《瀛奎律髓》，方回著，台北：台灣商務印書館，文淵閣四庫全書，1983年。

《藝概》，劉熙載著，台北：廣文書局，1964年。

《蘇軾文集》，蘇軾著，北京：中華書局，1986年。

《蘇軾詩集》，蘇軾著，北京：中華書局，1982年。

《續資治通鑑》，畢沅著，台北：文光出版社，1975年。

《續資治通鑑長編》，李燾著，台北：台灣商務印書館，文淵閣四庫全書，1983年。

《讀書作文譜》，唐彪著，台北：偉文圖書出版社有限公司，1976年。

《欒城先生遺言》，蘇籀編，北京：中華書局，叢書集成初編，1985年。

三、近代學者著作（按書名首字筆劃排列）

《三蘇文藝思想》，曾棗莊選釋，四川：文藝出版社，1985 年。

《三蘇及其散文之研究》，陳雄勳著，台北：文史哲出版社，1991 年。

《三蘇傳》，洪柏昭著，廣東：廣東高等教育出版社，2002 年。

《中國思想通俗講話》，錢穆著，香港：求精印務公司，1962 年。

《中國歷史精神》，錢穆著，台北：台灣商務印書館，1965 年。

《中國繪畫史》，俞崑著，台北：華正書局，1975 年。

《王安石新法研述》，帥鴻勳著，台北：正中書局，1975 年。

《中國歷代文論選》，郭紹虞主編，上海：古籍出版社，1980 年。

《中國史學史》，李宗侗著，台北：中國文化大學出版部，1986 年。

《中國文學講話（七）‧兩宋文學》，台北：巨流圖書公司，1986 年。

《中國古代文藝美學範疇》，曾祖蔭著，台北：文津出版社，1987 年。

《中國政治思想史》，薩孟武著，台北：三民書局股份有限公司，1989
　　年。

《中國文學批評史》，郭紹虞著，台北：五南圖書出版有限公司，1994
　　年。

《中國佛教》，中國佛教協會編，上海：東方出版中心，1996 年。

《中國歷代著名文學家評傳》，呂慧鵑、劉波、盧達編，濟南：山東教育
　　出版社，1997 年。

《中國山水畫美學研究》，朱玄著，台北：臺灣學生書局，1997 年。

《中國儒學史》，韓鍾文著，廣東：廣東教育出版社，1998 年。

《五代北宋的繪畫》，高木森著，台北：文史哲出版社，1982 年。

《文氣論研究》，朱榮智著，台北：台灣學生書局，1986 年。

《中國古代史學批評縱橫》，瞿林東著，北京：中華書局，2000 年。

《中國史學思想通史‧宋遼金卷》，吳懷祺著，安徽：黃山書社，2002
　　年。

《中國佛教與宋明理學》，陳運寧著，湖南：湖南人民出版社，2002 年。

《中國轉向內在——兩宋之際的文化內向》，劉子健著，趙冬梅譯，南京：
　　江蘇人民出版社，2002 年。

《中國政治思想史》，曹德本主編，北京：高等教育出版社，2004 年。

《史記會注考證》，瀧川龜太郎著，台北：中新書局有限公司，1982 年。

《古書版本學》，洪北江主編，台北：洪氏出版社，1982 年。

《史學理論與史學史》，鄧鴻光、李小明主編，武漢：崇文書局，2003年。

《北宋中期儒學復興運動》，劉復生著，台北：文津出版社，1991年。

《北宋黨爭研究》，羅家祥著，台北：文津出版社，1993年。

《北宋史‧南宋史》，周寶珠、楊倩描、王曾瑜新著，香港：中華書局，1998年。

《北宋文學家年譜》，曾棗莊、舒大剛著，台北：文津出版社有限公司，1999年。

《史學方法論》，杜維運著，台北：三民書局股份有限公司，1999年。

《史學概論》，龐卓恒主編，北京：高等教育出版社，2005年。

《北宋新舊黨爭與文學》，蕭慶傳著，北京：人民文學出版社，2001年。

《西洋哲學史話》，鄔師昆如著，台北：三民書局股份有限公司，1977年。

《朱熹與宋代蜀學》，粟品孝著，北京：高等教育出版社，1998年。

《朱熹的史學思想》，湯勤福著，山東：齊魯書社，2000年。

《宋代文學》，呂思勉著，台北：台灣商務印書館，1933年。

《宋人傳記資料索引》，昌彼得、王德毅、程元敏、侯俊德編，台北：鼎文書局，1975年。

《宋金四家文學批評研究》，張師健著，台北：聯經出版事業公司，1975年。

《宋代繪畫藝術成就之探析》，蔡秋來著，台北：文史哲出版社，1977年。

《宋史研究集（第十集）》，宋史座談會編，台北：國立編譯館中華叢書編審委員會，1978年。

《宋史》，方豪著，台北：華岡出版有限公司，1979年。

《宋代蜀人著作存佚錄》，許肇鼎著，四川：巴蜀書社，1986年。

《宋代政治史概要》，王瑞明著，華中師範大學出版社，1989年。

《宋代文化史》，姚瀛艇主編，河南大學出版社，1992年。

《宋文六大家活動編年》，洪本健著，上海：華東師範大學出版社，1993年。

《宋人傳記資料索引補編》，李國玲編纂，四川：四川大學出版社，1994年。

《宋文紀事》，曾棗莊、李凱、彭君華編，四川：四川大學出版社，1995

年。

《宋代文學研究叢刊（第二期）》，張高評主編，高雄：麗文文化事業股份
　　有限公司，1996 年。

《宋代文學史》，孫望、常國武主編，北京：人民文學出版社，1996 年。

《宋代蜀學研究》，胡昭曦、劉復生、粟品孝著，四川：巴蜀書社，1997
　　年。

《宋代文化史》，姚瀛艇著，台北：昭明出版社，1999 年，頁 238。

《宋代文學通論》，王水照主編，高雄：復文圖書出版社，2000 年。

《宋儒微言》，盧國龍著，北京：華夏出版社，2001 年。

《宋代文化研究》，四川大學古籍整理研究所編，北京：綫裝書局，2001
　　年。

《宋代歷史文化研究》，張其凡、陸勇強主編，北京：人民出版社，2001
　　年。

《宋元老學研究》，劉固盛著，四川：巴蜀書社，2001 年。

《宋朝典章制度》，張希清等著，長春：吉林文史出版社，2001 年。

《兩宋史研究彙編》，劉子健著，台北：聯經出版事業公司，1987 年。

《佛學與中國哲學的雙向構建》，何錫蓉著，上海：上海社會科學院出版
　　社，2004 年。

《春秋三傳比義》，傅隸樸著，台北：台灣商務印書館，1983 年。

《春秋宋學發微》，宋鼎宗著，台北：文史哲出版社，1986 年。

《春秋左傳注》，楊伯峻著，高雄：復文圖書出版社，1991 年。

《春秋左傳學史稿》，沈玉成、劉寧著，江蘇：江蘇古籍出版社，1992
　　年。

《唐宋四大家的道論與文學》，朱剛著，北京：東方出版社，1997 年。

《唐宋八大家》，陳耀南著，台北：台灣書店，1998 年。

《唐宋八大家》，吳小林著，台北：里仁書局，1999 年。

《唐宋八大家新論》，崔際銀著，北京：中國文聯出版社，1999 年。

《唐宋八大家文化文章學》，周楚漢著，四川：四川出版集團巴蜀書社，
　　2004 年。

《徐復觀論經學史二種》，徐復觀著，上海：上海書店出版社，2002 年。

《程顥、程頤與中國文化》，蔡方鹿著，貴州：貴州人民出版社，1996
　　年。

《超越文學──文學的文化哲學思考》，周憲著，上海：上海三聯書店，

1997 年。

《詩經評註讀本》，裴師普賢著，台北：三民書局股份有限公司，1988
年。

《詩經研究史概要》，夏傳才著，台北：萬卷樓圖書有限公司，1994 年。

《詩經詮釋》，屈萬里著，台北：聯經出版事業股份有限公司，2002 年。

《經典與解釋的張力》，劉小楓、陳少明主編，上海：上海三聯書店，
2003 年。

《劉申叔先生遺書》，劉師培著，台北：大新書局，1965 年。

《談藝錄》，錢鍾書著，台北：書林出版社，1988 年。

《醉翁的世界——歐陽修評傳》，洪本健著，河南：中州古籍出版社，1990
年。

《論語釋義》，康師義勇著，高雄：麗文出版社，1993 年。

《歐陽脩的治學與從政》，劉子健著，台北：新文豐出版公司，1984 年。

《禪宗哲學象徵》，吳言生著，北京：中華書局，2002 年。

《題畫詩散論》，李師栖著，台北：華正書局，1993 年。

《蘇東坡新傳》，李一冰著，台北：聯經出版事業公司，1983 年。

《蘇洵》，金國永著，北京：中華書局，1984 年。

《蘇洵及其政論》，徐琬章著，台北：文津出版社，1984 年。

《蘇轍評傳》，曾棗莊著，台北：五南圖書出版有限公司，1995 年。

《蘇軾論》，朱靖華著，北京：京華出版社，1997 年。

《蘇轍傳》，蔣立文著，吉林：文史出版社，1998 年。

《蘇轍學術思想述評》，陳正雄著，台北：文史哲出版社，2000 年。

《蘇軾史論散文研究》，謝敏玲著，台北：萬卷樓圖書有限公司，2000
年。

《蘇轍年譜》，孔凡禮著，北京：學苑出版社，2001 年。

《讀史入門》，許凌雲著，北京：北京出版社，1989 年。

四、學位論文（按書名首字筆劃排列）

《三蘇散文研究》，李李著，文化大學中文所博士論文，1993 年 6 月。

《北宋的古文運動》，何寄澎著，台灣大學中文所博士論文，1984 年 5
月。

《宋代之詩經學》，黃忠慎著，政大中文所博士論文，1984 年 6 月。

《蘇轍文學研究》，高光惠著，台灣大學中文所碩士論文，1989 年 6 月。

《蘇轍詩集傳研究》，陳明義著，東吳大學中文所碩士論文，1993 年 12 月。

《蘇轍古文研究》，王素琴著，政治大學中文所碩士論文，1996 年 6 月。

《蘇轍「古史」中的歷史思想》，王治平著，清華大學歷史所碩士論文，1997 年 6 月。

《蘇轍「古史」研究》，桑海風著，四川大學古籍整理研究所碩士論文，2001 年 4 月。

《蘇門與元祐文化》，蓋琦紓著，台灣大學中文所博士論文，2002 年 7 月。

《蘇轍史論散文研究》，吳叔樺著，高雄師範大學國文所教學碩士論文，2002 年 12 月。

《蘇轍史論文研究》，郭宗南著，成功大學中文所碩士論文，2003 年 7 月。

《蘇轍詩歌之風格與價值》，林秀珍著，高雄師範大學國文所博士論文，2003 年 7 月。

《蘇轍「老子解」研究》，林靜慧著，文化大學中文所碩士論文，2004 年 6 月

五、期刊論文（按篇名首字筆劃排列）

〈二蘇「五經論」作者考〉，吳叔樺著，《第 11 屆南區六校中文所研究生論文發表會論文集》，2004 年 4 月。

〈三蘇新傳〉，陳雄勳著，《中國工商學報》，1991 年，第 12 期。

〈三蘇三篇同名作比較〉，李李著，《中國文化大學中文學報》，1995 年，第 3 期。

〈王安石變法失敗的原因〉，裴友聲著，《文史知識》，1986 年，第 9 期。

〈少公峭拔千尋麓——熙寧變法時期的蘇轍詩〉，唐驥著，《寧夏大學學報（哲學社會科學版）》，1999 年，第 3 期。

〈孔老異路與儒道互補〉，白奚著，《南京大學學報（哲學・人文科學・社會科學）》，2000 年，第 37 卷，第 5 期。

〈「毛詩注疏」之「詩經」詮釋及其得失〉，張寶三著，《臺大中文學報》，第 20 期，2004 年 6 月。

〈北宋中期儒學復興運動的興起及其特點〉，劉復生著，《四川大學學報

《哲學社會科學版》》，1991 年，第 3 期。

〈北宋時期史學研究新潮的興起及其對理學的引領〉，陳谷嘉著，《學術探索》，2003 年，第 9 期。

〈宋代蜀學當論〉，胡昭曦、張茂澤著，《四川大學學報（哲學社會科學版）》，1993 年，第 4 期。

〈東坡文藝創作理論研究〉，《國立台灣師範大學國文研究所集刊》，1993 年，第 37 號。

〈兩宋編輯出版事業研究〉，章宏傳著，《山東大學學報（哲學社會科學版）》，1997 年，第 4 期，頁 35。

〈唐宋古文運動的文統觀〉，何寄澎著，《中外文學》，1985 年，第 14 卷，第 1 期。

〈唐宋之際「三教合一」的思潮〉，王志遠著，《文史知識》，1986 年，第 10 期。

〈唐宋散文作家與古文運動〉，王更生著，《中華文化復興月刊》，1989 年，第 22 卷，第 3 期。

〈時代遷易與宋代士大夫的觀念轉變〉，郭學信著，《文史哲》，2000 年，第 3 期。

〈從三蘇墓祠談到蘇轍的儒家思想〉，王煜著，《哲學與文化》，1991 年，第 8 期，18 卷。

〈新脩蘇子由年表〉，邱德修著，《國立編譯館館刊》，1992 年，第 21 卷，第 1 期。

〈與宇宙有關的 13 個難題〉，劉君祖著，《牛頓雜誌》，2005 年 5 月，第 257 期。

〈劉熙載論唐宋八大家〉，董雅蘭著，《東吳中文研究集刊》，1994 年，創刊號。

〈論歐蘇文人集團對「文統」建設的貢獻〉，羅立剛著，《中國文學研究》，1999 年，第 3 期。

〈論蘇轍和他的散文〉，孫虹著，《江南學院學報》，1999 年，第 14 卷，第 1 期。

〈論蘇學——紀念蘇軾逝世 900 週年〉，曾棗莊著，《四川大學學報（哲學社會科學版）》，2001 年，第 4 期。

〈論蘇轍的佛家思想〉，王煜著，《韶關學院學報（社會科學版）》，2001 年，第 22 卷，第 8 期。

〈儒釋道的融合和宋明理學的產生〉，賈順先著，《四川大學學報（哲學社會科學版）》，1982 年，第 4 期。

〈儒道美學思想的共通性與差異〉，張文成著，《蘇州大學學報（哲學社會科學版）》，2001 年，第 2 期。

〈儒佛道三教關係與中國佛教的發展〉，洪修平著，《南京大學學報（哲學‧人文科學‧社會科學）》，2002 年，第 39 卷，第 3 期。

〈「縱橫」流為文士說〉，熊憲光著，《北京師範大學學報（社會科學版）》，1998 年，第 2 期。

〈蘇轍的文學思想和散文特色〉，王水照著，《三蘇散論（紀念蘇東坡誕辰九百五十週年）》，四川師範大學學報叢刊，1987 年，第 13 輯。

〈蘇轍的養氣說〉，張靜二著，《中外文學》，1992 年，第 21 卷，第 1 期。

〈蘇軾的氣論與養氣方法〉，楊勝寬著，《四川師範大學學報（社會科學版）》，1993 年，第 20 卷，第 2 期。

〈蘇轍之仕宦及其政績〉，吳武雄著，《興大中文學報》，1996 年，第 9 期。

〈蘇轍詩集傳評介〉，趙制陽著，《孔孟學報》，1996 年，第 71 期。

〈蘇轍的變法思想及其實踐〉，吳曉萍著，《安徽師大學報（哲學社會科學版）》，1997 年，第 25 卷，第 1 期。

〈蘇轍《應詔集》試析〉，吳武雄著，《興大中文學報》，1998 年，第 11 期。

〈蘇洵「六經論」次第與經學思想探析〉，陳致宏著，《孔孟月刊》，1998 年，第 37 卷，第 3 期。

〈蘇軾與道〉，劉文剛著，《四川大學學報（哲學社會科學版）》，2000 年，第 1 期。

〈蘇轍的齊魯情結〉，劉乃昌著，《東岳論叢》，2001 年，第 22 卷，第 5 期。

〈蘇轍「歷代論」的歷史詮釋與意義建構〉，陳秉貞著，《人文及社會學科教學通訊》，2003 年 4 月，第 13 卷，第 6 期。

六、網路資源

香港天文台：http://ww.hko.gov.hk/gts/event/event-meteor_c.htm

虛擬玉山天文台：http://vm.nthu.edu.tw/science/shows/leonids/history.html

國家圖書館出版品預行編目資料

蘇轍學術思想研究／吳叔樺著. -- 初版. -- 臺北

市：萬卷樓, 2007[民 96]

面；　　　公分

參考書目：面

ISBN 978－957－739－588－7 (平裝)

1. (宋)蘇轍－學術思想

125.16　　　　　　　　　　96003090

蘇轍學術思想研究

著　　　者：吳叔樺

發　行　人：陳滿銘

出　版　者：萬卷樓圖書股份有限公司

　　　　　　臺北市羅斯福路二段 41 號 6 樓之 3

　　　　　　電話(02)23216565・23952992

　　　　　　傳真(02)23944113

　　　　　　劃撥帳號 15624015

出版登記證：新聞局局版臺業字第 5655 號

網　　　址：http://www.wanjuan.com.tw

E－mail　：wanjuan@tpts5.seed.net.tw

承印廠商：中茂分色製版印刷事業股份有限公司

定　　　價：480 元

出 版 日 期：2007 年 5 月初版

　　　　　　2009 年 6 月初版二刷

ISBN：978－957－739－588－7